스마트경영 시대의
e-비즈니스 이해

정석찬 · 배혜림 · 이문봉 · 박성제 지음

생능

스마트경영 시대의 **e-비즈니스 이해**

초판발행 2015년 2월 3일
제1판3쇄 2018년 1월 15일

지은이 정석찬 · 배혜림 · 이문봉 · 박성제
펴낸이 김승기
펴낸곳 (주)생능 / **주소** 경기도 파주시 광인사길 143
출판사 등록일 2014년 1월 8일 / **신고번호** 제2014-000003호
대표전화 (031)955-0761 / **팩스** (031)955-0768
홈페이지 www.booksr.co.kr

책임편집 손정희 / **편집** 신성민, 김민보, 정하승 / **디자인** 유준범
마케팅 백승욱, 최복락, 최일연, 김민수, 심수경, 차종필, 백수정, 최태웅, 김범용, 김민정
인쇄 · 제본 (주)상지사 P&B

ISBN 979-11-951951-9-0 93320
정가 25,000원

● 이 도서의 국립중앙도서관 출판예정도서목록(CIP)은 서지정보유통지원시스템 홈페이지(http://seoji.nl.go.kr)와
  국가자료공동목록시스템(http://www.nl.go.kr/kolisnet)에서 이용하실 수 있습니다.
  (CIP제어번호: CIP2015002513)

★ "이 저서는 2013학년도 동의대학교 교내연구비에 의해 연구되었음(과제번호 2013AA057)."

머리말

1969년 미국방성에서 네트워크를 활용한 정보 교환으로 시작된 인터넷은 이제 우리생활에서 없어서는 안 될 중요한 요소가 되었다. 경제·문화·교육·의료 등 모든 분야에서 인터넷이 활용되고 있기 때문이다.

초기의 인터넷은 PC를 기반으로 운영되었지만, 스마트폰을 기반으로 이동성이 확보되었고, 최근에는 우리 사회에 존재하는 모든 사물과도 네트워크를 구성하는 유비쿼터스 사회, IoT(사물인터넷) 사회로 진화하고 있다. 인터넷으로 전 세계 및 모든 사물과 하나로 연결되는 네트워크성은 기존 비즈니스 시장과 다른 가상시장이라는 새로운 비즈니스의 기회를 제공하게 되었고, 인터넷을 통한 정확하고 신속한 정보 교환은 비즈니스 활동 비용의 감소를 가져왔다. 그리고 웹에 의한 정보 접근의 용이성과 정보 표현의 가시성은 인터넷 상의 비즈니스에 고부가가치 제공을 가능하게 하여 "e-비즈니스"라는 새로운 경영 패러다임을 형성하게 하였다.

현재의 경영 패러다임은 인터넷, 웹, 스마트폰, 사물인터넷이 유기적으로 융합되어 상호작용하는 스마트 경영 패러다임이며 이 근간이 e-비즈니스가 되고 있다. 초기의 e-비즈니스는 경영활동을 중심으로 접근하였지만, 현재는 경영활동뿐만 아니라 행정, 금융, 교육 등과 같은 공공분야, 개인의 일상생활 등 우리 생활의 전체가 e-비즈니스 영역이 되었으며, 국가의 핵심 산업으로 부상하고 있다. 이러한 e-비즈니스의 확장성은 인터넷과 e-비즈니스의 활용 매체가 PC에서 휴대폰, 유비쿼터스 환경으로 확대됨에 따라, e-비즈니스가 m-비즈니스, u-비즈니스, 스마트 비즈니스로 확대되고 있다. e-비즈니스의 잠재적 가치는 성공적인 사례를 통하여 입증되고 있다. 초기의 인터넷사업으로 성공모델을 제시한 야후의 제리양, 소프트뱅크의 손정의를 시작하여 스마트폰으로 스마트 비즈니스의 플랫폼을 제시한 애플의 스티브잡스, 소셜 비즈니스의 성공모델인 페이스북의 마크 주크버그, B2B 비즈니스의 성공모델인 알리바바닷컴의 마윈, 한국에서는 네이버의 이해진, 카카오톡의 김범수 등은 e-비즈니스의 특성을 잘 활용한 비즈니스 모델 제시로 세계적인 신흥부자로 부상되었다.

이와 같이 e-비즈니스는 새로운 부의 창출의 근원으로 그리고 이를 전문적으로 연구하는 학문 영역뿐만 아니라, 사회생활과 경제·경영활동을 영위하기 위한 하나의 상식 학문으로 정착되고 있으며, 이에 따라 모든 대학에서 e-비즈니스 관련 과목이 개설되고 있다.

우리나라 e-비즈니스 정책을 초기에 주관한 산업통상자원부는 2000년에 e-비즈니스 인력체계를 e-비즈니스 업무관리자, 기술자, 컨설턴트, 경영자로 분류하였다. 이 중 e-비즈니스 업무관리자는 e-비즈니스를 기업 업무에 응용하여 기업의 부가가치 창출과 고객 만족으로 담당하는 인력으로 e-기획관리자, e-인사관리자, e-재무관리자, e-고객/마케팅관리자, e-생산관리자로 구성된다. e-비즈니스 기술자는 인터넷과 웹을 기반으로 실제로 e-비즈니스가 수행 가능한 e-비즈니스 시스템의 개발 및 운영과 이 시스템을 통해 거래되는 각종 무형의 재화를 개발하는 인력으로 구성된다. e-비즈니스 컨설턴트는 각 업종별 업무 프로세스를 이해하고 e-비즈니스에 대한 전문적인 지식을 활용하여 기술상의 상담에서부터 e-비즈니스 기획/전략에 이르기까지의 모든 컨설팅 서비스를 제공하는 인력이다. e-비즈니스 경영자는 e-비즈니스를 기업의 기간 업무에 활용하여 의사결정을 수행하는 임원급 인력으로 기업구조 전반에 걸친 가치 중심 경영을 통해 기업의 경쟁우위를 확보하고 조직의 성과를 극대화를 추구하는 인력이다.

이 책은 e-비즈니스를 처음으로 접하는 전공의 신입생 및 관심을 가지고 있는 경영학도와 공학도를 위하여 e-비즈니스에 대한 전반적인 이해 및 e-비즈니스가 어떠한 영역으로 구성되어 있는가는 e-비즈니스 인력체계에 맞추어서 구성하였다.

이 책은 다음과 같이 전부 10장으로 구성되어 있다. 제1장은 e-비즈니스의 이해로 e-비즈니스의 배경이 되는 인터넷과 모바일의 발전과정과 제공되는 서비스의 특성, 그리고 전반적인 e-비즈니스의 개념 및 경영패러다임에 관하여 설명하였다. 제2장은 e-비즈니스의 전략 및 모델로 경영전략 차원에서의 e-비즈니스 의미와 여러 가지 e-

비즈니스 모델에 관하여 설명하였다. 그리고 최근에 e-비즈니스의 새로운 플랫폼이 되는 모바일 인터넷 환경에서의 m-비즈니스 개념과 발전 가능성에 대하여 설명하였다. 제3장은 e-비즈니스의 응용으로 e-비즈니스가 기업의 경영활동에만 적용되는 것이 아니라 정부의 행정업무, 은행의 금융업무, 교육 등 공공 분야에도 다양하게 활용되고 있음을 설명하였다.

제4장은 e-마케팅과 소셜 마케팅은 인터넷을 기반으로 한 e-마케팅의 특징 및 전략, e-마케팅의 STP 전략 및 기존의 오프라인 마케팅과의 차이점에 대하여 설명하였다. 그리고 SNS(Social Network Service)를 기반으로 한 소셜 마케팅의 전략 및 기법에 대하여 설명하였다. 제5장은 인터넷 서비스와 응용으로 인터넷 네트워크의 기술적인 특성 및 인터넷 서비스와 미래 인터넷 기술인 클라우팅 컴퓨팅과 IoT(사물인터넷)에 대하여 설명하였다. 제6장은 e-비즈니스 기반 기술로 고객을 위한 e-비즈니스 시스템의 구축에 필요한 기술인 웹 기반기술, 네트워크 기술, 정보보안 기술, 데이터베이스 기술 등에 대하여 설명하였다. 제7장은 e-비즈니스 구현 기술로 마크업 언어, 웹 프로그래밍 언어, 그래픽 기술, 모바일 프로그래밍 언어에 대하여 설명하였다.

제8장은 정보와 시스템 통합으로 e-비즈니스의 기업업무에 어떻게 적용하여 그 효과가 무엇인지에 대하여 전사적 정보시스템(ERP), B2B 통합, 서비스지향 통합 방법으로 설명하였다.

제9장 e-CRM은 비즈니스의 중심이 고객 중심화되는 e-비즈니스 환경에서의 효율적인 고객관리방안인 e-CRM 및 소셜 CRM에 대하여 설명한다. 마지막으로 제10장은 무선인터넷 컴퓨팅 환경이 우리 실생활에 자연스럽게 이식되어 구현되는 유비쿼터스 환경의 구현과 e-비즈니스가 u-비즈니스로 진화되는 과정 및 유비쿼터스 환경 구현으로 새롭게 나타나는 유비쿼터스 서비스에 대하여 설명하였다.

각 장의 내용과 e-비즈니스 인력 체계와의 관계를 정리하면 다음과 같다.

제1장 e-비즈니스의 이해, 제2장 e-비즈니스 전략과 모델, 제3장 e-비즈니스 응용 및 제10장 유비쿼터스는 e-비즈니스의 전반적인 이해를 설명하므로, 모든 인력부분에서 공통적으로 활용되는 기본 지식이 된다.

제4장 e-마케팅과 제9장의 e-CRM은 e-비즈니스 업무관리자의 e-고객/마케팅관리자에 필요한 지식이며, 제5장 인터넷 서비스와 응용, 제6장 e-비즈니스 기반기술, 제7장 e-비즈니스 구현기반기술은 e-비즈니스 기술자에게 필요한 기초 지식이 되며, 제8장 정보와 시스템 통합은 e-비즈니스 기술자 및 e-비즈니스업무관리자의 e-비즈니스 생산관리자에게 필요한 기초 지식이 된다.

이렇게 각 e-비즈니스 인력별로 필요한 기초 지식을 각 장으로 구성한 이유는 제4장 e-마케팅에서 제10장 유비쿼터스까지 각 장이 e-비즈니스 관련 학과에서는 2학년 ~4학년 과정에서 독립된 전공과목으로 개설되는 경우가 많으므로 e-비즈니스 전공 학생이 e-비즈니스 전문가로의 진로를 결정하는 데 도움을 주기 위함이다.

그 밖에 자신의 진로와 직접적인 연관이 없는 장이라도 e-비즈니스를 공부하는 학생들이 가장 기본적으로 알아야 하는 내용들을 망라하여 정리했기 때문에 반드시 익혀야 한다. 여기서 각 전문 분야별로 중요한 장을 소개한 것은 그만큼 더 열심히 익혀서 깊이 지식을 확장해야 하는 부분이기 때문이다.

이 책은 2007년에 초판이 출간되어 대학의 e-비즈니스 과목의 교재로 활용되었다. e-비즈니스의 모습이 정보통신의 발전과 함께 다양하게 변화하여 이에 따라 "스마트 경영 시대의 e-비즈니스 이해"라는 이름으로 새로운 개정판을 준비하게 되었다.

여기에는 e-비즈니스가 빠르게 진화하고 있으므로 가능한 현재의 수준에 맞는 통계 데이터와 기술 그리고 응용분야에 대하여 기술하고자 하였다. 따라서 모바일 비즈니스 및 유비쿼터스 환경에서의 e-비즈니스의 모습, 클라우팅 컴퓨팅, IoT(사물인터넷) 등과 같은 최신의 정보기술 및 소셜 비즈니스 환경에서의 소셜 마케팅 등이 추가되었다. 이를 위하여 전문영역이 다른 4명의 교수님이 각기 해당 영역에 대해 집필하였다.

끝으로 이 책이 출간되도록 도와주신 ㈜생능 김승기 사장님, 이재원 팀장을 비롯한 관계자들과 원고 작성에 많은 도움을 준 동의대학원 김상현, 이다은, 변준성 학생에게 깊은 감사의 말씀을 드린다.

2015년 1월
저자 일동

차례

CHAPTER 03   **e-비즈니스 응용**

CHAPTER 04   e-마케팅과 소셜 마케팅

CHAPTER 07   e-비즈니스 구현 기술

CHAPTER 08   정보와 시스템 통합

CHAPTER 09   e-CRM과 소셜 CRM

CHAPTER

01

e-비즈니스의 이해

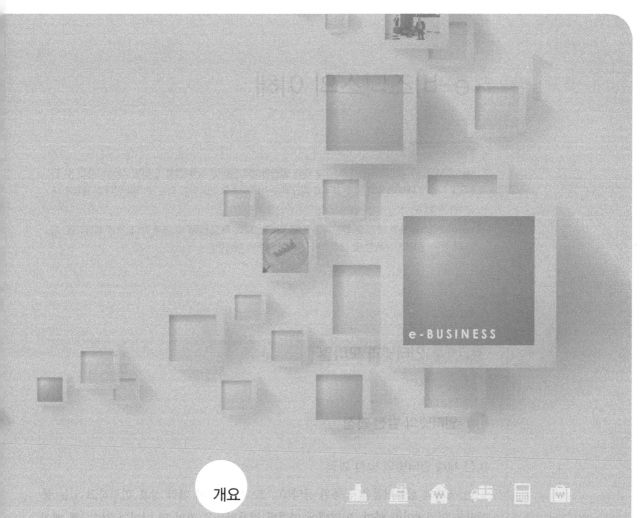

e-BUSINESS

개요

제1절 인터넷과 모바일에서는 e-비즈니스의 기반이 되는 인터넷과 모바일의 발전과정과 사용 현황을 살펴보고, 인터넷과 모바일에서 제공되는 서비스 종류 및 특성에 대하여 알아본다.

제2절 e-비즈니스의 개요에서는 e-비즈니스의 출현 배경 및 발전 과정을 통하여 e-비즈니스가 어떻게 산업으로 정착하게 되었는가에 대하여 학습한다. 그리고 e-비즈니스의 정의 및 구성요소, e-비즈니스의 특징, e-비즈니스의 상품 및 거래 상대, e-비즈니스의 경영 패러다임을 학습한다. 아울러 e-비즈니스의 기대효과, 성공요인 및 전망에 대하여 알아본다.

e-비즈니스의 이해

학습목표 ○○○

• e-비즈니스의 기반이 되는 인터넷과 웹의 발전과정과 인터넷 사용 현황, 인터넷 서비스 종류 및 인터넷 특성에 대하여 학습한다. 그리고 최근의 e-비즈니스의 인프라가 되는 모바일 인터넷 환경에 대하여 학습한다.

• e-비즈니스의 출현 배경 및 발전과정, 정의 및 구성요소, 특징, 상품 및 거래 상대, 경영 패러다임, 기대효과, 성공요인, 문제점 및 해결과제, 전망에 대하여 학습한다.

제1절 인터넷과 모바일

🔍 1. 인터넷의 발전 과정

1) 전 세계 인터넷의 발전 과정

전 세계의 컴퓨터들을 공통된 규약(TCP/IP 프로토콜)에 따라 상호 연결하고 있는 통신망을 인터넷이라 하며, 인터넷에 연결된 컴퓨터들은 파일 및 이미지 전송, 웹 페이지 검색, 전자우편 전송 등의 상호 통신이 가능하게 된다.

인터넷은 1969년 미국방성(DoD : Department of Defense)에서 군사적 목적으로 추진한 ARPANET(Advanced Research Projects Agency Network)에 그 기원을 두고 있다. ARPANET은 국방성과 군수업체들 및 관련 연구기관들 사이에 분산되어 있는 컴퓨터를 연결함으로써 효율적인 정보 교환을 하기 위한 프로젝트인 ARPA(Advanced Research Projects Agency)의 일환으로 추진되었다. 1970년대 초에는 TCP/IP라는 컴퓨터 간의 정보교환을 위한 표준 프로토콜이 제정되었다. 1983년에 ARPANET에 접속하는 이용자가 급격히 증가하자, ARPANET을 군사 목적의 MILNET(Military Network)과 연구 목적의 ARPANET으로 분리하였으며, 이 ARPANET이 현재 우리가 사용하고 있는 인터넷의 모태가 되었다. 1986년에 미과학재단(NSF : National Science Foundation)은 슈퍼컴퓨터들을 연결하여 NSFNET(NSF Network)이라는 통신망을 만들고, NSFNET을 ARPANET과 연결함으로써, 미국 내의 대학·연구소·학술기관·기업체들이 슈퍼컴퓨터를 자유롭게 이용할 수 있게 되었다. 1990년에 미과학재단의 지속적인 투자에 의해 NSFNET의 전송속도와 망관리 기술이 발전하자, ARPANET은 NSFNET에 기간망 자리를 넘겨주고 서비스를 중단하였으며, NSFNET이 인터넷 기간망으로의 중추적 역할을 하게 되었으며, 1995년에 이르러 상업적으로 보편화되었다.

웹(WWW : World Wide Web)이란 인터넷 상에서 텍스트, 음성, 그래픽 등의 멀티미디어 정보를 편리하게 검색할 수 있도록 해주는 정보검색서비스이다. 1989~1991년 유럽입자물리연구소의 팀 버너스-리에 의해 개발되었으며 웹 브라우저의 개발 및 배포와 함께 시작되었으며 웹 브라우저의 발전 경쟁과 함께 더불어 성장하였다. 2000년대 초반 마이크로소프트 사의 인터넷 익스플로러가 윈도우의 보급과 함께 브라우저 시장에 큰 지배력을 행사하였지만 2004년에 파이어폭스가 출시되고 다시 파이어폭스 개발에 참여했던 개발자들을 구글(Google)이 채용하여 2008년 구글 크롬을 출시함으로써 익스플로러 독점체제가 무너졌고 현재 2012년 구글 크롬은 전체 웹브라우저 시장의 약 33%를 차지하면서 전 세계적으로 가장 널리 알려진 웹 브라우저가 되었다.

[그림 1-1] 웹의 역사와 특징(www.The World Wide Web.com 영상)
링크 : http://youtu.be/K1bE3OMoGFY0

웹은 인터넷 서비스의 관점으로 바라보아야 하며 기술적으로는 HTTP(Hyper Text Transfer Protocol)라는 프로토콜 기반을 사용하는 네트워크이며 하이퍼텍스트 정보 시스템이다. 기존의 인터넷 문서나 파일들과 달리 HTML(Hyper Text Markup Language) 스크립트로 구성된 문서와 문서들을 서로 연결해주는 링크로 구성되는 웹 페이지들의 집합체라 할 수 있으며 텍스트 정보뿐만 아닌 멀티미디어(그래픽, 오디오, 비디오, 프로그램, 파일)를 하이퍼텍스트 형태로 제공한다.

2) 국내 인터넷의 발전 과정

1982년 서울대학교와 한국전자기술연구소(현 한국전자통신연구원) 간에 SDN(System Development Network)이 구축되었고, 1983년 SDN이 UUCP(Unix-to-Unix Copy Protocol)를 이용하여 미국과 연결되었으며, 1984년 X.25를 이용하여 유럽과 연결되었다. 1987년에는 교육망(KREN: Korea Education Network)과 연구망(KREONet: Korea Research Environment Open Network)을 통한 교육연구망 프로그램이 시작되었으며, 1990년에는 KAIST를 중심으로 몇몇 대학과 연구소에 공동으로 설치된 하나망(HANA/SDN)이 56kbps급 전용회선으로 인터넷에 연결되었다. 1994년에는 한국통신(KORNET)과 데이콤(천리안)에서 인터넷 상용서비스를 시작하였다. 그리고 2005년에는 인터넷전화 상용서비스가 시작되었으며, 2006년에는 세계 최초로 무선초고속인터넷서비스인 WiBro 서비스를 개시하였고, 2008년에는 IPTV 상용서비스를 시작하였고 초고속 인터넷 가입자가 1,600만 명을 돌파하였다. 2009년 인터넷 전화 가입자가 650만 명을 돌파했고 2010년에 광대역통합망(BcN) 기반 구축 사업이 완료되고 스마트폰 가입자가 700만 명을 돌파하였다. 2011년 LTE 서비스가 개시되고 2012년 대한민국이 인터넷 30주년을 맞이하게 되었다.

[표 1-1] 국내 인터넷 역사

1982년	서울대-한국전자기술연구소 간 SDN(System Development Network) 구축
1983년	SDN-EUNET/UUCPNET(기술, 학술정보교환망) 연결, 정보검색서비스 제공
1984년	SDN-CSNET(정보과학연구망) 연결 공중정보통신망(PSDN) DACOM-Net 최초 개통 상용 전자우편서비스 제공 (데이콤)
1985년	SDN-PACNET(아태지역 학술연구망) 연결
1986년	IP 주소 국내 최초 배정, 국가 도메인 (.kr) 도입
1988년	SDN-MHSNET(학술용망) 연결
1990년	SDN-HANA망 미국과 IP 기반 인터넷 연결
1993년	행정종합정보망 개통
1994년	상용 ISP 등장 (한국통신, 데이콤, 아이네트 등) 인터넷 상용서비스 개시 (한국통신)
1995년	PC-인터넷 접속 시작, WWW 서비스 개시
1997년	초고속 국가망 인터넷 서비스 시작
1998년	초고속 인터넷 상용서비스 개시 (두루넷)
1999년	인터넷 이용자수 1,000만 명 돌파
2002년	초고속 인터넷 보급 세계 1위 국가종합전자조달서비스 개시 무선랜 서비스 개시 (네스팟)
2003년	VDSL(20Mbps) 서비스 개시
2004년	인터넷 이용자수 3,000만 명 돌파
2005년	인터넷전화(VoIP) 상용서비스 개시
2006년	세계 최초 WiBro, HASPA 서비스 개시
2008년	초고속 인터넷 가입자 1,500만 명 돌파 IPTV 상용서비스 개시
2009년	인터넷 전화가입자 650만 명 , 모바일뱅킹 이용자수 1,000만 명 돌파
2010년	광대역통합망(BcN) 기반 구축 사업 완료, 와이브로 수출 1조 원 달성 스마트폰 가입자 700만 명 돌파
2011년	ICT 발전지수 세계 1위 , LTE 사용서비스 개시
2012년	대한민국 인터넷 30주년

출처 : 한국인터넷진흥원, 2013 한국인터넷백서, 2013.9. (isis.kisa.or.kr 참조)

2. 인터넷 사용 현황

인터넷은 신석기 시대의 농업혁명과 17~18세기의 산업혁명에 이은 인류의 3번째 혁명으로 디지털 혁명, 정보혁명, 지식혁명, 인터넷혁명 등으로도 불리고 있다. 인터넷은 본격적으로 사용된 지 불과 5년 만에 이용자 수가 5,000만 명을 넘어 기존의 통신매체와는 비교가 안 될 정도로 급속히 성장하고 있다. 이에 따라, e-비즈니스의 시장도 급속하게 성장하고 있다. e-비즈니스는 인터넷을 기반으로 형성되므로, 인터넷의 사용 현황을 파악하는 것은 e-비즈니스 시장을 예측할 수 있는 가장 기본적인 정보로 활용될 수 있다.

[표 1-2] 매체별 이용자 수 5000만 명 돌파 소요 기간

매체	연 수	기간(단위 : 년)
전화	25	1920~1945
라디오	38	1922~1960
TV	13	1951~1964
케이블	10	1976~1986
인터넷	5	1993~1998

1) 인터넷 이용 현황

우리나라의 인터넷 정책을 연구 개발하고 인터넷 체계를 관리하는 한국인터넷진흥원(www.nic.or.kr)이 발표한 "2013년 인터넷이용실태조사"에 따르면, 2013년 5월 현재 만 3세 이상 인구의 인터넷 이용률(최근 1개월 이내 1회 이상 인터넷 이용자의 비율)은 82.1%이며, 인터넷 이용자수는 40,080천 명으로 전년대비 3.7% 증가하였으며 해마다 점진적으로 증가하고 있는 것으로 나타났다.

인터넷 이용 목적은 자료 및 정보 획득이 91.3%, 음악 및 게임 등의 여가 활동이 86.4%, 이메일 및 메신저 등 커뮤니케이션 활동이 85.5% 등의 순인 것으로 나타났다.

최근에는 스마트폰의 보급에 따른 무선인터넷 사용률이 높아지면서 인터넷 이용이 장소에 제한 받지 않고 있다.

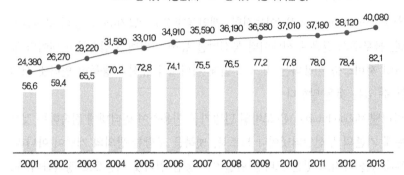

1) 2004년 조사부터 인터넷에 모바일 인터넷을 포함시켰으며, 인터넷 이용자 정의도 '월평균 1회 이상 인터넷 이용자'에서
   '최근 1개월 이내 인터넷 이용자'로 변경함
2) 2006년부터 조사대상을 만 3세 이상 인구로 확대함
   (2000년~2001년: 만 7세 이상 인구, 2002년~2005년: 만 6세 이상 인구)

출처 : 한국인터넷진흥원, 2013년 인터넷이용실태조사, 2013.12.

[그림 1-2] 우리나라 인터넷 이용률 및 이용자수 변화 추이(단위 : %, 천 명)

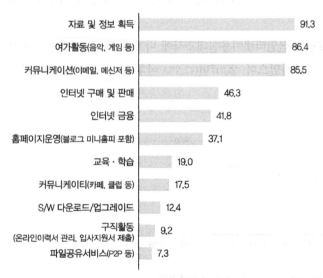

출처 : 한국인터넷진흥원, 2013년 인터넷이용실태조사, 2013.12.

[그림 1-3] 인터넷 이용 목적 – 만 3세 이상 인터넷 이용자(단위 : %)

2) 모바일 인터넷 이용현황

무선인터넷(Wireless Internet)은 '이동전화, 개인휴대정보단말기(PDA) 등의 무선단말기와 무선랜, 블루투스 같은 무선데이터 통신망을 통해 인터넷에 접속하여 데이터 통신이나 인터넷 서비스를 이용하는 것'으로 언제 어디서나 유선과 동등한 인터넷 서비스를 이용할 수 있는 것을 말한다.

모바일 인터넷(Mobile Internet)은 모바일 단말기를 이용하여 인터넷에 접속하는 것으로 정의하는데 기존의 무선인터넷이나 노트북, 넷북을 포함한 광의의 개념이 아니라, 이동성과 휴대성을 가지고 있는 모바일 단말기를 통한 인터넷 이용으로 정의하며, 또한 모바일인터넷 이용자는 '이동전화(스마트폰 포함), 스마트패드 등의 모바일 단말기로 이동통신망(2G/3G), 무선랜, 와이브로, LTE 등을 통해 인터넷을 이용하는 것'을 의미한다.

WiFi 및 WiBro 등의 무선인터넷 기술의 발전과 더불어 2011년 7월부터 LTE(Long Term Evolution) 서비스가 시작됨에 따라 기존 유선과 같은 품질의 인터넷 서비스 제공이 가능해지고 스마트폰, 스마트패드 등 무선단말기 보급이 확산되면서 이용자가 증가하고 있다.

한국인터넷진흥원 2012년 무선인터넷이용실태조사에 따르면 무선인터넷 이용률은 2011년(65.2%) 대비 21.8% 증가하였으며, 2007년(47.7%) 이후 지난 5년간 39.3% 증가한 것으로 나타났다.

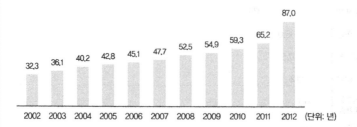

출처 : 한국인터넷진흥원, 2012년 무선인터넷이용실태조사, 2012년 12월

[그림 1-4] 무선인터넷 이용률 변화 추이(단위 : %)

대부분의 주된 무선인터넷 접속 방법은 '이동통신망(2G/3G)'로 나타났고 다음으로

'무선랜(WiFi)(76.3%)', 'LTE(28.3%)', '와이브로(WiBro)(1.3%)' 순으로 나타났으며, 무선인터넷 사용 가능한 모바일 단말기 보유현황은 '이동전화(피처폰+스마트폰)'를 보유하고 있는 비율이 99.7%로 가장 많으며, 그중에서도 '스마트폰' 보유율이 95.5%로 가장 높게 나타났다.

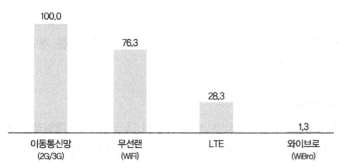

출처 : 한국인터넷진흥원, 2012년 무선인터넷이용실태조사, 2012년 12월

[그림 1-5] 무선인터넷 접속방법 비율(단위 : %)

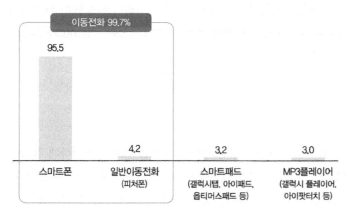

출처 : 한국인터넷진흥원, 2013년 무선인터넷이용실태조사, 2013.12.

[그림 1-6] 모바일 인터넷 단말기 보유 현황(단위 : %)

③. 인터넷 서비스와 모바일 서비스

1) 인터넷 서비스

(1) 기본 서비스

① 전자우편(E-mail)

인터넷에서 가장 기본적이고 널리 사용되는 서비스로, 작성한 메시지를 개인이나 그룹에게 전달하고 받은 메시지를 읽을 수 있다.

② 파일 전송(FTP : File Transfer Protocol)

지역적으로 떨어져 있는 다른 컴퓨터(ftp 서버)에 접속해서 그 곳에 있는 파일을 전송받거나 자신의 파일을 전송할 수 있다. ftp를 이용하려면 접속하고자 하는 ftp 서버에 계정이 필요하다.

③ 원거리 접속(remote rogin)

멀리 떨어져 있는 컴퓨터에 접속하여 그 컴퓨터를 마치 자신이 사용하는 터미널에 직접 연결된 것처럼 사용할 수 있다. 대표적인 응용 프로그램으로는 telnet과 rlogin 등이 있다.

(2) 응용 서비스

① 정보검색서비스

검색엔진을 이용해 사용자가 원하는 다양한 형태의 정보를 빠르고 편리하게 검색할 수 있는 서비스이다. 인터넷 사용자는 검색엔진을 이용해 찾고자 하는 웹 사이트 또는 웹 페이지의 인덱스를 검색할 수 있다. 정보검색서비스는 콘텐츠검색, 통합검색 등의 형태로 진화하고 있으며, 기존 텍스트 위주의 인터넷 정보검색에서 멀티미디어 정보를 검색하는 동영상 검색서비스가 지속적으로 개발되고 있다.

최근 네이버는 마이크를 통해 음악을 검색해주는 음악 검색서비스, 구글의 경우 검색키워드 대신 이미지를 전송하여 이미지와 관련된 내용을 검색해주는 이미지 검색서비스를 제공해주고 있다. 또한 지도검색서비스를 통한 최단거리 및 최적경로 검색, 인터넷상의 다양한 콘텐츠를 TV를 통해서 검색할 수 있는 TV검색서비스, 기존의 키워드 검색이 아닌 검색어의 문장 자체의 의미를 파악하여 검색하는 시맨틱 검색서비스 등이 제공되고 있다.

② 커뮤니케이션 서비스

인터넷을 통하여 상호 간에 전자메시지를 교환할 수 있는 서비스이며, 이메일 서비스와 인터넷 메신저로 구분하였지만 현재는 소셜 네트워크 서비스를 포함하여 구분할 수 있다.

가장 기본적이고 대표적인 인터넷서비스인 이메일은 인스턴트 메신저의 성장과 스팸 메일 등의 부작용으로 인하여 성장세가 둔화되고 있긴 하지만, 이메일의 용량 확대, 스팸 필터링 기술의 개선 및 타 서비스와의 연동 등 다양한 기능 추가와 서비스 개선이 지속적으로 추진되고 있다. 한국인터넷진흥원의 "2013년 인터넷이용실태조사"에 따르면 주로 이메일을 '업무해결 위한 커뮤니케이션 용도'로 사용하는 이용자가 74.5%로 가장 많았으며 대부분 '데스크톱 컴퓨터'를 이용하여 이메일을 이용하는 것으로 나타났다.

인터넷 메신저는 전용 프로그램을 설치한 사용자 간에 실시간으로 메시지와 데이터를 주고받을 수 있는 서비스로, SMS(단문메시지서비스, Short Message Service), 인스턴트 메시지(IM : Instant Message), 멀티미디어 메시징 서비스(MMS : Multimedia Messaging Service), 통합메시지(UM : Unified Message) 등의 다양한 메시징 서비스가 제공되고 있다. 한국인터넷진흥원의 "2013년 인터넷이용실태조사"에 따르면 '하루에 1회 이상' 개인용도로 인터넷 메신저를 이용하고 있지만 최근에는 '업무해결 및 업무 커뮤니케이션'의 업무 용도로 사용이 확대되고 있는 것으로 나타났다.

소셜 네트워크 서비스는 온라인상에서 이용자들이 인맥을 새롭게 쌓거나 기존 인맥과 관계를 강화할 수 있는 서비스로 페이스북, 마이스페이스 등이 있다. 특정한 관심이나 활동을 공유하는 사람들 사이의 관계망을 구축해주며 최근 SNS는 인스턴트 메시지 전달 및 화상채팅 등도 가능하다. SNS는 이용자의 의견이나 정보를 게시하고, 그 이용자와 맺고 있는 이용자를 포함해 또 다른 이용자가 그것에 대한 반응으로 또 다른 의견과 정보를 게시할 수 있으며 모바일로도 이용 가능하여 정보의 파급력이 큰 것이 특징이다. 그러나 최근에는 SNS 개인 신상 정보 관련 프라이버시 보호 문제가 큰 쟁점으로 거론되고 있다. 한국인터넷진흥원의 "2013년 인터넷이용실태조사"에 따르면 SNS는 전체 인터넷 이용자 중에서 55.1%가 이용한 경험이 있으며 하루에 1회 이상 이용하는 이용자가 56.2%로 나타났다. SNS 이용 목적으로 친교 및 교제를 위해서가 79.5%이고 다음으로 취미 및 여가 활동을 위해서, 일상생활에 대한 기록으로 나타났다. 과거 커뮤니케이션 서비스의 이메일, 인터넷 메신저 서비스가 주로 친교 및 교제의 목적으로 사용되었다면 현재에는 SNS가 그 역할을 대신하고 있다.

③ 멀티미디어 서비스

●**게임**

게임은 대표적인 엔터테인먼트로, 우리나라 문화콘텐츠를 대표하는 산업으로 성장하였다. 게임산업 중에서도 온라인 게임은 높은 성장률을 지속하며 게임산업의 성장을 견인하고 있다. 온라인 게임이란 인터넷을 통해 게임 서버에 접속하여, 함께 접속된 다른 게이머들과 온라인상에서 게임을 즐기는 것으로 인터넷 게임 또는 네트워크 게임이라 부른다. 또한 교육, 의료, 국방, 관광 등 다양한 분야에서 게임의 기능적 효과를 활용하기 위한 관심도 높아지고 있다. 한국게임산업진흥원의 "2013년 대한민국 게임백서"에 따르면, 가장 선호하는 게임 장르는 웹보드게임(16.4%), 롤플레잉게임(15.0%), 캐주얼게임(14.1%), 전략시뮬레이션게임(8.8) 등의 순으로 나타났다.

●**음악**

과거 국내 디지털 음악시장의 성장을 견인해 온 것은 벨소리와 통화 연결음 등이 있었다. 그러나 최근에는 인터넷 기술 및 품질이 발전해오면서 음악 스트리밍 서비스가 주목을 받고 있으며 대부분의 국내 음악산업에서 음원 유통경로가 인터넷으로 전환되었다. 한때 불법 MP3 파일 등으로 인터넷이 음악산업에서 문제점으로 거론되었지만 최근에는 MP3 파일을 제공하는 서비스가 아닌 무손실 음원을 스트리밍해주는 서비스로 전환되어 저작권 문제도 상당 부분 해결되었으며 앞으로도 인터넷 기반의 음악 서비스는 더 발전할 것으로 전망된다.

●**전자책**

전자책은 휴대기기(휴대폰, PMP, PDA 등) 컴퓨터로 볼 수 있는 특수한 포맷의 파일이라 할 수 있다. 최근 스마트폰 및 스마트패드 보급률이 높아지고 전자책에 수요가 늘어나고 있으며 인터넷을 통해 구매 결재하여 전자책을 이용할 수 있게 되었다. 종이책의 무게 및 휴대의 불편함을 해결하고 종이책보다 저렴한 가격에도 불구하고 디스플레이를 통해 책을 보기 때문에 눈의 불편함 또는 필기를 할 수 없는 불편함이 있다.

● 방송 · 동영상

방송 및 동영상 서비스는 인터넷 발전과 더불어 크게 성장하였다. 기존의 지상파 방송에만 의존되었던 방송 서비스가 인터넷을 통한 개인방송이 가능해짐에 따라 아프리카tv와 같은 개인방송국 시대에 도래하게 되었으며 언제든 지나간 tv 방송을 인터넷을 통해서 다시 볼 수 있게 되었다. 동영상 서비스의 경우 대표적으로 Youtube가 있으며 기존에 UCC가 발전된 형태이다. UCC는 인터넷 이용자가 직접 제작하여 유통하는 동영상, 글, 사진 등의 다양한 소재의 콘텐츠를 의미한다. UCC는 초창기부터 웹 게시판에 이용자들이 텍스트 위주로 글을 올리는 형태로 시작되었으나, 2000년대 이후 블로그 · 미니홈피 등 1인 미디어를 활용한 UCC 제작이 대중화되었고 이러한 UCC가 Youtube의 시작이라고 할 수 있다. 최근에는 개인이 만든 동영상 미디어뿐만 아니라 기업 및 방송사에서 제공하는 기존 tv에서 즐길 수 없는 콘텐츠를 Youtube를 통해 제공하고 있다.

④ e-러닝 서비스

전자적인 매체(예 : 인터넷, 통신망, CD 등)를 기반으로 정보기술을 활용하여 이루어지는 모든 학습을 총칭하며, 온라인 교육 또는 사이버 교육 등의 용어와 혼용되어 사용되고 있다.

e-러닝은 시간과 공간의 제약을 받지 않고 학습을 할 수 있고, 학습자 스스로 학습하고 학습진도를 관리하기 때문에 교육 효과가 향상될 수 있고, 획일적 교육에서 탈피하여 개인의 수준 및 요구를 반영한 맞춤형 학습이 가능한 장점들을 가지며, 일회성으로 끝나던 강의가 지식 DB, 웹 콘텐츠, 동영상 등의 디지털 콘텐츠로 생산되어 영구적인 지식으로 축적될 수 있다는 점에서 중요한 의미를 가진다.

e-러닝을 구성하는 기본 요소에는 학습내용인 콘텐츠, 콘텐츠를 학습자에게 전달하기 위해 기본적으로 갖추어야 할 인프라와 솔루션(예 : 콘텐츠 저작도구와 각종 학습지원

시스템) 그리고 콘텐츠와 인프라를 통해 형성되는 학습공동체가 있다.

한국인터넷진흥원의 "2013 e-러닝산업실태조사"에 따르면, e-러닝 이용자의 이용 분야는 외국어가 60.1%를 차지하고 자격, 초중고교과과정 학습, 직무, 정보기술 순으로 이용률이 나타나고 있으며, 취업 및 산업 내 직무역량 강화(직무, 자격, 정보기술, 외국어 등)를 위해 필요한 분야의 이용률이 높아져 다양한 분야로 e-러닝이 확산되고 있는 것으로 나타났다.

최근에는 e-러닝이 비대면 학습방식으로 현장 실습이 가능하지 않다는 단점을 극복하기 위하여 시뮬레이션 기반 콘텐츠, 프로젝트 수행 콘텐츠 등의 현장 실습과 유사한 학습을 할 수 있는 콘텐츠들이 개발되고 있으며 모바일기기(스마트폰, 스마트패드) 보급이 확산되면서 언제 어디서나 이용할 수 있는 모바일러닝이 주목받고 있다.

⑤ 인터넷뉴스 서비스

인터넷뉴스 서비스의 제공 형태는 언론사 및 방송사의 온라인 사이트인 주류 매체 인터넷신문, 온라인상에서만 뉴스를 제공하는 온라인 독립형 인터넷신문, 뉴스를 자체 제작·편집·생산하는 포털사이트의 인덱스형 인터넷 언론으로 구분된다. 일반 인터넷 이용자가 가장 쉽게 뉴스를 접하는 채널이 포털사이트이며, 기존의 인터넷 포털사이트가 정보를 검색해주는 기능을 수행한데 반해, 현재의 인터넷 포털사이트는 생산된 정보를 유통하고 소비하는 새로운 역할을 수행하고 있다. 또한 인터넷 이용자의 포털사이트를 통한 뉴스 이용이 증가하고, 뉴스를 수집 및 편집하는 포털사이트의 영향력이 크게 증가하면서, 포털사이트의 뉴스 소비량이 언론사 사이트를 앞질러 포털사이트가 인터넷뉴스 소비의 중심적인 역할을 하는 현상이 발생하고 있다

한국인터넷진흥원의 "2013년 인터넷이용실태조사"에 따르면, 인터넷 이용자의 74.5%가 인터넷을 통해 신문을 보거나 이용하고 있는 것으로 나타났다. 인터넷뉴스는 사회 이슈를 실시간으로 접할 수 있고, 이용자 간에 상호 의견교환이 가능하다는 장점이 있는 반면에 사이트별 뉴스 콘텐츠 간 차별성이 없이 유사한 내용의 뉴스를 재생산하는 것에 불과하다는 문제점을 가지고 있다. 따라서 인터넷뉴스를 제공하는 포털사이트 및 언론사는 특화되고 다양한 그리고 전문적인 뉴스를 제공하기 위한 노력이 필요하다.

⑥ 인터넷 광고 서비스

현재 인터넷 광고는 배너광고, 이메일광고, 검색광고 등과 같이 직접적인 제시 형태의 광고를 의미하는 것으로 정의하는 것이 보편적이지만, 배너·이메일·검색·스폰서십·웹사이트·미니홈피 및 블로그 등 인터넷에서 제공되는 다양한 형태의 커뮤니케이션 도구를 활용하여 대가를 지불하고 이용자와 의사소통하는 활동 및 그 메시지를 모두 포함한다고 볼 수 있다.

한국온라인광고협회의 "2013 온라인광고 시장규모"에서 인터넷 광고를 포함한 온라인 광고 시장규모가 2008년 약 1조 2,869억 원에서 2013년 2조 4,602억 원에서 성장하였으며, TV와 신문에 이어 주요 광고매체로서의 위치를 차지하고 있다. 향후 지상파 TV광고에 이어 2위의 광고매체로 부상할 것으로 예상되며, 최근에는 블로그나 SNS(소셜 네트워크 서비스) 등을 기반으로 하는 네트워크 광고, 검색엔진을 통해 검색한 내용과 관련된 광고를 전달하는 검색광고, 모바일 광고 등이 성장하고 있다.

⑦ 커뮤니티 서비스

●카페·클럽

카페·클럽은 인터넷에서 취미나 관심분야가 유사한 사람들이 모여 정보를 교환하거나 친목을 도모하기 위해 형성한 모임이다. 현재 활발한 활동이 있는 포털 커뮤니티는 네이버 카페, 다음 카페 등이 있다.

●블로그

개인의 관심사에 따라 일기, 칼럼, 전문자료, 사진 등을 게시·저장하여 타인과 공유하는 대표적인 1인 미디어로, 일반적으로 미니홈피도 포함한다. 홈페이지가 제작하는 데 많은 시간과 지식을 필요로 하는 데 비해, 제작이 용이한 블로그는 많은 개인들이 개설하고 있어 급속한 성장세를 보이고 있으며, 블로그의 방문자수 및 총 체류시간은 꾸준히 증가하고 있는 추세이다.

최근에 이러한 블로그가 제공하는 정보가 전문화되고 블로그를 운영하는 운영자의 영향력이 커지면서 '파워블로거'가 등장하게 되었다. 파워블로거는 방문자 수 또는 스크랩 수 등이 많아 인기가 높은 블로거를 가리키며 이들은 자신이 운영하는 블로그 방문자들에게 대중적인 인기를 통한 영향력을 가진다. 우리나라의 주요 블로그로는 네이버 블로그, 다음 블로그, 티스토리 등이 있다.

2) 모바일 서비스

(1) 기본 서비스

모바일 서비스의 기본 서비스는 모바일 단말기를 통해 각종 모바일 콘텐츠를 기반으로 제공된다. 모바일 단말기를 통해 이용 가능한 콘텐츠는 벨소리, 뉴스, 음악, 게임, 동영상, 정보검색, 이메일, SMS, MMS 등 매우 다양하며, 모바일을 통해 웹에서 제공되는 모든 콘텐츠를 제공한다.

(2) 응용 서비스

① 정보제공 서비스

모바일 기기를 통해 '자료 및 정보 습득', '뉴스', '생활정보', '일반적인 웹서핑' 등 기존의 인터넷 정보제공 서비스와 같은 서비스가 가능하며 원하는 정보를 즉시 언제·어디서나 이용가능하다.

② 커뮤니케이션 서비스

모바일 인터넷을 통하여 상호 간에 전자메시지를 교환할 수 있는 서비스이며 기존에 가지고 있던 통화의 기능뿐만 아니라 사람 간 소통의 매개체로 영상, 음성, 문자 등 다양한 커뮤니케이션 서비스를 제공하고 있다.

이메일, 메신저(카카오톡, 라인 등) 트위터, 페이스북, 블로그, 인터넷전화, 문자 메시지, 커뮤니티 등으로 나눌 수 있다.

③ 엔터테인먼트 서비스

모바일 인터넷을 통하여 게임, 음악(벨소리, MP3 등), 동영상(유튜브, 영화, 모바일TV 등), 전자책 등의 모바일 콘텐츠 서비스를 받을 수 있으며 기존의 인터넷 서비스보다 빠른 서비스 확산력을 가지고 있다.

④ 모바일 SNS

모바일 상에서 다양한 인적 네트워크를 구축하고 정보를 공유하며 의사소통을 도와주는 서비스를 통칭한다. 위키피디아(Wikipedia), 블로그, 트위터(Twitter), 페이스북 (Facebook), 플리커(Flickr) 등 다양한 서비스가 있으며 이러한 SNS를 휴대폰으로 이용 가능해지고 기존의 SNS보다 실시간으로 정보 생산하고 확산시켜 전파속도가 매우 빨라진다.

⑤ 모바일 쇼핑

모바일 쇼핑은 휴대전화, 스마트폰, PDA 및 태블릿 PC와 같은 모바일 환경에서 사용 가능한 단말기의 확대와 이동통신 기술을 이용한 무선 인터넷의 발전으로 시간과 장소에 상관없이 상품을 검색하고, 구매가 가능하도록 지원한다.

4. 인터넷 특성과 모바일 특성

1) 인터넷 특성

인터넷이 제공하는 다양한 서비스를 살펴보면, 인터넷 특성을 다음과 같이 요약할 수 있다.

(1) 매개기술(Mediating Technology)

독립적인 당사자들을 상호 연결하는 역할을 하며, 상호 연결의 유형으로는 기업과 기업(B2B), 기업과 소비자(B2C), 기업과 정부(B2G), 소비자와 기업(C2B), 소비자와 소비자(C2C), 정부와 기업(G2B), 정부와 국민(G2C), 정부와 정부(G2G) 등이 있다. 이러한 인터넷의 쌍방향성 상호 연결성은 상호작용을 가능하게 하기 때문에 단방향 상호 연결보다 우위성을 가진다.

(2) 보편성(Universality)

세계를 확대하고 축소할 수 있다. 예를 들어, 서울에 있는 소프트웨어 개발자는 웹사이트에 소프트웨어를 올림으로써 세계의 모든 고객에게 판매할 수 있다는 의미에서 세계로 확대할 수 있고, 인도에 있는 숙련 노동자가 실리콘밸리에서 일하기 위해 캘리포니아로 이사할 필요가 없게 된다는 의미에서 세계가 축소된다고 할 수 있다.

(3) 네트워크 외부성(Network Externalities)

인터넷에 연결된 사용자의 수가 많을수록 사용자에게 제공되는 가치는 증가한다. 예를 들어, 예술품 애호가가 희귀한 예술작품의 판매를 원한다면, 그가 선택한 경매회사의 회원 수가 많을수록 자신이 얻을 수 있는 이익은 커질 것이며, 반면에 자신이 예술작품의 구매를 원할 경우에도 경매회사의 회원 수가 많을수록 선택의 폭도 넓고 원하는 작품을 발견할 기회가 많기 때문에 이익이 될 수 있다. 이러한 네트워크 외부성은 전화시스템 및 인터넷과 같은 연결된 네트워크에만 국한되지 않고, 고객에 대한 가치가 보완 제품과 함께 증가하는 제품에도 적용될 수 있다. 예를 들어, 컴퓨터를 사용하기 위해서는 소프트웨어가 중요한데, 특정 표준을 갖고 있는 컴퓨터를 소유한 사람이 증가할수록 이들을 위한 소프트웨어가 많이 개발될 가능성이 크며, 또한 구할 수 있는 소프트웨어의 수가 많을수록 사용자들은 선택할 수 있는 소프트웨어의 수가 많아지기 때문에 사용자에게 더 많은 가치가 제공된다.

(4) 유통 경로(Distribution Channel)

인터넷은 디지털로 생산 · 유통 · 소비 · 저장되는 디지털 상품(예 : 소프트웨어, 음악, 비디오, 항공권 및 관람권 예매, 중개서비스 등)의 유통경로 역할을 하게 된다. 또한 물리적 상품인 경우에도 제품, 가격, 배달시간에 관한 정보를 전달하는 것이 가능하다.

(5) 시간 조정(Time Moderator)

시간을 확장하고 단축할 수 있다. 시간을 확장하는 예로는 토요일 정오부터 오후 3시까지 열리는 경매에 참석할 수 없는 고객은 인터넷을 통해 인터넷 경매 사이트에서 지정해 놓은 시간 동안에는 언제라도 경매에 참가할 수 있다. 시간을 단축하는 예로는 마이크로칩 설계 작업을 하고 있는 한국의 기술자는 퇴근시간이 되면 그 작업을 일본에 있는 기술자에게 넘겨주고 일본에 있는 기술자는 퇴근시간이 되면 미국에 있는 기술자에게 넘겨줌으로써 하루 24시간 동안 작업을 계속할 수 있다.

(6) 정보 비대칭성 감소(Information Asymmetry Shrinker)

거래에 있어서 중요한 정보를 한쪽 당사자는 갖고 있으나 다른 쪽은 갖고 있지 않은 경우에 정보의 비대칭성이 존재한다고 말한다. 예를 들어, 자동차 판매상들은 자신들이 판매하는 자동차의 제비용을 알고 있으나 일반 구매자들은 모르는 경우 정보의 비대칭성이 존재한다고 말한다. 그러나 인터넷을 이용하게 되면 고객은 자동차 생산업자의 권장가격을 쉽게 알 수 있기 때문에 판매상들이 갖고 있는 정보와 동일한 정보를 갖고 판매점을 방문할 수 있기 때문에 정보의 비대칭성이 감소된다.

(7) 무한대의 가상적 수용능력(Infinite Virtual Capacity)

컴퓨터 처리속도, 저장능력, 네트워크 기술의 엄청난 기술 진보에 기인하여 인터넷은 무한대의 가상적 수용능력을 가진다. 이로 인해, 고객들은 구매를 위해 기다릴 필요가 없어지고, 공급업자와 판매업자는 고객에 관한 더 많은 데이터를 수집할 수 있으며 이를 통해 개인화된 서비스를 제공할 수 있고, 수만 명의 사람이 동시에 게임을 즐길 수 있다.

(8) 저비용 표준(Low Cost Standard)

인터넷은 모든 사람에게 개방된 표준(즉 프로토콜)을 제공하기 때문에, 사용하기에 비용이 적게 들고 편리하다.

(9) 창조적 파괴(Creative Destroyer)

창조적 파괴는 과거의 것이 우수한 새로운 것으로 대체되는 것을 의미한다. 예를 들면, 기존의 신문은 고객에게 가치(사설, 뉴스, 주식정보, 일기예보, 광고 등의 정보)를 제공하기 위해서 인쇄기, 유통망, 콘텐츠, 상표명에 대한 투자가 있어야 한다. 반면에 인터넷 신문은 저비용 표준의 인쇄기 역할, 무한대의 능력을 갖고 있는 유통망 역할, 동시적이면서 저비용의 쌍방향 의사소통 가능, 새로운 시장 진입자에게 낮은 진입비용 등의 우수하고 새로운 장점들을 제공한다. 이러한 의미에서 인터넷은 기존의 신문을 우수한 새로운 인터넷 신문으로 대체시키는 창조적 파괴 역할을 담당할 수 있다.

(10) 거래비용의 감소(Transaction Cost Reducer)

판매자와 구매자의 탐색 비용, 제품 정보 수집 비용, 협상, 문서 작성, 계약, 구매와 판매에 관련된 운송비용 등의 거래 비용을 감소시킨다.

2) 모바일 특성

모바일 인터넷 제공하는 다양한 서비스를 살펴보면, 모바일 인터넷 특성을 다음과 같이 요약할 수 있다.

(1) 개인화

모바일 인터넷 사용자의 개별적인 요구에 개인화된 서비스와 상호작용이 가능하다. 이는 개인화된 맞춤화 서비스를 제공해줄 수 있으며 정보통신기술 발달로 인하여 모바일 인터넷은 사용자들의 위치 추적이 가능해지고 이러한 기초자료에 근거하여 사용자들의 상호작용을 도와준다.

(2) 편재성

시간이나 장소에 상관없이 언제 어디서나 실시간 정보획득이나 커뮤니케이션이 가능하며 정보를 받아 볼 수 있는 속성을 말한다. 이러한 편재성은 개인화, 위치기반성과 결합되어 상품 추천 문자서비스와 같은 정보를 푸시(Push) 받거나, 주변 지역 및 관련 지역의 이벤트 초대 등을 받을 수 있게 한다.

(3) 위치 기반성

특정시점에 모바일 사용자의 현 위치가 어디인지 알 수 있는 속성을 지니고 있다 이를 통해서 모바일 인터넷사용자는 정보를 푸시 받거나 위치 기반을 활용한 길찾기, 내비게이션, 주변 지역 정보 등을 제공 받을 수 있다.

(4) 즉시 연결성

모바일 인터넷은 기존의 인터넷과 달리 자신이 필요한 정보를 모바일 인터넷에 즉시 연결되어 획득할 수 있다. 모바일 인터넷의 즉시 연결성은 사용자 이용 편의를 느끼게 한다.

제2절   e-비즈니스의 개요

1. e-비즈니스의 출현 배경 및 발전 과정

최근에 일상적으로 사용하고 있는 용어인 e-비즈니스의 개념을 이해하기 위해서는 전자상거래(EC : Electronic Commerce)의 개념 및 전자상거래로부터 e-비즈니스로의 발전 과정을 이해할 필요가 있다.

전자상거래란 용어는 1989년 미 국방성의 프로젝트를 수행하는 과정에서 처음으로 사용되었으며, 전자상거래의 발전 과정을 간략히 살펴보면 다음과 같다. 먼저 1970년대 초반부터 중반 사이에 은행 간 전자자금이체(Electronic Funds Transfer)가 출현했으며, 1970년대 후반부터 1980년대 초반에는 전자문서교환, 전자메일(E-mail) 등 전자메시징 기술이 출현하였다. 1980년대 후반부터 1990년대 초반 사이에는 ERP(Enterprise Resource Planning) 등 데이터의 효율적 활용을 통해 효과적인 업무 수행을 지원하려는 정보기술이 나타났고, 1990년대 중반부터 웹의 출현으로 e-비즈니스는 획기적 전환기를 맞게 되었다.

전자상거래는 전자적 수단을 활용하여 가상공간에서 수행하는 모든 상거래 행위(주문, 계약, 대금 청구, 지불, 배달 등)와 이를 지원하는 활동들(거래에 필요한 정보 교환, 광고, 보안 등)을 포함하는 일련의 행위들로 정의된다. 컴퓨터와 네트워크 등의 전자적 매체를 이용한 이러한 기업 간 거래는 인터넷의 등장 전까지는 주로 비공개 데이터 전용네트워크 또는 부가가치통신망(Value-Added Network)에 기반을 두었다. 대표적인 예로, 전자문서교환(EDI : Electronic Data Interchange)이 있는데, 이는 서로 합의된 표준을 사용하여 각종 상거래 문서를 컴퓨터 간의 직접 통신에 의해 교환하는 시스템이다. 이러한 방식은 기술과 비용 등 여러 가지 측면에서 제약이 많았으나, 인터넷의 등장과 함께 전자상거래는 본격적으로 활성화되기 시작했다. 다시 말해, 본격적인 의미의 전자상거래는 전 세계적인 공공 통신망인 인터넷의 등장과 함께 활성화된 것이다.

인터넷의 이용이 기업 활동 전반에 확산됨에 따라 전자상거래라는 용어는 점차 e-비즈니스로 대체되고 있는 실정이다. 우리가 흔히 말하는 인터넷 비즈니스라 함은 e-비즈니스 중에서도 인터넷을 기반으로 하는 비즈니스를 일컫는 용어이다. 하지만 인터넷의 주요 기술인 웹의 비중이 절대적으로 높아짐으로 인해 그 구분 역시 점점 없어지고 있다. 오늘날 e-비즈니스는 전자상거래를 포괄하는 개념으로 이해되고 있으며, 인터넷을 포함한 다양한 전자적 매체들이 더욱 광범위한 방법으로 기업의 생산, 운영 및 거래 활동에 사용됨으로써 그 영향이 기업 간은 물론 기업 내 모든 비즈니스 활동에 미치는 상태를 말한다. 특히, 최근에는 모바일 인터넷 환경에 일상화됨에 따라 e-

비즈니스 환경도 모바일 환경으로 진화하고 있으며, 모바일 쇼핑, SNS를 이용한 전자상거래 등과 같은 새로운 비즈니스 모델이 나타나고 있다. [그림 1-7]은 급격히 변하는 기업 환경과 이에 따른 e-비즈니스의 확대를 보여준다.

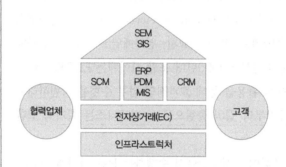

CRM : Customer Relationship Management 고객관계관리
ERP : Enterprise Resource Planning 전사적자원관리
MIS : Management Information Systems 경영정보시스템
PDM : Product data management 제품정보관리
SCM : Supply chain management 공급망관리
SEM : Strategic Enterprise Management 전략관리
SIS : Strategic Information Systems 전략정보관리

[그림 1-7] e-비즈니스 시스템과 기업의 가치사슬(Value Chain)

2. e-비즈니스의 정의 및 구성요소

1) e-비즈니스의 정의

2003년 산업자원부에서 발행한 e-비즈니스 백서에 따르면, e-비즈니스는 "인터넷과 정보기술(IT : Information Technology)을 이용하여 구매-제조-유통-판매-서비스로 이어지는 비즈니스의 전 과정을 재조정하여 경영활동의 효율성과 생산성을 높이며, 새로운 사업기회를 창출하는 계획적으로 조직된 혁신활동"으로 정의된다. 다시 말해, e-비즈니스는 네트워크화된 정보기술을 이용하여 상품, 서비스, 정보 및 지식의 전달과 교환을 효율적으로 수행함으로써 비즈니스의 효과(거래되는 상품과 서비스 및 정보의 품질이나 가치를 높이는 것)와 효율(비용을 절감)을 추구하는 것으로 이해될 수 있다.

2) e-비즈니스의 구성요소

1998년 초 야후 등 검색서비스 업체들은 인터넷에서 필요한 모든 서비스를 제공하는 종합미디어 회사로 성장하는 것을 목표로 설정하고, e-비즈니스의 구성요소로서 4C, 즉 콘텐츠(Contents), 의사소통(Communication), 공동체(Community), 상거래(Commerce)를 제시하였다. 4C를 통해 e-비즈니스 기업들은 보다 적절하고 유용한 내용을 효과적인 의사소통 방법을 통해 고객에게 전달하고 그들의 참여를 유도함으로써 다양한 수익원을 창출할 수 있게 된다. 한편, 웹 사이트 운영업체는 고객에게 보다 나은 4C 서비스 제공을, 솔루션 업체들은 보다 나은 4C를 가능하게 하는 기술 개발을 목표로 하였다. 결국, 전통적인 상거래에서 상품 및 서비스의 판매를 위해 고객에게 일방적으로 정보를 제공하는 것으로부터 벗어나, 고객에게 보다 나은 4C 서비스를 제공함으로써 상품 및 서비스의 판매를 향상시키고자 하는 것이다. 최근에는 포털(Portal) 서비스 업체를 중심으로 커넥션(Connection) 및 커스터마이제이션(Customization)을 추가한 6C를 성공적인 포털 사이트를 구축하기 위한 구성요소로 보고 있다. 여기서 커넥션이란 e-비즈니스 기업들이 전략적으로 상호협력 및 제휴함으로써 비용을 절감하고 위험을 감소시켜 타 경쟁업체 및 오프라인 업체들과 효과적으로 경쟁하고자 하는 전략이다. 커스터마이제이션이란 e-비즈니스 기업들이 기존의 시장 세분화보다 더욱 세분화된 매스커스터마이징(Mass Customizing)을 통해 고객 개개인의 요구에 맞는 서비스나 제품을 공급할 수 있어야 한다는 전략이다.

3. e-비즈니스의 특징

e-비즈니스의 특징은 앞서 기술한 인터넷의 근본적 특성을 근간으로 하여 설명될 수 있다. 기업은 효율적인 e-비즈니스의 수행을 위해 인터넷 및 e-비즈니스의 특징을 이해할 필요가 있다. e-비즈니스 기업은 단축된 유통채널을 통해 소비자들에게 보다 저렴한 가격으로 상품을 공급할 수 있게 되었으며, 시간과 공간의 제약이 사라짐에 따라 효율적인 마케팅 및 재고관리가 가능해졌으며, 판매 공간이 불필요하게 되어 소액자본으로도 사업전개가 가능하게 된 것이다. 아울러 글로벌 시장화, 멀티미디어화, 디지털화, 보편화 등을 e-비즈니스의 특징으로 들 수 있다. 인터넷의 활용으로 기업

은 국가 간 경계를 초월하여 고객 및 공급업체와 거래할 수 있게 되었고, 문자 등 텍스트 정보 외에도 다양한 형태의 정보를 효율적으로 저장, 처리, 전송할 수 있게 되었으며, 시간이나 공간 그리고 시스템의 차이에 구애받지 않고 언제든지 필요한 정보에 접속할 수 있게 되었다. 기존의 전통적 상거래에 비해 인터넷에 기반을 둔 e-비즈니스가 갖는 특징을 요약하면 다음의 [표 1-3]과 같다.

[표 1-3] 전통적 상거래와 e-비즈니스의 특징 비교

	전통적 상거래	e-비즈니스
유통경로	공급자 → 도매상 → 소매상→ 수요자	공급자 → 수요자
거래대상 지역	일부지역으로 제한	전 세계
거래 시간	영업시간으로 제한	제약 없음
판매공간	물리적인 판매공간 필요	가상공간
판매정보 파악	영업사원이 수집하여 입력	온라인상에서 수집이 용이
마케팅 활동	공통된 정보를 제공하는 대중마케팅	개인 정보를 바탕으로 한 개별마케팅
고객에 대한 대응	고객의 불만사항 및 문의사항 수집이 어렵고, 즉각적인 대응이 어려움	고객의 불만사항 및 문의사항 수집이 용이하고, 즉각적인 대응이 가능
소요 자본	토지 및 건물 등의 구입에 많은 자금이 소요	e-비즈니스 시스템 구축에 상대적으로 적은 비용이 소요

④ e-비즈니스의 상품 및 거래 상대

1) e-비즈니스의 상품

e-비즈니스를 시작할 때 고려해야 할 사항 중의 하나가 판매할 상품의 선택이다. 인터넷에서 거래되는 상품의 종류 및 장단점은 다음과 같다.

(1) 물리적 상품(Physical Goods)

음악 CD, 서적, 전자제품, 자동차, 의류 등과 같이 실체가 존재하고 직접 만져볼 수 있는 상품을 말하며, 거래를 위해서는 배달 및 물류 시스템과 반드시 연계되어야 한다. e-비즈니스에서 물리적 상품을 거래할 때의 장점은, 소비자는 원하는 상품을 비

교하여 저렴한 가격에 편리하게 구매 가능하고, 공급자는 상점 운영유지비 등을 줄이고 가격을 낮춤으로써 저렴한 가격으로 공급이 가능하다는 것이다. 단점으로는, 소비자에게 상품이 배달되기까지 시간이 걸리고, 배달 과정에서 상품이 손상되거나 분실될 위험성이 있으며, 소비자가 기대했던 것과는 다른 상품이 배달될 가능성이 있다.

(2) 디지털 상품(Digital Goods)

인터넷을 통한 주식 관련 정보 및 여행정보, MP3 파일의 구입 등과 같이 디지털로 생산·유통·소비·저장될 수 있는 상품으로, 실체를 만져볼 수는 없고 단지 컴퓨터를 통해서 보거나 즐길 수 있는 상품이다.

디지털 상품은 디지털 콘텐츠와 디지털 서비스로 대분될 수 있다. 디지털 콘텐츠는 상품이 가지고 있는 내용을 소비자가 사용함으로써 가치를 얻을 수 있는 상품을 말하며, 인터넷 게임과 MP3 음악 파일이 그 대표적인 예이다. 디지털 서비스는 상품 자체로서 가치를 가지기보다는 다른 서비스를 이용하는 과정상의 매개체가 됨으로써 가치를 발휘할 수 있는 상품을 말하며, 인터넷을 이용한 호텔·공연 예약 서비스, 여행정보 서비스, 주식정보 서비스 등을 예로 들 수 있다.

디지털 상품의 특성을 살펴보면 다음과 같다. 첫째, 일단 생산이 되면 형태나 품질을 영구히 유지하는 것이 가능하다(예 : MP3 파일). 둘째, 수정하는 것이 쉽다(예 : e-북). 셋째, 생산 초기의 고정비용은 많이 들지만, 생산된 상품을 추가적으로 생산하는 데 드는 한계비용은 매우 적다(예 : 디지털 형태의 파일 복사). 넷째, 소비자에게 어떤 가치를 가져올 수 있는가를 알기 위해서는 반드시 사용해보거나 경험해보아야 하는 경험재로서의 성격을 지닌다(예 : 소프트웨어 시험 평가판 무료 배포, 컴퓨터 게임 데모판 무료 배포). 다섯째, 여러 사람이 이용하더라도 소비자 개인에게 제공되는 상품 자체의 양적 감소 및 질적 저하가 생기지 않는 공공재로서의 성격을 지닌다.

디지털 상품은 다음과 같은 장점을 가진다. 첫째, 인터넷을 통해 전달되기 때문에 물류에 신경 쓸 필요가 없다. 둘째, 상품의 분리나 합성이 자유롭기 때문에, 원하는 부분만을 구매할 수 있고, 원하는 부분만을 구매한 후 합성하는 것도 가능하다. 셋째, 다양하게 변형시켜 판매 가능하다. 즉, 가격에 따라 기능의 차이를 두어 판매하거나, 요금에 따라 서비스에 제한을 둘 수 있다(예 : 소프트웨어의 일반용 및 전문가용 판매). 반면에, 디지털 상품이 갖는 단점은 불법 복제가 가능하다는 것이다.

2) e-비즈니스의 거래 상대

거래 상대란 e-비즈니스 상품 및 서비스가 인터넷 상에서 어떠한 거래 주체들 사이에 거래되는가를 나타낸다. 거래 주체로서는 기업(Business), 소비자(Customer), 정부(Government)가 있을 수 있으며, 거래 상대는 이러한 거래 주체들 간의 가능한 거래 유형을 나타낸다. 예를 들어, B2C(Business-to-Customer)는 기업과 소비자 간의 거래를

[표 1-4] 거래 주체에 따른 거래 유형

유형	설명	대표적인 예
B2B	기업과 기업 간의 다양한 거래(상품의 판매 · 구매, 정보교환 등)	e-마켓플레이스
B2C	상품의 판매자가 소비자들을 상대로 상품 또는 정보를 판매	인터넷 쇼핑몰 포털사이트 온라인 정보중개 서비스
B2G	기업과 정부 간의 재화 및 서비스 구매, 전자입찰을 통한 건설공사 계약	MRO(기업에서 필요한 소모성 자재) 조달시장
C2B	인터넷의 등장으로 인해 새롭게 형성된 거래유형으로, 소비자 개인 또는 소비자 단체가 상품의 판매자에게 가격 및 제품 서비스 등의 거래조건을 제시하고 구매하는 유형	역경매 공동구매
C2C	소비자 간의 일대일 거래	경매 벼룩시장
G2B	전자정부서비스 중 기업의 경쟁력 강화를 지원하기 위한 대기업 서비스: 정부의 기업 관련 각종 민원서식을 표준화하고 간소화하여 행정처리 지연에 따른 시간과 비용을 대폭 개선하고, 정부에 대한 민원 절차나 서식 등의 관련 정보와 서비스를 포털사이트를 통해 종합적으로 제공함으로써 이용의 편의성을 향상	기업지원 단일창구 (www.g4b.go.kr) 국가종합전자조달시스템 나라장터(www.g2b.go.kr)
G2C	전자정부서비스 중 대국민 서비스: 인터넷으로 민원을 처리할 수 있도록 하여 관공서를 직접 방문해야 하는 번거로움을 최소화하고, 여러 기관에 분산되어 있는 정보와 서비스를 포털사이트를 통해 종합적으로 제공함으로써 정보획득과 서비스 이용의 편리성을 향상	통합전자민원창구 (www.g4c.go.kr) 국세청 홈택스서비스 (www.hometax.go.kr) 국가복지종합정보 (www.e-welfare.go.kr)
G2G	전자정부서비스 중 정부 간 서비스: 정보기술을 활용하여 행정기관의 업무를 전자화함으로써 행정기관 상호 간의 업무처리 효율성과 투명성을 제고하고, 궁극적으로 국민과 기업에 대한 정부서비스 품질 및 국가경쟁력을 향상	전자문서 유통서비스 정부 업무관리서비스 행정정보 공동이용서비스

나타내며, 전자의 B는 상품 및 서비스 조건의 제시자(또는 정보제공자)를 후자의 C는 상품 및 서비스 조건의 수용자(또는 정보수용자)를 의미한다. 그리고 G2C의 경우 C는 소비자라 칭하기보다 국민이라 부른다. e-비즈니스에서의 거래 상대별 유형과 대표적인 예를 살펴보면 [표 1-4]와 같다.

5. e-비즈니스의 경영 패러다임

인터넷이라는 정보기술의 등장과 함께 나타난 e-비즈니스는 전통의 경영방식을 벗어난 신디지털 경제로의 전환을 가속화시키고 있다. 이는 결국 비즈니스 가치사슬에 근본적이고 혁신적인 변화를 초래하고 있다. e-비즈니스의 가속화를 주도하는 패러다임의 주요한 변화들은 다음과 같이 요약될 수 있다.

(1) 소비자 주도 시장

인터넷의 상호 커뮤니케이션 특성으로 인해 소비자의 주도권이 증대되고 있다. 즉, 상품과 서비스를 구입하기 전에 소비자는 필요한 정보를 원하는 만큼 수집할 수 있고, 그 정보를 토대로 여러 공급자들의 상품과 서비스를 비교하고 교섭이 가능하게 되어, 공급자는 소비자가 찾는 정보를 완벽하고 신속하게 제공하지 못하면 상품과 서비스를 판매할 수 없게 된다. 이러한 소비자 주도 시장은 다음과 같은 특징을 가진다. 첫째, 공급자보다 소비자가 주도권을 가지며, 둘째, 구입 전에 상호 커뮤니케이션이 이루어지게 되고, 셋째, 상호 커뮤니케이션이 발생시키는 브랜드 파워를 가지고, 넷째, 실제로 판매되는 상품과 서비스를 둘러싼 정보 자체가 소비가치를 가지며, 다섯째, 상품과 서비스의 맞춤화(개인화)가 이루어진다.

(2) 메트칼프 법칙

1995년 밥 메트칼프에 의해 제창된 메트칼프 법칙은, "네트워크 가치는 가입자 수에 비례해 증가하며, 어느 시점부터 그 가치는 비약적으로 증가한다."는 법칙이다. 예를 들면, 초창기의 팩시밀리의 경우 구입해도 송수신 상대가 없어서 구입 가치를 충분히 가지지 못하였으나 보급대수가 서서히 증가함에 따라 송수신 상대가 많아져 충분한 가치를 가지게 되고, 팩시밀리 사용자가 점점 더 증가할수록 공급자들의 경쟁이 심해져 기술의 발전을 가져오기 때문에 새로운 기능을 가진 팩시밀리가 계속 시장에 출시되게 된다.

(3) 무형 자산(Intangible Assets)

지금까지의 자산은 대부분 물적 자산(예 : 토지, 공장, 설비, 재고 등)이나 금융자산(예: 현금, 투자신탁, 부채나 자본 등)과 같은 유형자산이었다. 그러나 눈에 보이지 않는 자산 즉 무형자산의 중요성이 높아지고 있으며, 고객 자산(예 : 고객, 판매 채널, 판매 제휴처 등), 공급자 자산(예 : 공급업자, 전략적 파트너십 등), 그리고 조직 자산(예 : 명성, 경영자의 리더십, 전략, 브랜드, 기업 문화, 프로세스, 조직 구조, 지식, 지적소유권 등)이 무형자산에 속한다. 예를 들어, 아마존에서는 기업가치의 80% 이상을 무형자산이 차지하며, e-비즈니스 선도 기업들은 무형자산을 강화해 이해관계자에 대해 독자적인 가치를 내세워 자금이나 인적자원, 파트너와의 전략적 제휴를 실현하기도 한다.

(4) 수확체증의 원리

브라이언 아더 교수가 주장한 것으로, "어떤 사업규모를 초월하면 수익이 급격히 저하한다."는 수확체감의 원리와 달리, 수확체증의 원리는 "산업규모가 2배가 되면 생산이 더욱 효율적으로 이루어져 산출량이 2배 이상이 된다."는 원리이다. 대량생산 시대를 지배했던 수확체감의 원리는 전통적인 분야인 제조업에 지배적인 반면, 수확체증의 원리는 하이테크 산업 및 지식 주도형 산업을 주도하고 있다. 수확체증의 원리는 성공하고 있는 기업은 더욱 번창하는 반면 우위성을 상실한 기업은 점점 더 약체화되는 경향이나 초기 투자부담은 크지만 한번 경쟁력 있는 프로그램을 개발하면 급속도로 시장이 확대되고, 단위비용의 저하로 수익이 체증해 나가는 상황을 잘 설명한다.

6. e-비즈니스의 기대효과

1) 국가경제에 미치는 효과

e-비즈니스가 활성화되면, 첫째, 시장에 대한 진입장벽을 제거하는 결과를 가져옴으로써 완전경쟁시장과 유사한 경쟁체제가 형성되고, 둘째, 경제 전체의 거래비용을 절감할 수 있고, 셋째, 경쟁이 가속화되고 거래비용이 절감되면 전반적인 가격인하가 이루어지게 된다. 이러한 상황으로 인하여 국가경제적인 관점에서는 다음과 같은 효

과들을 기대할 수 있게 되고, 궁극적으로 우리 경제의 생산성을 향상시켜 경제 성장을
가져오게 된다.

① 국내총생산 성장 효과

② 인플레이션 억제 효과(=물가 인하 효과 =물가상승률 억제 효과)

③ 사이버 무역을 활용한 수출 증대 효과

④ 정보기술산업 종사자 증가로 인한 고용 창출 효과

⑤ 기업의 저비용 상거래 실현으로 인한 가격 인하 유도 및 유통비용의 절감 효과

2) 기업경영에 미치는 효과

e-비즈니스가 원활히 추진될 경우, 기업 관점에서 볼 때, 첫째, 인터넷을 이용한 특
화된 비즈니스 모델이 개발됨으로 인하여 기업은 새로운 비즈니스 기회를 창출할 수
있게 된다. 둘째, e-비즈니스에 적합한 새로운 제품과 서비스가 개발되고, 기존의 제
품도 e-비즈니스에 적합하도록 변모될 것이다. 셋째, 네트워크를 활용할 수 없거나 활
용이 어려운 산업의 쇠퇴, 디지털 경제를 선도하는 정보통신산업 위주로의 산업구조
개편, 정보를 팔거나 중개하는 중개산업의 발전, 기존의 유통산업이 담당하던 중개 기
능의 급속한 쇠퇴와 같은 21세기 디지털 시대에 부합되는 산업구조로 전환될 것이다.
이러한 상황 하에서 기업이 e-비즈니스에 투자함으로써 기대할 수 있는 구체적인 기
대 효과는 다음과 같다.

① 일반관리비 절감

② 매출원가/판매/마케팅 비용 절감

　　– 구매비용 감소

　　– 재고 수준의 적정 운영으로 인한 재고유지비 감소

　　– 공급자와 수요자 간의 정보 교류 확대로 인한 제품 생산기간 단축

　　– 기존 유통경로 상의 중간 매체를 제거함으로써, 수요자의 요구를 신속하고 정
　　　확하게 이해할 수 있고, 시간과 비용을 절감할 수 있어 공급자와 수요자 간의
　　　유통구조의 효율성이 향상

③ 새로운 시장개척 및 판매기회 확대

　　– 시간적 · 공간적 제약을 극복하여 시장규모가 급속히 확대되어 지역 경제를

넘어서 새로운 시장 개척 및 판매 기회를 확대
- 보다 광범위하고 풍부한 잠재고객을 확보
- 웹을 통해 무한한 정보 판매와 유통 채널을 확보함으로써 매출증대의 기회를 확보
④ 고객 및 협력사들과의 관계 및 협력 증진
- 제품에 관한 서비스(제품 설명, 기술적인 지원, 주문한 제품의 배송 상태 등)를 온라인으로 신속하게 제공함으로써 고객의 요구에 신속하게 부응함으로써 효과적인 고객 서비스 가능. 특히, 디지털 상품의 경우 주문형 제품에 대한 소비자 요구에 대한 대응이 용이하다는 점에서 소비자에게 많은 편익을 제공
- 온라인을 통한 상거래는 고객들과의 인터랙티브하고 개별적인 관계를 형성

7. e-비즈니스의 성공요인

전통적 상거래에 비해 많은 장점이 있음에도 불구하고, e-비즈니스의 활성화를 저해하는 장애요인들도 상존하고 있다. 그러한 장애요인을 극복하고 e-비즈니스를 성공적으로 수행하기 위한 성공요인을 살펴보면 다음과 같다.

(1) 정보 인프라의 접근 보장

정보 인프라에 대한 일반 사용자의 접근을 보장하기 위해서는, 인터넷망을 사용하는데 지불해야 하는 비용이 저렴해야 하며, 인터넷망의 품질 및 속도가 향상되어야 한다. 또한 고품질의 멀티미디어 입체영상으로 현실감을 높이기 위한 사용자 인터페이스 기술의 향상 등이 효과적으로 해결되어야 한다.

(2) 완벽한 보안체계

e-비즈니스의 활성화를 위해 가장 기본적이고 중요한 사항은 거래의 안전성과 신뢰성 확보이며, 이것을 위해서는 완벽한 정보보안이 이루어져야 한다. 정보보안의 세부적인 고려사항으로는 ① 인터넷을 통한 전자거래(금융거래, 증권거래, 온라인 쇼핑 등)시 거래당사자들의 신원 확인 ② 거래정보가 전송되는 중에 훼손 및 변경되는 것을 방지 ③ 시스템 또는 사이트의 불법적인 접근을 차단함으로써 중요 정보의 유출·변경·손상 방지 등을 들 수 있다.

이러한 정보보안을 위해 암호화, 방화벽 및 백신 프로그램 등의 보안기술이 사용된다. 거래당사자들의 신원을 확인하고, 거래정보가 전송되는 중에 훼손 및 변경되는 것을 방지하기 위하여 전자서명(Digital Signature)이라고 하는 암호화 기술이 사용된다. 그리고 시스템 또는 사이트의 불법적인 접근을 차단함으로써 중요 정보의 유출·변경·손상을 방지하기 위하여 방화벽 및 백신 프로그램 등의 보안기술이 사용된다.

현재 보안 관련 산업이 급성장하고 있으며 각종 보안기술 및 제품의 개발, 표준화, 관련 법제도의 제정 및 보완이 지속적으로 이루어지고 있다.

(3) 전자지불시스템의 구축

인터넷 상에서 대금을 이체하고 결제하기 위한 전자지불은 e-비즈니스에 있어서 필수적인 요소이다. 안전한 지불결제수단이 보장되어야 거래당사자 간에 안심하고 전자거래를 할 수가 있다. 전자지불에서 사용 가능한 지불수단으로는 전자화폐(Electronic Cash 또는 Electronic Money), 신용카드, 전자수표(Electronic Check) 등이 있다.

전자화폐는 실제 통용되고 있는 현금과 유사한 성격을 지닌다. 지불자와 피지불자 등에 관한 정보를 확인할 수 없는 지불의 익명성이 보장되는 장점을 가지는 반면에, 하드디스크나 스마트 카드에 화폐가 저장되기 때문에 손실 및 손상의 위험성이 있다. 전자화폐 기반의 전자지불시스템으로는 e-cash, Mondex, Visacash 등이 있다.

신용카드는 이미 전 세계적으로 널리 사용되고 있으며, 신용카드 사용에 따른 법적·제도적 문제가 거의 없기 때문에 인터넷 상에서 신용카드를 이용한 지불은 가장 활발하게 이용되고 있다. 그러나 최소한의 시스템 유지비용 때문에 일정 금액 이상의 거래로 제한되고(즉, 소액 결제에는 부적합), 인터넷 상에서 개인정보의 누출을 방지하고 결제의 안전성을 보장하기 위해서는 완벽한 보안시스템을 구축해야 하는 문제점을 안고 있다. 신용카드 기반의 대표적인 전자지불시스템으로는 SET(Secure Electronic Transaction), CyberCash가 있다.

전자수표는 기존의 종이수표 거래를 인터넷에서 구현한 것이다. 은행에 당좌예금 계좌를 가지고 있는 전자수표 발행인은 전자수표를 작성해서 수취인에게 전송하게 된다. 수취인은 전자수표를 은행에 예치하고 자신의 계좌로 대금을 받는다. 수취인의 은행은 전자수표를 발행인의 지불은행에서 결제한다. 지불은행은 전자수표가 유효한 것인지를 확인한 후 발행인의 계좌에 그 수표의 금액을 청구하게 된다. 전자수표 기반의 전자지불시스템은 전자수표의 발행인과 수취인의 신원에 대한 인증을 필요로 하는 문제점이 있다. 그러나 거래 당사자 간에는 은행계좌 간 자금이동을 위한 전자지불서만이 유통되므로 자금 보관의 안전성이 보장될 수 있기 때문에 거액의 거래 및 기업 간 결제수단으로 적합하다. 전자수표 기반의 대표적인 전자지불시스템으로는 NetCheque, CheckFree 등이 있다.

(4) 물류체계의 구축

e-비즈니스에서 물류와 관련된 문제(배송 지연, 배송시 분실 및 파손, 배송비 등)가 소비자 불만의 대부분을 차지하고 있는 실정이다. 상품을 빠르고 정확하게 배달할 수 있는 물류체계가 구축되어야 한다.

(5) 법제도의 개선

소비자의 주문취소 및 환불 요청시 발생되는 소비자 보호 문제, 회원제를 통해 수집되는 고객정보를 보호하는 개인정보 보호 문제, 음란·폭력물의 배포에 대한 청소년 보호 문제, 데이터베이스 정보·신종저작물·음반·상표권 등 저작권에 대한 보호문제, 관세 및 세금의 부과 문제에 대한 법적·제도적인 개선이 필요하다.

(6) 최적의 경험을 제공하는 e-비즈니스 시스템의 구축

풍부한 콘텐츠를 갖추고, 가상 상점에서 상품 정보 검색 및 주문이 용이하도록 쉬운 사용자 인터페이스를 제공하여야 하며, 고객이 원하는 다양한 상품을 구비하여 고객이 상품을 찾는 데 드는 시간을 단축할 수 있도록 하여야 하며, 효과적인 품질인증 제도가 시행될 수 있어야 한다.

8. e-비즈니스의 전망

e-비즈니스는 업무 프로세스를 개선하고 새로운 사업기회를 창출하고자 하는 기업들에 의해 경쟁적으로 도입되고 있다. 아울러 전자상거래 중심에서 급속도로 전 비즈니스 영역으로 그 영역이 확산될 것으로 보인다. 다시 말해, 인터넷의 활용이 기업의 업무 영역 전 단계에 걸쳐 확산되면서 기업은 내부적으로 보다 효율적으로 정보를 관리할 수 있게 되고 외부적으로는 고객 및 공급자들과의 관계를 보다 긴밀하게 관리할

수 있게 된다. 한편, 온라인 기업과 오프라인 기업의 활발한 제휴와 기업 간 협업 등 다양한 사업모델의 개발 및 시험이 계속될 것으로 예측된다. 아울러 e-비즈니스를 지원하는 다양한 e-채널(e-Channel)과 e-포털(e-Portal) 등 e-비즈니스의 변화된 환경을 지원하는 새로운 비즈니스 모델의 창출이 이루어질 것이다.

m-비즈니스(모바일 비즈니스, Mobile Bussiness)는 무선통신 네트워크와 단말기(이동전화, PDA 등)를 활용해 비즈니스를 수행하는 것으로, 기존의 e-비즈니스 형태에 무선 및 이동통신 서비스를 추가적으로 활용하는 것으로 볼 수 있다. e-비즈니스의 확산과 함께 최근 무선이동통신 시장이 급성장하면서 m-비즈니스가 비약적인 성장을 하고 있다.

m-비즈니스 환경에서는 소비자는 무선 이동통신 기반의 서비스를 통해 언제 어디서나 무선으로 인터넷과 연결되어 전자우편, 쇼핑, 방송 등을 자유롭게 즐길 수 있게 된 것이다. m-비즈니스의 특징으로는 실시간 정보를 어디서나 받아볼 수 있는 편재성(Ubiquity), 정보와 언제든지 연결되는 도달성(Reachability), 모바일 장치의 사용에 따른 편리성(Convenience)과 즉시 연결성(Instant Connectivity) 등을 들 수 있다. 이에 따라 e-비즈니스 기업들은 기존의 e-비즈니스 모델에 무선 이동통신의 특성을 활용한 다양한 m-비즈니스 모델이 구현되고 있다.

m-비즈니스와 함께 향후 u-비즈니스의 시대가 현실화되고 있다. 유비쿼터스(Ubiquitous)란 시공을 초월해 '언제 어디서나 존재한다'는 뜻의 라틴어에서 유래한 말로써 사용자가 컴퓨터나 네트워크에 구애받지 않고 시공을 초월하여 자유롭게 네트워크에 접속할 수 있는 환경을 말한다. 이 정보기술 패러다임은 기존의 컴퓨터뿐만 아니라 TV, 휴대전화, 카 내비게이션, 가정용 가전기구 등 모든 기기에 컴퓨터를 내장하여 네트워크화하게 하여 누구나, 언제, 어디서나 저렴한 비용으로 대용량의 통신망 서비스를 사용할 수 있게 한다. 유비쿼터스화를 이루기 위해서 IT 기업들은 광대역 통신기술의 개발 및 저렴하고 고품질의 정보기술 기기의 보급에 노력하고 있다.

참 고 문 헌

김성희, 장기진, e-비즈니스.com, 청람, 2004

김용훈, 모바일 SNS 시대의 인터넷 윤리, 디지털정책연구, 제11권 제2호, pp.1-8, 2013

박주연, 전범수, 국내 미디어 기업의 모바일 콘텐츠 서비스 사례 분석, 한국콘텐츠학회논문지,
　　　　제10권 제1호, pp.160-169, 2010

변대호, 윤한성, 도남철, 전홍대, e-비즈니스 전자상거래, 생능출판사, 2004

산업자원부 · 한국전자거래진흥원, 2004 e-비즈니스 백서, 2004

아더앤더슨(편역 : 아더앤더슨코리아), e비즈니스, 이미지북, 2000

애번 슈워츠, 웹 경제학, 세종서적, 1999

이영곤, 이것이 모바일 비즈니스다, 비비컴, 2002

이주영, 모바일 쇼핑 시장의 현황과 전망, 정보통신정책연구, 제24권 6호 통권528호, pp.79-
　　　　87, 2012

이해경, 이혜정, 이정우, 문자기반 매체에서 느끼는 사회적 현존감 : 모바일 커뮤니케이션의 사
　　　　례, 한국콘텐츠학회논문지, 제13권 제1호, pp.164-174, 2013

임규건, 백승익, 이정우, 한창희, e-비즈니스 경영, 이프레스, 2005

한국게임산업진흥원의, 2013년 대한민국 게임백서, 2013

한국온라인광고협회의, 2013년 온라인광고 시장규모, 2013

한국인터넷진흥원, 2009 한국인터넷백서, 2009

한국인터넷진흥원, 2013 한국인터넷백서, 2013

한국인터넷진흥원, 2013년 인터넷이용실태조사, 2013

한국인터넷진흥원, 2013 e-러닝산업실태조사, 2013

한국전자거래협회, 전자상거래관리사 : 1. 전자상거래 기획, 2000

Afuah, A. and Tucci, C. L.(역자 : 조남기, 이경전), 인터넷 사업모형과 전략, 학술정보, 2001

연 습 문 제

01. 인터넷과 웹의 발전 과정에 대하여 조사하시오.

02. 인터넷의 기본 서비스와 응용 서비스에는 어떠한 것들이 있는지 설명하시오.

03. 모바일 인터넷의 기본 서비스와 응용서비스에는 어떠한 것들이 있는지 설명하시오.

04. 인터넷이 가지고 있는 특성에 관하여 조사하시오.

05. 모바일 인터넷이 가지고 있는 특성에 관하여 조사하시오.

06. e-비즈니스의 발전 과정에 관하여 조사하시오.

07. e-비즈니스를 정의하시오.

08. e-비즈니스의 구성요소인 4C란 무엇인가?

09. e-비즈니스가 전통적 상거래와 다른 점은 무엇인가?

10. e-비즈니스에서 거래되는 상품에는 어떠한 것들이 있는가?

11. e-비즈니스에서의 거래 상대에는 어떠한 것들이 있는지와 대표적인 예를 들어 보시오.

12. e-비즈니스의 가속화를 주도하는 패러다임인 메트칼프 법칙, 수확체증의 원리가 무엇인지 설명하시오.

13. e-비즈니스가 기업 경영에 미치는 기대효과에는 어떠한 것들이 있는지를 설명하시오.

14. e-비즈니스를 성공적으로 수행하기 위한 성공요인이 무엇인지를 설명하시오.

15. e-비즈니스, m-비즈니스, u-비즈니스 각각의 차이점은 무엇인가?

CHAPTER 02

e-비즈니스 전략 및 모델

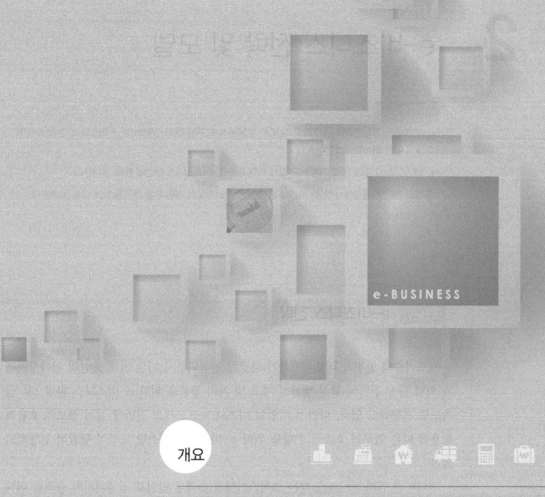

e - BUSINESS

개요

제1절 e-비즈니스 전략에서는 먼저 기업의 경쟁전략이 무엇인지 정의하고 5-Forces 분석 등 유용한 경영분석 수단들을 학습하고 이들이 e-비즈니스 경쟁전략 수립에 어떻게 이용되는지 알아본다.

제2절 e-비즈니스 모델에서는 비즈니스 모델의 의의와 분류기준 및 구성 요소들에 대하여 학습하고 다양한 e-비즈니스 모델 종류에 대해 알아본다. 이어 인터넷 쇼핑몰, e-Marketplace와 오픈마켓 등 주요 비즈니스 모델의 사례 분석을 통하여 이해를 증진하고 마지막으로 e-비즈니스 산업 현황에 대하여 알아본다.

제3절 m-비즈니스(모바일 비즈니스)에서는 e-비즈니스의 발전 형태와 연관하여 m-비즈니스의 개념 및 특성과 영역에 대해 알아보고 m-비즈니스 사례를 통하여 발전 가능성에 대하여 알아본다.

e-비즈니스 전략 및 모델

제1절 e-비즈니스 전략

정보기술의 발전과 네트워크화가 빠르게 진전되면서 기존 거래 중심의 전자상거래
가 기업 활동 전반에 걸친 생산성 재고 및 가치 창출을 위한 e-비즈니스 환경으로 급
속도로 전환되고 있다. 따라서 기업의 비즈니스 프로세스 전반에 걸쳐 정보의 효율적
활용에 따른 업무의 효과적 수행을 위해 e-비즈니스 시스템 도입이 활발히 진행되고
있다.

전략이란 원래 strategia라는 그리스어에서 유래된 단어로 전쟁에서의 승리를 위해
여러 전투를 계획, 조직하고 수행하는 방책을 의미한다. '知彼知己 百戰百勝'이라는 말
로 유명한 중국 고대의 병법서 중의 하나인 손자병법도 전략의 중요성을 강조하면서
피아를 잘 비교·검토한 후 정보를 최대한 활용하여 전투에 임해야 한다고 주장하였
다. 다시 말해, 知彼를 통해 외부 환경적 요인인 기업을 둘러싼 국가적·사회적·문화
적 환경 및 경쟁자에 대한 분석을 수행하고, 知己를 통해 자신의 강점과 약점을 철저
히 파악하고 남다른 핵심역량을 축적시킨 후 전쟁에 임해야 승리할 수 있다는 것이다.
이는 현대 전략경영의 SWOT(Strength, Weakness, Opportunity, Threat) 분석과 상통하
는 개념으로 e-비즈니스 전략의 수립에 있어서도 기업들이 자신의 강점과 약점을 제
대로 파악하고 기업 환경의 변화에 따라 발생하는 위협과 기회에 대응하여야 함을 의

미한다. 제1절에서는 먼저 경쟁전략에 대해 알아보고, 주요 경영분석 도구들이 무엇이며 이들이 어떻게 e-비즈니스 경쟁전략 수립에 어떻게 적용되는지 살펴본다.

1. e-비즈니스 전략 정의

기업들은 수익을 얻기 위해 사업을 하며 사업의 성공은 사업성과 즉 회계 상의 이익으로 측정되어진다. 전략적 경영활동이란 기업이 장기적인 목표를 달성하기 위하여 각종 정책들을 기획, 집행하고 이를 통해 주어진 자원을 성공적으로 배분하여 경쟁기업에 비해 경쟁우위를 획득하기 위한 경영활동을 말한다. 즉, 오늘날과 같이 치열한 글로벌 경쟁체제에서 경쟁기업과 비교해서 어떻게 경쟁우위를 획득할 수 있는가를 모색하여 추진하는 경영활동이라고 할 수 있다. 경쟁전략이란 기업이 경쟁우위를 획득하기 위하여 수립하는 전략이며, 기업이 비즈니스를 통해 지속적인 수익을 확보하기 위해서 자사에 맞는 경쟁전략이 먼저 수립되어야 한다.

경쟁전략의 수립은 해당 기업이 가장 잘 할 수 있는 부분을 발견하는 것에서 출발한다. 이를 기업의 핵심역량이라고 부른다. 기업의 핵심역량은 그 기업의 수익창출 능력과 직접적인 관련이 있어야 한다. 아울러 경쟁전략의 수립은 해당 기업의 주변 환경과 본질적으로 연관되어 있다. 기업과 연관된 주변 환경은 경제적, 사회적 제반요인까지 포괄하는 것이지만, 직접적으로는 해당 기업이 경쟁을 벌이는 특정산업이나 산업군으로 볼 수 있다. 이는 산업구조가 해당 산업 내 기업 간의 경쟁에 큰 영향을 미치기 때문이다. 따라서 기업은 내부 핵심역량 분석 및 외부 경쟁 환경 분석 결과를 토대로 경쟁전략 및 수익을 창출하기 위한 비즈니스 모델을 선택, 수립하고, 이에 기초하여 구체적인 비즈니스 프로세스를 개발한다. 기업은 경영환경의 변화에 따라 필요시 이러한 과정을 반복적으로 수행하여야 한다.

e-비즈니스를 수행하려는 기업은 자사의 기업 환경 및 내부 핵심 역량의 철저한 분석을 통해 자사에 맞는 e-비즈니스 전략을 수립하여야 한다. 외부 환경 분석으로 가장 중요한 것은 인터넷으로 인해 초래된 변화된 비즈니스 환경에 대한 분석이다. 자사의 핵심역량은 그 기업의 수익창출 능력과 직접적인 관련이 있는 것이어야 하며 기업이 가장 잘 할 수 있는 부분을 발견하는 것에서 출발하여야 한다. 기업 환경 및 내부 핵심역량 분석 결과와 이에 따라 수립된 e-비즈니스 모델은 경쟁전략 수립에 기초가 된다.

따라서 e-비즈니스 전략은 "e-비즈니스 기업이 처한 환경과 역량을 파악하여 적절한 e-비즈니스 모델을 설정하고 이를 수행하기 위한 구체화된 실행지침"으로 정의할 수 있다.

2. e-비즈니스 경쟁 환경 분석

기업이 지속적으로 수익을 창출하고 경쟁우위를 확보하기 위해 수립하는 경쟁전략은 해당 기업을 둘러싼 주변 경쟁 환경에 대한 정보를 수집하고 분석하는 데서 출발한다. 이때 주변 환경이란 해당 산업 내 경쟁상황, 고객의 니즈 및 선호도에 대한 변화나 추세, 비즈니스에 대한 인식 및 활성화 정도, 정부의 지원정책 및 비즈니스 관련 규제나 법규의 변화 등을 말한다. 경쟁 환경 분석은 크게 해당 산업 내 경쟁 환경과 거시환경으로 나누어 볼 수 있다. 산업 내 경쟁 환경 분석을 위한 도구로는 마이클 포터의 5 Forces 모델이 많이 쓰인다.

1) 산업 내 경쟁 환경 분석 : 5 Forces

마이클 포터는 어떤 산업의 특징과 이윤잠재력 및 지속적인 이윤창출의 가능성은 5개의 경쟁 요인들의 강도 및 총체적인 상호작용에 의존한다고 하였다. 마이클 포터가 제안한 5개 경쟁요인은 신규 기업의 진입, 대체재의 위협, 구매자들의 교섭력, 공급자들의 교섭력 및 현존 기업 간의 경쟁이다. 이러한 5개 경쟁요인들은 해당 기업의 경쟁 환경에 영향을 미치는 근원적인 힘으로 규정된다[그림 2-1]. 5 Forces 모델은 기업이 속한 산업 환경을 분석하는 유용한 도구이며, 기업은 각 Force에 대한 분석을 종합하여 해당 산업의 이윤잠재력, 경쟁강도 등 해당 산업의 특징을 파악하게 된다. 예를 들어, 기업은 고객에게 자사와 동일한 수준의 가치를 제공할 능력이 있는 경쟁기업으로 인해 가격을 인하하거나 보다 높은 가치를 제공하도록 압박받을 수 있다. 또한, 시장 장악력이 있는 공급업체들은 기업에 높은 가격을 행사하여 비용을 증가시킴으로써 기업이 고객에게 원하는 수준의 가치를 제공하는 데 어려움을 겪을 수 있다. 그리고 강력한 고객의 행동은 기업에 낮은 제품가격을 요구하거나 가격보다 높은 품질의 제품을 강요하기도 한다. 5 Forces 모델을 통해 e-비즈니스의 전반적인 경쟁 환경을 분석해보자.

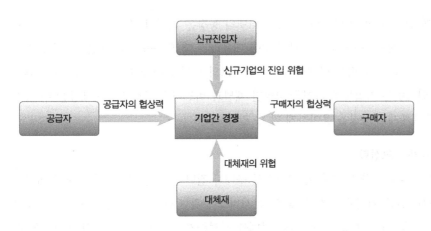

[그림 2-1] 마이클 포터의 경쟁환경 분석(5 Forces) 모델

(1) 신규 진입자의 위협

어떤 산업내의 기업 간 경쟁강도가 낮고 이윤잠재력이 높은 경우 해당 산업은 신규 진입자에게 매력적인 산업으로 인식된다. 이 경우, 시장에 진입할 수 있는 능력과 의지를 갖춘 기업은 해당 산업에서 시장을 확보하려고 진입할 수 있다. 이는 기존 참여 기업들 간에 경쟁을 촉진하게 되고, 기업은 더욱 극심해진 경쟁을 극복하기 위해 가격 경쟁뿐만 아니라 광고 및 홍보비용을 증가시키게 되어 수익성 악화를 초래하게 된다. e-비즈니스 환경에선 인터넷과 다양한 정보기술의 등장으로 인해 신규 진입자에 대한 장벽이 낮아지게 되어 신규 진입자의 위험이 높아질 소지가 많다. 다시 말해, 손쉬운 정보기술의 확보와 그 보편성, 그리고 정보기술의 확산으로 인해 정보의 획득 및 공유가 용이해질 뿐만 아니라 신규 진입을 위한 투자비용이 극적으로 낮아짐에 따라 신규 진입자로부터의 위협이 훨씬 높아지게 된다. 하지만 기존 산업 내에서 네트워크 효과가 발생하거나 정보기술 및 정보를 효율적으로 활용하는 경우 진입장벽을 높이는 효과가 발생할 수 있다.

(2) 대체재의 위협

대체 제품이나 서비스의 위협도 특정 산업 내 기업들의 이윤을 결정하는 데 영향을 미친다. 새로운 대체재나 서비스는 기존 기업의 제품 및 서비스들과 경쟁하게 되어 기업들이 가격을 결정하는 데 영향력을 행사하게 되고 품질 및 서비스 개선을 위한 압박을 하게 된다. e-비즈니스의 경우, 인터넷의 등장은 기업의 효율적인 프로세스 적용 및 정보의 활용을 통해 대체재의 위협에 대응하는 데 도움을 준다. 예를 들어 온라인 옥션은 기존의 물리적인 마켓플레이스나 광고의 위협에 대응하는 데 사용될 수 있다. 반면, 인터넷은 기업으로 하여금 다양한 채널과 비즈니스 프로세스를 제공할 수 있기 때문에 대체재의 등장을 용이하게 할 수 있다.

(3) 구매자의 교섭력

구매자의 교섭력은 제품 및 서비스의 구매자 집단이 갖는 협상력의 강도를 의미한다. 구매자들은 기업에게 가격, 품질 및 서비스에 관한 다양한 요구를 하며, 종종 경쟁 기업의 제품 및 서비스와 비교하여 구매를 결정하기 때문에 구매자들의 협상력은 기업의 이윤창출에 매우 큰 영향을 미친다. 구매자들의 교섭력이 클수록 이윤은 줄어들게 된다. 일반적으로 구매자가 시장 동향, 가격구조 등에 관한 자세한 정보를 가지고 있을 때 구매자의 교섭력은 증가하는데, 인터넷은 구매자의 정보 획득 및 거래비용을 낮출 수 있는 등 교섭력이 증가하는 추세이기 때문에 해당 산업의 이윤잠재력은 떨어지게 된다. 한편, 기업은 인터넷을 이용해 중개업자를 우회하여 구매자와 직접 접촉하고 보다 정확한 정보를 시기적절하면서도 저렴하게 확보할 수 있게 됨에 따라 경쟁력을 확보할 수 있다.

(4) 공급자의 교섭력

공급자의 교섭력은 공급자들이 해당 산업 내 현존 기업들에 대해 갖는 협상력의 강도를 의미한다. 기업에 대하여 공급자들은 제품가격을 인상하거나, 제품 및 서비스의 향상된 품질을 무기로 협상력을 강화할 수 있다. e-비즈니스 환경 하에서 공급자는 인터넷을 이용해 새로운 마켓에 쉽게 접근하여 구매자를 확보할 수 있게 되었으며 이는 공급자의 교섭력 증가로 이어져 기업의 이윤잠재력 축소를 유발한다. 반면 기업이 공급자가 제공하는 제품이나 서비스의 가격이나 품질 등에 관한 충분한 정보를 가지고 있다거나 해당 정보를 저렴하고 쉽게 획득할 수 있다면 공급자의 교섭력은 약화되고 산업 내 이윤잠재력을 증가할 수 있다. 인터넷은 그 보편성이라는 특성으로 인해 기업과 공급자 모두를 유리하게 하는 효과를 발생시킨다. 따라서 인터넷을 활용한 전략을 누가 더 잘 구사하느냐에 따라 그 효과가 달라질 수 있다.

(5) 산업 내 기업 간의 경쟁강도

기업 간 경쟁강도는 동종 산업 내에서 기업들이 얼마나 격심하게 서로 경쟁하는가를 나타낸다. 이는 경쟁자의 수, 제품의 특성, 퇴출장벽 등 여러 요인들에 의해 좌우된다. 기존 기업들은 서로 시장 선도주자가 되기 위하여 신제품 경쟁, 서비스 경쟁, 판매촉진 경쟁, 가격 경쟁 등 다양한 경쟁적 수단을 활용한다. 이러한 경쟁 양상은 전체 시장을 확대시키고 오히려 이윤을 늘이는 긍정적인 결과를 가져온다. 반면에 단지 가격에 의존한 경쟁은 모든 기업의 이윤을 저하시키는 결과를 가져오게 된다. 인터넷의 등장은 제품 및 서비스의 모방을 더욱 용이하게 함으로써 기업 간의 경쟁을 심화시키는 결과를 초래하게 된다. 또한 e-비즈니스의 확대는 온라인 기업의 등장으로 경쟁이 극심하게 한다. 반면, 기업은 인터넷을 통해 시장을 쉽게 확대할 수 있고 비용구조를 개선할 수 있다. 역시 인터넷을 활용한 전략을 어느 기업이 잘 구사하느냐에 따라 그 효과가 달라질 수 있다.

2) 외부 환경 분석

산업의 구조와 기능은 여러 가지 외부 환경 요인에 의해 영향을 받을 수 있다. 외부 환경 요인의 예로는 주로 인구통계학적 변수, 수요 및 공급, 정부의 규제, 또는 해당 산업과 연관된 제품의 기초 기술의 발명 등이 있다. 예를 들어, 마이크로프로세서와 개인용 컴퓨터의 개발은 메인프레임 제조업체인 IBM과 미니컴퓨터 제조업체인 DEC에 의해 지배되던 컴퓨터 산업을 PC/Workstation/서버가 지배하는 산업으로 변환시켰다. 컴퓨터와 인터넷 관련 기술의 급속한 발전은 해당 산업 내 기업 간 경쟁 환경을 변화시키고 새로운 산업을 창출하고 있다. 이들은 사업성과에 직접적으로 영향을 미치기보다는 사업모형 또는 기업 운영 환경에 영향을 미쳐서 수익성을 높이거나 낮추는 간접적인 영향을 미친다.

3. 경쟁전략

경쟁 환경 분석 후 기업은 직면한 경영환경에 효과적으로 대응할 수 있는 전략을 선택해야 한다. 전략의 선택에는 다양한 기준이 있다. 가장 대표적인 것이 시장상황을 고려하여 전략을 선택하는 것과 경쟁기업과 비교해 경쟁우위 요소를 고려하여 전략을 선택하는 것이다.

시장상황을 고려해서 전략을 선택하는 방법은 주로 기업전체 차원에서 시장진출이냐 철수냐를 결정할 때 많이 사용된다. 반면 경쟁기업과 비교해서 전략을 선택하는 방법은 이미 기업차원에서 사업에 진출하기로 결정한 경우에 해당 분야에서 경쟁우위를 확보하기 위한 전략을 결정할 때 사용된다.

1) 시장상황을 고려한 전략

시장상황을 고려한 전략을 선택하는 방법에는 제품/시장 전략과 제품 포트폴리오 전략이 있다.

(1) 제품/시장 전략

제품/시장 전략은 제품/시장 확장 그리드(Product and Market Expansion Grid)를 통하여 전략을 수립하는 앤소프(H. Igor Ansoff) 매트릭스 기법이 많이 알려져 있다[그림 2-2]. 이 전략은 시장을 기존시장과 신규시장으로, 또 제품을 신제품과 기존제품으로 분류하여 시장기회를 포착하는 방법이다.

	기존제품	신제품
기존시장	시장침투	제품개발
신규시장	시장개발	다각화

[그림 2-2] Ansoff 매트릭스 기법을 이용한 제품/시장 전략

시장침투 전략은 기존 제품과 기존시장에서 시장점유율을 확대함으로써 성장하기 위한 전략을 말한다. 시장개발 전략은 기존의 제품을 신규 시장에 출시함으로써 시장점 유율을 증대시키려는 전략이다. 제품개발 전략은 시장에 신제품이나 기존제품을 개선 하여 출시함으로써 시장점유율을 높이는 전략이다. 다각화 전략은 신규 시장에 신제품 을 개발하여 제공함으로써 시장점유율을 높이려는 전략이다. 기업은 이와 같은 각 전략 들 중 각 사업별로 어떠한 시장에 어떠한 제품으로 승부할 것인지를 결정해야 한다.

(2) 제품 포트폴리오 전략

제품 포트폴리오 전략은 보스턴 컨설팅 그룹(BCG : Boston Consulting Group)에 의해 개발되었는데, 전략적 사업군의 결정을 위한 방법론이다[그림 2-3]. BCG 매트릭스로 잘 알려진 이 전략은, 해당 제품시장의 미래 성장률과 기업의 상대적인 시장점유율을 토대로 현재 진행 중인 사업들을 평가한다. 이때 평가단위는 전략적 사업단위(Strategic Business Unit)[1]가 되며, 기업이 어느 사업을 확대하고 어느 사업을 포기하는 것이 적절 한지를 검토할 때 사용된다. 이 매트릭스에서는 현재 기업이 생산하는 제품의 시장점 유율과 1위 제품의 시장점유율과의 상대적 차이를 토대로 개별 제품의 위치를 선정하 게 된다.

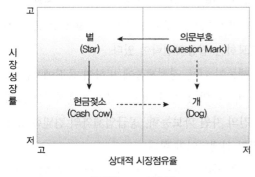

[그림 2-3] 제품 포트폴리오 매트릭스

---

1) 전략적 사업단위란 자체의 사업영역·목적과 경쟁상대를 두고 독립적으로 경영되는 사업의 기본 단위를 의 미한다. 예를 들면 모전자회사의 경우 냉장고 사업부, 세탁기 사업부, 에어컨 사업부 등으로 나뉘어서 독립 적인 사업목표를 가지고 있고 예산 및 결산도 구분되어 있으며, 인사나 제조 영역도 독립적으로 운영된다.

별(Star) 분면은 자사의 시장점유율이 가장 높고 시장 성장률도 평균보다 높은 경우로서 떠오르는 스타처럼 가능성이 높음을 의미한다. 이 부문에 해당되는 사업에는 자원배당의 우선권이 부여되는 전략이 필요하다. 현금젖소(Cash Cow) 분면은 시장점유율은 높지만 해당 시장의 성장률이 낮은 경우이다. 따라서 안정적이고 완만하게 성장하고 있는 시장에서 시장점유율이 높으니 수익성과 현금 유동성이 높음을 의미한다. 이 부문에서의 잉여수익은 신규 사업에 투자될 수 있다. 의문부호(Question Mark) 분면은 자사의 시장점유율은 낮지만 해당시장의 성장률이 높아 성장속도 이상의 시장점유율을 확보하는 전략이 시급한 분야임을 의미한다. 기업은 이 부문의 사업에 대해 전략적으로 투자 결정을 내려야 한다. 만약 이 전략이 성공하면 의문부호의 사업은 별 분면으로 이동하게 된다. 실패할 경우 해당 사업은 개(Dog) 분면으로 이동하게 되는데, 이 분면은 자사의 시장점유율도 낮고 시장의 성장률도 낮은 경우이다. 따라서 기업은 사업을 축소하거나 철수해야 한다.

2) 경쟁우위 요소를 고려한 전략

기업은 지속적 발전을 위해 해당 산업에서 경쟁기업에 비해 우위를 점할 수 있는 분야를 찾고 개발해 나가야 한다. 경쟁우위 요소를 고려한 전략에는 세 가지가 있다. 첫째, 제품원가의 우위를 활용하는 비용우위 전략, 둘째, 제품과 서비스의 품질에서 경쟁우위를 획득하는 차별화전략, 그리고 마지막으로 대상 고객을 세분화하고 특정 계층을 겨냥하여 비용우위나 차별화를 도모하는 집중화전략이 있다.

먼저 비용우위 전략은 어떤 기업의 제품이 다른 경쟁제품에 비하여 품질에서는 차이가 없으나 가격을 낮추는 전략이다. 비용우위 전략이 성공하려면 효율적이고 효과적인 생산시설 및 관리체계, 유리한 조건의 자원 확보능력, 공급업체와의 긴밀한 유대관계 등 경쟁사들보다 우월한 경영여건이 선행되어야 한다.

차별화 전략은 제품이나 서비스가 높은 가격을 요구할지라도 고객이 구매를 원하도록 만드는 독특한 가치를 지니는 제품을 제공함으로써 경쟁우위를 확보하는 전략이다. 제품의 품질, 디자인, 브랜드, 서비스, 광고 등은 차별화의 대표적 요소들이다.

집중화 전략은 세분화된 고객 중 특정한 계층의 고객에 초점을 두어 비용우위나 차별화 전략을 집중 공략하는 전략이다. 이는 특정 고객층, 특정 제품, 특정 지역 등 영역이나 범위에 한계를 짓고 그 부분에 기업의 역량과 자원을 집중시키는 전략을 말한다.

경쟁우위를 고려한 경쟁전략 선택과 함께, 기업은 정해진 목표를 달성하기 위한 구체적인 비즈니스 프로세스 및 실행지침을 수립하고, 이후 관리체계나 경영정보시스템을 구축할 시에 고려되어야 한다. 예를 들면, e-비즈니스 전략의 구체적 실행지침의 하나로 기업은 웹사이트의 구축을 통해 새로운 서비스를 제공하거나 기존의 서비스를 향상 또는 차별화할 수 있으며, 또한 고객과 공급자를 lock-in할 수 있으며, 타사와 전략적 협력관계를 맺음으로써 신규 진입자에 대한 장벽을 높일 수 있다.

4. e-비즈니스 전략 수립과정

e-비즈니스 전략은 [그림 2-4]에서 보는 것과 같이 순환과정을 통하여 수립되고 실행된다. 이것은 한 번 수립된 e-비즈니스 전략이 변함없이 계속되는 것이 아니라 기업 환경 또는 내부 역량의 변화 혹은 비즈니스 모델의 변화로 인한 전략의 수정이나 재설계가 중요하다는 것을 의미한다.

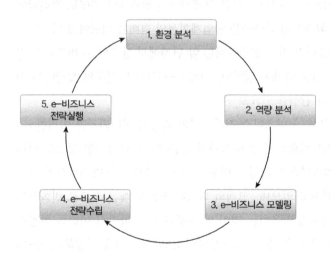

[그림 2-4] e-비즈니스 전략의 수립 순환과정

첫 번째 단계인 환경 분석에서는 앞에서 살펴본 바와 같이 e-비즈니스 기업을 둘러싼 주변 환경에 대한 정보를 수집하고 분석하는 데서 출발한다. 이때 주변 환경이란

e-비즈니스 업계의 경쟁상황, 고객의 니즈 및 선호에 대한 추세, 정부의 지원정책, e-비즈니스에 대한 인식 및 활성화 정도, e-비즈니스 관련 규제나 법규의 변화 등을 말한다.

두 번째 단계인 기업의 역량 분석에서는 e-비즈니스 기업의 내부적인 강점과 약점에 대한 분석과 핵심역량에 대한 분석이 포함된다. 이러한 기업의 역량은 첫 단계에서 수행한 환경 분석결과와 종합하여 다각도의 분석이 이루어져야 한다.

세 번째 단계인 e-비즈니스 모델링 단계에서는 첫 번째와 두 번째 단계의 환경 분석과 역량분석을 통하여 얻은 여러 가지 시사점을 종합하여 향후 기업이 수행할 e-비즈니스 모델을 결정하는 단계이다. 이 단계에서는 특히 기업이 고객에게 제공하는 가치의 흐름과 수익창출 프로세스의 설계에 중점을 두어야 한다.

네 번째 단계인 e-비즈니스 전략수립 단계에서는 세 번째 단계에서 산출된 e-비즈니스 모델을 기반으로 e-비즈니스 전략을 수립한다. 이때 e-비즈니스 전략은 철저하게 고객 중심적으로 이루어져야 하며 이를 위하여 다양한 시뮬레이션과 시나리오 기법을 활용하는 것도 좋은 방법이다. e-비즈니스 전략은 e-비즈니스 모델이 지향하는 목표를 달성하기 위한 목적으로 수립되는 만큼 구체적인 실행과제의 형태로 정리되어야 하며 신규 사업의 경우 최종적인 산출물은 사업계획서의 형태가 되어야 한다.

다섯 번째 단계인 e-비즈니스 전략 실행단계는 앞 단계에서 산출된 e-비즈니스 전략계획을 실제로 수행해 나가는 단계를 말한다. 이때 e-비즈니스 전략의 실행에는 최고경영층의 적극적인 지지와 관심을 필요로 한다.

이상의 다섯 단계를 거쳐서 e-비즈니스 전략수립의 과정이 진행되지만 이러한 e-비즈니스 전략수립의 과정은 일회적인 것이 아니라 순환적이고 반복적인 것으로 이해해야 한다. 왜냐하면 e-비즈니스의 환경이 매우 급변하고 있고, e-비즈니스의 기반 기술들도 매우 빠르게 발전하고 있으며, 고객의 니즈나 선호도 빠른 속도로 변화하기 때문에 이러한 변화에 민첩하게 반응하는 것이 매우 중요하다. 따라서 이러한 환경변화에 발맞추어 기업은 내부 역량을 축적하고 새로운 비즈니스 모델을 개발하며, e-비즈니스 전략을 수립하여, 실행에 옮기는 일련의 순환과정을 반복한다.

e-비즈니스 모델

인터넷의 활성화 및 대중화와 함께 e-비즈니스를 표방하는 수많은 e-비즈니스 기업들이 우후죽순 등장하고 성공과 실패하는 기업들이 나타나고 있다. 이 중 실패하는 기업의 특징은 시장에 적합한 비즈니스 모델과 전략이 취약하다는 것이다. 치열한 e-비즈니스 경쟁을 극복하고 지속적인 성장을 성취하기 위해선 치밀한 비즈니스 모델의 수립이 선행되어야 한다.

1. e-비즈니스 모델의 개념

Slywotzky(1995)에 따르면, 비즈니스 모델이란 "고객에게 가치를 전달하고 이를 통해 수익을 창출하는 총체적 시스템'으로 정의될 수 있다. 다시 말하면 비즈니스 모델이란 기업이 어떤 제품이나 서비스를 어떤 소비자들에게 어떤 방법으로 마케팅하고 판매할 것 인가에 대한 계획 또는 아이디어를 일컫는다고 할 수 있다. 효과적인 비즈니스 모델의 수립을 위해서는 몇 가지 구성요소가 필수인데, Timmers(1998)에 따르면, 비즈니스 모델은 다음 세 가지가 요구된다고 보았다. 첫째, 상품, 서비스, 정보가 흐르는 구조와 해당 비즈니스 모델에 참여하는 사업자 및 그들의 역할에 대한 설명, 둘째, 사업 참여자들이 누리게 될 잠재적 이익에 대한 설명, 셋째, 수익원천에 대한 설명이 그것이다. 정리하면, 비즈니스 모델은 다음의 네 가지 기본 조건을 만족시켜야 한다.

첫째, 사업 수행을 주도하는 '주체'와 '관계자'가 정의되어 있다.

둘째, 전달하고자 하는 상품, 서비스 및 정보의 구체적인 형태와 속성이 정의되어 있다.

셋째, 전달하고자 하는 상품, 서비스 및 정보에 대한 전달경로와 방식이 정의되어 있다.

넷째, 전달한 상품, 서비스 및 정보에 대한 수익원천 및 수익획득 방식이 정의되어 있다.

이를 종합하면, 비즈니스 모델은 "특정 사업목적을 달성하기 위한 주체 및 관계자,

상품/서비스/정보, 이들의 전달 경로 및 방식 및 수익원천을 결정한 모형"으로 정의할 수 있다.

e-비즈니스 모델이란 인터넷 환경을 전략적으로 이용하기 위한 비즈니스 모델이라고 할 수 있다. 즉, 목표고객을 정의하고 고객에게 인터넷상에서 제품과 서비스를 제공하여 가치를 창출함으로써 기업의 목표달성에 기여하는 전략적 활동이라고 볼 수 있다. e-비즈니스 모델은 기존 모델이 진화하면서, 아울러 여러 모델들이 서로 결합되면서 새로운 모델들이 나타나고 있다. 이렇게 다양한 비즈니스 모델이 존재하는 이유는 e-비즈니스 모델에 대한 명확한 합의가 이루어지지 않은 측면도 있지만, e-비즈니스 특성상, 고객의 니즈를 신속 정확하게 파악하고 반영하며, 이를 적절히 제공해야 하는 스피드경영이 생명이기 때문이다. e-비즈니스의 초기 단계에는 비즈니스 모델을 이용하는 목적이 해당 비즈니스 모델의 기술적 구현 가능성과 사업 타당성을 평가해 보기 위한 것이었다. 그러나 관련 IT기술의 발달과 새로운 형태의 다양한 비즈니스 모델이 창출되면서 최근에는 기업 간 전략적 제휴나 기업 간 인수·합병을 위한 분석 자료로도 사용되고 있다.

2. e-비즈니스 모델의 분류 기준

e-비즈니스 모델은 초기의 모델들이 시간이 흐르면서 조금씩 변형되고 통합되는 등 다양한 형태로 발전해나가고 있다. 따라서 지금까지 등장한 비즈니스 모델들의 분류 기준도 역시 매우 다양할 수밖에 없다. 보편적으로 받아들여지고 있는 e-비즈니스 모델의 분류기준은 다음과 같다.

첫째, 거래상대에 따른 구분이다. 이는 물건을 팔고 사는 주체와 상대가 누구인가의 문제이며, 해당 주체와 상대는 기업(Business), 소비자(Customer), 정부(Government)이다. 일례로, 기업-소비자 간 e-비즈니스는 B2C(Business to Customer)로 표현되며 인터넷을 통해 기업과 소비자가 상거래하는 것을 말한다. 기업 간 e-비즈니스(B2B : Business to Business), 기업-정부 간 e-비즈니스(B2G : Business to Government), 소비자 간 e-비즈니스(C2C : Customer to Customer) 등의 예가 있다.

두 번째 기준은 전자상거래 모델이 제공하는 가치에 따른 구분이다. 이는 고객들에게 어떠한 가치를 제공하는지에 따라 가격형, 편리하고 신속한 서비스 제공형, 상품 및 서비스의 맞춤화 전문형 등 고객이 받는 효용의 종류로 구분할 수 있다.

세 번째 기준으로 거래되는 상품의 종류에 따른 분류가 있다. 전자상거래를 통하여 거래되는 상품의 종류는 일반적으로 디지털화된 상품과 물리적 상품으로 구별된다. 상품의 특성을 분류기준으로 삼는 것이다. 디지털화된 상품의 예로는 MP3로 저장된 음악 파일, AVI로 저장된 영화, 다운로드 받을 수 있는 소프트웨어나 보고서 등이 여기에 해당되며 가전제품, 컴퓨터, CD, 책 등이 물리적 상품의 예이다.

마지막으로, e-비즈니스 모델은 판매방식에 따라 구분할 수 있다. 주로 판매형, 마케팅형, 중개형, 정보제공형, 커뮤니티형의 다섯 가지로 유형을 구분한다. 이 분류 기준은 수익창출의 근원이 무엇인지를 명확히 표현한다는 점에서 많이 활용되고 있는 기준이다. 제시된 다섯 가지 유형을 더욱 세분화한 분류들도 사용되고 있다.

3. e-비즈니스 모델의 구성요소

e-비즈니스 모델은 장기적으로 기업성과를 중대시키고 수익을 얻기 위한 구체적인 계획이다. 다양한 e-비즈니스 모델들이 공통적으로 갖추고 있는 요소들을 살펴보면 다음과 같다.

1) 고객가치(Customer Value)

다른 제품에서 발견할 수 없는 가치 있는 어떤 것을 가졌다고 고객이 느낄 때 그 제품은 차별화될 수 있다. 따라서 기업은 경쟁사의 제품이 제공하지 않는 어떤 가치를 고객에게 제공할 것인가에 대해 충분히 고려하여야 한다. 가치는 품질이나 서비스의 차별화 또는 저비용의 제품이나 서비스의 형태를 취한다.

제품을 차별화를 위한 가장 보편적인 형태로, 경쟁사의 제품이 갖고 있지 않는 제품 특징을 제공하는 것을 들 수 있다. 예를 들어, 인터넷을 이용한 주문 생산, 24시간 서비스, 고객 공동체의 구축 및 활용, 개인화된 서비스 제공 등이다. 제품을 판매하는 시점도 제품을 차별화할 수 있는 방식의 하나가 될 수 있다. 인터넷을 이용하면, 제품 개발자들이 제품 리드타임을 단축하는 것이 가능하게 된다. 예를 들어, 인텔이 일본에서 개발한 디자인을 이스라엘의 기술자들에게 넘기고 그것을 다시 미국의 기술자들에게 넘긴다면, 한 나라의 기술자들이 설계를 담당하는 것보다 훨씬 빠르게 제품을 완성할 수 있다.

2) 범위(Scope)

제품의 범위와 시장의 범위가 사업모형을 만들 때 고려되어야 한다. 제품의 범위는 얼마나 많은 유형의 제품을 판매할 것인가 하는 것을 의미하며, 시장의 범위는 고객가치를 제공할 목표시장을 무엇으로 할 것인가를 의미한다. 예를 들어, 동일한 특징을 가진 제품이라도 장소에 따라서 차별화가 가능하다. 인터넷을 이용하면 장소에 의한 제품 차별화는 감소되지만(예 : 온라인 서점 서비스), 사용자들은 서비스에 대한 정보를 교환할 수 있으며, 네트워크가 커질수록 서비스는 더 향상될 수 있다. 그 외에도, 더 많은 선택의 기회를 제공하는 제품 믹스나 브랜드 평판 등도 고려되어야 한다.

3) 가격(Price)

기업은 시장점유율과 목표시장의 크기를 고려하여 제품이나 서비스의 적절한 가격을 어떻게 책정할 것인가 고려하여야 한다. 다양한 가격 책정 유형이 있다. 첫째, 메뉴(또는 고정적) 가격 책정은 가장 흔한 가격 책정 형태로, 판매자가 가격을 정하고 구매자가 그 가격을 받아들이면 거래가 이루어지는 형태이다. 이 가격 책정 유형의 단점은, 판매자가 결정한 가격보다 고객이 더 많이 지불할 용의가 있을 때 판매자 입장에서 손해를 보게 되며, 가격이 지나치게 높을 경우 구매자들을 놓침으로써 판매자는 추가이익을 포기해야 하는 점이다. 그리고 가격이 일단 결정되면 변경이 어려운 점이 있다. 하지만 e-비즈니스의 경우 인터넷상에서는 매우 적은 비용으로 가격을 변경할 수 있으며, 축적된 데이터를 분석하여 가격책정에 활용함으로써 수익을 극대화할 수 있는 가격수준을 정하기가 용이하다. 둘째, 일대일 가격 책정은 판매자와 구매자가 협상을 통하여 가격을 정하는 형태로, 메뉴 가격 책정의 단점을 극복할 수 있다. 단점은, 대규모의 오프라인 상점에서는 비현실적이며, 판매자 입장에서는 잠재 구매자가 가치가 있다고 믿는 제품에 지불을 할 의사가 있는지를 확신할 수 없고, 구매자 입장에서는 판매자가 최저 가격으로 판매하려고 하는지를 확신할 수 없다는 것이다. 인터넷을 이용하면, 인터넷의 고객 개인화 특성으로 인해 각 고객의 지불의사를 결정하는 데 도움을 주게 되어 가격이 쉽게 조정될 수 있게 된다. 셋째, 경매에 의한 가격 책정 형태로, 일대일 가격책정의 단점을 극복할 수 있다. 경매의 단점은, 구매자들이 상품의 가격을 떨어뜨리기 위해 공모할 가능성이 있고 판매자들이 언제든지 입찰 상품의 수를 제한할 수 있으며, 판매자들과 구매자들을 한 장소에 모으기 어렵다는 것이다. 인터넷을 이용하면, 판매자들과 구매자들을 한 장소에 모으기 쉽고, 구매자가 공모할 가능성과 판매자들이 입찰 상품의 수를 제한할 가능성을 현저히 줄일 수 있게 된다. 넷째, 역경매에 의한 가격 책정은 구매자가 가격을 제안하고 판매자는 입찰가격을 받아들일지 결정하는 형태로, 인터넷상에서 용이하게 적용될 수 있는 가격책정 방법이다. 다섯째, 물물교환에 의한 가격 책정이 있는데, 이는 가장 원시적인 형태의 가격 책정 방법이라 할 수 있다.

4) 수익원천

수익 창출의 원천을 이해하는 것은 e-비즈니스 모델을 검토하는 데 있어서 매우 중요한 요인이다. 오프라인 기업의 대부분은 제품판매와 서비스 제공으로부터 수익을 얻는다. 예를 들어, 제트 엔진 제조업자가 엔진은 기존 가격에 판매하고 애프터서비스를 통해서 수익을 올리기로 결정할 수도 있는데, 이때 제트 엔진 제조업자의 수익원천은 제트 엔진의 애프터서비스가 된다. e-비즈니스의 궁극적 목적은 이익실현이며, 이를 실현하기 위한 현실적인 방안을 찾는 일은 비즈니스의 성공을 위한 가장 기본적이면서 핵심적인 사항이다. 기업의 수익원천은 매우 다양하며 기업은 수익원천을 결정하여 비즈니스 모델에 포함시켜야 한다. e-비즈니스의 일반적인 수익원천은 상품 및 서비스의 판매에 따른 직접 판매 수익, 판매대행 수수료, 광고 수익, 가입비, 정보 제공료, 컨설팅 수수료 등 다양하며 이에 따라 영업모델, 광고모델, 가입자모델, 거래비 모델 등 다양한 수익모델이 설정될 수 있다. 예를 들어, 기업은 고객에게 제품을 무료로 제공하지만 고객이 아닌 광고업자들에게 요금을 부과할 수 있다. 또 온라인 자동차 판매상은 고객을 자동차업자에게 소개해줌으로써 수수료를 얻고 동시에 사이트 방문자에게 보험을 판매함으로써 수익을 거둘 수 있다. 또 어떤 기업은 고객에게 손해를 보면서라도 상품을 판매하고 수집된 고객정보를 팔아서 수익을 올릴 수도 있게 된다. 몇 가지 대표적인 수익원천들을 살펴보자.

(1) 직접 판매 수익

인터넷상에서 제품이나 서비스를 직접 판매하여 수익을 얻는 방식이다. 가장 대표적인 예로는 온라인 상점(Online Store) 모델이다. 온라인 상점은 오프라인의 거래와 같은 개념을 도입하고 있지만 물리적인 형태의 매장이 필요치 않고 복잡한 중간 유통과정도 대폭 단축시킬 수 있어 비용 절감이 가능하다. 아마존닷컴을 예로 들 수 있다.

(2) 수수료

사업자가 제품이나 서비스에 대한 소유권을 직접적으로 가지지 않고, 단지 다른 기업이나 개인들에게 상품이나 서비스 거래를 중개해 주거나 직접 필요한 서비스를 제공해 주는 대가로 일정액의 수수료를 받는 경우다. 가장 대표적인 예로 경매, 주식거래, 법률 서비스 등을 들 수 있다. eBay나 트레이드닷컴을 예로 들 수 있다.

(3) 광고수익

사이트에 광고를 게재해 주는 대가로 광고주에게서 수익을 받는 형태다. 주로 검색엔진이나 포털 그리고 커뮤니티 사이트 등에서 이용되지만, 다른 유형의 사이트들도 대부분 광고 수입을 기본적인 수익원천으로 활용한다. 주로 배너 광고나 이메일 등을 이용한 푸시와 같은 방법이 흔히 사용되는데, 최근 광고 수익을 높이기 위해 고객의 방문 횟수나 사이트 기여도에 따라 경품을 제공하거나 사이버 머니를 지급하는 방법 등 적극적인 수단들이 활용되고 있다. 야후, 네이버 등 많은 포털 사이트들이 이 경우에 해당한다.

(4) 가입비 및 이용료

사이트에 입장하여 서비스를 이용하는 대가로 일정한 가입비 및 이용료를 받는 형태다. 최근 많은 서비스들이 온라인상에서 무료로 제공되고 있기는 하지만 오락 프로그램이나 각종 게임, 그리고 일부 기업 간 전자상거래의 경우 가입비를 별도로 받는 경우도 많다. 이용료는 사용 건당 또는 이용 시간 등에 따라 부과하게 되는데, 최근 이용료의 효과적 징수를 위한 다양한 기술들도 빠른 속도로 개발되는 추세이다.

5) 연계된 활동

고객에게 가치를 제공하기 위해서 기업은 가치의 기초를 이루는 활동들(즉, R&D, 제품설계, 제조, 시험, 마케팅과 판매, A/S 등)을 수행해야 하는데, 이러한 일련의 연결된 경영활동들을 가치사슬이라 한다. 고객에게 더 나은 가치를 제공하기 위해서 기업은 어떠한 활동들을 누가 언제 어떻게 수행할 것인지를 결정해야 한다.

첫째, 기업은 제공하는 가치와 일관성이 있도록 필요한 경영활동을 결정해야 한다. 예를 들어, 인터넷 소매상이 24시간 쇼핑을 제공하려고 한다면, 적절한 소프트웨어 및 고객서비스뿐만 아니라, 제품을 제 시간에 운송하기 위한 물류체계를 갖춰야 하며, 이때 물류체계의 정비가 수행해야 할 연계된 경영활동이 된다. 둘째, 경영활동은 서로간에 시너지 효과를 가질 수 있어야 한다. 경영활동이 상호간에 중복된다거나 일관되게 설계되지 않으면 비효율이 생길 수 있다. 셋째, 경영활동의 선택 및 설계는 비용이나 차별화에 가장 영향을 많이 미치는 요인이어야 한다. 예를 들어, 월마트의 핵심 사업수행능력 중의 하나는 물류체계이다. 따라서 월마트가 수행해야 할 활동은 이러한 물류체계를 잘 활용할 수 있는 활동이 되어야 한다.

이러한 경영활동들을 어느 시점에 수행할 것인가를 결정하는 것은 매우 중요한 고려요소가 된다. 첫째, 관련 기술이 라이프 사이클의 어느 지점에 있는가를 고려하여 활동의 수행 시점을 결정하어야 한다. 예를 들어, 델 컴퓨터는 개인이나 기업이 컴퓨터 유통업체의 도움 없이도 PC 요구사항을 결정할 수 있는 시점에 주문판매 전략을 사용할 수 있으며, 제품 사이클이 변하거나 새로운 제품이 등장하며 다른 적절한 활동을 모색해야 할 것이다. 델의 변화되고 있는 제품유통전략이 그 예라고 할 수 있다. 둘째, 아울러 경쟁사들이 그 시점에서 수행하고 있는 전략을 고려하여 활동의 수행 시점이 결정되어야 한다.

4. e-비즈니스 모델의 종류

e-비즈니스 모델은 그 분류기준에 따라 다양하게 분류될 수 있는데, 실제로 학자에 따라 조금씩 다른 모형을 제시하고 있다. 이 장에서는 주로 가치사슬 분석에 의존해서 비즈니스 모델을 분류한 Timmers(1998)와 수익원천에 초점을 맞추어 비즈니스 모델을 분류한 Rappa(2005), 그리고 마지막으로 가장 일반적인 분류방법인 거래상대에 따른 e-비즈니스 모델 종류에 대해 알아본다.

1) Timmers(1998)에 의한 분류

1998년 Timmers는 가치사슬(Value Chain)의 역할과 거래 참여자의 활동을 분석하고 이에 근거하여 다음의 11가지 비즈니스 모델을 제시하였다.

(1) 전자 상점(e-Shop)

가장 기본적인 사업모형으로, 기업이나 점포의 웹 사이트를 이용한 마케팅 모형이다. 처음에는 기업이나 제품 홍보를 위해 사용되다 점차 고객으로부터 주문도 받고 대금을 지불할 수 있는 전자상거래 기능이 추가되었다. 대부분의 상용 전자 상점이 이모형에 해당한다. 판매자 입장에서는 기존의 마케팅 채널과 차별된 별도의 마케팅 채널을 저렴한 비용으로 구축하고, 전 세계로 시장을 확대함으로써 매출을 증대시키고 상품을 구매하는 고객의 데이터베이스를 구축할 수 있어 재구매시 개인화된 마케팅을 통해 추가편익을 제공할 수 있다. 고객의 입장에서는 전통적 채널보다 저렴한 가격, 폭넓은 선택 기회, 보다 많은 정보, 시간과 공간을 초월한 구매와 대금 지불에 따른 편리함을 제공받을 수 있다. 많은 B2C 타입의 전자상거래 모형으로 많이 쓰인다.

(2) 전자 구매(e-Procurement)

인터넷을 이용한 입찰공고 및 협상을 통해 재화와 용역을 구매하는 사업모형이다. 구매자 입장에서는 공급자를 선택할 수 있는 폭이 넓어지고, 저렴한 원가 및 보다 나은 품질, 배달 및 구매에 소요되는 비용의 절감을 꾀할 수 있다. 한편, 공급자 입장에서는 입찰정보에 대한 접근이 용이하고, 입찰시장이 글로벌화되며 입찰비용이 절감되는 효과가 있다. 주로 B2B 타입의 전자상거래 모형에 많이 쓰인다.

(3) 전자 경매(e-Auction)

전통적인 경매시장을 인터넷 공간으로 옮겨 인터넷이 가지는 장점을 극대화한 사업모형이다. 경매 대상이 되는 제품이나 서비스에 관한 멀티미디어 정보를 제공함과 동시에 단순한 경매 입찰 기능뿐만 아니라 계약, 대금 결제, 배달 기능까지를 첨가하는 것이 가능하다. 인터넷 경매에 관련된 기술의 플랫폼 판매, 거래수수료, 광고 수입 등이 경매 제공자의 수익원천이 된다. 한편, 경매 참가자에게는 제품에 대한 탐색 비용이 저하되며, 저가 품목의 소량 매매가 가능할 뿐 아니라, 일반 경매보다 경매 거래 비용이 낮다는 이점이 있다. eBay가 대표적 모형이다.

(4) 전자 쇼핑몰(e-Mall)

전자 상점을 한 곳에 모아놓은 사업모형으로, 고객들이 믿을 수 있는 저명한 브랜드 아래 품질보증, 대금 지불 보증 등의 기능이 부가된다. 입주하는 개개의 전자 상점에 대해 기술판매 및 지원서비스 제공 수입, 광고 수입 등이 전자 쇼핑몰 운영자의 수익원천이 된다. 최근 패션, 스포츠 등 제품 특성뿐만 아니라 소비자 그룹의 특성에 따라 다양한 성격의 전자 쇼핑몰이 등장하고 있으며, 산업재 또는 특정 서비스를 취급하는 e-마켓플레이스 등이 있다.

(5) 전자 제3장터(Third party Marketplace)

판매자가 아닌 중개자의 입장에서 판매자와 구매자를 연결시켜 거래를 성사하도록 지원하는 모델이다. 기존 오프라인 기업들이 웹 마케팅을 외주하려는 경향이 증가함에 따라 등장한 사업모형으로, 기존 오프라인 기업들도 새로운 수익창출의 수단으로 제3장터를 구축하기도 한다. 회원가입비, 서비스 수수료, 거래 수수료, 광고 수입 등이 장터 제공자의 수익원천이 된다.

(6) 가상 공동체(Virtual Communities)

고객과 비즈니스 파트너들이 인터넷의 가상의 공간을 통해 상호교류하며 공동체를 형성하고 활동함으로써 기업에 제품이나 서비스에 대한 유용한 피드백을 제공하고 궁극적으로 가입자들과의 기업 간의 관계 및 신뢰구축을 위해 이용되는 모델이다. 주수익원천은 가상 공동체 회원들의 회비와 광고수입이다.

(7) 가치사슬 부가서비스(Value Chain Service Provider)

전자지불 기능 등 산업의 가치사슬상의 특정한 기능에 특화하여 온라인으로 서비스를 제공하는 사업모형으로, 은행의 전자결제 인증서비스, 생산관리, 재고관리 등의 가치사슬상의 지원활동이 모형의 핵심을 이룬다. 수익원천은 서비스 이용료나 커미션이다.

(8) 가치사슬 통합(Value Chain Integrators)

가치사슬 상의 여러 단계들을 묶어 통합 서비스를 제공하는 사업모형으로, 컨설팅 비용과 거래수수료가 수익원천이 된다.

(9) 협업 플랫폼(Collaboration Platforms)

기업 간 공동 작업에 필요한 도구 및 소프트웨어 등을 제공하고 동일한 인터페이스를 기업들에게 제공하는 사업모형으로, 공동 디자인, 공동 엔지니어링, 공동 프로젝트 컨설팅에 활용된다.

(10) 정보 중개(Information Brokerage)

인터넷상에서 구할 수 있는 정보를 수집, 가공해서 고객에게 제공하는 사업모형이다. 예를 들면, 네이버와 같은 정보검색 사이트에서 이용자 정보를 수집하여 데이터베이스화해서 판매하는 경우이다. 고객 정보 데이터베이스의 판매 및 데이터베이스의 이용료, 데이터베이스 상의 광고 수입 등이 수익이다.

(11) 신용 서비스(Trust and other Services)

인터넷상에서 공중 서비스, 인증 서비스를 제공하는 사업모형으로, 서비스 수수료 및 관련 소프트웨어 판매가 수익원천이 된다.

지금까지 설명한 Timmers에 의한 비즈니스 모델들을 모델의 혁신 정도가 어느 수준인가, 그리고 사업에 요구되는 기능의 통합 정도가 어느 수준인가의 관점에서 정리하면 [그림 2-5]와 같이 나타내어질 수 있다. 예를 들어, 전자 상점은 기존 판매 업무를 전자적으로 수행하는 가장 기본적인 사업모형으로 기존의 사업모형에 비해 혁신의 정도는 미미하며, 사업모형에 요구되는 복합기능의 관점에서는 기능의 통합이 다소

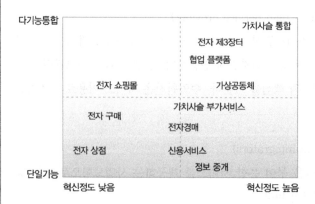

[그림 2-5] Timmers(1998)에 의한 e-비즈니스 모델

필요하다는 것을 볼 수 있다. 한편, 혁신적인 통합 부가서비스는 정보기술에 가장 많이 의존하는 가장 복잡한 비즈니스 모델임을 보여주고 있다.

2) Rappa(2005)에 의한 분류

2005년 Rappa는 수익원천의 유형에 따른 9가지의 e-비즈니스 모델을 다음과 같이 제시하였다.

(1) 중개형(Brokerage Model)

판매자와 구매자를 연결해주고 거래에 따라 수수료를 받는 사업모형으로, 예로는 여행사, 온라인 증권회사, 온라인 경매 등을 들 수 있다.

(2) 광고형(Advertising Model)

웹 사이트에 콘텐츠를 제공하고 전자우편이나 채팅, 포럼 서비스를 제공하면서 광고를 게시하는 사업모형으로, 광고수입이 주된 수익원천이 된다. 네이버, 다음 등이 대표적인 예이다.

(3) 정보중개형(Infomediary Model)

고객 신상정보 및 구매 정보를 수집하여 고객의 소비경향 등 유용한 고객정보를 가공해내어 기업에게 판매하는 사업모형이다. 정보중개형 기업은 고객에게 그에 대한 보상으로 무료 콘텐츠, 현금 등을 제공한다.

(4) 상인형(Merchant Model)

도소매업자가 인터넷상에서 제품이나 서비스를 판매하는 사업모형이다.

(5) 제조형(Manufacturing Model)

제조업자가 도·소매업자를 거치지 않고 인터넷을 통해서 직접 고객에게 상품과 서비스를 판매하는 사업모형으로, 제조업자는 판매비용을 절감할 수 있고, 고객의 요구사항을 직접 알아냄으로써 고객에게 더 나은 서비스를 제공할 수 있는 장점이 있다.

(6) 제휴형(Affiliate Model)

자신의 웹 사이트로 링크되는 웹 사이트와 제휴하고, 제휴 사이트의 방문자가 자신의 사이트를 방문하고 상품을 구입하게 되면 제휴업체에 수수료를 지불하는 사업모형이다.

(7) 공동체형(Community Model)

가상 공동체란 인터넷을 통해 지리적 한계를 벗어나 전 세계의 사람들과 관심사에 대해 의견을 공유하는 동호회, 스타 팬클럽, 여행 모임, 산업별 모임 등을 말한다. 이러한 가상 공동체는 특정한 주제에 대한 광범위한 여론을 형성시키고, 사회의 감시자 역할을 하며, 공동체의 회원은 매우 좋은 목표시장이 될 수 있다.

(8) 가입형(Subscription Model)

가입비를 지불한 회원들에게 콘텐츠를 제공하는 사업모형이다.

(9) 사용료형(Utility Model)

소비하는 서비스의 양에 따라 사용자가 요금을 지불하게 하는 사업모형이다.

3) e-비즈니스의 거래 상대에 따른 모델

e-비즈니스는 일반적으로 거래 상대에 따른 사업모형의 분류가 많이 사용된다. 거래 상대란 e-비즈니스 상품이 인터넷상에서 어떤 주체들 사이에 거래되는가를 일컫는다. 왜냐하면 거래 상대에 따라서 거래 방식, 규모, 마케팅, 물류 등 인터넷 운영 방식이 상이해지기 때문이다. 거래 상대에 대한 e-비즈니스 모델은 [그림 2-6]과 같이 분류될 수 있으며 현재 활성화되어 있는 대표적인 e-비즈니스 거래 모델은 아래와 같다.

(1) 기업-소비자 간 e-비즈니스(B2C : Business-to-Customer)

기업과 소비자 간에 인터넷을 통해 거래가 이루어지는 형태이다. 주로 소비자에게 온라인으로 직접 물건을 판매하는 전자소매(Electronic Retailing)의 형태를 가지는데, 인터넷 쇼핑몰을 중심으로 구축된다. 실제 상점이 존재하지 않기 때문에 임대료 또는 유지비가 들지 않는다는 것이 장점이다. 소비자가 가상의 인터넷 상점에서 편리하게 쇼핑할 수 있도록 e-비즈니스 시스템을 구축하여야 한다. e-비즈니스 시스템 운영상 주의해야 할 점은, 소비자가 매우 다양한 동기와 욕구를 가지고 e-비즈니스 시스템에 접속하기 때문에 대상 고객을 정확히 파악해야 한다는 것과 다양한 상품들을 보여주고 상품에 대한 상세한 설명이 필요하다는 점이다. Timmers의 11가지 사업모형 중 전자 상점, 전자 경매, 전자 쇼핑몰 등이 B2C 범주에 해당한다.

(2) 기업 간 e-비즈니스(B2B : Business-to-Business)

기업과 기업 간에 일어날 수 있는 다양한 거래를 인터넷을 이용하여 처리하는 형태 이다. 기존에 부가가치 통신망을 통해 이루어지던 전자적 문서교환(EDI)이 그 예이다. B2B 유형의 e-비즈니스 시스템은 기업의 구매자들이 간단하게 필요한 상품을 찾을 수 있도록 하는 탐색과 구매 협상 등 비즈니스 수행에 필요한 기능을 안전하게 처리할 수 있도록 구축되어야 한다. Timmers의 11가지 사업모형 중 전자 구매, 전자 경매, 전 자 제3장터, 가상공동체, 가치사슬 통합, 가치사슬 부가서비스, 협업플랫폼, 정보중개 및 신용서비스 등이 해당될 수 있다.

(3) 기업-정부 간 e-비즈니스(B2G : Business-to-Government)

기업과 정부 간에 인터넷을 통하여 거래가 이루어지는 형태로, 기업은 개인이나 타 기업이 아닌 정부를 대상으로 제품이나 서비스를 마케팅하거나 정부가 발주하면 기업 이 이에 전자적으로 응하는 경우에 해당한다. 전자정부의 구현과 함께 활성화되고 있 으며, 우리나라의 경우 정부가 필요로 하는 물품을 공개 조달하는 나라장터(www.g2b. go.kr)가 대표적인 사례이다.

(4) 소비자 간 e-비즈니스(C2C : Customer-to-Customer)

소비자 간에 일대일 거래가 이루어지는 형태로, 소비자가 제품의 구매 및 소비의 주 체인 동시에 공급의 주체가 되는 형태이다. 인터넷 경매나 온라인 벼룩시장의 예를 들 수 있다. C2C 유형의 e-비즈니스 시스템은 개별 소비자 간에 효과적인 의사소통 수단 을 제공하고, 손쉽게 거래할 수 있도록 해야 한다. 아울러, 개인 간의 거래가 안전하게 이루어지도록 제반 지원서비스를 갖추어야 한다.

(5) 소비자-기업 간 e-비즈니스(C2B : Customer-to-Business)

B2C의 변형으로 C2B란 e-비즈니스 유형이 있다. 인터넷의 등장으로 인해 새롭게 형성된 거래 관계로, 소비자가 개인적으로 또는 단체를 구성하여 제품의 공급자나 생 산자에게 가격·수량·부대 서비스 등에 관한 조건을 제시하고 구매하는 형태이다.

공동구매와 역경매가 대표적인 예이다. C2B 유형의 e-비즈니스 시스템은 여러 가지 다양한 욕구를 가진 소비자들이 온라인 공동체를 통해 전체 의견을 수렴할 수 있도록 소비자 간에 다양한 의사소통 수단을 제공해줄 수 있어야 한다.

(6) 정부-소비자 간 e-비즈니스(G2C : Government-to-Customer)

기존의 정부와 국민 간 커뮤니케이션에 인터넷이 추가됨으로써 정부와 국민간의 원활한 의사소통을 도모하고 대국민 서비스 향상에 기여할 수 있다. 전자정부의 구현과 함께 국민이 직접 정부에 의견을 개진하는 등 활성화되고 있다.

(7) 정부-기업 간 e-비즈니스(G2B : Government-to-Business)

지방 또는 중앙정부가 개인보다는 기업을 대상으로 인터넷 등 온라인 기반에서 업무를 처리하거나 정보를 공유하는 경우이다. 예를 들어 정부는 각종 행정업무 처리는 물론 관련 정부 정책이나 법규를 인터넷을 통해 기업에 홍보할 수 있다.

(8) 정부-정부 간 e-비즈니스(G2G : Government-to-Government)

주로 비상업적이고 공적인 업무 수행을 각종 정부 조직 및 기관 간에 온라인을 통해 상호작용이 일어나는 경우이다. 정부 조직 간에 정보 교류 등 보다 효율적인 업무 수행과 업무 프로세스 통합에 긍정적인 영향을 끼친다.

	Business	Customer	Government
Business	B2B	B2C	B2G
Customer	C2B	C2C	C2G
Government	G2B	G2C	G2G

출처 : Haag, Baltzan, Phillips, Business Driven Technology, McGraw-Hill, 2006(재정리)

[그림 2-6] e-비즈니스 거래 상대에 따른 모델

5. e-비즈니스 모델의 사례

지금까지 e-비즈니스 모델의 정의와 전반적인 형태에 대해 살펴보았다. 그러면 여기서 거래대상에 따른 구분에 따를 때 가장 대표적인 비즈니스 모델인 B2C와 B2B에 대해 좀 더 알아보자. 먼저 B2C 비즈니스 모델의 대표인 인터넷 쇼핑몰을 살펴보고, B2B의 대표 비즈니스 모델로는 e-Marketplace를 살펴본다. 마지막으로 기타 e-비즈니스 모델들을 소개한다.

1) 대표적인 B2C 비즈니스 모델 : 인터넷 쇼핑몰

우리가 가장 흔히 접하고 많이 들어본 e-비즈니스 모델이 기업과 소비자 간 전자상거래(B2C)이며 B2C 중 대부분을 차지하는 것이 인터넷 쇼핑몰이다. 인터넷 쇼핑몰 업체는 통신 네트워크에 연결되어 있는 컴퓨터 서버에 제품 정보를 올려놓고 접속하는 고객이 제품을 골라, 온라인상에서 결제하면 고객에게 제품을 배송하는 역할을 수행한다. 소비자가 인터넷 쇼핑몰에서 제품을 구매하는 과정을 도식화하면 [그림 2-7]과 같다.

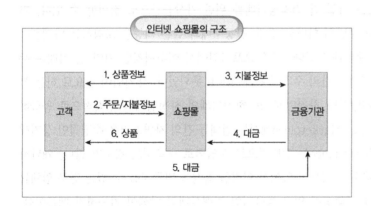

[그림 2-7] 인터넷 쇼핑몰의 구조

인터넷 쇼핑몰은 오프라인 상점과 비교했을 때 여러 가지 장점을 가지고 있다. 구매자 입장에서 보았을 때, 첫째, 시간과 공간의 제약이 없기 때문에 언제 어디서나 원하는 물건을 구매할 수 있고, 구매하기 위하여 줄을 서서 기다려야 하는 불편함이 없으며, 제품의 선택—구매결정—지불—배송에 이르는 모든 프로세스가 한 번에 이루어진다. 둘째, 제품에 대한 다양하고 방대한 정보를 손쉽게 수집할 수 있다. 인터넷 검색을 통해 원하는 제품의 종류, 브랜드, 가격대를 입력하고 몇초 안에 원하는 결과를 검토할 수 있다. 제품의 브랜드 및 가격에 대한 검색과 제품 간 비교가 원활하기 때문에 소비자는 최소 시간과 경비로 합리적인 제품선택과 구매를 할 수 있다. 판매자의 입장에서 볼 때, 인터넷은 판매자로 하여금 고객반응과 니즈 파악을 용이하게 한다. 또한 이러한 정보를 바탕으로 개인화 및 맞춤화된 서비스를 제공할 수 있게 한다. 하지만 인터넷 쇼핑몰의 단점은 효율적인 배송시스템을 확보하기가 어렵다는 것이다. 물론 배송과 같은 물류문제는 온라인 비즈니스만의 문제는 아니지만 물류의 취약성은 속도를 생명으로 하는 e-비즈니스에 있어서 큰 걸림돌이 될 수 있다. 또한 정확한 납기를 지키지 못하여 신뢰성을 잃거나 배달과정에서 결함이나 파손으로 인해 제품의 품질이나 서비스에 대한 인식을 저해하기도 한다. 또한 온라인 결제에 있어 보안문제가 생길 수 있다.

2) 대표적인 B2B 비즈니스 모델 : e-Marketplace

e-Marketplace는 기업 간 전자상거래를 위한 가상공간으로 정의할 수 있다. 기업의 경쟁우위 확보 수단의 하나로 경매, 공동구매와 같은 기능을 포함하는 마켓플레이스가 최근 많이 활용되고 있다. 기존 오프라인에서 이루어지던 기업 간 거래는 주로 대기업과 하청 업체들 간의 수직적 관계에서 비롯되었다. 대기업이 필요로 하는 부품이나 원자재를 계열사나 하청업체, 또 하청업체의 하청업체가 수직적으로 공급하는 형태이다. 하지만 e-Marketplace에서는 업체들 간의 자연스러운 수평적인 상거래가 가능하다. e-Marketplace는 일반적으로 산업별로 구축되는 경우가 많다. 왜냐하면 각 산업마다 고유한 특성들이 있어서 이러한 특성을 만족시킬 수 있는 전문 업체들 간의 거래여야 보다 신뢰성이 있고 효율적인 거래상대의 탐색이 가능하기 때문이다. e-Marketplace 구축을 통해 기업은 비즈니스 프로세스의 효율 개선을 달성할 수 있는데, 마켓플레이스의 성공을 위해서는 얼마나 많은 기업들이 참여하느냐가 일차적으로 중요하다. 이를 위해서 마켓플레이스는 다양한 서비스와 기능을 제공하여야 하며 오프라인 기업들의 정보화 취약한 수준을 감안한 정보 인프라의 제공을 통하여 참여

업체의 수를 늘려야 한다.

　B2B는 가상공간에 구축된 시장을 통해 글로벌시장으로의 접근을 용이하게 하고, 이를 통한 탐색비용의 절감효과도 유발할 수 있다. 온라인상에서 쉽게 자신에게 적합한 거래업체를 전 세계에서 탐색할 수 있기 때문이다. 하지만 B2B 전자상거래를 통해 얻을 수 있는 효율성과 장점에도 불구하고 아직 많은 문제점이 남아있다. 다양한 산업들 간의 시스템 표준화 문제, 대기업의 시장참여로 인한 중소기업의 위축, 기존 유통채널과의 갈등 등이 해결되어야 한다.

[그림 2-8] e-Marketplace 사례(알리바바닷컴(www.alibaba.com))

3) 대표적인 B2C e-Marketplace : 오픈마켓

　오픈마켓은 사업주체로서 오픈마켓 운영자가 인터넷상의 중개자 역할을 하며 사업운영자가 판매자와 구매자간의 거래를 인터넷을 통하여 온라인으로 제공하는 형태의 비즈니스 모델이다. 즉 다수의 판매자와 구매자가 온라인상에서 거래를 수행할 수 있는 전자적 가상시장을 의미하는 온라인 마켓플레이스의 일종으로 e-Marketplace가 B2B였다면 대표적인 B2C의 e-Marketplace는 오픈마켓이다.

　오픈마켓 사업모델은 판매자와 구매자가 성사된 거래를 바탕으로 한 수수료가 오픈마켓의 주 수입원이며 여러 판매자가 오픈마켓에 입점하게 됨으로써 다양한 상품 구색을 가지고 판매자 입장에서도 기존 인터넷쇼핑몰보다 쉽게 오픈마켓에 입점 가능하

[그림 2-9] 오픈마켓 메인화면(G마켓, 11번가)

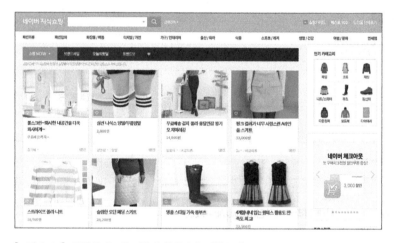

[그림 2-10] 포털사이트의 오픈마켓(네이버 지식쇼핑)

다는 장점을 가지고 있다.

한국온라인쇼핑협회 보고에 따르면 국내 오픈마켓 시장 규모는 2009년 9조 7000억 원에서 2014년에는 18조 6200억 원 돌파를 예상하고 있으며, 대표적인 오픈마켓으로 옥션, G마켓, 11번가 있다.

최근에 네이버 지식쇼핑, 백화점 인터넷 쇼핑몰에 입점된 오픈마켓은 기존 오픈마켓 사업자가 아닌 포털사이트 및 백화점 쇼핑몰의 오픈마켓 비즈니스 모델을 시도하는 것을 볼 수 있다.

4) 포털(portal) 사이트

포털은 영어로 현관문을 뜻하며 말 그대로 인터넷에 들어가는 관문이다. 일반적으로 사용자가 인터넷에 접속했을 때 제일 먼저 접속하는 사이트를 말한다. 처음에는 야후(Yahoo), 익사이트(Excite) 등 대형 검색 사이트들이 포털 사이트를 시도하였으나 현재는 쇼핑몰, 오락, 법률, 여행 등 생활과 밀접한 분야에서부터 각종 비즈니스와 산업 정보 사이트에 이르기까지 전 분야에 걸쳐서 포털화가 진행되고 있다.

포털의 목적은 인터넷 사용자들이 인터넷 사용에 있어 원하는 모든 서비스를 제공하는 것이다. 이를 위하여 다음, 네이버와 같은 검색엔진들이 무료 이메일, 채팅, 메신저, 문자 메시지 전송, 주가 및 뉴스정보 제공 등 부가서비스를 제공하고 있다. 최근에는 클라우드 서비스, 웹하드, 카페, 블로그 서비스 등 포털에서 모든 인터넷 서비스 이용이 가능해지고 있다.

[그림 2-11] 포털사이트 메인화면(네이버, 다음)

6. e-비즈니스 산업

우리나라는 현재 세계 최고 수준의 정보통신 인프라 및 인터넷 이용 환경을 갖추고 있다. 디지털 경제가 성숙해지면서 전반적인 사회 구조가 정보통신 인프라 및 시스템에 기반을 두게 되므로 e-비즈니스의 중요성은 향후 더욱 커질 것이다. 이를 위해 국가 차원의 경쟁력 확보를 위해 향후 지속적으로 각종 관련 법규의 제정 및 정비, 각종 요소기술의 개발 및 기술 인력의 확보, 중소업체를 포함하여 전 산업계로의 e-비즈니스 기술 확산이 이루어져야 하며, 또한 e-비즈니스 업체들은 기술개발에 대한 투자 및 전략개발을 통해 급속도로 성장하고 있는 e-비즈니스에 대비하고 있다. e-비즈니스 산업은 다양한 성격의 업체들로 구성되어 있으나 일반적으로 인터넷 인프라스트럭처, 인터넷 접속 및 운영 서비스와 포털 및 콘텐츠 서비스로 구별될 수 있다.

1) 인터넷 인프라스트럭처

인터넷 인프라스트럭처는 크게 인터넷을 구성하는 하드웨어 및 소프트웨어 부문으로 나눌 수 있다. 하드웨어 제공업자들은 컴퓨터 및 그 주변기기 제조업자, 반도체 등 전자부품 제조업자 및 네트워크 등 각종 통신장비 제조업자를 포함한다. 이들 기업들은 e-비즈니스 기술 구현에 필요한 각종 하드웨어인 라우터나 스위치, 무선 및 이동통신 장비, 컴퓨터 서버 및 PC 그리고 각종 주변 부품을 생산한다. 컴퓨터 관련 생산 기술의 급속한 발전으로 인해 하드웨어의 가격대비 성능은 급속히 높아지는 추세이다.

소프트웨어 제공업자들은 스프레드시트 프로그램, 데이터베이스, 운영시스템 등과 같은 소프트웨어의 개발, 판매뿐 아니라 애플리케이션 설계 및 개발 자문을 수행한다. 최근에는 응용 소프트웨어 서비스 제공업체인 ASP(Application Service Provider) 사업자 뿐만 아니라 인터넷기반의 표준화된 소프트웨어 제공 서비스도 등장했다.

2) 인터넷 접속 서비스

인터넷 접속 서비스 제공업자는 크게 기간망 서비스 제공업체, 인터넷 접속 서비스 제공업체 및 온라인 서비스 제공업체 등으로 구분할 수 있다. 기간망 서비스 제공업체는 기간망 선로를 보유하고 있으며 주로 기업들을 대상으로 인터넷 접속 서비스 및 회선 재판매를 수행하는 사업자이다. 인터넷 접속서비스 제공업체(ISP : Internet Service Provider)는 자체적으로 네트워크 및 IP주소를 확보하고 네트워크를 갖지 못한 기업 및 일반소비자들을 대상으로 온라인 접속 서비스를 제공하고 일정액의 접속료를 받는 사업자이다. 대부분의 ISP는 인터넷 접속 서비스뿐만 아니라 전자우편, 웹 호스팅 등의 서비스도 함께 제공한다. 온라인 서비스 제공업체(OSP : Online Service Provider)는 온라인 접속 서비스 제공과 아울러 콘텐츠도 함께 제공하는 사업자이다. 온라인 서비스 제공업체는 주로 일반 소비자들을 대상으로 서비스를 제공하는데, PC의 보급 확대와 인터넷의 수요가 증가하면서 온라인 서비스에 대한 수요는 날로 증가하고 있다. 최근 광전송 시장이 급신장함에 따라 가입자 선로에까지 광선로가 개설되면서 가입자에게 대용량의 전송서비스를 보다 저렴한 가격으로 제공하고 있다.

3) 인터넷 사업 부문

인터넷에 기반을 둔 다양한 사업모형들을 수행하는 기업들이 이 부문에 속한다. 인터넷 사업은 크게 포털서비스, 전자상거래, 각종 중개상(Intermediaries), e-비즈니스 컨설팅/구축 서비스 등으로 나눌 수 있다.

(1) 포털서비스

인터넷 포털서비스는 인터넷에 접속하려는 사용자에게 다양한 정보를 종합적으로 제공하기 위한 서비스이다. 검색 서비스는 물론, 증권, 뉴스, 게임, 게시판, 전자우편, 온라인 쇼핑 등 다양한 서비스를 제공한다. 야후나 AOL 등을 중심으로 시작되었는데 오늘날 e-비즈니스의 대표적인 비즈니스 모델로 성장하였으며 점점 전문화된 포털서비스가 등장하고 있는 추세이다.

(2) 전자상거래

전자상거래는 인터넷을 이용해 상거래를 수행하는 서비스이다. 전자상거래 기업은 자신이 직접 생산한 제품 또는 다른 기업이 생산한 제품을 재판매한다. 전자상거래 기업 종류로는 오직 인터넷에만 의존하는 순수 전자상거래 기업과 전통적 기업에서 출발하여 인터넷 비즈니스로 진출하는 유형으로 구분해 볼 수 있다. 최근 대부분의 제조기업들도 적극적으로 전자상거래 분야로 진출하고 있다.

(3) 중개상

인터넷의 발달과 함께 유통상들의 입지는 점점 줄어들고 있으나 대신 다양한 종류의 콘텐츠를 다루는 중개상들이 등장하고 있다. 콘텐츠는 인터넷 사용자들이 이용할 수 있는 각종 디지털화된 자료나 정보들의 집합이다. 중개상들은 인터넷상에서 구매자와 판매자와의 거래를 성사시키고 거래 수수료를 부과해 수익을 창출하고 있다. 인터넷 여행사, 증권 중개업자 등은 전통적 거래 방식을 인터넷상으로 옮겨와 비즈니스를 수행하고 있는 예이다.

(4) e-비즈니스 컨설팅/구축 서비스

e-비즈니스를 성공적으로 수행하기 위해서는 전문적인 기술과 노하우 및 경영지식이 필요하다. 웹 사이트의 설계와 구축, 운영에 이르는 전 과정에 대한 기술적인 컨설팅뿐만 아니라 게임, 그래픽, 비디오나 동영상 등 e-비즈니스 산업에 알맞은 멀티미디어 콘텐츠의 기획, 개발을 지원한다. 외부 및 내부 기업 환경 분석, 비즈니스모델 개발 및 경영전략 수립을 지원하기도 한다.

제3절 m-비즈니스(모바일 비즈니스)

1. m-비즈니스(모바일 비즈니스) 개념

m-비즈니스는 최근에 스마트폰의 보급률이 높아짐과 동시에 무선 네트워크와 단말기를 통해 이루어지는 상거래 및 기업의 제반 부가가치 창출 활동을 뜻하며, 모바일 비즈니스라고도 한다. m-비즈니스의 개념을 이해하기 위해서는 전자상거래(EC : Electronic Commerce)의 개념 및 전자상거래로부터 e-비즈니스로 그리고 m-비즈니스로의 발전 과정을 이해할 필요가 있다.

m-비즈니스는 기존 e-비즈니스와 무선인터넷이 결합한 개념으로써 무선통신 네트워크와 스마트폰과 같은 무선통신 가능한 디바이스를 통해 이뤄지는 상거래를 포함하여 기업의 제반 부가가치 창출과 연계된 비즈니스를 포함한다.

넓은 의미의 m-비즈니스는 모바일을 매개로 한 모든 형태의 비즈니스 포괄한다. 즉 모바일 기기를 통해 비즈니스 관계를 유지하고(B2B), 정보, 서비스, 상품을 거래할 수 있도록(B2C) 해주는 비즈니스 프로세스이며 앱(애플리케이션) 기반이다.

m-비즈니스의 구성요소는 디바이스, 네트워크, 서비스로 구성된다. 즉 모바일 구성요소 관점의 m-비즈니스 개념은 모바일 네트워크와 플랫폼을 기반으로 하고 휴대폰, 태블릿 PC 등 모바일 디바이스를 사용하여 다양한 서비스 및 콘텐츠를 제공하는 모든 비즈니스를 의미한다.

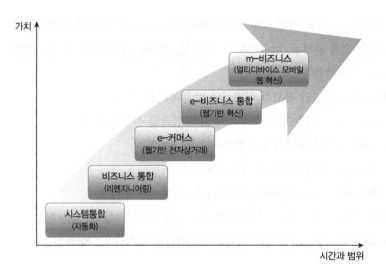

출처 : 라비 칼라코타, 마샤 로빈스, m-비즈니스, 물푸레, 2002

[그림 2-12] IT 발전과 기업 비즈니스 형태의 변화 추이

출처 : 박재현, 박연익, 임정선, 박종수, 고윤전, 모바일 비즈니스 현황과 전망, KT경제연구소, 2012

[그림 2-13] m-비즈니스의 구성요소

2. m-비즈니스의 모바일 환경적 특성

m-비즈니스는 e-비즈니스와 특징적으로 큰 차이가 있다. 기존의 e-비즈니스 환경(인터넷)과 모바일 환경과의 가장 두드러진 차이점은, 모바일 환경에서의 서비스는 언제 어디서나 실시간으로 이루어질 수 있고, 그에 따라 이용자는 자신의 실시간 상황이 반영된 정보와 서비스를 제공받을 수 있다는 것이다. m-비즈니스를 이해하기 위해서 모바일의 환경적 특성에 대한 이해가 필요하다.

Durlacher(2000)의 모바일 서비스의 특성을 바탕으로 m-비즈니스가 이루어지는 모바일 환경 특성을 크게 편재성, 접근가능성, 보안성, 편의성, 위치 확인성, 즉시접속성, 개인화로 특성을 정리한다.

① 편재성(Ubiquity) : 실시간 정보를 어디서나 받을 수 있는 특징

② 도달성(Reachability) : 시간과 공간의 제약 없이 접속할 수 있는 특징

③ 보안성(Security) : 보안과 안전이 보장되어야 한다는 특징

④ 편리성(Convenience) : 작고 가벼운 의사소통의 도구

⑤ 위치 확인성(Loalization) : 사용자의 현 위치를 알 수 있는 특징

⑥ 접속성(Instant Connectivity) : 신속하게 접속하여 정보를 탐색할 수 있는 특징

⑦ 개별성(Personalization) : 사용자의 개인화와 차별화된 고객서비스의 특징

③. m-비즈니스의 주요 영역

m-비즈니스는 m-비즈니스의 주요 플랫폼인 '앱마켓'을 통한 앱 판매, 유료 및 무료 '콘텐츠' 분야, 검색/커뮤니케이션 등 무료 서비스에 기반한 '광고', 그리고 주요 생활 서비스인 '금융', '쇼핑' 분야, 메신저를 기반한 커뮤니티, 모바일 게임을 중심으로 시장이 확대되고 있다.

주요 사업 영역

금융	금융	금융	결제
커머스	쇼핑	티켓	
미디어	광고	방송	
엔터테인먼트	음악	게임	
교육	eBook	학습	

출처 : 박재헌, 박연익, 임정선, 박종수, 고윤전, 모바일 비즈니스 현황과 전망, KT경제연구소, 2012

[그림 2-14] m-비즈니스의 주요 사업 영역

1) 모바일 앱스토어

스마트폰, 태블릿 PC와 같은 스마트 디바이스의 확산은 무엇보다도 앱, 어플, 애플리케이션으로 불리는 모바일 디바이스용 응용프로그램 및 앱을 판매하는 앱스토어/앱마켓이 m-비즈니스의 큰 비중을 차지하고 있지만, 낮은 시장진입 장벽과 시장내 경쟁이 심한 특성을 가지고 있다.

현재 글로벌 시장에서 애플의 앱스토어가 가장 큰 영향력을 보이고 있는 가운데, 구글의 Play 스토어가 그 뒤를 쫓고 있는 상황이다.

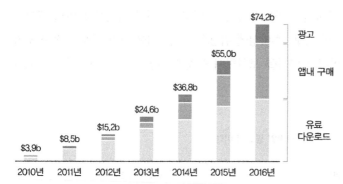

출처 : Gartner, Market Trends: Mobile App Stores, Worldwide, 2012

[그림 2-15] 전 세계 모바일 앱스토어 매출 동향

2) 모바일 콘텐츠

모바일 콘텐츠란 모바일 기기를 이용한 모든 종류의 서비스를 의미한다. 초기의 m-비즈니스에서의 피처폰을 기반으로 한 모바일 콘텐츠는 벨소리나 휴대폰 바탕화면 컬러링과 같은 서비스였다. 현재의 모바일 콘텐츠는 스마트 디바이스의 보급으로 더 다양하고 많은 콘텐츠(게임, 음악, 비디오 등)를 이용할 수 있는 환경이 가능해졌다. Transparency Market Research, 2012 발표에 따르면 전 세계의 모바일 콘텐츠 시장은 2011년 65억 달러에서 2017년 186억 달러로 연간 19 % 정도 성장할 것으로 예상하고 있다.

3) 모바일 광고

모바일 광고는 스마트폰, 태블릿PC 등 모바일 기기를 통해 시간, 장소의 제약 없이 타깃 고객을 대상으로 음성, 문자, 동영상 등 다양한 형태로 내용을 전달하는 모바일 마케팅 수단이다. 크게 디스플레이 광고, 검색 광고, 메시지 광고의 세 가지 유형으로 모바일 광고를 나눌 수 있다. 모바일 광고의 특성상, 현재는 검색 광고가 디스플레이 광고보다 시장 규모가 2배 이상 크다. 큰 화면을 사용하는 PC와는 달리, 상대적으로 작은 화면을 가지고 있는 모바일 기기의 특성을 감안한 사업자들이 디스플레이 광고보다는 검색 광고에 더 치중하고 있기 때문이다.

모바일 광고 시장은 모바일 비즈니스의 주요 영역이었지만 이러한 모바일 광고는 사용자에게 스팸, 불필요한 정보, 스미싱에 위험으로 인식됨에 따라 시장 성장 속도가 줄어들고 있으며 최근 이러한 인식을 보완하여 플랫폼 기반 모바일 광고가 발전되고 있다.

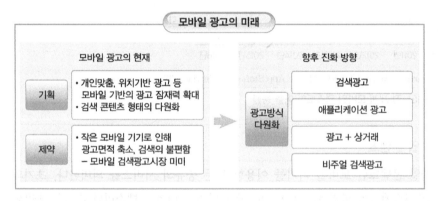

[그림 2-16] 모바일 광고의 미래

[그림 2-17] 모바일 메시지 광고의 예

4) 모바일 쇼핑

모바일 쇼핑은 무선 네트워크와 모바일 디바이스를 이용하여 디지털 콘텐츠나 상품, 서비스를 판매 또는 구매하는 활동을 의미한다. 모바일 쇼핑은 스마트 디바이스의 보급이 급속하게 확대됨에 따라 성장의 가능성이 높은 영역이다.

5) 모바일 금융

모바일 금융은 과거 온라인에서 소비되는 콘텐츠 위주의 휴대폰 소액결제에서 시작되어 1990년대 말 모바일 뱅킹 서비스의 개시와 함께 본격적으로 모바일 상에서 자금의 직접 거래가 이루어짐에 따라 하나의 비즈니스로 자리잡았다. 최초의 모바일 뱅킹은 SMS 방식을 시작으로 모바일 브라우저를 이용하는 WAP(Wireless Application Protocol) 방식과 칩 기반의 IC칩 방식, 칩 없이 프로그램 구동을 통한 VM(Virtual Machine) 방식을 거쳐, 인터넷 뱅킹과 동일한 방식을 제공하는 스마트폰 방식(인증서)까지 발전하고 있다. 모바일 금융은 장기적으로 인터넷 플랫폼을 대체할 것으로 전망되고 있으나 상대적으로 취약한 개인정보보안과 시스템 보안에 대한 우려를 잠식시킬 방안이 필요하다. 3장 e-비즈니스 응용에서 상세하게 소개할 것이다.

4. m-비즈니스의 수익모델

m-비즈니스의 영역들의 산업에서 수익을 창출하는 방법은 앱(애플리케이션) 판매,

광고, 수수료, 서비스 이용료, 기기판매의 5가지 형태가 있다. 앱(애플리케이션)스토어를 중심으로 애플리케이션 판매가 주요 수익모델로 정착되었고 모바일 광고의 경우 개인화된 단말기, 위치 기반 서비스의 장점으로 시장이 확대될 것으로 전망되고 있으며 모바일을 통한 금융, 결제 서비스, 모바일 상거래는 모바일 보안 기술 확대와 함께 확산될 것으로 전망된다.

출처 : 권기덕, 모바일 빅뱅 시대의 비즈니스 모델 진화, 2010, 삼성경제연구소
[그림 2-18] m-비즈니스의 5가지 수익모델

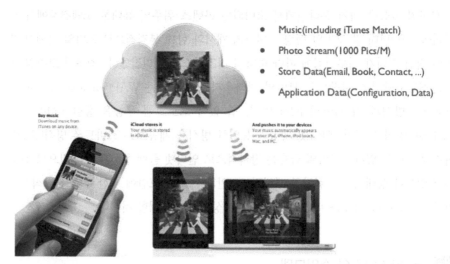

출처 : 애플공식홈페이지, wwww.apple.com
[그림 2-19] 애플의 결합 수익모델(콘텐츠 + 제품판매)

현재 m-비즈니스는 수익모델을 결합하거나 번들 형태로 제공하는 수익모델이 증가하고 있다. 구글, 아마존, 애플은 기기 판매와 함께 독점으로 콘텐츠를 제공하는 콘텐츠와 기기 판매를 결합한 수익모델을 볼 수 있다.

5. e-비즈니스와 m-비즈니스의 차이

e-비즈니스와 m-비즈니스의 가장 큰 차이점은 통신환경이 모바일 기기인가 아니면 PC인가 하는 점이다. 통신 인프라 환경이 차이를 의미하는 것이 아니라 무선 인터넷의 특징인 개인화, 위치파악 서비스, 즉시성 등이 e-비즈니스 모델에 더해져야 한다는 의미이다. 즉 e-비즈니스를 바탕으로 모바일 환경의 특성을 결합하여 m-비즈니스를 고려해야 한다.

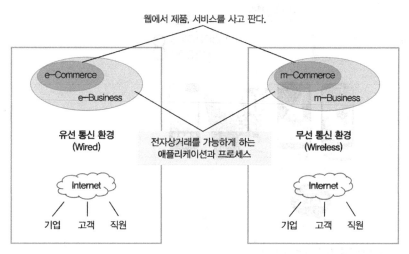

출처 : 이영곤, 이것이 모바일 비즈니스다, 비비컴, 2002

[그림 2-20] e-비즈니스와 m-비즈니스

m-비즈니스 사례 : 모바일 플랫폼 전략

1) 모바일 플랫폼이란

플랫폼 전략은 "여러 참여자가 공통된 사양이나 규칙에 따라 경제적 가치를 창출하는 토대" 또는 "다양한 용도에 공통적으로 활용할 목적으로 설계된 유무형의 구조물"이라고 정의할 수 있다. 비즈니스 인프라를 제공함으로써 인프라에 참여하는 참여자(사용자 및 제공자)의 수가 늘어날수록 개별 참여자(제공자) 사업기회가 체증하는 선순환 효과가 발생한다. 즉 플랫폼이란 플랫폼 참여자인 제공자 또는 사용자가 만나서 커뮤니케이션이 가능한 공간을 제공해줌으로써 비용절감 및 새로운 비즈니스 기회를 잡을 수 있다.

출처 : 카카오 모바일 플랫폼 전략, ㈜카카오, 2014

[그림 2-21] 모바일 플랫폼 전략 종류

과거에는 제품 다양화를 위해 주로 제조업에서 활용되었으나 최근 IT의 발달로 특히나 모바일 산업에서의 플랫폼 구축 및 운영비용이 낮아지고 참여자가 크게 늘어나는 특징으로 모바일 플랫폼이 등장하였다. 모바일 플랫폼은 모바일 기기에서 다양한 응용 애플리케이션과 서비스를 동작시킬 수 있는 하드웨어, 소프트웨어, 네트워크의 결합체를 의미한다. 모바일에서 플랫폼의 중요성은 IT 발달로 스마트폰과 무선인터넷 등의 보급에 힘입어 모바일에 특징으로 인해 플랫폼에 참여할 수 있는 저변이 대폭 확대되었기 때문이다. 모바일 플랫폼은 크게 OS 플랫폼, 디바이스(Device) 플랫폼, 서비스 플랫폼으로 나눌 수 있다.

출처 : 애플 구글에 모바일 시장 뺏긴 MS, 한국경제, 2011.05.11

[그림 2-22] 모바일 OS 플랫폼 전략 종류

(1) OS 플랫폼

플랫폼 주도 사업자가 운영체제(OS)를 제공함으로써 운영체제 사용자 및 제공자의 플랫폼 역할을 하게 하는 형태

(2) 디바이스(Device) 플랫폼

디바이스를 제공하는 제조사가 주축이 되어 서비스 및 애플리케이션을 디바이스 플랫폼을 통해 제공하는 형태(ex) 삼성전자의 S노트, LG의 Q보이스, Apple의 Siri)

(3) 서비스 플랫폼

네트워크 효과를 기대하며 제3의 서비스 공급자와의 협력을 통해 다양한 서비스를 플랫폼을 기반으로 기존 서비스의 사용자에게 연결해주는 형태

2) 모바일 플랫폼 사례

(1) 모바일 서비스 플랫폼 사례 - 카카오톡 플랫폼

카카오톡은 대표적인 국내 모바일 서비스 플랫폼이라고 할 수 있다. 2010년 3월에 서비스를 시작한 카카오톡은 스마트폰 보급과 기존 문자메시지의 역할을 스마트폰

을 통해서 무료로 할 수 있다는 매력으로 인하여 2011년 4월에 1000만 명이 가입하고 2014년 현재는 1억 4천 명의 이용자를 확보하고 국민메신저로 자리 잡았다.

이에 카카오톡은 기존의 메신저 역할뿐만 아니라 모바일 플랫폼으로 거듭나기 위해서 카카오톡에서 확보한 사용자를 대상으로 제3의 서비스 제공자와 협력하여 다양한 모바일 서비스를 제공하고 있다. 대표적인 제공 서비스로 카카오스토리 앱이 런칭한 지 9일 만에 1,000만 다운로드를 달성하였으며, 카카오게임은 애니팡, 드래곤플라이와 같은 모바일 게임을 카카오톡 플랫폼을 통하여 제공하여 국민게임으로 등극시키며 모바일 게임을 발전 가능성을 보여주었다.

카카오뮤직, 카카오그룹, 카카오페이지의 서비스를 제공하면서 카카오톡의 모바일 플랫폼으로써 저력을 보여주고 있다. 카카오톡은 기존의 참여자(이용자)수를 이용하여 모바일 서비스 플랫폼 성공사례이며 현재 카카오 플랫폼은 기존 참여자(이용자)를 포함하여 서비스 제공을 위한 플랫폼 참여자는 계속해서 증가하고 있다. 최근에는 선물하기와 같은 쇼핑몰 서비스, 소액 결제 서비스를 제공하는 등 카카오톡으로 구축한 커뮤니티를 기반으로 다양한 부가서비스를 개발하고 있다.

출처 : 이석우, 카카오 모바일 플랫폼 전략, ㈜카카오, 2014

[그림 2-23] 카카오 모바일 서비스 플랫폼에서 제공하는 서비스

3) 모바일 OS 플랫폼 사례 – 구글 안드로이드

구글의 안드로이드는 OS 플랫폼의 대표적인 사례이다. 현재 대부분의 스마트폰 OS(운영체제)는 안드로이드라고 해도 과언이 아니다 구글은 개방된 라이선스와 사용자가 자체적으로 Customization(개인화) 가능한 모바일 OS를 개발했는데 이것이 안드로이드이다. 구글은 안드로이드를 모바일 OS 플랫폼화하였다.

안드로이드는 초기에 무료로 제공되었으며 어떠한 기종의 스마트폰에도 사용할 수 있게 함으로써 초기 사용자를 확보하였고 이를 기반으로 안드로이드만의 서비스를 제공하였다. 이러한 안드로이드 플랫폼을 기반으로 크롬, 안드로이드 home, 구글 마켓, 구글 서치, 구글 플러스, 유투브 등이 서비스를 제공하고 있다. 현재 안드로이드는 대표적인 스마트 디바이스 OS로 자리 잡았으며 제3의 플랫폼 참여자와 협력을 통해 새로운 플랫폼 서비스를 개발하고 있다.

참고문헌

권기덕, 모바일 빅뱅 시대의 비즈니스 모델 진화, 삼성경제연구소, 2010

권순국, 김형국, e-Business론, 두남, 2002

김성희, 장기진, e-비즈니스.com, 청람, 2004

노미진, 김호열, 모바일 특성일 모바일 서비스 수용에 미치는 영향, 경영학연구, 제48집, pp.125-150, 2007

라비 칼라코타, 마샤 로빈스, m-비즈니스, 물푸레, 2002

박용찬, e-비즈니스 파워, SIGMA INSIGHT, 2000.

박재헌, 박연익, 임정선, 박종수, 고윤전, 모바일 비즈니스 현황과 전망, KT경제연구소, 2012.

이경근, 노영, e-biz World, 이프레스, 2005

이동훈, e-비즈니스 원론, 정일, 2004

이석우, 카카오 모바일 플랫폼 전략, ㈜카카오, 2014

이영곤, 이것이 모바일 비즈니스다, 비비컴, 2002

정인근, 김운회, 인터넷 비즈니스 원론, 선학사, 2002

지호준, 21세기 경영학, 법문사, 2002

최성, m-Commerce 비즈니스 서비스 전략 방안, 정보과학회지, 제20권 제6호 통권 제157호, pp.13-19, 2002

Durlacher Research Ltd., Mobile Commerce Report. Retrieved from www.durlacher.com, 2000

Gartner, Market Trends: Mobile App Stores, Worldwide, 2012

Haag, S., Baltzan, P., Phillips, A., Business Driven Technology, McGraw-Hill, 2006

Kroenke, D.M., Using MIS, Prentice Hall, 2009

Rappa, M., Business Models on the Web, Digital Enterprise, http://digitalenterprise.org/models/models.html, 2005.

Slywotzky, X., Value Migration, Boston: Harvard Business School Press, 1995

Timmers, Paul, Business Models for electronic Markets, Electronic Markets, Vol. 8, No. 2, pp.3-8, 1998

Transparency Market Research, Mobile Content Market — Global and U.S. Industry Analysis, Size, Share, Trends And Forecasts 2011 — 2017, 2012

Turban, E., D. Leidner, E. McLean, J. Wetherbe, Information Technology for Management, John Wiley & Sons, 2006

연습문제

01. 경쟁전략에 대해 설명하시오.

02. e-비즈니스 경쟁전략을 정의하시오.

03. 마이클 포터의 5-Forces 모델을 설명하시오.

04. 마이클 포터의 5-Forces 모델을 인터넷 환경에 적용해 설명하시오.

05. 기업의 경쟁전략 선택 기준에 대해 설명하시오.

06. 제품 포트폴리오 전략에 대해 설명하시오.

07. 집중화 전략에 대해 설명하시오.

08. 비용우위 전략에 대해 설명하시오.

09. 차별화전략에 대해 설명하시오.

10. 제품/시장 전략에 대해 설명하시오.

11. e-비즈니스 경쟁전략의 순환과정에 대해 설명하시오.

12. e-비즈니스 모델에 대해 설명하시오.

13. e-비즈니스 모델의 분류 기준에 관하여 설명하시오.

14. Timmers의 e-비즈니스 모델 중 정보중개 모형에 대해 설명하시오.

15. Rappa의 e-비즈니스 모델 중 상인형 모형에 대해 설명하시오.

16. 가치사슬 부가서비스와 가치사슬 통합 모델을 비교 설명하시오.

17. 거래 상대에 따른 e-비즈니스 모델 분류에 대해 설명하고 예를 들어 보시오.

18. e-Marketplace 모델에 대해 설명하시오.

19. e-비즈니스 모델의 수익구조에 관하여 설명하시오.

20. 포털과 포털 사이트의 개념을 비교 설명하시오.

21. e-비즈니스 산업의 주요 구성업체의 역할에 대해 설명하시오.

22. m-비즈니스와 e-비즈니스의 차이점은 무엇인지 설명하시오.

23. m-비즈니스의 환경적 특징은 무엇인지 설명하시오.

24. m-비즈니스이 영역에는 어떤 것이 있는지 설명하시오.

25. 모바일 플랫폼 전략이 무엇인지 설명하시오.

26. 성공한 모바일 비즈니스에 대하여 조사해 보시오.

CHAPTER 03

e-비즈니스 응용

e-BUSINESS

개요

e-비즈니스가 우리 생활의 일부분이 되어, 다양한 분야에 영향을 미치고 있다. 여기에는 행정분야, 금융분야, 교육분야, 보건의료분야, 관광분야 등 우리의 모든 생활과 같이한다고 할 수 있다. 이 장에서는 이러한 우리생활에서의 e-비즈니스 응용에 대하여 학습한다.

제1절에서는 행정분야에서의 e-비즈니스 응용으로 전자정부와 전자정부 3.0에 대하여 학습한다. 전자정부는 정부의 대민서비스를 인터넷을 통하여 제공하는 것으로 전자정부의 개념에서부터 역할 및 범위, 전자정부가 추구하는 목표 및 우리나라 전자정부의 제공 서비스, 전자정부의 비전에 관하여 알아본다. 제2절에서는 금융분야에서의 e-비즈니스 응용으로 인터넷뱅킹에 대하여 학습한다. 인터넷뱅킹은 인터넷을 통하여 금융거래를 온라인으로 실시하는 것으로, 인터넷뱅킹의 개념, 인터넷뱅킹 서비스, 유용성 및 문제점에 관하여 학습한다. 제3절은 스마트폰을 이용한 모바일 뱅킹에 대하여 학습한다. 모바일 뱅킹의 정의 및 종류, 모바일 뱅킹의 서비스, 장점 및 한계점에 대하여 학습한다. 제4절은 교육분야에서의 e-비즈니스 응용으로 스마트 러닝에 대하여 학습한다. 스마트 러닝은 인터넷을 통한 온라인 학습을 추구하는 것으로, 스마트 러닝의 개념, 온라인 교육의 장점, 발전과정 및 향후 전망에 관하여 학습한다.

e-비즈니스 응용

학습목표 ○○○

• e-비즈니스가 우리생활의 다양한 분야에 어떻게 활용되고 있으며, 그 효과가 무엇인지 살펴본다.

• 공공분야의 전자정부, 금융분야의 인터넷뱅킹 및 모바일 뱅킹, 교육분야의 스마트 러닝에 대하여 e-비즈니스의 개념이 어떻게 적용되고 있으며, 제공되는 서비스 및 효과에 대하여 알아본다.

제1절 전자정부

전자정부란 "정보기술을 이용하여 정부의 행정조직, 업무, 시스템을 효율적으로 개혁하여 국민에 대한 정부의 각종 정보 및 행정 서비스를 최상의 수단으로 제공할 수 있는 고객 지향적이고 반응적인 정부"를 의미한다.

1. 전자정부의 개념

'전자정부(e-Government)'라는 용어와 의미는 미국의 국가성과평가위원회(National Performance Review)의 보고서인 'Reengineering through Information Technology'에서 밝히고 있는 바와 같이 전자은행 업무에서 처음 대두된 개념을 확장한 것이다. 그러나 전자정부가 구체적으로 어떤 정부인가에 대해서는 각 국가의 사회·기술적 (Social Technical) 환경에 따라 유동적으로 정의되는 진화적인 개념이다.

이러한 점을 감안하여 전자정부의 개념을 정의하면 전자정부(e-Government)란, 민주주의의 기본이념을 실현하고 국민의 삶의 질 향상이라는 궁극의 목적을 실현하기 위하여 정보통신기기를 활용, 행정활동의 모든 과정을 혁신함으로써 정부의 업무처리가 효율적이고 생산적으로 개선되고, 정부의 고객인 국민과 기업에게 질 높은 행정서비스를 제공하는 지식정보사회형 정부를 말한다. 이것은 근본적으로 정부의 업무 프로세스가 IT에 의해 효율적으로 개선되어 정부 내외 망이 인터넷과 연결될 때 가능하

다. 즉, 인터넷을 기반으로 행정업무·정보·행정서비스·커뮤니티를 통합하는 것
이다.

2. 전자정부의 역할과 범위

전자정부의 역할과 범위는 [그림 3-1]과 같이 정부(G : Government), 기업(B : Business), 국민(C : Citizen)의 관계로 분류하여 표현될 수 있다.

1) 「정부와 국민 – G(Government) to C(Citizen)」의 관계

정부와 국민간의 관계의 변화는 전자정부를 통하여 다양하게 나타날 수 있다. 정부의 입장에서는 국민지향적인 질 높은 행정서비스 제공이 가능해진다. 즉 국민 중심의 다양하고 선택의 폭이 넓은 행정정보서비스 제공이 가능하다. 동시에 국민의 입장에서는 행정에 대한 국민의 참여 기회가 확대되고 행정에 대한 국민의 의견반영이 가능해져 시민이 필요한 문제 해결 중심의 민주행정 구현이 가능하다.

2) 「정부와 기업 – G(Government) to B(Business)」의 관계

정부와 기업 간의 관계의 변화는 다음과 같다. 정부의 입장에서는 기업의 사업지원을 위한 서비스의 질이 높아진다. 정부의 정책 수행을 위한 권고 및 지침 전달 등을 위한 정보교류 비용이 감소되고 규제정책을 수행함에 있어 순응도를 높이면서 규제부담을 감소시킬 수 있다. 또한 조세 비용의 절감과 납세율을 높일 수 있다. 기업의 입장에서는 필요한 정보의 수집이 용이해지고 선택의 폭이 높아진다. 그리고 정부를 대상으로 한 전자조달이 가능하게 되어 교류비용이 감소하고 정보공유가 가능하게 되며, 기업의 생산 통제와 재고 관리가 개선되고 원가절감이 가능하게 되어 경쟁력이 향상되게 된다.

3) 「정부와 정부 – G(Government) to G(Government)」의 관계

정부 부처 간 중앙과 지방 정부 간에는 행정정보 공동 활용을 통하여 행정업무의 정확성과 효율성이 증대되고 교류비용이 감소하게 된다. 그룹웨어시스템 등을 바탕으로

원격지와 다양한 시간대에 업무의 공동처리를 위한 의사소통이 원활하게 되고 신속하고 유연한 업무조정이 가능하게 되어 행정의 생산성이 높아지게 되고 정책의 질적 수준도 향상된다.

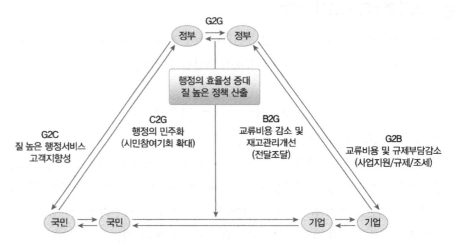

[그림 3-1] 전자정부의 역할과 범위

3. 전자정부의 4가지 개념적 요소

전자정부가 추구하는 4가지 개념적 요소는 [그림 3-2]와 같다.

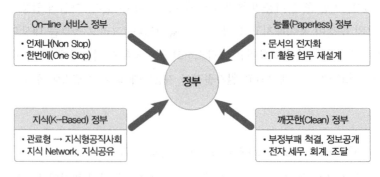

[그림 3-2] 전자정부 개념적 요소

1) 온라인 서비스(On-line Service) 정부

전자정부에서는 민원을 인터넷, 스마트폰, 무인민원자동처리기(KIOSK) 등 정보통신기술을 이용하여 접수·처리하는 것이 가능하므로 국민들은 행정기관을 직접 방문하지 않고 언제 어디서나(Non-Stop) 편리한 민원서비스를 받을 수 있다. 또한 기존 여러 부처가 관련된 민원처리나 민원처리에 필요한 서류를 구비하기 위해 여러 행정기관을 방문하였던 것도 일회 방문으로 한번(One-Stop)에 처리가 가능하게 된다.

2) 능률(Paperless) 정부

정부 내의 행정업무 처리도 종이 없는(Paperless) 처리가 가능하도록 재설계하고 각종 문서도 전자화하여 신속 정확하게 처리가 가능하여 행정의 생산성 및 능률이 향상된다. 또한 정보 네트워크가 구축되어 국민과 공무원이 언제 어디서나 가까이 대화할 수 있는 국민과 정부가 하나가 되는 시대가 구현된다.

3) 지식(Knowledge-Based) 정부

생산된 모든 문서는 컴퓨터에 분류·저장하고, 공무원 개개인의 업무처리과정에서 습득한 지식은 공유가능 형태로 생성·보관되어, 행정 처리에 이를 활용함으로써 품질 좋은 지식행정서비스가 제공되며, 기존의 관료형 공무원에서 지식형 공직사회가 구현된다.

4) 깨끗한(Clean) 정부

업무처리의 전산·전자화과정을 통하여 정확하고 투명한 행정처리가 가능해지고 공무원의 자의적인 처리나 처리기간 지연 등의 부정부패 발생 소지를 방지할 수 있어 국민과 기업들로부터 신뢰받는 정부가 된다.

4. 전자정부에서의 정부운영방식 변화

전자정부가 가져올 변화로는 첫째로 정부 안에서 공무원들이 일하는 방식의 변화와, 둘째로 정부와 국민과의 관계 변화가 있다. [표 3-1]은 전자정부에 의하여 정부와 국민의 관계와, 정부 내의 운영방식의 변화 내용을 나타낸 것이다.

전자정부는 기존의 정부와 달리 국민중심, 국민 편의 위주의 행정을 추진하여 국민이 정부의 주인으로서 정책에 직접 참여 가능하고, 국민을 봉사와 서비스의 대상으로 하여 행정을 추진한다. 그리고 인터넷을 활용하여 시간과 공간의 제약을 극복하며, 모든 행정업무 처리를 디지털화함으로써 행정업무에서의 책임 소재를 분명하게 할 수 있다. 이외에도 신체가 부자유한 시민 및 외국인 등에게도 열린 행정을 실시할 수 있게 된다.

[표 3-1] 전자정부에서의 정부운영방식의 변화

기존의 정부	전자정부
• 관 중심, 관 편의 위주의 행정 – 국민을 관리·통제의 대상으로 보는 행정	• 국민중심, 국민편의 위주의 행정 – 국민이 정부의 주인으로서 정책에 직접 참여할 수 있고, 국민을 봉사 및 서비스의 대상으로 보는 행정
• 시간과 공간의 제약이 있는 행정 – 행정기관을 찾아다녀야만 서비스를 받을 수 있는 행정	• 시간과 공간의 제약이 없는 행정 – 행정기관을 찾아가지 않고도 대부분의 서비스를 받을 수 있는 행정
• 책임소재가 불분명한 행정 – 불투명한 행정 – 예측이 어려운 행정 – 상호 불신하는 행정 – 면대면 접촉이 있어야 하는 행정	• 책임소재가 분명한 행정 – 투명한 행정 – 예측 가능한 행정 – 상호 신뢰하는 행정 – 면대면 접촉이 없어도 되는 행정
• 신체부자유자나 외국인에게는 거의 불가능한 행정	• 신체부자유자나 외국인에게도 열려 있는 행정

전자정부에서의 정부운영방식 변화
1. 업무처리 및 의사소통방식의 변화
2. 정확한 정보의 파악과 제공으로 인한 투명성 제고
3. 중간관리층 감소 및 일선현장중심의 권한배분구조
4. 부처 간의 중복 기능 배제 및 역할의 명확화

전자정부가 구현됨에 따라 업무처리 및 의사소통방식의 변화, 행정 처리업무의 투명성 제고, 현장중심으로의 권한 배분구조, 부처 간 중복기능 배제 및 역할의 명확화 등과 같은 정부 운영방식에도 많은 변화를 가져 오게 된다.

또한 정부 내부의 능률화, 고객지향적인 정부와 국민간의 관계 변화와 함께 정부간, 공공부문-준공공부문, 정부-민간부문의 네트워크가 자연스럽게 구축된다. 이러한 네트워크들은 정보의 공동 활용을 통하여 정부와 기업 간의 거래비용이 감소되고, 불필요한 절차 및 시간도 단축할 수 있으며, 앞으로는 정부가 기업 활동을 감시하고 규제하는 역할에서, 지원자로서의 역할로 바뀔 것을 의미한다.

5. 전자정부 3.0

전자정부도 IT 기술의 발전에 따라 전자정부의 구현 개념도 진화하고 있다. 우리나라에서는 전자정부 3.0을 2013년부터 추진하고 있다. 전자정부 3.0은 스마트 기술을 활용하여 정부로 하여금 올바른 일을 올바른 방법으로 하도록 하는 미래 전자정부라고 정의할 수 있다. 전자정부 3.0은 정부를 지식기반조적으로 만들어 물리적·재정적 자원을 더욱 효율적·효과적으로 사용하게 하고 더 높은 문제해결능력을 발휘하도록 하는 정부 변혁운동이다. 기존의 전자정부와 비교하여 전자정부 3.0의 개념을 정리하면 [표 3-2]와 같다. 그리고 전자정부 3.0이 추구하는 핵심 개념은 다음 세 가지로 정리된다.

[표 3-2] 기존 전자정부와 전자정부 3.0의 개념

	전자정부 1.0	전자정부 2.0	전자정부 3.0
개념	e-Government	Gov as a Platform (Open Government)	Smart Government
목표	프로세스 혁신 (how-to-do internal)	거버넌스 혁신 (how-to-do external)	정책 혁신 (what-to-do)
특징	업무자동화, 온라인화	열린 정부, 민관협력	지식조직, 과학적 정책
기술	인터넷 기술	소셜 기술(web2.0)	스마트 기술
핵심자원	application	web과 application	data와 knowledge

출처 : 황종성, Gov3.0: 미래 전자정부 개념정립과 추진전략 모색, 한국정책학회 춘계학술발표논문집, 2013

첫째 "올바른 일"을 선택하는 능력을 향상시키는 것이다. 기존 전자정부는 주어진 일을 효율적으로 추진하는 데 초점을 맞췄다. 반면 전자정부 3.0은 정부가 올바른 판단을 내리도록 지원하는 것을 핵심으로 한다. 이미 민간에서는 많은 기업들이 최선의 결정을 내리기 위해 정보기술을 적극 활용하고 있다. Business Intelligence 기법이 그것이다.

반면 정부 정책은 고도의 복잡성과 측정의 어려움으로 인해 과학적인 방법론의 적용이 지연되었다. 하지만 전자정부 3.0은 최근의 데이터 확산과 분석기술의 발전에 힘입어 '사실기반(Fact-Based)', '데이터 주도(Data-Driven)' 정책결정을 가능하게 할 것이다.

둘째 전자정부 3.0은 스마트 기술을 최대한 활용한다. 즉, 데이터 분석기술과 인공지능 기술을 폭넓게 사용하는 것이다. 전통적인 전자정부 혹은 전자정부 1.0은 인터넷 기술에 주로 의존하여 발전하였고, 정부업무의 자동화 및 온라인화가 주된 목표였던 만큼 각종 응용서비스(Application)의 개발 및 활용이 전자정부의 중심을 채웠다. 전자정부 2.0의 경우에는 web 2.0이 핵심 기술로 부상하였다. 스마트폰의 발전과 더불어 Facebook, Twitter 같은 소셜 미디어들을 활용하여 시민중심의 전자정부를 가능하게 하였다.

최근 정부는 공공데이터를 대폭 개방함으로써 직접적인 서비스 제공자가 아닌 서비스 플랫폼 역할하기 시작했다. 이에 전자정부 3.0은 분석과 추론을 기반기술로 하여 국민들에게 최적의 행정서비스를 제공하는 것을 목적으로 한다. 즉, 최선의 정책적 판단을 내리기 위해서, 혹은 국민 개개인에게 맞춤형 서비스를 제공하기 위해서 전자정부 3.0은 수많은 데이터를 분석하고 최선의 대안을 추론해 낸다.

셋째 전자정부 3.0은 기존의 전자정부를 대체하는 것이 아니라 기존 전자정부의 외연을 확장하는 개념이다. 전자정부 1.0과 전자정부 2.0은 모두 정부의 기능을 발전시키는데 중요한 역할을 해 왔다. 전자정부 1.0은 정부 내부 업무프로세스와 외부 서비스 전달체계를 개선하였고, 전자정부 2.0은 정부와 시민사회의 관계를 혁신했다.

전자정부 3.0이 등장했다고 해서 기존 전자정부의 가치가 줄어드는 것은 아니다. 오히려 기술발전과 서비스 고도화에 발맞춰 전자정부 1.0과 전자정부 2.0이 끊임없이 고도화되어야 한다. 예컨대 전자정부 1.0은 공유서비스, 클라우드 컴퓨팅 등 새로운 기술 환경을 적극 수용했으며, 전자정부 2.0은 소셜 미디어 확대, 시민개발자(Citizen Developer) 양성 등 민간기술과의 접목을 더욱 강화했다. 따라서 전자정부 3.0 구축전략은 전자정부 1.0과 전자정부 2.0 등 기존의 전자정부를 모두 포괄하는 종합 전략으로 이해되어야 한다.

6. 우리나라 전자정부 서비스

1) 민원서비스혁신사업(G4C)

민원서비스혁신사업(G4C)은 행정에 정보기술(IT)을 도입하여 민원 등의 행정업무처리를 정보화하고, 각행정기관의 보유 정보를 다른 행정기관과 공동 이용할 수 있게 해준다. 그리고 국민은 인터넷, 스마트폰, PDA 등 다양한 매체를 이용하여 언제 어디서나 쉽고 편리하게 하는 민원 행정서비스 및 기관별 행정정보의 이용이 가능하게 되어, 대민 서비스 품질 향상 및 행정업무처리의 효율성과 투명성의 향상이 가능하게 된다.

우리나라 G4C사업은 크게 4가지로 구성된다. 전자정부대표포털(www.korea.go.kr)은 행정기관 정보를 통합 제공하면서 원클릭으로 우리나라 모든 행정기관 및 공공기관 포털과 연결하는 전자정부의 관문(포털)역할을 수행한다. 민원24(www.minwon.go.kr)는 인터넷을 통하여 5,000여 종의 민원안내 및 개별주택가격확인 등 22종의 인터넷 민원열람서비스, 주민등록 등 · 초본 등 500여 종의 발급민원 서비스, 이사, 사망, 장애인, 보훈, 개병 서비스 등과 같은 생활민원 일괄서비스, 대학졸업증명서 등 290 여종에 대한 민원서비스를 처리하는 대민행정서비스를 지원한다.

행정정보 공동 이용은 정부가 보유한 행정정보 중 국민생활과 밀접한 관계가 있는 주민, 부동산, 자동차, 기업, 세금, 보훈, 병무, 법무 등 11대 분야의 34종의 행정정보를 민원담당자가 직접 전자적으로 열람 가능하게 하여, 국민이 행정기관에서 동일한 제 증명서류를 발급받아 다른 행정기관 또는 공공기관에 민원 구비서류로 중복 제출하는 불편을 감소시키는 것이다.

[그림 3-3] 대한민국 전자정부대표포털(www.korea.go.kr)

행정정보 공동 이용은 국민이나 기업이 행정서비스를 받는 데 있어 행정기관들이 필요로 하는 정보를 연계하여 처리함으로써 원스톱/논스톱 서비스를 제공할 수 있는 기반이 마련되어 국민의 시간적 · 경제적 비용 등을 절감을 가져오게 된다. 그리고 국민 및 기업의 불필요한 서류제출 부담 경감과 행정기관은 업무에 필요한 다양한 행정정보와 자료를 신속하고 정확히 입수 활용함으로써 조직의 능률성이 향상되며, 각 행정기관별로 구축되어 있는 데이터베이스를 공동 이용함으로써 동일한 유사 데이터베이스의 중복 개발을 방지하는 효과를 가져 온다.

마지막으로 공통기반지원서비스는 통합전자민원창구 및 각 기관별 전자민원시스템에서 공통으로 사용 가능한 서비스를 개발하여, 인프라 활용 극대화, 전산자원의 중복투자 방지를 위한 전자정부 이용의 기반 인프라를 구축하여, 행정 효율성 증대를 추구하는 것이다. 여기에는 행정기관별 공통 웹서비스의 등록을 지원하는 웹서비스 등록저장소, 행정기관별로 분산되어 있는 사용자 정보를 단일창구에서 통합 관리하는 사용자 디렉터리 시스템, 한 번의 로그인으로 여러 행정기관의 전자민원 서비스 이용 가능하게 하는 통합인증시스템, 민원발급과 확인 및 문서 위변조의 방지를 지원하는 온라인민원발급시스템, 표준화된 민원신청 및 발급서식의 통합관리와 활용을 지원하는 전자서식시스템, 전자민원 처리 시 납부하는 수수료를 결제하는 전자지불시스템 등이 있다.

[그림 3-4] 민원24(www.minwon.go.kr)

2) 4대 사회보험 정보연계센터(www.4insure.or.kr)

4대 사회보험인 국민연금, 건강보험, 고용보험, 산재보험을 관리하는 정보시스템을 상호 연계하여 대국민 민원 서비스의 질적 향상을 도모하고, 4대 사회보험 관리운영체계의 효율성을 증대시키는 데 그 목적이 있다.

중점 추진목표는 첫째, 대국민 전자민원서비스 창구일원화(Single Window)를 통한 국민편의 향상이다. 둘째는 공통/유사 민원업무를 공동접수 처리하여 국민의 편의 및 업무의 효율성을 증대하는 데 있다. 셋째, 4대 사회보험정보를 통합하는 공동정보 데이터베이스 관리로 정보의 정합성 및 재활용성을 증대하는 데 두었다. 넷째로는 유관 기관과 정보연계창구를 단일화하여 국가정보 자원을 효율적으로 이용하려는 것이다.

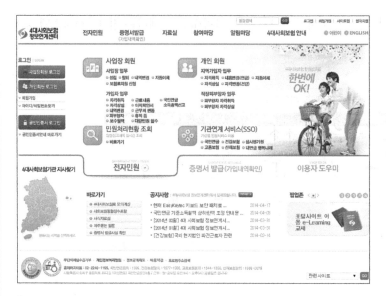

[그림 3-5] 4대 사회보험 연계정보센터(www.4insure.or.kr)

3) 국세청 홈택스(HTS, www.hometax.go.kr)

국세청 홈택스서비스(HTS : Home Tax Service)는 납세자가 세무서에 가지 않고도 가정이나 사무실에서 인터넷으로 세금업무를 처리할 수 있도록 국세청이 행정서비스를 제공하는 것이다.

이 서비스의 기본 목표는 첫째로 인터넷으로 국세업무를 처리할 수 있도록 하여 납세자의 편의를 크게 향상시키는 데 있다. 즉, 세금신고, 고지·납부 및 민원 등 일련의 세무업무 처리를 위해 세무서를 방문하지 않고도 인터넷(www.hometax.go.kr)으로 처리할 수 있는 서비스를 제공하는 것이다. 그리고 세금 납부를 위해 금융기관을 직접 방문하지 않고도 납부 가능하도록 하여 납세자의 편의를 도모하게 된다.

둘째, 지식정보화 사회에 부응하는 행정서비스를 제공하는 데 있다. 정보화 사회에 부응하여 민원인에게 행정정보를 인터넷을 통해 실시간으로 제공하는 것이다.

셋째로는 세무행정의 능률성을 제고하는 데 있다. 각종 세금신고·납부 자료의 전산 입력 절차 등이 불필요하게 됨에 따라 세무행정의 정확성과 신속성이 증대되고 비용도 크게 절감된다. 그리고 전산으로 세무업무를 처리함에 따라 세정의 투명성과 공평성도 향상된다.

[그림 3-6] 국세청 홈택스(www.hometax.go.kr)

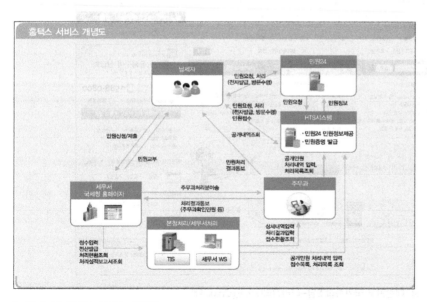

[그림 3-7] 홈택스 서비스 개념도

4) 국가종합 전자조달시스템(G2B, www.g2b.go.kr)

G2B는 종전의 복잡한 절차와 서류 중심의 조달 업무를 혁신적으로 재설계하여 모든 정부 조달 절차를 인터넷을 통해 온라인으로 처리하고, 정부 조달 단일창구를 구축함으로써 공공조달의 효율성과 투명성을 향상시키는 것을 목표로 한다. 민원서비스혁신산업(G4C)이 일반국민 대상의 종합적인 전자정부서비스라면, G2B는 기업을 대상으로 한 전자정부서비스이다.

국가종합 전자조달시스템은 모든 국가 입찰정보를 기업에게 인터넷을 통하여 일괄적으로 제공함으로서 기업의 공공조달에의 공평한 참여 기회를 확대하며, 입찰 참가폭 확대로 기업 간 기술·가격·품질의 경쟁을 유도시켜 국가예산 절감 효과를 가져올 수 있다. 그리고 정부와 기업 간의 거래관계가 전자화됨에 따라 비대면 방식으로 개선되어, 부패소지가 사전에 차단되어 조달행정업무의 투명성이 획기적으로 제고될 수 있다.

[그림 3-8] 대한민국 국가종합조달-나라장터(www.g2b.go.kr)

7. 우리나라 전자정부 3.0의 비전

전자정부 3.0의 구현 목표는 공공정보를 적극 공개로 국민의 알권리를 충족하고 공공데이터의 민간 활용 활성화, 민·관 협치 강화를 통해 소통하는 투명한 정부를 만들고, 정부 내 칸막이 해소와 협업·소통 지원을 위한 정부운영 시스템 개선, 빅데이터를 활용한 과학적 행정을 구현하여 일 잘하는 유능한 정부를 추구하는 것이다. 그리고 수요자 맞춤형 서비스 통합 제공과 창업 및 기업 활동 원스톱 지원 강화, 정보 취약계층의 서비스 접근성 제고 및 새로운 정보기술을 활용한 맞춤형 서비스 창출로 국민 모두가 행복한 정부를 구현하는 것이다.

출처 : 안전행정부. 정부 3.0 추진 기본계획, 2013

[그림 3-9] 전자정부의 비전

1) 소통하는 투명한 전자정부

소통하는 투명한 전자정부는 정부의 공급자 중심에서 국민 중심 정보공개로 패러다임을 전환하여 공공정보를 적극 공개하여 국민의 알권리를 충족시키고, 민간의 수요가 많은 공공데이터를 대폭 개방하여 민간 활용을 활성화하여 신성장동력을 창출한다. 또 주요 국정과제 등 정책 전 과정에 국민 참여를 확대한다. 이는 곧 정보 네트워크를 통해 국민과 함께 하는 열린 정부 투명한 정부를 달성하는 취지이다.

2) 일 잘하는 유능한 전자정부

일 잘하는 유능한 전자정부의 목표는 정부 행정 업무처리의 효율성과 투명성을 극대화하는 데 있다. 부처 간 정보공유 및 시스템 연계를 구현하여 소속부처와 상관없이 전 공무원들이 PC · 스마트 기기로 의사소통 및 온라인 협업이 가능한 '정부통합의사소통시스템'을 구축하여 부처 간 협업을 지원하는 기반 시스템을 마련한다. 다양한 정보의 연관관계 파악 등을 통해 미래 트렌드 파악, 국가적 과제 발굴 및 미래비전 수립 지원과 데이터 분석 · 활용기술 개발과 전문 인력 양성을 통해 빅데이터 관련 산업의 경쟁력 제고 및 투자 · 고용 창출을 위한 빅데이터를 활용한 과학적이고 효율적인 행정을 구현한다.

3) 국민 중심의 서비스 정부

국민 중심의 서비스 전자정부는 효율적이고 맞춤형 정부를 구현하는 것이다. 생애주기별 맞춤형 서비스와 정부대표포털(www.korea.go.kr)을 통해 실생활에 필요한 정책정보를 국민이 알기 쉽도록 안내하며 민원24(www.minwon.go.kr)의 고도화를 통한 통합생활민원정보를 제공하여 수요자 맞춤형 서비스 통합 제공한다. 그리고 맞춤형 창업 · 기업 활동 지원 강화를 위해 중앙부처 및 지자체가 시행하는 중소기업 지원 사업, 중소기업 경영정보 등을 체계적으로 관리하는 '중소기업지원 통합관리시스템'을 구축 · 운영한다. 또한 주민센터를 복지허브로 개편, 원스톱 복지서비스를 제공하여 정보 취약계층의 서비스 접근성을 제고하며 첨단 IT 기술과 모바일을 활용하여 새로운 정보기술을 활용한 맞춤형 서비스 창출을 추구한다.

제2절 인터넷뱅킹

전자금융(Electronic Baking)이란 CD/ATM, 텔레뱅킹, PC뱅킹, 인터넷뱅킹 등 전자화된 매체에 의한 금융서비스 제공과 지급결제기능을 수행하는 것을 지칭하며, 이 중에서 인터넷뱅킹은 전자금융의 핵심 분야라고 할 수 있다.

'인터넷뱅킹'이란 고객이 원격지에서도 인터넷으로 각종 은행 업무를 처리할 수 있도록 하는 서비스이다. 인터넷뱅킹을 통해 고객은 시간과 장소에 구애받지 않고 계좌조회, 자금이체, 대출 등 다양한 은행서비스를 이용할 수 있다. 은행들은 인터넷뱅킹과 기반기술을 활용해 기존의 거의 모든 금융서비스를 온라인화하고 있으며, 계좌통합관리, 전자 고지 및 대금 납부(Electronic Bill Presentment & Payment : EBPP), 자산관리서비스 등 새로운 서비스도 도입하고 있다.

[표 3-3]에 인터넷뱅킹이 등장하기까지 국내 뱅킹의 자동화 단계를 나타내었다. 1단계는 현금자동인출기(Cash Dispenser : CD)와 현금자동입출금기(Automated Teller Machine : ATM) 등을 이용하여 은행 점포간의 온라인화와 업무자동화를 추진하였다. 2단계는 개별 금융기관의 차원을 넘어서 타행환 공동망, CD/ATM 공동망, ARS 공

[표 3-3] IT기술과 금융의 발전단계

단 계	주 요 내 용
1단계 금융기관 내 온라인 단계 (1960년대 후반 ~ 1980년대 중반)	• 금융기관 내 온라인 구축을 통한 사무자동화 • 급여계산 업무 등의 일괄처리, CD 및 ATM기의 도입 • 어음, 수표 등 장표 처리 자동화
2단계 금융 네트워크 구축 단계 (1980년대 후반 ~ 1990년대 말)	• 금융기관 간, 금융기관과 고객 간 네트워크 구축으로 타행환, CD/ATM, ARS, CMS, Firm/Home Banking 등 • 전자자금 이체 및 온라인 증권거래 촉진 • 신용카드, 선불카드, 직불카드의 보급 확산 • 신종 금융상품과 첨단 금융기법의 등장, 금융혁신 진전
3단계 사이버금융 단계 (2000년대 이후 ~ 현재)	• 리스크관리시스템, 융자결정지원시스템, 유가증권투자지원시스템 등 각종 전략정보시스템 구축 • 인터넷뱅킹, 온라인트레이닝 등장, 전자화폐, 모바일 뱅킹 개발 • 기업의 거래정보와 은행의 지급결제 정보를 전자적으로 상호 연계시키는 금융 EDI와 부가가치 은행(VAB: Value Added Bank) 등장 • 부의 계정(Wealth Account) 출현
4단계 스마트 뱅킹 단계 (2012년 이후~ 현재)	• 무선인터넷을 통하여 계좌 조회, 이체, 신규 등 각종 은행업무 처리/생활 밀착형 서비스 제공 • 스마트폰, 태블릿 등의 스마트 디바이스를 이용 • 통신회사가 은행의 무선 결제 플랫폼을 기본적으로 제공, 은행은 고객 정보와 대금 결제과정 전반을 관리하는 구조 • 스마트 뱅킹 서비스는 시간과 장소의 제약이 없고, 증강현실과 위치기반 기술 활용 가능

동망 등의 금융 공동전산망으로 금융기관간 네트워크를 구축하여 온라인 뱅킹(Home Banking과 Firm Banking) 서비스와 직불 또는 신용카드를 이용한 대금결제서비스를 제공하는 것이었다. 3단계는 전자화폐가 널리 보급되고 인터넷을 통한 금융서비스가 가능한 사이버금융 단계이며, 최근에는 스마트폰, 태블릿 PC 등과 같은 스마트 디바이스가 일상화됨에 따라 스마트 뱅킹 단계로 진화하여 시간 및 공간적 제약없이 금융거래가 가능한 시대가 되고 있다.

1. 인터넷뱅킹의 개념

인터넷뱅킹이란 고객이 인터넷을 통해 금융기관 홈페이지와 접속하여 제반하는 금융 업무를 처리할 수 있는 시스템인데, 넓은 의미에서는 금융권역을 불문하고 금융기관이 전자화된 매체를 이용하여 금융서비스를 제공하는 것을 총칭하는 전자금융(Electronic Finance)의 의미로도 사용된다. 그리고 좁은 의미에서는 고객이 인터넷을 통해 계좌개설이나 자금이체, 예금, 대출, 어음결제 등과 같은 전통적인 제반 은행 업무를 은행의 웹사이트를 통해 처리할 수 있는 은행시스템을 의미한다. 따라서 인터넷뱅킹은 전자뱅킹(Electronic Banking)과도 구분되는데, 전자뱅킹은 좀 더 포괄적인 의미, 즉 전자 전달경로를 통하되 창구를 통하지 않은 소액의 직접예금, ATM, 신용카드 및 직불카드, 텔레뱅킹, 전자화폐결제, 인터넷뱅킹을 모두 포함하는 개념이다.

[표 3-4] 인터넷뱅킹의 정의와 특징

	정 의	특 징	은행의 전략목표
채널적 시각	인터넷을 기반으로 하는 전자금융 방식	• 시간 / 공간적 제약 없음 • 처리비용 가장 저렴	비용절감
비즈니스적 시각	전자금융 채널이 보다 고도화되고 새로운 업무 수행을 통해 수익을 창출하는 것	서비스의 양과 질이 진화 · 발전	• 고객만족도제고 • 수익원 확충 • 수익구조 개선

2. 인터넷뱅킹 등장 배경

인터넷뱅킹이 등장하게 된 배경에는 인터넷이 컴퓨터 처리기술의 발달과 통신비용의 하락으로 이용자가 크게 증가되어, 인터넷을 매체로 한 새로운 뱅킹업무가 요구되었기 때문이다. 그리고 전자거래가 확산됨에 따라 전자거래에 이용되는 새로운 지급결제 수단으로 전자화폐가 보편화됨에 따라 인터넷을 통한 대금 결제도 자연스럽게 확산되게 되었다.

인터넷뱅킹이 새로운 비즈니스로 확대됨에 따라 인터넷으로 금융서비스를 제공하는 통신업체, 소프트웨어 개발업체, 인터넷 결제서비스 제공기업, 신용카드 회사 등 비은행 기업들도 은행 경쟁자로 급부상하게 되었고, 더욱더 인터넷뱅킹 서비스가 확대되게 되었다. 따라서 비은행 기업이 경쟁자로 부상함에 따라 금융기관은 인터넷의 저비용을 활용하여 거래비용이 상대적으로 절감되는 인터넷뱅킹 서비스를 더욱 강화하게 되었다.

마지막으로 언제 어디서나 인터넷을 통하여 접속이 가능하므로, 1년 365일 1일 24시간 언제 어디서나 금융거래를 편리하게, 그리고 더 다양하고 좋은 금융 서비스를 고객에게 제공하는 목적으로 모든 금융권이 인터넷뱅킹을 제공하게 되었다.

[그림 3-10]에 은행환경에서 인터넷뱅킹을 추진하게 된 배경을 나타내었다.

[그림 3-10] 인터넷뱅킹 추진 환경(은행 환경)

3. 인터넷뱅킹 서비스

[표 3-5]에 인터넷뱅킹으로 제공되는 일반적인 서비스를 제시하였다. 현재 국내의 모든 은행과 우체국에서는 인터넷뱅킹 서비스를 제공하고 있으며, 인터넷뱅킹을 통해 제공되는 서비스는 금융 상품정보제공, 계좌관리, 계좌이체, 신용카드, 대출, 예 · 적

금계좌개설, 공과금납부, 외화송금 등 거의 모든 금융 서비스를 인터넷을 통하여 제공한다.

[표 3-5] 인터넷뱅킹 서비스의 종류

서 비 스	개 요
계좌관리	실시간 온라인 계좌정보 조회
자금이체	계좌간의 온라인 자금이체
신용카드	신용카드 정보관리 및 결제 대금 조회
온라인 과금	매월 정기적인 청구요금을 온라인(인터넷)으로 자동화하여 결제하는 서비스(EBPP)
온라인 고지	온라인(인터넷)으로 요금 청구서를 고객에게 고지함. 이 서비스에는 요금 창구서의 검색, 세부내용 확인, 원클릭 결제 등의 양방향 서비스가 포함됨.
온라인 대출	온라인으로 대출상품을 검색해 신청하고 대출현황 파악이 가능함.
펌뱅킹 서비스	기본적인 지급결제 서비스 및 계좌정보 파악 등과 결제망을 통한 매출채권의 송부, 고객/거래기업 등으로부터 지급된 자금의 관리
대고객 서비스 및 고객관리	고객 스스로 자신의 업무를 온라인상에서 처리함으로써 금융기관은 초기 고정투자에 따른 규모의 경제를 누리고, 고객은 즉각적이고 자신에 알맞은 서비스를 제공받을 수 있음.
교차판매	금융상품뿐만 아니라, 일반상품의 판매가 가능해짐. 금융기관은 향후 고객의 금융상태 및 고객지출 성향 등에 관한 정보를 이용하여 일반상품 판매에서도, 타깃 마케팅에서도 우위를 점할 수 있음.
고객맞춤 콘텐츠 및 도구	개별 고객의 요구에 부응한 맞춤 서비스를 웹을 통해 제공 가능함.
전자화폐	개인금융정보와 전자화폐가치가 저장된 전자지갑을 이용해 결제함. 스마트카드가 널리 보급됨에 따라 ATM을 각 가정에 설치하는 효과가 있음.

[그림 3-11] 인터넷뱅킹 홈페이지(부산은행의 경우)

4. 인터넷뱅킹과 공인인증서

인터넷뱅킹은 고객과의 대면거래가 아닌 인터넷의 통신망을 통하여 금융거래를 하기 때문에 고객의 신원 및 거래내용의 위·변조 여부 확인이 불가능하고 거래한 사실에 대한 부인과 같은 곤란한 문제가 발생한다. 이와 같은 문제점은 현실 세계의 인감과 동일한 효력이 있는 전자서명(Digital Signature)을 사용하여 거래내역을 송·수신함으로써 해결할 수 있다.

전자서명은 암호기술을 이용하여 생성되기 때문에 인터넷상의 전자거래에 안전하게 사용할 수 있게 된다. 공인인증서는 전자서명의 소유자와 전자서명에 사용하는 키(Key)의 관계를 객관적으로 확인해 주는 전자증서를 국가가 공인한 인증기관에서 발급한 것으로, 현실 세계에서의 행정기관이 발급하는 인감증명서와 같다고 볼 수 있다.

이러한 공인인증서는 인터넷뱅킹뿐만 아니라, 인터넷 쇼핑, 경매, 증권, 기업 간 전자상거래, 전자지불, 행정 민원 등 인터넷상의 모든 전자거래에서 거래당사자의 신원 확인에 사용된다.

[그림 3-12] 공인인증서

5. 인터넷뱅킹의 유용성

인터넷뱅킹서비스는 인터넷으로 고객과 연결되므로 지점설치 · 운영경비가 절약되어 고객에게 보다 유리한 금융정보를 제공할 수 있게 된다. 그리고 인터넷에 접속된 전 세계의 거대한 잠재 고객층에 접근할 수 있어 해외 점포를 개설하지 않고도 전 세계 영업망을 구축하는 효과를 거둘 수 있게 된다. 인터넷뱅킹을 이용하는 고객의 입장에서는 은행에 가지 않고도 집, 사무실, 세계 어디에서나 1년 365일 하루 24시간 인터넷이 연결되어 있는 곳에서 금융서비스를 제공받을 수 있게 된다.

인터넷뱅킹서비스를 제공하는 금융기관에서는 전산망을 이용하여 고객의 입출금 및 자금 포지션에 관한 데이터를 처리하고 유가증권 투자 및 국제금융 거래를 수행하며 고객 신용도에 관한 정보수집과 심사결과, 거래내용 등을 입력하는 과정에서 고객에 관한 정보를 획득할 수 있게 되어, 고객에게 보다 차별화된 서비스 제공 및 타깃 마케팅이 가능하게 된다.

6. 인터넷뱅킹의 문제점

1) 개인 정보 관리 문제

인터넷뱅킹의 가장 큰 문제 중의 하나가 개인 정보 관리에 대한 고객의 불안이다. 많은 인터넷뱅킹 이용자가 개인 정보 유출에 대한 불안감을 가지고 있다. 또한 인터넷뱅킹 거래가 성공적으로 수행되었는지에 대한 불안감도 큰 편이다.

2) 해킹 등과 같은 새로운 리스크의 출현

인터넷뱅킹은 다른 사이버 거래와 마찬가지로 해킹사고의 위험이라는 맹점이 있다. 해커의 침입에 따른 보안대책, 새로운 경쟁자의 출연에 따른 리스크 등 새로운 리스크 출현에 대한 전략을 수립하여 인터넷뱅킹 확산에 대비하여야 할 것이다.

은행 측에서는 시스템 설계 시 보안작업에 철저를 기해 금융사고 위험은 없다고 설명하고 있으나 고객들이 안심하기는 아직 이르다는 게 전문가들의 조언이다. 따라서 각 은행들은 거래약관에 '인터넷뱅킹의 모든 사고 책임은 기본적으로 은행 측에 있다'고 명시할 예정이지만 고객들이 책임져야 할 부분 또한 상당 부분 있다.

우선 계좌번호를 잘못 입력해 돈이 다른 계좌로 빠져 나갈 경우와 계좌 비밀번호 및 암호 등의 관리를 소홀히 해 다른 사람이 도용하는 경우, 사고를 알면서도 신고하지 않아 신속히 대처하지 못했을 경우 등은 소비자 책임이라는 것이다.

7. 인터넷뱅킹 문제점의 해결방안

이미 인터넷 및 e-비즈니스가 일상화되어 있어, 인터넷뱅킹이 더 이상 부정하거나 거부할 수 있는 대상이 아니므로 인터넷뱅킹으로 인한 충격과 부작용을 최소화하는 방안 수립이 필요하다.

1) 고객 정보 보안

인터넷뱅킹을 제공하는 시스템이 가장 주의해야 할 것이 '고객정보 보안'이다. 이것은 인터넷뱅킹을 사용하고자 하는 고객이 가지고 있는 가장 현실적인 문제이기 때문이다.

고객정보를 보안하기 위한 방안으로는 크게 인터넷뱅킹 사용에 있어서 거래정보 유출 및 사고에 대응하는 방안과 금융기관 전산시스템의 보안방안이 있다.

거래정보 유출 및 사고에 대응하기 위한 방안으로는 고객의 PC의 취약점을 보안하는 방안으로 다음과 같은 방법이 있다.

- PC용 방화벽 설치
- Anti-Virus Tool 설치
- PC 취약점 점검 기능 설치
- PC 키보드 입력 값 암호화
- 인증서 등의 보관 제한

그리고 통신상에서 정보가 유출되지 않도록 거래정보를 암호화하여 통신하며, 통신선로를 물리적으로 보호하는 방안 등을 사용한다.

이러한 고객의 PC 및 네트워크 보안뿐만 아니라, 금융기관 전산시스템의 보안도 중요하다.

먼저 외부로부터의 해킹에 보호하기 위하여 방화벽(Firewall) 및 침입탐지시스템(Intrusion Detection System : IDS)을 설치한다. 그리고 이러한 물리적인 시스템 설치 이외에도 내부직원들에 대한 보안 교육 실시로, 내부로부터의 정보 유출을 방지한다. 내부 직원을 대상으로 한 보호방안은 다음과 같다.

- 직무분리
  - 한사람에 의한 입력 · 승인 · 확인 등 금지
  - 운영과 개발 분리
  - 프로그램 변경과 등록 분리 등

- 전산원장 및 프로그램 변경 통제 강화
  - 전담자 지정 운영
  - 전용단말기 지정운영(원장변경의 경우)

- 자체 감사 및 상시 감사 대상으로 관리
- 변경 전·후 기록 철저
- 대차대조표 등과 각종 보조부원장간의 데이터 정합성의 정기적 확인 등

● 일괄작업(Batch) 통제
- 표준화된 작업의뢰서 사용
- 작업결과에 대한 확인 철저
- 시스템 로그 등의 정기적 분석 및 보관 등

● 암호프로그램 및 키 관리 철저
- 담당자 지정 운영
- 소스 프로그램 별도 보관
- 암·복호화 프로그램 분리사용
- 공인된 암호알고리즘 사용

2) 멀티서비스 제공을 보다 강화

현재 인터넷에서는 동화상 등에 의한 멀티서비스 제공이 점점 강화되고 있다. 이러한 멀티미디어 기술을 활용하여 '살아 움직이는 은행'이라는 이미지를 고객에게 심어주기 위해서 동화상과 함께 음성 지원을 통한 서비스를 강화할 필요가 있다. 특히 음성 서비스를 제공하는 경우 일반인뿐만 아니라 장애인들도 잠재고객으로 확보할 수 있어 고객층의 저변확대라는 측면에서도 중요하다고 할 수 있다.

제3절 모바일 뱅킹

초기의 이동통신 서비스를 제공하는 스마트폰이 24시간 언제 어디서나 무선 네트워크를 통해 무선 인터넷 서비스를 제공하는 정보단말기로 진화됨에 따라 차세대 뱅킹 채널로 적극 활용되기 시작하였다. 국내의 모바일 뱅킹 가입자 수는 꾸준히 증가해

왔지만, 단말기(스크린 크기, 조작의 복잡성 등), 요금제(높은 데이터 이용료), 산업 주도권과 수익 배분 등을 둘러싼 이동통신 사업자와 은행 간의 갈등으로 인해 인터넷뱅킹에 비해 활성화되지 못한 측면이 있었다.

그러나 2009년 말 아이폰의 국내 출시 이후 개방성을 특징으로 하는 스마트폰이 급격히 보급됨에 따라 모바일 뱅킹은 스마트폰 중심으로 급격히 발달하고 있는 양상을 보이고 있다. 2009년 말 기준으로 1만여 명에 불과하였던 스마트폰 뱅킹 등록 고객 수는 2014년 6월 말 시점에서는 5,499만 명으로 폭발적으로 증가하였으며, 거래 건수 역시 2014년 2/4분기 기준으로 일평균 2,937만 건을 넘어서 전체 모바일 뱅킹 거래 건수의 2/3 이상의 비중을 차지하게 되었다. 스마트폰 기반 모바일 뱅킹의 급격한 활성화는 은행권에 새로운 경영 기술적 이슈를 던지고 있을 뿐 아니라, 사회적 이슈들 또한 양산하였다.

스마트폰 뱅킹 시 공인 인증서 사용 의무화를 둘러싸고 규제와 경쟁, 기술 중립성, 표준화와 기술발달 촉진 간의 균형에 대한 논쟁이 활발히 일어나게 되었고, 분실 및 도난 시의 프라이버시 보호방안 등에 관한 논의가 그러한 예들이라 할 수 있다.

1. 모바일 뱅킹의 개념

모바일 뱅킹(Mobile Banking, M뱅킹이라고도 함)이란 어디서든 사용할 수 있다는 무선 '(Wireless)'의 의미와 언제든지 이용할 수 있다는 온라인'(On-line)'의 의미 그리고 금융서비스 가운데 뱅킹'(Banking)'이란 세 가지 의미가 결합된 용어이다.

좀 더 구체적으로 살펴보면 무선이란 개인성(Personal), 이동성(Transit), 그리고 편리성(Convenience)이란 개념으로 실현되고 온라인은 네트워크(Network, Internet)와 자동화(Computer, Automatic)란 개념으로 실현되며 모바일 뱅킹은 이들 세 가지 개념을 통합하여 무선+온라인+뱅킹의 의미로 기존 금융정보 및 금융거래의 제공과 한편으로 상승효과를 통해 새로운 금융서비스로의 확대로 해석이 가능하며, 스마트 디바이스가 일상화됨에 따라 스마트 뱅킹으로 진화하고 있다.

2. 모바일 뱅킹 종류

모바일 뱅킹 방식에는 금융 IC칩에 금융정보를 기록하여 이용하는 금융 IC칩 방식, 스마트폰의 가입자 식별 모듈인 USIM(Universal Subscriber Identity Module)에 금융정보를 기록하는 USIM 방식, 금융 칩을 내장하지 않은 스마트폰에 금융 프로그램을 설치하여 뱅킹 서비스를 제공하는 VM(Virtual Machine) 방식이 있으나, 이 중 금융 IC칩 방식과 VM 방식이 주로 사용되었다. 현재는 스마트폰을 이용한 스마트폰 뱅킹을 사용한다.

스마트폰은 편리한 인터페이스를 사용하여 이동통신사의 앱스토어, 스마트폰 OS 업체가 운영하는 마켓 플레이스, 은행의 홈페이지 등 다양한 경로를 통해 이전보다 쉽고 빠르게 프로그램을 다운로드 받고 설치할 수 있다는 장점이 있었다. 또한 스마트

[그림 3-13] 스마트폰에 의한 모바일 뱅킹

폰 기반 뱅킹에서는 IC칩 방식이나 VM 방식 모바일 뱅킹과는 달리 매월 일정액의 서비스 이용료를 이동통신사에 지불할 필요가 없고, 스마트폰 가입자가 데이터 정액 요금제에 가입하면 데이터 사용료도 없어 스마트폰 뱅킹에서의 거래 비용이 거의 사라진다.

③ 모바일 뱅킹 서비스

모바일 뱅킹 서비스란 인터넷이 가능한 휴대폰을 이용해 언제 어디서나 은행의 잔액 조회, 계좌이체, 예금조회, 환율조회, 자기앞수표 조회, 거래조회, 신용카드거래, 현금 서비스 등 다양한 서비스를 받은 수 있는 금융거래서비스를 말한다.

특히 스마트폰은 자유로운 무선인터넷 접근과 PC 기능에 준하는 기능 제공이 가능하게 됨에 따라, PC를 이용한 인터넷뱅킹과 동일한 뱅킹 서비스가 가능하다.

[표 3-6] 모바일 뱅킹 서비스 종류

서 비 스	개 요
예금계좌	조회, 이체, 거래내역 삭제, 자동이체 신청
대출	조회, 이자납입, 대출금 상환
신용카드	조회, 대금납입
현금카드	무현금카드 ATM 인출, 비접촉현금카드
펀드	조회, 환매
외환	예금조회, 환전, 이체, 해외송금
보험	조회
증권	증권 앱 링크
지로공과금	납부
기타	수표조회, 영업점조회, 콜센터 등

④ 모바일 뱅킹의 장점

모바일 뱅킹 서비스의 최대 장점은 경제성에 있다. 2000년대 초반부터 대부분의 은

행들은 인터넷뱅킹 및 모바일 뱅킹 서비스의 추진을 위해 시스템 구축 등에 대규모로 투자하고 있다. 이들 은행이 인터넷과 무선이라는 새로운 전달채널을 통한 모바일뱅킹 서비스 제공을 통해 누릴 수 있는 효과는 다음과 같다.

1) 비용절감

모바일 뱅킹 서비스의 첫 번째 장점은 은행업무의 자동화를 통한 은행의 비용절감 효과이다.

기존의 점포운영을 이용한 은행업무의 처리는 오프라인상의 점포운영을 위한 직원 고용 등 많은 경영비용이 소요된다. 반면, 저렴한 서비스 전달매체로서의 인터넷과 모바일 기술의 등장은 은행의 지급결제 소매예금업무 등의 거래 당 비용을 크게 감소시 킨다. 예를 들어 조사에 따르면 기존 점포창구를 통한 서비스 제공비용은 거래 당 약 1 달러인 반면 인터넷뱅킹을 이용할 경우에는 1센트에 불과한 것으로 나타났다.

2) 경쟁력 확보

은행들은 모바일 뱅킹 서비스를 통해 금융시장에서의 경쟁력을 확보할 수 있다.

최근 금융기관들은 대규모 M&A를 통해 규모가 크게 확대되고 있으며, 금융환경은 금융기관간의 업무영역에 대한 제한이 폐지되면서 경쟁이 격화되고 있다. 이와 같은 상황에서 은행들은 모바일 뱅킹 서비스 제공을 통해 기존고객의 유지 및 신규고객 확 보를 위한 경쟁력을 강화시킬 수 있다.

3) 수익증가

모바일 뱅킹 서비스의 세 번째 장점은 금융거래시간이 확대되어 금융기관의 수익이 증가한다는 것이다. 모바일 뱅킹 서비스는 금융거래에서 인력에 대한 의존도가 감소 하게 되어 금융기관들은 금융거래시간 확대가 용이하고, 24시간 어디에서나 금융거래 가 가능해지기 때문에 이에 따른 수익이 증가한다.

4) 고객접점의 확대

모바일 뱅킹 서비스의 또 다른 장점은 고객접점이 확대된다는 것이다. 고객입장에서는 PC가 있어야 이용할 수 있는 인터넷뱅킹과 달리 휴대하고 있는 휴대폰을 활용함으로써 금융거래에 소요되는 시간이 크게 단축되고, 리얼타임으로 거래를 할 수 있는 등 편의가 증가하며, 금융기관의 입장에서는 기존 창구, PC 이외에 고객접점이 크게 확대된다.

한편, 국가경제측면에서 기존 지폐와 동전에 대한 수요가 크게 감소하게 되어 지폐와 동전의 신규발행 및 유지비용이 축소되고, 비상시를 대비한 개인의 현금보유가 축소되어 자금회전의 원활화에도 일조할 수 있다.

5. 모바일 뱅킹의 보안 이슈

스마트폰 보급이 확대되면서 스마트폰의 잠재적 보안위협 또한 주요한 이슈가 되기 시작하였다. 기존 휴대폰에 비해 스마트폰에서 보안이 더욱 문제시 되는 이유는 스마트폰에서는 사용자가 자유롭게 각종 응용 프로그램을 다운로드하여 실행할 수 있고, 무선 인터넷에도 수시로 접속하는 등 스마트폰이 PC와 거의 유사한 수준으로 해킹과 악성코드 등에 노출되기 쉽기 때문이다. 또한 기존의 휴대폰보다 월등한 정보처리 및 보관 능력을 가진 스마트폰을 분실하거나 도난당했을 경우 사생활 침해 및 범죄에 악용될 우려 또한 크다는 것도 이유로 들 수 있다.

금융감독원은 2010년 1월 7일에 스마트폰 전자금융 서비스 안전대책을 발표하였는데, 공인인증서와 전자서명, 키보드 보안 프로그램, 개인 방화벽, 백신 등 PC 인터넷뱅킹에 준하는 보안 수준을 스마트폰 뱅킹에 사실상 의무화하였다.

은행들의 관점에서 공인인증서 의무화는 모바일 뱅킹 서비스를 제공하기 위하여 각 운영체제별로 공인인증서 처리기능을 포함한 별도의 애플리케이션을 개발하여야 한다는 것을 의미하는데, 이는 스마트폰 시장의 특성상 프로그램 개발 및 관리 비용 부담의 증가로 이어진다. 사용자의 관점에서 공인인증서 의무화는 스마트폰으로 모바일 뱅킹을 사용하기 위해서는 먼저 인터넷뱅킹 시 은행에 등록한 공인인증서를 복사하여 스마트폰에 이동해야 한다는 것을 의미하는데, 공인인증서를 스마트폰에 이동하는 과정이 스마트폰과 PC를 동시에 사용하여 몇 단계를 수행해야 하는 등 약간 복잡한 측면도 있다.

공인인증서는 2014년 6월 기준으로 2,619만 건이 발급되었을 정도로 널리 보급되어 사용되고 있으므로, 사용자들이 공인인증서의 개념 이해 및 복사나 이동에 큰 어려움을 느끼지 않을 수도 있겠지만, 공인인증서를 스마트폰에 복사·이동시켜야만 하는 것은 하나의 거래비용이며 사용의 용이성에 있어 하나의 장애요소로 작용할 것은 분명하다고 보여진다. 하지만 일단 공인인증서를 복사하게 되면 별도의 신청 및 등록절차를 거치지 않아도 되므로 이전의 VM 방식보다도 사용에 있어 편리한 측면도 존재한다는 점도 함께 고려되어야 할 것으로 생각된다.

제4절 스마트 러닝(Smart-Learning)

1. 스마트 러닝의 개념과 범위

정보기술은 비즈니스를 혁명적으로 변화시켰고, 이제 교육에도 많은 영향을 주고 있다. 스마트 러닝으로 대변되는 교육의 변화는 교육환경의 기술적인 측면뿐만 아니라 패러다임 자체를 바꾸어 놓고 있다. 스마트 러닝에 대한 정의를 종합적으로 분석하여 살펴보면 스마트 러닝은 단순히 학습에 스마트 기기의 사용을 의미하는 것보다는 기존의 이러닝(e-Learning)보다 사용자를 중심으로 지능적으로 콘텐츠와 서비스가 제공되며 사용자는 편리하고 효율적인 활용을 통해 학습효과를 높일 수 있도록 행동 변화를 일으키는 체제가 지원되어 학습패러다임의 변화를 야기한 진화하는 개념이다.

스마트교육은 21세기 지식정보화 사회에서 요구되는 새로운 교육방법, 교육과정, 평가, 교사 등 교육 체제 전반의 변화를 이끌기 위한 지능형 맞춤 교수-학습 지원체제로, 최상의 정보통신 환경을 기반으로 인간을 중심으로 한 소셜러닝과 맞춤형 학습(Adaptive Learning)을 접목한 학습 형태이다. 스마트교육의 개념은 Self-Directed(자기주도적), Motivated(흥미), Adaptive(수준과 적성), Resource Free(풍부한 자료), Technology Embedded(정보기술 활용)의 5가지로 정의할 수 있다.

[표 3-7] 스마트교육의 개념

Self-Directed (자기주도적)	**(지식생산자)** 지식 수용자에서 지식의 주요 생산자로 학생의 역할 변화, 교사는 지식 전달자에서 학습의 조력자(멘토)로 변화 **(지능화)** 온라인 성취도 진단 및 처방을 통해 스스로 학습하는 체제
Motivated (흥미)	**(체험 중심)** 정형화된 교과 지식 중심에서 체험을 기반으로 지식을 재구성할 수 있는 교수-학습 방법 강조 **(문제해결 중심)** 창의적 문제해결과 과정 중심의 개별화된 평가 지향
Adaptive (수준과 적성)	**(유연화)** 교육체제의 유연성이 강화되고 개인의 선호 및 미래의 직업과 연계된 맞춤형 학습 구현 **(개별화)** 학교가 지식을 대량으로 전달하는 장소에서 수준과 적성에 맞는 개별화된 학습을 지원하는 장소로 진화
Resource Free (풍부한 자료)	**(오픈마켓)** 클라우드 교육서비스를 기반으로 공공기관, 민간 및 개인이 개발한 풍부한 콘텐츠를 교육에 자유롭게 활용 **(소셜네트워킹)** 집단지성, 소셜러닝 등을 활용한 국내외 학습자원의 공동 활용과 협력학습 확대
Technology Embedded (정보기술 활용)	**(개방화)** 정보기술을 통해 언제, 어디서나 원하는 학습을 할 수 있고, 수업 방식이 다양해서 학습 선택원이 최대한 보장되는 교육환경

출처 : 이범진, 글로벌 시대를 선도할 한국의 스마트 러닝 산업 정책방향, 2013

 IT 기술이 고도화됨에 따라 교육 콘텐츠도 기존의 문자, 음성, 이미지, 데이터 동영상 등에서 융·복합형 콘텐츠로 다양화되면서 3D, 가상현실(VR), 증강현실(AR) 등의 영상구현기술을 접목한 체험형 이러닝 콘텐츠로 구현되고 있다. 특히, 모바일 디바이스에 풀터치 스크린, 3D영상 촬영 및 재생기술, 증강현실, 혼합현실, 3차원 바코드, GPS, G센서, 움직임감지센서, 음성인식 등의 다양한 기술이 스마트 디바이스에 탑재됨에 따라 이를 활용한 다양한 교육용 콘텐츠가 개발되어 스마트 러닝에 활용되고 있다.

 기존의 온라인 교육서비스에 블로그, 커뮤니티, 페이스북, 트위터 등의 기능을 접목하여 기존 온라인 학습에 부가적인 학습도구로 이용하는 SNS(Social Network Service)를 통한 소셜 러닝은 사용자간의 지식과 정보 개방, 공유, 참여를 통해 학습효과를 높이며, 또한 교육자와 피교육자의 경계가 무너지며, 교육기관의 정형화된 교육보다는 사용자간의 양방향의 비정형화된 교육의 확산이 가능한 것도 스마트 러닝의 효과이다.

2. 스마트 러닝의 특징

스마트 러닝은 정보 단말의 종류에 관계없이 유무선 통신을 이용해 언제 어디서나 교육 가능한 교육환경을 그 특징으로 하며 특히 스마트폰, 테블릿 PC 등과 같은 모바일 단말을 통한 학습이 가능하다.

스마트 러닝은 교강사(멘토)와 학습자, 학습자와 학습자, 학습자와 학습 자원 간에 빈번한 상호작용을 촉진하고 학습 자원의 생성과 유통, 공유를 지원하는 도구적 특징을 갖는다.

태블릿 PC, 스마트폰 등 다양한 정보 단말을 통해 학습할 수 있어 학습자원에 대한 접근성이 높다. N-스크린 서비스를 통해 끊김 없는(Seamless) 학습 또한 가능하다.

SNS(Social Networking Service)를 통해 상시적인 비형식 학습이 이뤄질 수도 있으며 집합 강의나 전문가 강의 영상을 실시간으로 또는 VOD로 송출해 필요한 시점에 학습할 수 있도록 한다.

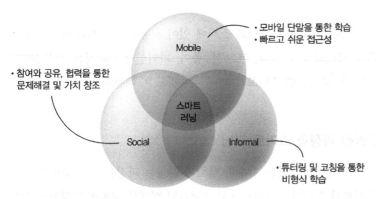

[그림 3-14] 스마트 러닝의 특징

[표 3-8] 이러닝과 스마트 러닝 비교

이러닝	스마트 러닝
• PC 기반의 학습 환경	• 태블릿 PC, 스마트폰 등 휴대용 정보단말기를 이용해 이동 중에도 학습 가능
• 전형적인 교육 과정 및 학습 프로그램의 성격 (형식 학습)	• 지식 공유, 협력, 코칭 등 사회적 상호작용을 통한 비형식 학습을 지원
• 과정 중심 　– 몇 개의 챕터로 구성된 과정 제공 　– 순차적으로 학습 　　(예) 제안서 작성의 이론과 실제	• 콘텐츠 중심 　– 주로 단편적인 주제들로 콘텐츠 제공 　– 비순차적으로 학습 가능 　　(예) SWOT 분석하기
• 콘텐츠 러닝타임이 비교적 긺	• 콘텐츠 러닝타임이 짧음
• 교수설계를 기반으로 한 사전기획 과정이 필요해 3 달 내외의 개발기간이 소요됨	• 교수설계 과정을 최소화할 수 있으며 저작 도구 등을 이용해 콘텐츠를 신속하게 개발함
• 제한적 상호작용 발생	• e메일, 채팅, SNS 등 다양한 도구를 활용해 상호작용을 촉진

출처 : 이지은, 다양해지는 플랫폼, 문제는 콘텐츠다, DBR, 동아비즈니스리뷰(2012)

이처럼 스마트 러닝은 콘텐츠의 생산과 소비에 있어 시공간의 한계를 극복하게 함으로써 교육 효과를 극대화할 수 있다. PC, 선, 종이, 파티션이 사라지는 '사무실(四無室)' 환경에 가장 적합한 교육훈련 수단으로 기대되는 것도 이 때문이다.

③ 이러닝의 발전 과정과 스마트 러닝

이러닝 산업이 성숙하면서 이제는 단순한 클릭에서 읽는 과정을 뛰어넘어 훨씬 발달된 교육기술을 사용하고 있다. 그러나 가장 초보적인 형태로 교육이 웹상으로 이동하기 훨씬 전에, 학습자들은 교육 경험을 향상시키기 위하여 비디오나 오디오 테이프, CD-ROM 등의 다양한 매체를 이미 사용하고 있었고, 컴퓨터 기반 교육의 초기 버전은 주로 CD-ROM에 의존했다.

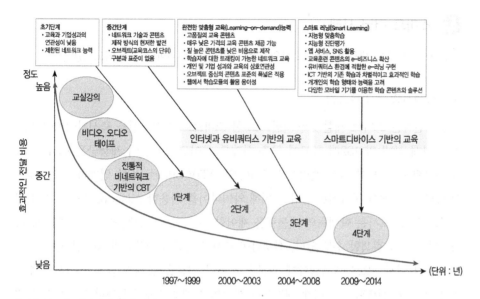

[그림 3-15] 이러닝의 발전 과정

최근의 네트워크 기술의 발달과 콘텐츠 제작기술의 발달에 힘입어 이러닝 산업은 더욱 발전하게 되었다. 온라인 강좌를 개설하기 위한 콘텐츠 제작이 아주 용이하게 되었고, 학습관리시스템(Learning Management System : LMS)은 전체 기업 범위의 학습 프로그램을 추적, 관리, 그리고 공동으로 묶을 수 있도록 발전되었다. 그리고 네트워크 기술의 발달은 멀티미디어 학습정보 제공이 용이하도록 지원하여, 읽고 클릭하는 지루한 모델을 뛰어넘는 쌍방향성 콘텐츠를 제공하게 되었다.

스마트 러닝은 스마트폰, 미디어 태블릿, e-북 단말기 등과 같이 모바일 기기를 이용한 학습 콘텐츠와 솔루션이 포함된다. 무선인터넷 접속은 물론 위치기반 서비스, 증강 현실 등 다양한 ICT 기술 적용이 가능한 스마트 디바이스의 장점을 활용해 기존 이러닝과 차별화된 서비스를 제공하여 학습자들의 다양한 학습 형태와 능력을 고려하고 학습자의 사고력, 소통능력, 문제해결능력 등의 개발을 높이며 협력학습과 개별학습을 위한 기회를 창출하여 학습을 보다 즐겁게 만드는 학습으로, 장치보다 사람과 콘텐츠에 기반을 둔 발전된 ICT 기반의 효과적인 학습자 중심의 지능형 맞춤학습이다.

4. 스마트 러닝 사례

스마트 러닝은 새로운 콘텐츠 산업으로 다양한 교육분야에 적용되고 있다.

1) 삼성전자의 스마트스쿨

삼성전자는 스마트 태블릿을 기반으로 한 스마트스쿨 솔루션을 출시하여 2013년 1월말 현재 국내 약 132개 학교에 구축 사례를 보이고 있다. 이 제품군은 스마트 TV를 이용할 수 있도록 삼성 갤럭시 노트 10.1과 ATIV Smart PC를 연계하도록 구성되어 있다. 교실에서 전자칠판 공유를 위해 와이파이를 이용한 Allshare 기능을 적극 활용하고 있다. 교사는 학생들의 태블릿을 제어할 수도 있고, 학생들이 자유롭게 학습을 하거나 자료를 검색할 수도 있다. 선생님이 조사한 자료를 학생들과 공유한다.

아울러 실시간으로 학생들에게 질문을 하거나 설문을 통해 학습에 몰입시킬 수도 있다. 모둠별 협력학습을 위해 개별이나 모둠별로 화면을 공유하거나 협력학습을 진행할 수도 있다. 그리고 교사가 성적처리, 출석, 교안 활용, 실시간 질문을 통한 학습 몰입, 모둠별 학습지도 등 다양한 학습 지원 기능을 제공한다.

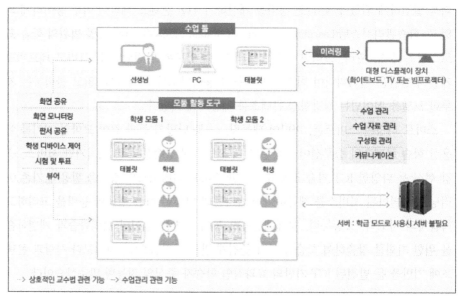

출처 : 삼성 스마트스쿨, http://www.samsungb2b.co.kr/SolutionService/EduSolution/School01.aspx

[그림 3-16] 스마트스쿨의 구성도

2) EBS

EBS는 교육 전문 방송국이라는 특장점을 잘 살려 스마트 러닝을 주도하고 있다. EBS가 운영하고 있는 스마트 러닝 방향성은 EDRB, Blog 운영, 트위터, 페이스북, 미투데이, 유튜브 채널 운영 등으로 구분할 수 있다.

그리고 EBS가 개발한 교육콘텐츠 또한 세계적인 경쟁력을 확보하기 시작하였다. 즉, 방송국이 가지고 있는 특장점을 최대한 살려 개발된 교육 영상 데이터를 상품으로 판매하여 수익을 창출하고 있으며, 일선 학교에서는 대형 모니터나 스마트 디바이스를 통해 이를 수업시간에 활용하고 있다.

EBS는 실시간으로 방영되고 있는 내용이나 기존에 방송되었던 콘텐츠들을 스마트폰의 앱을 통해 시청할 수 있는 높은 접근성을 가지고 있다. 그리고 상당부분 무료이기 때문에 일반인들의 활용도도 매우 높다. EBS는 이외에도 트위터와 페이스북, 유튜브, 미투데이 등의 소셜 네트워크를 최대한 활용하여 업데이트 내용들을 공유하고 있다.

[그림 3-17] EBS Story 유튜브 채널

3) 세종시 스마트스쿨

2012년 2월부터 세종시는 신도시의 특장점을 살려 세종시 전체 학교를 대상으로 스마트스쿨 도입을 추진하고 있다.

학생이 등교하게 되면 교문에 설치된 RFID 리더기가 전자학생증을 인식하여 자동으로 출석 처리하고, 이 결과를 학부모에게 문자로 전송한다. 학교 내 교실에는 전자칠판, 전자교탁, 스마트 패드, 메시지 보드 및 무선 안테나 등이 설치되어 있다. 이러한 장비들과 학생들에게 제공된 스마트 패드를 활용하여 수업을 진행하게 된다. 교사들이 학생들의 태블릿을 제어할 수 있고 자료도 공유 가능하다. 시청각 실에는 방음벽과 200인치 실버스크린이 설치되어 있어 3D 동영상을 영화관에서처럼 시청할 수 있다. 스마트스쿨은 최첨단 장비만을 추구하는 것이 아니라 학생들의 안전도 고려하고 있다. 학교 내에 학교 폭력 예방을 위해 취약지역 CCTV를 설치하고 해당 지점을 영상으로 관제할 수 있다. 음성 인식도 가능해 비상 상황 시 학생이 CCTV 밑에 설치된 비상벨을 누르면 CCTV 방향이 비상벨 위치로 자동 이동되고, 영상이 교장실, 교무실, 행정 실에 전달되어 학교 폭력 예방에 기여할 수 있다.

출처 : 세종시 스마트스쿨, http://smart-i.sje.go.kr

[그림 3-18] 세종시 스마트스쿨 Samrt-아이

참고문헌

김경원, 최희갑, 디지털 금융 대혁명, 삼성경제연구소, 2002

김성태, 전자정부론(이론과 전략), 법문사, 2003.

대한민국 전자정부, www.korea.go.kr

대한민국 전자정부 통합전자민원창구, www.egov.go.kr

삼성 스마트스쿨(http://www.samsungb2b.co.kr/SolutionService/EduSolution/School01.aspx)

안전행정부, 정부 3.0 백서, 2013.5

안전행정부, 정부 3.0 추진 기본계획, 2013.5

양혜경, 이경순, e-러닝의 이해(KERIS 이슈 레포트, e-러닝시리즈 04-01), 한국교육학술정보원, 2004

유인출, 성공적인 e-Learning 비즈니스 전략, 이비컴, 2001

이범진, 글로벌 시대를 선도할 한국의 스마트 러닝 산업 정책방향, 한국정보처리학회, Vol.20, No.5, pp.4-8, 2013

이순화, 정부 3.0 실현을 위한 IT 융합 정책 동향, 주간기술동향, 정보통신산업진흥원, pp.14-26, 2013.9.4

이주형, 스마트 러닝의 모든 것, 궁금해요 스마트 러닝, 2013

이지은, 다양해지는 플랫폼, 문제는 콘텐츠다, DBR 동아비즈니스리뷰, Vol.99, pp.18-23, 2012

이충열, 김재필, 이영수, 디지털 경제와 금융기관의 버추얼 경영, 한국경제인엽합회, 2002

이현수, 채영일, 스마트폰 뱅킹서비스의 지각된 위험과 지각된 즐거움이 지속적 사용의도에 미치는 영향, 한국IT서비스학회지, Vol.12, No.4, pp.205-218, 2013

장상현, 교육(Education) 3.0과 스마트(Smart) 러닝, KERIS, 2010

정부혁신지방분권위원회, 전자정부 로드맵 세부추진계획, 2004

한국교육학술정보원, u-러닝의 이해(KERIS 이슈 레포트), 2005

한국교육학술정보원, 유비쿼터스 컴퓨팅 환경에서의 교육의 미래모습, 2004

한국사이버교육학회, e러닝 백서, 산업자원부, 2003

한국은행, 2014년 2/4분기 국내 인터넷뱅킹서비스 이용현황, 2014

행정자치부, 한국의 전자정부, 2006

행정안전부, 대한민국 전자정부 Best Practices, 2012

황선철, 국내은행의 차세대 뱅킹채널 현황 및 시사점, 지급결제와 정보기술, 제39호, 금융결제
　　　원 금융결제연구소, 2010.01

황성돈, 정홍식, 전자정부의 이해, 다산, 2002.

황종성, Gov3.0: 미래 전자정부 개념정립과 추진전략 모색, 한국정책학회 춘계학술발표논문
　　　집, 2013

National Performance Review, USA, Reengineering through Information Technology,
　　　1993

연 습 문 제

01. 전자정부의 역할을 정부(Government), 기업(Business), 시민(Citizen)과의 관계로 정의하고 각각의 범위에 대하여 정의하시오.

02. 전자정부가 추구하는 4가지 개념적 요소는 무엇인가?

03. 전자정부의 4가지 진화단계에 대하여 설명하시오.

04. 우리나라 전자정부 포털 사이트에 접속하여 본 후, 어떠한 서비스를 제공하고 있는지 조사하여 보시오.

05. 우리나라 전자정부의 비전에 대하여 설명하시오.

06. 인터넷뱅킹의 개념과 인터넷뱅킹이 등장하게 된 배경에 대하여 설명하시오.

07. 인터넷뱅킹을 실제로 체험하여 보고, 처리절차에 대하여 설명하시오.

08. 인터넷뱅킹 상의 위협과 대체방안에 대하여 설명하시오.

09. 모바일 뱅킹의 개념은 무엇인가?

10. 스마트폰 뱅킹의 개념은 무엇인가?

11. 모바일 뱅킹의 종류별 기술적 특징이 무엇인지 설명하시오.

12. 스마트폰 뱅킹을 직접 체험하고, 인터넷뱅킹과 비교하여 장점이 무엇인지 설명하시오

13. 스마트폰 뱅킹의 위협을 조사하고 대체방안에 대하여 설명하시오.

14. 스마트 러닝의 5가지 개념적 구분에 대하여 설명하시오.

15. 온라인 교육의 장점은 무엇인가?

16. 스마트 러닝이 어떠한 과정으로 발전하였는가에 대하여 설명하시오.

17. 모바일 스마트 러닝에 적합한 교육 콘텐츠가 무엇인지 생각하여 보시오.

18. 스마트 러닝을 실제로 체험하여 보고, 사례를 조사해보시오.

19. u-러닝으로 구현되는 교육환경에 대하여 조사하여 보시오.

20. 스마트 러닝으로 구현되는 교육환경에 대하여 조사하여 보시오.

CHAPTER 04

e-마케팅과 소셜 마케팅

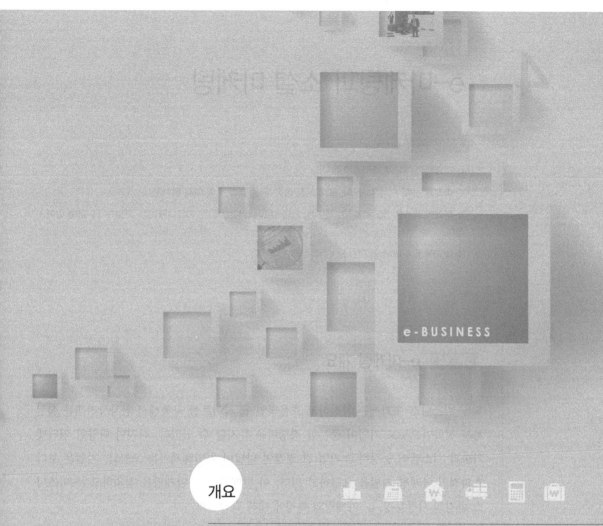

e-BUSINESS

개요

제1절 e-마케팅 개요에서는 e-마케팅을 정의하고, e-비즈니스 시장 환경의 변화와 e-
마케팅 특징에 대해 살펴본다.

제2절 e-마케팅 전략에서는 STP 전략에 대해 살펴본다.

제3절 e-마케팅 믹스에서는 기존의 4P의 한계점을 설명하고, 새로운 개념인 5C에 대
해 살펴본다.

제4절 소셜 마케팅에서는 소셜 마케팅의 정의와 기법에 대해 살펴본다.

e-마케팅과 소셜 마케팅

제1절 e-마케팅 개요

e-비즈니스 초기에는 참신하고 효율적인 웹 사이트를 구축해서 전자상거래를 실현하는 전략만으로도 기업이 충분한 경쟁력을 유지할 수 있었다. 하지만 다양한 인터넷 기술과 시스템이 등장하고 기업 간 경쟁이 나날이 치열해져가는 오늘날, 기업은 보다 효과적인 마케팅 기법을 요구하고 있다. 이 절에서는 e-마케팅을 정의하고 e-비즈니스 환경의 시장특징, e-마케팅의 특징에 대해 학습한다.

1. e-마케팅 정의

e-비즈니스 환경 하에서는 기업의 마케팅 활동에 영향을 미치는 시장의 환경이 변화하고 있고, 또한 경쟁환경 역시 급격히 변화함에 따라 기업의 경쟁방식을 결정하는 마케팅도 변할 수밖에 없다. 한국마케팅학회의 정의에 의하면 마케팅은 "조직이나 개인이 자신의 목적을 달성시키는 교환을 창출하고 유지할 수 있도록 시장을 정의하고 관리하는 과정"으로 궁극적인 목적은 교환을 창출하고 유지하는 것이다. 교환이란 말 그대로 주고받는 것으로, 교환의 주체가 어떤 것을 제공하고 반대급부로 어떤 것을 받는 것을 말한다. 기업의 경우에는 거래(Transaction)가 가장 일반적인 교환인데 주로 제

품이나 서비스를 제공하고 반대로 금전적 보상을 받게 된다. 기업에서의 마케팅은 이러한 거래를 창출하고, 한 번 창출된 거래를 지속적으로 유지하게 하는 것이다. 그런데 e-비즈니스 환경 하에서는 교환의 대상물이 오프라인 마케팅에 비해 더욱 다양해졌다는 차이점이 있다. 콘텐츠, 커뮤니티와 같은 새로운 것들 외에도 정보나 시간과 같이 과거에는 중요한 제공물이 아니었던 것들도 일상적으로 교환하게 된다. 반대급부로 제공받는 것들 중에도 고객의 정보, 노력, 시간 등도 포함된다. 따라서 기존의 마케팅과는 달리 e-비즈니스 환경 하에서의 마케팅을 설명하기 위해서는 새로운 개념을 도입할 필요가 있다. 일반적으로 e-마케팅이라는 것은 마케팅의 기본인 고객과의 커뮤니케이션부터 마케팅 전략을 수립하고 그것들을 수행함에 있어서 부분적으로나 전체적으로 정보기술을 사용하는 마케팅을 말한다. 이 책에서는 이러한 개념을 e-마케팅으로 통일하여 'e-비즈니스 환경 하에서 조직이나 개인이 교환을 창출하고 지속적인 관계를 유지하기 위해 시장을 정의하고 관리하는 과정'으로 정의내리고자 한다.

2. e-비즈니스 환경의 시장 특징

새로운 경제 환경에서 기업은 새로운 전략으로 시장에 접근해야 한다. 기업이 새로운 형태의 시장에 적절히 접근하기 위해서는 먼저 e-비즈니스 환경에서의 시장과 소비자에 대한 이해가 필요하다. e-비즈니스 환경에서의 시장은 인터넷이라는 기반 환경으로 인해서 현실 세계와는 다른 여러 특징이 있고 이러한 특징과 현상을 설명하는 다양한 이론이 제시되고 있다. 대표적인 것으로 상품 특성, 비용/가격 특성, 네트워크 효과, 시장권력의 이동을 들 수 있다.

첫째, 상품 특성으로 정보재 비중의 증가를 들 수 있다. 디지털 제품(Digital Good)이라고도 하는 정보재는 디지털 형태로 표현, 저장하여 네트워크로 전달할 수 있는 형태의 상품이나 서비스를 의미한다. 대표적인 것이 소프트웨어 제품이나 데이터베이스 정보이용 서비스이다. 사회전체가 정보사회와 지식기반 사회로 진화하고 산업구조가 고도화됨에 따라서 정보와 지식에 대한 수요는 점점 커지고 있고 따라서 정보재의 비중 역시 증가하고 있다. 기존의 상품 중에서 정보재 성격이 강한 것으로는 여행 상품이나 보험 상품을 들 수 있다. 여행 상품은 물리적인 상품이지만 소비자가 구매하는 것은 여행 정보를 바탕으로 한 계약이다. 계약과 예약을 통한 부동산 거래, 영화 티켓,

항공권 등이 모두 같은 특성을 지닌 상품이며, 보험 상품을 비롯한 모든 금융 상품도 정보재라고 할 수 있다.

둘째, 비용/가격 특성으로 독특한 가격 구조와 가격 탄력성[1]의 증대를 들 수 있다. 정보재는 생산비용이 기존의 물리적 제품과는 차이가 크고 따라서 마케팅에서 가장 중요한 요소인 가격 구조와 전략에 큰 차이를 보인다. 정보재의 경우 한계생산비용이 거의 제로에 가까워 고정비용의 비중이 일반 제품에 비해서 상대적으로 크다. 가격 설정에 있어서도 기존 제품의 가격산정은 생산비용에 일정한 마진을 더하는 비용기반 가격산정 방식(Cost-Based Pricing)이 일반적이지만, 정보재의 경우 추가적인 생산비용이 없기 때문에 고객이 느끼는 가치에 맞춰 가격을 책정하는 가치기반 가격산정 방식(Value-Based Pricing)을 사용한다. 인터넷 시장에서 가격 탄력성이 큰 현상을 소비자와 생산자 측면에서 모두 살펴볼 수 있다. 소비자 측면에서 첫째, 물리적인 시장에 비해서 상품의 가격이 낮아지는 현상을 볼 수 있다. 이는 소비자의 정보력이 과거에 비해서 높아지고 탐색 비용이 적기 때문에 가격이 낮게 된다. 또한 네트워크 효과를 발생시킬 수 있는 고객 베이스를 확보하기까지 서비스를 무료로 제공하는 인터넷 기업도 적지 않기 때문이기도 하다. 둘째로 소비자는 마우스의 클릭만으로 다른 서비스 업체나 다른 상품으로의 전환이 용이하기 때문에, 즉 전환 비용이 낮기 때문에 별 불편함이 없이 가격이 싼 새로운 공급자로 쉽게 바꿀 수 있다. 생산자 혹은 판매자 측면에서는 자신이 판매하는 상품에 대한 가격의 통제가 물리적인 유통 채널에서의 가격 통제보다 훨씬 용이해서 유동적으로 자신이 판매하는 상품 가격을 책정할 수 있다. 상품 담당자는 자신이 담당하는 상품이 다른 인터넷 쇼핑몰에서 얼마에 판매되고 있는 지 쉽게 파악할 수 있고, 가격 변경 작업 역시 간단하기 때문에 상품 관리자는 동시에 여러 가지 제품에 대해서 고객의 반응과 경쟁자의 반응을 온라인 상에서 관찰하면서 자신의 가격 통제 활동을 수행할 수 있다.

셋째, 네트워크 효과의 보편화와 협력과 제휴의 중요성 증대를 들 수 있다. 인터넷 시장을 지배하는 원리 중의 하나는 네트워크 효과(Network Effect)이다. 네트워크 효과는 제품의 효용이 얼마나 많은 다른 사람이 그 제품을 사용하는 가에 의해서 결정되

---

1) 가격의 변동에 따라 수요량과 공급량이 얼마나 영향을 받는지 분석할 수 있는 개념이 바로 탄력성(Elasticity)이다. 수요의 가격 탄력성은 가격의 변화에 대해 수요량이 어느 정도로 민감하게 반응하는가를 나타낸 지표이며, 공급의 가격 탄력성은 가격의 변화에 대해 공급량이 어느 정도로 민감하게 반응하는가를 나타낸 지표이다. 가격 탄력성은 절댓값이 1보다 크면 탄력적이라고 한다.

는 현상이다. 인터넷 포털 서비스를 비롯하여 전자상거래 업계에서 상위 2~3개 사이트에 대부분의 고객이 집중되는 이유는 네트워크 효과에 기인한 것이다. 이러한 현상을 3Com의 창업자인 Metcalfe는 네트워크 전체의 가치는 네트워크를 구성하고 있는 구성원수의 제곱에 비례한다는 법칙을 주장하기도 하였다. 이 법칙의 근간에는 네트워크에 참여하는 구성원이 느끼는 효용의 크기는 네트워크에 참여하는 구성원의 수에 비례하고 네트워크의 전체가치는 네트워크를 구성하는 구성원이 느끼는 효용의 합이라는 두 가지 가정에 의한 것이다. 인터넷 시장을 포함한 e-비즈니스 경제의 큰 특징 중의 하나가 경쟁보다는 제휴와 협력이 중요하다는 것이다. 앞서 설명한 네트워크 효과는 자사의 상품과 서비스에 대한 한정적인 것으로 볼 수 있는데, 네트워크 효과를 극대화시키기 위해서는 동종 산업 내에 있는 경쟁적 위치에 있는 다른 기업과 협력하여 더 큰 네트워크를 형성하면 효과를 더욱 크게 발생시킬 수 있다. 협력과 제휴의 또 다른 이유는 보다 더 큰 네트워크를 형성하게 되면 시장의 사실상의 표준(de Facto Standard)으로 자리 잡게 되어서 네트워크에 참여한 기업은 그렇지 않은 기업에 비해 경쟁우위를 확보할 수 있기 때문이다. 또한 제휴를 통해서 불확실성이 높은 기술과 표준에 대한 위험을 감소시켜 고객의 긍정적 기대와 평가를 유도할 수도 있다.

넷째, 시장권력의 이동으로 소비자 중심의 시장과 정보중개상의 시장이 활성화되고 있다는 것이다. 인터넷 시장은 판매자 중심의 시장이 아닌 소비자 중심의 시장이다. 과거에는 기업과 소비자 간에 정보의 비대칭성이 존재하여 항상 기업이 유리하여 기업이 힘을 갖게 되었다. 이에 반해 인터넷 시장에서는 소비자 간에 활발한 정보의 교류가 이루어짐으로써 소비자가 공급자와 상품에 대한 정보를 충분히 갖게 됨으로써 정보의 비대칭성이 무너지게 되어 시장의 주도권이 공급자에서 소비자에게로 급격히 이동하고 있다. 소비자는 인터넷을 통하여 기업의 생산 활동에도 참여하기도 한다. 기업에게 신제품 아이디어를 인터넷을 통하여 제공하거나 콘텐츠 제작에 소비자가 자발적으로 참여하여 게시판에 의견이나 자료를 올리고 있다. 정보중개상은 정보 (Information)와 중개상(Intermediary)의 합성어로 정보를 매개로 하여 기존의 중개상 역할을 하는 사람이나 기업을 지칭한다. 정보중개상의 역할은 소비자나 생산자의 정보를 취합하여 원하는 상대방을 찾아 서로 연결시켜주는 것으로 이를 위해서는 신뢰의 획득과 제공이 바탕이 되어야 한다. 인터넷 시장의 등장으로 생산자와 최종소비자가 직접 만나게 됨으로써 중간 유통업자가 없어지게 된다는 탈중개화(Disintermediation) 현상이 초창기의 예측이었으나 인터넷 시장에서는 새로운 형태의 정보중개상이 나타나고 있다.

3. e-마케팅 특징

관계 마케팅으로 대별되는 e-마케팅의 특징을 일대일 마케팅 측면에서 살펴보면 상호작용성, 맞춤화, 정보 지향성, 그리고 비용효율성을 들 수 있다.

첫째, 상호작용성(Interactivity)이다. 마케팅 활동의 전제가 되는 고객의 요구사항을 파악하는 것은 쉬운 일이 아니다. 상호작용성은 양방향 커뮤니케이션을 할 수 있는 사용자의 능력으로 정의되는데, 인터넷을 활용한 고객과의 긴밀한 관계 구축과 활발한 커뮤니케이션을 통하여 기업들이 신속하고 유연하게 고객의 욕구를 파악하도록 해준다. 상호작용성이 증대됨에 따라 고객은 좀 더 서비스를 자주 이용하고 서비스의 시설을 이해하는 데 더 많은 시간을 투자하며 결과적으로 고객은 온라인 활동을 지속하게 된다. 이러한 상호작용성은 고객이 적극적으로 마케팅 활동에 참여할 수 있게 해주며 기업이 고객과의 신뢰관계를 형성하여 공통의 가치를 탐색할 수 있도록 해준다.

둘째, 맞춤화(Customization)이다. 많은 마케터들은 소비자들에게 그들의 상품과 서비스에 대한 정보를 제공하고 실제로 온라인으로 판매를 하기 위한 상호작용적인 매체로의 인터넷에 초점을 두고 있는 경우가 많다. 맞춤화라는 것은 사용자와 웹사이트 간의 커뮤니케이션을 개인화하는 것을 말한다. 즉, 웹사이트를 방문하는 고객 개개인의 욕구와 선호도를 고려하는 정보나 서비스를 개별적으로 제공하거나 고객 스스로 자신의 취향대로 웹사이트를 구성할 수 있다. 또한 고객과의 대화나 게시판을 통해 고객과의 상호작용이 가능하기 때문에 이러한 정보를 바탕으로 고객 개개인의 특성에 알맞은 맞춤 제안을 할 수 있고 고객과의 장기적 관계를 강화하기 위해 이 정보를 활용할 수 있다. 대부분의 포털 사이트는 나만의 뉴스나 나의 페이지 등을 운영하고 있는데, 만약 스포츠나 주식시장에 관심이 있다면 그 사이트에서 제공하는 모든 정보가 아니라 스포츠나 주식시장에 대한 정보만을 제공하는 것이다.

셋째, 정보 지향성이다. 인터넷은 기업 측면에서 다양한 정보의 원천이 될 수 있다. 기업은 기업의 마케팅 문제에 관련된 정보를 검색엔진과 같은 도구를 이용하고 더욱 쉽게 그리고 직접적으로 다가갈 수 있게 된다. 일반적으로 정보경제학(Information Economics)에서는 정보의 양과 정보를 보는 사람의 수는 상충관계에 있다고 보아왔다. 예를 들면 TV나 라디오 광고는 광범위하게 많은 사람들에게 정보를 전달할 수 있기는 하지만 매우 적은 양의 정보만 제공할 수 있다. 하지만 인터넷은 웹사이트를 통해 매우 많은 사람들에게 정보의 양 또한 거의 무한대로 제공해 줄 수 있다. 새로운 제품에 대해 광고를 한다고 가정해 보면 TV나 신문 등에서는 알리고 싶은 정보를 충분히 제공하지 못하고 단지 신제품의 외형이나 성능 등만을 강조할 수밖에 없다. 그러나 인터넷을 이용하면 엄청나게 많은 정보를 원하는 모든 고객에게 제공해 줄 수 있다. 예를 들어 Amazon은 300만 종이 넘는 각종 책에 대해 다양한 정보를 제공하는데 책의 전체 내용은 아니지만 저자의 견해라든지, 책 서평, 독자 후기 등과 같은 내용도 있다. 이런 엄청난 정보량과 정보의 전달은 물리적 공간에서는 도저히 생각할 수도 없는 것이다. 아무리 큰 서점이라고 해도 수십만 종류의 책을 쌓아둘 수 없을 뿐만 아니라 책에 대한 다양한 정보를 제공하는 것은 불가능하기 때문이다. 이렇게 방대한 정보를 축적함으로써 고객들은 자신이 원하는 책들을 언제든지 편리하게 구입할 수 있게 된다. 결국 정보는 인터넷의 가장 원초적인 제품이 될 수 있는 것이다. 정보를 제대로 제공하는 것은 제품과 서비스에 부가적인 가치를 더해 줄 수 있으며 결국 이는 기업의 마케팅 활동에 커다란 도움이 될 수 있다. 만약 인터넷 사용자가 기업이 제공한 가치 있는 정보를 찾는다면 그들은 해당 사이트를 다른 사람에게 이야기할 것이고 이는 계속적인 신규 고객의 유치와 기존 고객의 유지를 가능하게 하는 것이다.

넷째, 비용효율성이다. 물리적 공간에서 마케팅 활동을 전개한다고 생각해 보면 가장 쉽게 생각할 수 있는 것이 판매채널을 구축하는 것이다. 자신의 물건을 소비자에게 판매할 소매상을 모아야 하며, 소매상까지 제품을 공급할 수 있는 도매상을 끌어들여야 한다. 이 과정에서 자사 제품이 눈에 잘 뜨이는 곳에 진열되도록 하기 위해서는 많은 인센티브를 주어야 하며, 이들 도매상과 소매상을 관리하기 위한 직원도 채용해야 한다. 결코 적지 않은 비용이 소요되는 것이다. 재고비용 또한 만만치 않다. 전국 또는 전 세계에 걸쳐 제품을 효과적으로 공급하기 위해서는 지역마다 물류센터를 마련해야 하고 물류 센터를 구축하기 위해서는 넓은 부지와 건물, 그리고 이를 관리하기 위한 인력을 채용해야 한다. 또한 모든 물류센터에서 적정 규모의 재고를 유지하기 위해서는 최적의 재고량보다 많은 재고를 갖고 있어야 한다. 고객 서비스 비용도 만만치 않다. 각 지역마다 적정한 고객 서비스 요원들을 채용해야 하고, 콜센터를 구축하고 유지하기 위한 비용이 많이 소요된다. 인터넷에서는 이러한 마케팅 비용을 획기적으로 감축할 수 있다. 채널을 구축하기 위해서 도매상과 소매상을 모을 필요 없이 자사의 웹사이트를 통해 전 세계에 직접 판매를 할 수 있다. 재고도 전사에 걸쳐 하나 또는 중요한 지역에 몇 개의 물류 센터만 구축하여도 효과적으로 제품을 공급할 수 있는 것이다. 물류센터 구축 비용을 절감할 수 있을 뿐만 아니라 제품의 재고도 줄일 수 있다.

제2절 e-마케팅 전략

e-마케팅의 궁극적인 목적은 디지털 경제 시장에서 고객들의 필요와 욕구를 충족시키는 교환을 극대화하는 것으로, e-마케팅 전략은 개별 고객을 각각 다른 욕구를 가진 독특한 존재로 간주하여, 각각의 욕구를 만족시키는 것을 목표로 삼고 있다. 그러나 산업과 제공하는 상품이나 서비스의 성격에 따라서는 처음부터 각 시장의 고객을 개별적으로 접근하는 것이 아니라, 전체 시장을 세분화하고, 세분된 시장에서 자신의 목표가 되는 표적 시장을 선택한 후, 표적 시장 내의 고객을 개별적으로 공략하는 방식의 마케팅 전략도 일반적으로 사용될 수 있다. 다음의 내용에서는 시장 세분화(Segmentation), 표적 시장 선정(Targeting) 그리고 이에 따른 위상 정립(Positioning)에 대해서 살펴보도록 하겠다. 일반적으로 이를 STP 전략이라고 한다.

1. 시장세분화

인터넷이 도입된 초기에는 인터넷 사용자 집단을 하나의 동질 집단으로 판단하여 인터넷 비사용자 집단과 차별화하는 이분법을 적용하였지만, 인터넷 사용자 수와 웹사이트가 급증하고 인터넷 사용 용도도 다양해지면서 동일한 인터넷 사용자라고 하더라도 상호간에 매우 다른 차이점을 보이게 되었다. 시장세분화란 전체 시장을 구성하는 잠재 고객들을 동질적인 하위 시장으로 나누는 과정을 의미한다. 즉 소비자들의 다양한 욕구, 개성, 행동 등을 기준으로 전체시장에서 비슷한 욕구를 가지고 있는 소비자를 찾아내어 동질적인 부분시장으로 분류함으로써 차별화된 소비자 욕구 충족과 더불어 마케팅 비용 절감을 이루고자 하는 과정이다. 그러나 소비자의 욕구를 세분화하면 할수록 이를 충족하기 위한 비용이 증가하게 되므로 세분화에 따르는 경제성을 고려해야 한다. 시장세분화는 사용자가 필요로 하는 것에 초점을 맞추기 위하여 마케팅 노력을 합리적이고 적합하게 조정한 것이다. 또한 자사 제품을 차별화하여 시장 기회를 찾고자 할 때, 고객의 동질성에 따라 시장을 확인하고 구분하는 마케팅 활동이다. 즉, 시장세분화의 기본적인 목적은 기업의 투자효율성을 높이는 것이기도 하지만, 시장의 특정 고객 집단에게 경쟁자들보다 더 나은 고객 만족을 제공하는 고객 지향적 마케팅 전략을 수립하는 것이다.

1) 시장세분화 절차

시장세분화를 하기 위한 첫 번째 단계는 시장세분화의 목표를 설정하는 것이다. 어떠한 제품을 대상으로 할 것인지, 지역과 시간적인 범위를 어떻게 포괄할 것인지, 시장세분화가 신제품 개발의 기회를 찾기 위한 것인지 혹은 새로운 시장을 개척하기 위한 것인지 등에 대한 문제를 고려하여, 구체적이고 명확한 시장세분화 목표를 설정해야 한다. 시장세분화 목표가 설정되었다면 두 번째 단계는 시장세분화 목표와 관련된 시장세분화 변수를 결정하는 것이다. 시장세분화 변수는 효과적인 e-마케팅 활동을 위해 동질적인 집단으로 구분할 때 기준이 되는 변수이다. 마지막 단계는 시장세분화 변수에 의해 세분화된 시장의 전반적인 특성을 파악하는 것이다. 즉, 세분화 변수에 의해 분리된 각 세분 시장을 여타의 변수들을 이용하여 가급적 완전하게 묘사하는 일인데, 각 세분 시장에 대한 묘사가 풍부할수록 추후 효과적인 마케팅 전략 수립이 용이해진다.

2) 시장세분화 변수

시장 세분화를 위해 사용되는 변수는 인구통계학적 변수, 심리학적 변수, 행동 변수 등이 있다. 이러한 변수들 중에서 하나만을 시장세분화 변수로 선택해야 하는 것은 아니며, 몇 개의 기준을 조합한 형태도 사용할 수 있다. 좋은 세분화 변수가 되기 위해서는 첫째, 소비자의 행동을 잘 대표해 줄 수 있는 변수이어야 하며, 둘째, 동일 세분 집단을 최대한 동질적으로, 세분 집단 간은 최대한 이질적으로 구분해 줄 수 있어야 하며, 셋째, 측정하기 쉽고 그 특성을 이해하기 쉬워야 한다.

(1) 인구통계학적 변수(Demographic Variables)

나이, 성별, 직업, 소득, 교육 수준 등과 같이 소비자의 개인 특성을 나타내는 변수이다. 인구통계학적 변수는 측정하기가 비교적 용이하며, 각종 통계자료를 이용하여 세분 시장의 크기를 쉽게 파악할 수 있기 때문에 일반적으로 많이 사용된다. 예를 들어 마이클럽[2]은 성별을 기준으로 시장을 세분화한 후, 여성층을 대상으로 서비스를 제공하고 있다.

(2) 심리학적 변수(Psychographic variables)

사회 계층, 라이프스타일, 개성, 태도, 느낌 등과 같은 소비자의 심리적 특성에 기초한 변수이다. 심리학적 변수는 인구통계학적 변수에 비해 추상적이어서 세분 시장의 규모를 측정하기가 어렵지만, 소비자의 행동을 보다 근원적으로 설명해 줄 수 있는 변수이다. 예를 들어 솔로닷컴[3]은 결혼을 하지 않은 독신자를 위한 서비스를 제공하고 있다.

(3) 행동 변수(Behavioral Variables)

고객의 행동과 밀접한 관련이 있는 변수이다. 특히 인터넷 환경에서의 행동과 관련하여 인터넷 경험 정도, 인터넷 이용 동기, 인터넷 접속 장소나 방법, 인터넷 사용 시간 등의 변수를 세분화하여 행동 변수로 이용할 수 있다. 이러한 행동 변수는 구매 행동과 밀접한 관련이 있으므로 비슷한 욕구를 가지고 있는 고객을 가려내는 데 효과적이다.

2. 표적시장 선정

일반적으로 시장이란 제품이나 서비스를 교환하기 위해 구매자와 판매자가 모인 장

---

2) http://www.miclub.com
3) http://www.ssolo.com

소인데, 마케팅 측면에서는 어떤 제품이나 서비스의 실제적 및 잠재적 고객을 의미한다. 그러나 보다 효과적인 마케팅을 위해서는 모든 고객을 동일하게 생각하는 것이 아니라 이들을 특성별로 분류하고 체계화시켜 접근하는 것이 필요하다. 즉, 어떠한 고객을 대상으로 할 것인가라는 범위의 설정을 위하여 고객을 분류함으로써 보다 효과적인 시장 공략 방식을 찾을 수 있는데 이것이 바로 표적시장 선정이다. 즉, 표적시장이란 가능한 세분 시장들 중에서 기업이 표적으로 하여 마케팅 활동을 수행함으로써 고객은 물론 기업에 가장 유리한 성과를 제공해주는 매력적인 시장을 말한다. 표적 시장을 선정한다는 것은 시장세분화 분석을 통해 얻어진 자료에서 목표로 하는 시장, 즉 얼마나 많은 시장 또는 어느 시장을 어떻게 접근할 것인가를 결정하는 전략 과정이다.

1) 표적시장 선정 기준

표적시장 선정 시 고려해야 할 가장 중요한 사항은 '얼마나 많은 세분시장을 관리할 것인가'와 '어떤 세분시장에 초점을 맞출 것인가'이다. 이를 위해 세분시장들에 대한 체계적인 매력도 분석이 이루어져야 하는데, 이것이 바로 세분시장 평가이다. 세분시장의 평가는 기업이 현실세계에서 갖고 있는 능력, 세분시장의 규모와 성장 가능성, 경쟁 현황의 세 가지 측면을 종합적으로 고려했을 때 올바른 매력도 분석이 가능하다. 첫째, 기업의 경영목표와 인적자원, 재무자원, 기술자원 등의 능력을 고려하여 세분시장을 검토하여야 한다. 즉 그 시장에 참여할 수 있는 나름대로의 경쟁우위가 있어야 한다. 따라서 세분시장을 평가함에 있어서 현재 사업과 조화를 이룰 수 있고 이를 지원할 수 있는 능력에 대한 냉정한 검토가 이루어져야 한다. 둘째, 세분시장의 규모나 성장 가능성을 평가할 필요가 있다. 실제적으로 목표로 하는 시장의 성장 가능성이나 규모를 측정하는 것은 쉽지 않다. 왜냐하면 아직 인터넷이 초기 단계에 머물고 있고 향후 어떠한 방향으로 발전할지가 불분명하기 때문이다. 또한 새롭게 탄생하고 있는 인터넷 기업들은 저마다 독특한 영역을 개척하면서 새로운 시장을 형성하고 있기 때문이다. 하지만 전체 인터넷 규모의 증가 속도, 특정 제품이나 시장의 규모 등에 관한 조사 자료를 참고하여 시장의 특성을 검토하면 나름대로 어느 정도는 성장 가능성을 예측할 수 있을 것이다. 셋째, 경쟁 관계를 살펴보아야 한다. 경쟁 현황은 두 가지 관점에서 바라볼 수 있는 안목이 요구된다. 먼저 경쟁은 서로간의 시장 잠식 가능성을 의미한다. 경쟁이 치열하면 할수록 자사의 입지는 좁아진다. 따라서 치열한 경쟁이 이루어지고 있는 분야는 새로이 인터넷을 하고자 할 때에는 피하는 것이 좋을 수 있다. 하지만 경쟁자가 많아서 오히려 상승작용을 일으킬 수도 있다. 특히, 경쟁자와 차별화되는 요소를 갖추고 있을 경우에는 경쟁자가 존재하기 때문에 고객들이 더욱 관심을 갖게 되고, 이로 인해 시장이 빨리 성장할 수도 있기 때문이다.

2) 표적시장 접근 전략

세분시장에 대한 평가가 이루어진 후, 선정된 표적시장에 대하여 어떤 방식으로 접근하는 것이 바람직할까? 물론, 특정한 욕구와 유사한 구매행동을 보이는 집단별로 각각 마케팅 활동을 전개하는 경우가 보다 정교하고 효과적일 것이다. 하지만 전체적인 관점에서 보았을 때, 집단 간의 차별화 방안이 다른 집단의 행위에 어떤 영향을 미치고 기업의 전체 이익에 어떤 영향을 미치게 될지에 대해서도 분석해야 한다. 이 과정에서 전략적으로 기업에 대한 이익기여도가 높은 세분고객집단에 대한 충분한 고려가 이루어져야 할 것이다. 이러한 요인을 고려해 볼 때, 세분 시장을 공략하는 전략은 [그림 4-1]과 같이 비차별적 마케팅 전략, 차별적 마케팅 전략, 집중적 마케팅 전략의 세 가지로 구분해 볼 수 있다.

[그림 4-1] 표적시장 공략 전략

(1) 비차별적 마케팅

고객을 세분화하지 않고, 한 가지의 제품이나 서비스로 전체 시장을 대상으로 마케팅 활동을 전개하는 것이다. 이 접근방법은 소비자들의 욕구에 대해 공통적인 부분에 초점을 맞추는 것이다. 대량생산을 통한 원가우위 확보, 광고비 절감, 마케팅 제비용 절감, 제품관리비용 절감 등의 장점이 있으나 다양한 소비자 욕구 충족의 외면으로 높은 이익을 상실할 우려가 있다는 단점이 있다. 인터넷에서 이러한 대표적인 영역이 검색엔진이나 포털 분야이다. 왜냐하면 인터넷에서 필요한 정보를 찾기 위해서는 항상 이들 검색 서비스를 이용해야 하는데 여기서는 소비자들의 특징이나 상이한 행동 패턴을 구별하기가 쉽지 않기 때문이다.

(2) 차별적 마케팅

여러 세분고객을 표적으로 하여, 각 세분 고객마다 차별화된 마케팅 활동을 전개하는 방법이다. 이 전략은 처음에는 한두 개의 세분시장을 집중 공략하여 경쟁우위를 확보한 후 유통 및 생산의 공유를 통해 경쟁기업보다 비교우위를 지닐 수 있는 세분시장으로 확장해 나가는 전략이다. 전체적인 소비자의 만족도와 총매출액이 증가하게 되지만 반면에 개발비, 관리비, 광고비 등의 비용도 상승하게 되는데, 이때 지출비용의 상승보다 매출액이 커서 전체적인 수익률이 향상될 것으로 기대될 때 적합한 전략이다. 컴퓨터 관련 정보를 제공하는 것으로 유명한 Cnet[4]의 경우가 대표적인 예이다.

(3) 집중적 마케팅

전략적으로 중요한 세분고객집단에 집중적으로 차별적 마케팅 활동을 펼치는 방법이다. 이 방법은 큰 시장에서 낮은 점유율을 차지하기보다는 차라리 규모는 작으나 높은 점유율을 확보하고자 하는 기업에서 주로 활용된다. 집중적 마케팅은 처음으로 전자상거래를 전개하는 기업이나 자원이 부족하지만 어느 정도의 크기와 높은 이익 확보가 가능한 시장에 진출하려는 기업에서 많이 채택한다.

---

4) http://www.cnet.com

▌'젊은 점주 젊은 고객' 땅땅치킨만의 타깃 마케팅

지난 한 주 대구를 달궜던 치맥 페스티벌이 성황리에 끝났다. 대구 지역뿐 아니라 전국 각지에서 60만이 넘는 인파가 몰렸다. 지난해 첫 행사에서 30만 명을 끌어들여 '대박'을 친 치맥 페스티벌은 명실공히 '대구 여름밤 젊음의 대표 축제'로 자리매김하는 모습을 보여줬다. 다양한 참여업체 중 유독 젊은 인파로 인산인해를 이루던 부스가 있었으니 '땅땅치킨'이 바로 그 주인공이다. 땅땅치킨 부스에는 방문객이 치맥페스티벌 전체를 게임판으로 활용해 진행되는 '치킨런', 간단한 게임을 통해 다양한 상품을 획득할 수 있는 '3단계 미니게임' 등 다양한 이벤트를 진행했다. 설립 초창기 때부터 나아가고자 했던 '젊음을 위한', '젊음을 대표하는' 브랜드임을 확인하고, '젊음'을 공략하는 일관성 있고 꾸준한 마케팅 전략이 적중했음이 검증되는 자리였다. 또한 치맥 페스티벌과 같은 지역 산업 축제에 참가하면서도 '청년'들의 관심사에 대해 고민한 결과, 2013년에 이어 2014년까지 2회에 걸쳐 축제 기간 중 '청년창업프로젝트'를 진행해 선정된 한 명에게 5000만 원을 지원한다. 창업을 희망하지만 자금이 부족한 청년들에게 창업비용을 직접 지원하여 창업하게 함으로써 고용을 창출하고 가계 경제를 지원하는 사회환원 프로젝트를 진행했다.

2013년의 땅땅치킨 청년창업프로젝트를 통해 진사리점의 점주가 된 박태준씨도 "땅땅치킨의 청년창업프로젝트를 통해 내 꿈에 한 발 더 빨리 다가가게 되었다"고 말하며 성장하는 사업가가 되겠다는 당찬 포부를 밝힌 바 있다. 구매 잠재력이 큰 20대를 공부하면 브랜드는 성공한다고 했던가? 이처럼 꾸준한 고민 아래 브랜드 인지도를 높여온 땅땅치킨은 2013년 처음 열린 대구 치맥 페스티벌의 후원사 및 업체로 참여하면서 축제 이후 가맹점 문의가 몰리고 서울·경기권으로의 진출에 물꼬를 텄다. 당시의 큰 홍보 효과에 힘입어 지난 5월에는 경기대점을 포함해 서울 안에서도 '젊음의 거리'로 통하는 홍대 앞에 매장을 내기도 했다. 홍대 매장이 문을 연 지 2개월이 지난 현재 땅땅치킨을 검색하면 '서울 치킨 맛집', '홍대 치킨 맛집'이라는 연관 검색어까지 생겨났다. 실제 땅땅치킨은 초기 브랜드 런칭때부터 '어떻게 하면 조금 색다른 치킨 브랜드가 될 수 있을까?, '젊은층을 사로잡을 새로운 메뉴가 없을까?'를 고민했다고 한다. 땅땅치킨의 효도 메뉴인 허브순살치킨과 땅땅불갈비 등 다양한 치킨 메뉴 외 사이드 메뉴임에도 큰 인기를 얻고 있는 매콤떡볶이도 그러한 고민의 결과이다. 이러한 노력들이 가족끼리 또는 친구끼리 배달을 시켜 먹던 '치킨집'에서 지금은 전국 300여 개의 가맹점을 둔 프랜차이즈 선두 기업을 만들었다. 컨설턴트 겸 마케팅홍보연구소 박영만 소장은 "땅땅치킨의 '20대'와 '젊음'을 위한 일관성있고 꾸준한 마케팅 전략은 결국 철저한 고객분석을 바탕으로 차별화 전략을 구사하는 '타깃 마케팅'의 성공사례로 평가된다"고 말했다. 브랜드만의 정확한 목표가 설정되고 나면 다양한 방법을 시도해볼 수 있는 기회가 많아지고 우수한 결과를 이끌어내는 것 또한 훨씬 수월해진다. 땅땅치킨이 이번 치맥페스티벌에서 실시한 '땅땅라이트' 이벤트도 최근 한 종합편성채널에서 방송되며 젊은층 사이에서 화제가 되고 있는 것을 활용한 것으로 20대를 겨냥한 축제를 활용해 다양한 타깃 마케팅을 진행하는 등 프랜차이즈 본사 경영 측면으로 보아도 성공사례로 꼽을 만하다.

출처 : 스포츠월드 2014년 8월 1일자 기사 발췌

3. 위상 정립

기업이 일단 자사의 특성에 맞는 목표 시장을 선택하게 되면, 그 다음 단계는 목표 고객에게 자사의 제품이나 서비스를 어떻게 소비자의 마음속에 심어주는가 하는 것이다. 이처럼 위상 정립이란 목표 고객의 마음속에 의미 있고 독특한 경쟁적 위상을 차지하기 위해 기업이 제품이나 서비스와 이미지를 디자인하는 것을 말한다. 즉 기업의 경쟁적 차별화를 소비자들이 그대로 인식하도록 하는 행위이다. 이러한 위상 정립은 소비자들이 경쟁 사이트 또는 제품을 비교하여 갖고 있는 지각, 인식, 느낌 등이 복합적으로 구성되어 있는 것이다. 이러한 위상 정립 수립은 다음과 같은 측면에서 중요성을 지닌다. 첫째, 한 번 소비자들의 마음속에 어떠한 이미지가 형성되면, 그 이미지를 바꾸는 것은 어려울 뿐더러, 이미지를 바꾼다 하더라도 처음보다 많은 비용이 소요된다. 따라서 초기의 위상 정립은 기업의 장기적 전략 방향을 결정짓는 중요한 의미를 갖는다. 둘째, 인터넷상에서는 웹사이트를 옮겨다니는 데에 따른 전환 비용이 매우 낮기 때문에 소비자들의 마음속에 자사의 제품이나 서비스에 대한 확실한 차별적 자리매김을 해야 할 중요성이 더욱 부각된다. 따라서 소비자들로 하여금 자사의 제품이나 서비스를 독특하게 인식하게 하는 것은 소비자들의 전환 행동을 억제시킴으로써 잠금 (Locking) 효과를 가져오게 한다. 일반적으로 소비자는 제품, 서비스, 콘텐츠를 구매하는 기준으로 제품, 시장, 회사에 대한 정보에 근거를 두고 있기 때문에 소비자와 커뮤니케이션을 통해 자사 제품과 경쟁 제품 간에 차별적인 요소를 부각시켜 자사의 긍정적인 이미지를 확고히 구축해야 하며 이러한 긍정적인 이미지는 향후 수립되는 광고 전략과도 연계되어 기업의 매출 향상에 기여할 수 있다.

1) 위상 정립 과정

위상 정립의 핵심은 경쟁제품과 차별화하면서 고객들의 마음속에 자사 제품을 각인

시키는 것이다. 그 과정은 다음과 같다. 첫째, 표적 시장 내에서 경쟁 제품과 자사 제품이 차지하는 제품 속성을 평가하여 경쟁구조를 파악한다. 둘째, 자사 제품이 경쟁사의 제품에 비해 상대적으로 표적 고객의 욕구를 만족시키는지의 정도를 분석하고 파악한다. 셋째, 표적 잠재고객의 욕구를 파악하여 고객의 욕구 포지션을 파악한다. 넷째, 결정된 제품에 최적의 위상 정립을 효과적으로 달성하기 위하여 적합한 마케팅 믹스 전략을 설계하여 실행한다.

2) 위상 정립 유형

(1) 제품 속성에 의한 위상 정립

기업 자신의 제품 속성이나 특성을 내세우면서 위상 정립하는 가장 보편적인 방법이다. 예를 들어, Yahoo는 시장 초기에 진입한 포털 사이트의 선도자라고 위상 정립하였다.

(2) 제품 사용자에 의한 위상 정립

자사가 제공하는 특정 사용자 집단을 표적으로 하여 만들어진 최적의 것임을 강조하며 위상 정립하는 것이다. Dell은 자사의 컴퓨터가 맞춤화 및 개인화를 원하는 소비자에게 최고하고 강조하고 있고 Sun Microsystems는 자사의 워크스테이션 컴퓨터가 디자인 엔지니어에게 최고라고 말한다.

(3) 제품 편익을 이용한 위상 정립

소비자들이 웹사이트를 방문하고 콘텐츠를 이용하는 것은 그러한 행동을 통해 얻고자 하는 편익이 있기 때문이다. 이러한 편익을 강조하는 것이 제품 편익을 이용한 위상 정립이다. 예를 들어 네이트닷컴[5]의 전신인 Lycos는 코믹한 광고적 요소와 '즐겁지 않으면 인터넷이 아니다'라는 메시지를 전달하면서 엔터테인먼트라는 편익을 강조하였다.

(4) 경쟁 제품을 이용한 위상 정립

경쟁 사이트나 경쟁 사이트가 제공하는 콘텐츠에 비해 우월한 점을 강조하는 전략

---

5) http://www.nate.com

이다. 이러한 전략을 위해서는 고객들이 가치 있게 느낄 수 있는 요소를 발견하고, 이들 요소를 다른 사이트의 경우 어떻게 제공하고 있는지에 대해 조사해야 한다. 네이트닷컴과 통합된 엠파스는 'Yahoo에서 못 찾으면 Empas에서'라는 광고 카피로 엠파스가 경쟁자인 Yahoo보다 훨씬 검색 방면에서 뛰어난 포털이라는 것을 강조했다.

(5) 제품 범주에 의한 위상 정립

자사 제품을 대체성이 있는 다른 제품 범주와 연관시켜 위상 정립함으로써 다른 제품 범주를 사용하는 소비자들의 제품 전환을 유도하는 방법이다. 예를 들어, eBay[6]는 경매 분야의 범주 선도자로 위상 정립되었고 Amazon은 인터넷 서점 분야에서 범주 선도자로 인식되었다.

제3절 e-마케팅 믹스

마케팅 믹스(Marketing Mix)란 기업이 마케팅 목표를 달성하기 위해 사용할 수 있는 마케팅 도구의 집합을 말한다. 전통적인 마케팅 환경 하에서의 마케팅 믹스는 4P로 대별되는데, 4P는 제품(Product), 가격(Price), 유통(Place), 촉진(Promotion)의 영어 첫 머리글자를 딴 것이다. 다양한 마케팅 환경의 변화를 수용하는 마케팅 역할을 성공적으로 수행하기 위해서는 전통적인 4P 마케팅 믹스는 다음과 같은 한계를 노출하고 있다.

첫째, 기업과 고객 간의 거래에 초점을 맞추고 있다는 데 한계가 있다. 즉 문제의 핵심을 어떻게 일회의 거래를 발생시키느냐에 두고 있는 것이다. 이러한 관점은 본질적으로는 문제가 없지만 관계 마케팅의 입장에서 본다면 단기적인 개념이라고 할 수 있다. 관계 마케팅의 관점에서 거래는 고객과의 장기적인 관계를 유지함으로써 발생되는 결과이다. 따라서 거래를 창출하고 유지하기 위해서는 고객과의 좋은 관계를 형성하도록 마케팅 노력을 우선적으로 기울여야 한다. 그런데 전통적인 4P 마케팅 믹스는 이러한 마케팅 활동을 포함하고 있지 않다.

둘째, 4P 마케팅 믹스는 기업의 일방적인 관점에서 구축된 것이라는 데서 한계가

---

6) http://www.ebay.com

있다. 기업이 어떤 제품을 만들어, 그 제품에 가격을 얼마로 매겨서, 어떤 방법으로 고객에게 알리고, 어디서 판매를 할까 하는 것이 전통적인 마케팅 믹스의 핵심이다. 이러한 관점에 대비하여 Lauthenborn은 고객의 입장에서 파악할 수 있는 4C 마케팅 믹스, 즉 고객 가치(Customer Value), 고객의 비용(Cost to Customer), 편리성(Convenience), 고객과의 커뮤니케이션(Communication)을 제안하기도 했다. 인터넷 환경에서의 마케팅 믹스는 기업과 고객 양자가 적극적인 행동의 주체가 된다는 점을 기본으로 해야 한다.

셋째, 전통적인 4P 마케팅 믹스는 고객을 통제 불가능한 판매 대상으로만 본다는 제한점이 있다. 전통적 마케팅 믹스 전략은 변화무쌍한 고객의 욕구에 최대한 일치시키기 위한 노력으로, 이때의 고객은 단순히 구매자나 소비자일 뿐이다. 하지만 인터넷 환경에서의 관계 마케팅은 고객을 판매대상으로만 보지 않고 기업의 성공을 위하여 도움을 주는 협력자로 인식하여 관리의 대상이 되어야 한다.

넷째, 전통적인 4P 마케팅 믹스는 개인단위로 세분화된 미세시장(Micro Market)과 네트워크 경제에 적용하는 데 한계가 있다. 전통적인 마케팅 믹스는 대중이나 표적시장 그룹에 접근하는 방법이다. 미세시장과 기업들 간의 네트워크로 구성된 인터넷 환경에서의 마케팅은 기업과 미세시장을 구성하는 고객과의 긴밀한 상호작용을 절대적으로 필요로 한다. 마찬가지로 네트워크를 구성하는 다른 기업들과의 상호작용도 중요하다. 이제는 고객과 고객 사이의 상호작용도 중요한 마케팅 관리 대상이 되어야 할 것이다.

마지막으로, 4P 마케팅 믹스 요소 각각은 인터넷 환경에서 변화된 마케팅 환경을 충분히 반영하지 못하고 있다. 예를 들어 제품의 경우, 디지털 경제에서 중요한 교환의 대상이 되고 있는 콘텐츠를 비롯한 디지털 제품이나 정보와 같은 것들을 포괄하는 데 한계가 있다. 가격의 경우도 유사한 한계가 있다. 즉, 기업이 제품을 제공하고 반대급부로 받는 화폐 이외에도 시간이나 퍼미션(Permission) 또는 노력(Efforts)을 대가로 받는 것이 일상화되고 있기 때문이다. 촉진의 경우에는 더욱 명확한 한계점이 존재한다. 왜냐하면 촉진은 판매 증대를 위하여 일방적으로 대중 매체를 이용한 광고를 하거나 가치를 제시하여 단기적으로 구매행위를 증대시키는 방법이기 때문이다. 관계 형성을 중요시하는 마케팅 환경에서는 고객으로부터의 피드백 정보가 매우 중요하다. 고객과의 이러한 상호작용을 일으키기 위해서는 쌍방향 커뮤니케이션이 필수적이지만 촉진은 그런 개념을 포함하고 있지 못하다. 마지막으로 유통의 경우도 한계가 있다. 기존의 유통은 물리적 판매 장소와 관련된 개념이다. 인터넷 환경에서는 디지털 제품을 인터넷으로 배송한다든지 과거에 없던 정보중개상(Informediary)의 역할이 증대된다든지 하는 것들이 부각되고 있지만 유통의 개념만으로는 이러한 새로운 현상을 포괄하기는 어렵다.

이두희에 의하면 5C 마케팅 믹스는 앞에서 지적한 전통적인 4P 마케팅 믹스의 한계를 극복할 뿐더러, 인터넷 환경하에서 새로운 마케팅 역할을 수행할 수 있는 전략적 믹스의 기능을 갖추고 있다. 기존의 마케팅 4P 믹스가 갖는 한계점과 이러한 한계점을 극복할 수 있도록 제안된 5C 마케팅 믹스의 특징은 [그림 4-2]에 제시되어 있다.

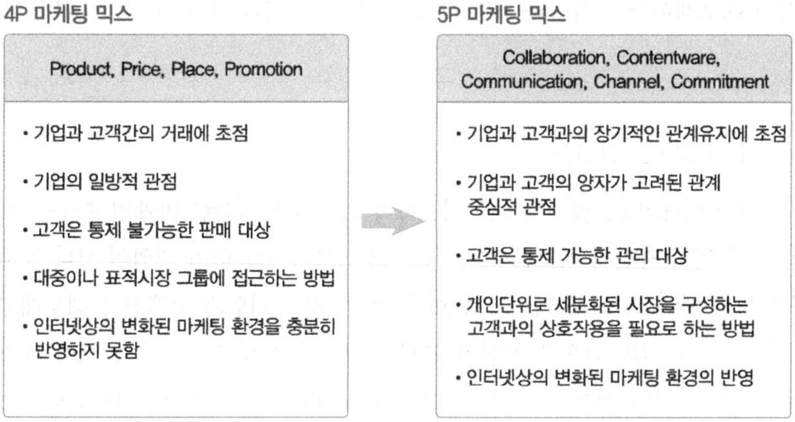

4P 마케팅 믹스

Product, Price, Place, Promotion
• 기업과 고객간의 거래에 초점
• 기업의 일방적 관점
• 고객은 통제 불가능한 판매 대상
• 대중이나 표적시장 그룹에 접근하는 방법
• 인터넷상의 변화된 마케팅 환경을 충분히 반영하지 못함

5P 마케팅 믹스

Collaboration, Contentware, Communication, Channel, Commitment
• 기업과 고객과의 장기적인 관계유지에 초점
• 기업과 고객의 양자가 고려된 관계 중심적 관점
• 고객은 통제 가능한 관리 대상
• 개인단위로 세분화된 시장을 구성하는 고객과의 상호작용을 필요로 하는 방법
• 인터넷상의 변화된 마케팅 환경의 반영

출처 : 이두희, 통합적 인터넷 마케팅, 박영사, 2006, p.33

[그림 4-2] 4P 마케팅 믹스와 5C 마케팅 믹스 비교

1. 콜래보레이션 관리

콜래보레이션(Collaboration)은 네트워크를 구성하는 주체 간에 공동운명체적 생각으로 상호의 이익을 위하여 상대를 관리하거나 힘을 합치는 방법을 의미한다. 이러한 콜래보레이션은 기업과 고객과의 관계뿐 아니라, 기업과 기업, 고객과 고객과의 관계 모두를 대상으로 할 수 있다. 초기의 많은 인터넷 기업들이 인터넷 마케팅을 수

행함에 있어서 가장 큰 초점을 둔 부분은 바로 회원의 모집이다. 기업은 모집한 회원을 바탕으로 회원과 관계를 형성함으로써 사이트에 대한 회원의 충성도를 높이고 이를 통해 수익을 창출하고자 수많은 노력을 기울여 왔다. 이렇게 콜래보레이션이 중요한 요소로 부각되는 데는 인터넷의 상호작용이 큰 역할을 하여왔다. 인터넷 환경 하에서 고객은 단순한 판매의 대상이 아니라, 서로 관계를 맺고 유지하는 동등한 파트너이고 협력자이며 동업자가 되는 것이다. 따라서 고객과의 관계 관리가 그만큼 중요하게 된 것이라 할 수 있다. 그런데 이러한 관계는 고객에게만 국한되는 것이 아니라, 기업과 기업 간에도 서로 네트워크를 형성하여 관계를 구축하고 있다. 이러한 네트워크 형성은 주로 제휴나 가상기업, 네트워크 조직이라는 이름하에 기업이 서로 관계를 맺으며 서로의 사업에 이익을 주기 위한 것이었다. 이러한 관점에서 마케팅 관리의 주요 대상으로서 콜래보레이션을 기업과 고객, 기업과 기업, 고객과 고객 간으로 구분할 수 있다.

1) 기업과 고객 간 콜래보레이션

기업이 고객을 이해하고, 맞춤정보를 제공하며 고객에게 적합한 마케팅 활동을 하는 것처럼, 고객 역시 자신의 정보를 제공하고, 그 정보를 이용하여 기업이 보다 정제된 마케팅 활동을 할 수 있도록 기업과 상호작용하는 것을 기업과 고객간 콜래보레이션이라고 할 수 있다. 일반적으로 기업이 고객과 관계를 형성하는 것은 고객에 대한 정보를 수집하고, 수집된 데이터를 원하는 형태로 가공하여 분석된 데이터를 바탕으로 실제 고객의 욕구에 맞는 제품이나 서비스를 제공하는 것으로부터 시작된다. 기업과 고객 간 콜래보레이션의 관리 방법은 콘텐츠 개인화(Personalization), 실시간 추천(Real Time Recommendation), 캠페인 관리(Campaign Management)의 세 가지 영역으로 구분할 수 있다.

첫째, 콘텐츠 개인화는 웹 사이트에서 소비자가 가장 선호하고, 자주 이용하는 내용들만 모아서 제공하는 서비스이다. 기능에 따라서 고객 집단별로 개인화된 콘텐츠를 제공할 수도 있고, 개인별로 별도의 콘텐츠를 제공할 수 있다. 물론 어떤 종류의 서비스를 제공하느냐 하는 것은 기업의 전략과 콘텐츠의 종류, 고객의 성향에 따라 달라질 수 있다.

둘째, 실시간 추천은 쇼핑몰에서 고객이 선호하는 상품을 실시간으로 추천해 주는 것을 말한다. 따라서 고객의 욕구와 선호를 정확하게 파악하여 이를 충족시켜 줄 수 있다면 고객은 기업에게 충성도를 갖게 될 것이다. 예를 들면, 비슷한 취향을 가진 고객들에게 서로 아직 구매하지 않은 제품들을 서로 교차 추천하거나, 분류된 고객의 취향이나 생활 형태에 따라 관련 제품을 추천하는 형태로 서비스를 제공하는 것이다. 온라인 서점인 아마존에서는 특정 책을 클릭하면 그 책을 산 다른 사람들이 가장 많이 산 다른 책을 실시간으로 추천하는데, 이것을 실시간 추천의 대표적인 예로 들 수 있다.

셋째, 캠페인 관리는 특정 마케팅 목적에 적합한 고객을 대상으로 캠페인을 기획, 실행, 관리할 수 있는 도구이다. 즉 캠페인 고객 데이터베이스에서 목표 고객을 추출하고, 이를 대상으로 메일을 보내거나 전화를 함으로써 캠페인 참여를 유도하고, 어떤 사람이 언제, 어떻게 캠페인에 참여하였는지를 중간 점검하여 참여율을 높이기 위한 중간 계획을 수립하고, 캠페인이 종료한 후 결과를 분석하고 평가하기까지의 과정을 관리해야 한다.

2) 기업과 기업 간 콜래보레이션

인터넷 기업들은 자사가 가지지 못한 기술정보, 시장, 마케팅 능력을 보완하고 더 나은 서비스를 제공하기 위해 다른 기업들과 다양한 방법으로 상호작용하고 있는데, 이를 기업과 기업 간 콜래보레이션이라고 한다. 기존 오프라인 환경에서 기업과 기업 간의 관계는 주로 유통이나 채널 관리 차원에서 기업 간 장기적인 관계 유지에 초점을 맞추어 왔으며, 제휴의 경우에도 경영전략 차원에서 영업망 공유, 생산시설 이용, 인수 합병 등에 실시되어 왔다. 하지만 인터넷에서 사업을 하는 기업의 제휴는 주로 마케팅에 초점이 맞추어져 있다. 물론 전반적인 경영 효율을 위한 다양한 제휴 전략도 존재하지만 대부분이 마케팅을 위한 것이 사실이다. 보다 효율적인 마케팅을 위한 공동 캠페인이나, 고객 기반 확충을 위한 고객 공유, 심지어 시장 확대를 위해 경쟁사와의 공동 마케팅까지 매우 다양한 형태로 발전되어 왔다. 대표적인 기업과 기업간 콜래보레이션의 예로 제휴 프로그램을 들 수 있다. 이는 제품을 진열, 판매하는 공간을 자신의 사이트에 한정시키지 않고, 다른 사이트로 확장시키면서 여러 사이트를 통하여 고객이 물건을 구매할 때 발생하는 수입을 공유하는 것으로 CDNow에 의해서 처음으로 개척된 개념이지만 Amazon이 더 성공적으로 활용하였다(Amazon의 경우 affiliate대신 associate라는 용어를 사용하고 있음). Amazon과 같은 판매업자 입장에서 제휴 프로그램은 비용과 위험 없이 판매망을 확장하여 가상의 마케팅 채널을 보유할 수 있고, 제휴업자의 고객을 자사의 고객으로 유도할 수 있다는 장점이 있으며, 제휴업자의 입장에서는 제품을 보유하지 않고 추가의 수입을 올릴 수 있다는 장점이 있다.

3) 고객과 고객 간 콜래보레이션

웹사이트를 이용하는 고객과 고객들이 서로 상호작용함으로써 기업이 고객과의 관계를 보다 긴밀하게 하여 자사 기업에 대한 고객의 충성도를 증진시킬 수 있는데, 이를 고객과 고객 간 콜래보레이션이라고 한다. 고객과 고객 간 콜래보레이션은 결국 일종의 퇴출 장벽의 역할을 하는데, 기업은 고객과 고객들이 서로 상호작용할 수 있게 함으로써 스스로 가치 창출할 수 있도록 도와주는 역할을 해야 한다. 이러한 방법으로 가상 커뮤니티 구축과 P2P의 활용을 들 수 있다.

첫째, 가상 공동체(Virtual Community)는 전자공간에서 공통된 관심사나 경험을 가진 구성원들이 지속적인 상호작용을 통해 생성되는 인간적 관계망에 기초한 사회적 집합체라고 할 수 있다. 이러한 가상 커뮤니티가 지니고 있어야 특성으로는 전자공간에서 공통성, 상호작용성, 그리고 지속성의 세 가지 요소를 갖추어야 한다. 공통성은 관심, 경험, 지역, 인구통계학적 요인 등에 있어서의 공통적 특성을, 그리고 상호작용은 운영자와 구성원 사이뿐만 아니라 공동체 구성원들간의 상호작용이 있어야 함을, 그리고 지속성은 이러한 상호작용이 일정기간 이상 꾸준히 지속되어져야 함을 의미한다. 커뮤니티는 고객들이 자발적으로 참여하여 서로 상호작용하면서 성장하는 것이 일반적이다. 그러나 기업 입장에서는 이러한 서비스를 제공하고 이를 통하여 수익을 얻고자 한다면, 커뮤니티를 체계적으로 관리하고 발전시킬 기본적인 원칙이 필요하다. 이러한 원칙들은 커뮤니티를 이용하는 사람들 간에 관계를 형성하고, 유지 발전시키면서 지속적인 커뮤니티 활동 참여를 유도하기 위한 것들이다.

둘째, P2P는 인터넷을 통해 다른 사용자 컴퓨터에 접속해 각종 정보나 파일을 다운받을 수 있게 해주는 시스템이다. P2P는 인터넷상의 정보를 검색엔진을 거쳐 찾아야 하는 기존 방식과는 달리 인터넷에 연결된 모든 개인 컴퓨터로부터 직접 정보를 제공받고 내려 받을 수도 있다. 현재 운영되는 P2P 프로그램들은 크게 두 가지 유형으로 성장하고 있다. 중앙에 서버가 존재하지 않는 뉴텔라, 프라넷, 체계바라 등과 중앙에 서버를 두어 인덱스 기능을 하는 소리바다, 애플숲, 스카우어 등이 있다. 이들 프로그램은 초기에는 MP3 파일만을 공유했지만 현재는 문서, 동영상, 오락 프로그램 등 모든 멀티미디어 파일을 공유할 수 있게 되어 다양한 자료의 검색과 교환이 가능하다.

2. 컨텐트웨어 관리

컨텐트웨어(Contentware)는 고객의 욕구를 충족시키기 위해 기업이 웹상에서 제공하는 모든 제공물의 총칭으로 기업이 고객에게 제공하는 모든 가치라고 볼 수 있다. 이러한 컨텐트웨어는 크게 제품과 인터넷상에서 그러한 제품을 소비하면서 겪게 되는 체험(Experience)의 두 차원으로 구분해 볼 수 있다. 여기에서는 제품, 체험, 그리고 인터넷 상표에 대해 설명하도록 한다.

1) 제품

인터넷을 통해 거래될 수 있는 제품의 종류는 매우 다양하지만, 그 특성에 따라 물리적 제품, 디지털 제품, 그리고 서비스로 구분할 수 있다. 각 제품별 특징을 비교하면 [표 4-1]과 같다.

[표 4-1] 제품별 특징 비교

구분	물리적 제품	디지털 제품	서비스
형태의 유무	유형성	무형성	무형성
표준화, 품질통제	동질성	동질성	이질성
생산/소비 분리성	가능	가능	불가능
재고보관 가능성	가능	가능	불가능
소유권 이전	가능	가능	불가능
소멸성(내구성)	반복소비로 품질 저하	반복소비로 품질 불변	반복소비로 품질 불변
수정 용이성	어려움	쉬움	쉬움
가치창출 방식	물리적 제품 제공자를 통해 창출	디지털 제품 제공자를 통해 창출	사용자와 제품 제공자의 상호작용에 의해 창출
추가생산 비용	보통	거의 없음	보통

출처 : 이두희, 통합적 인터넷 마케팅, 박영사, 2006, p.223. 수정 후 인용

▌ 웹툰이 채팅앱 수익을 늘려줄 수 있을까?

해는 2036년. 출산율이 급격히 감소하자 한국 정부는 너무 오래 싱글로 지내는 것을 금하는 법안을 통과시킨다. 그 법안의 내용은 20, 30대 남녀가 2년 이상 싱글로 있을 경우 수용소에 보내지는 것이다.

한국 대표 인터넷 포털인 네이버에서 큰 인기를 끌고 있는 웹툰 '모태솔로 수용소' 내용이다. 한국의 출산율 문제에 대한 '북한식' 해결책일 수도 있겠지만, 모바일 채팅앱 운영사들이 안고 있는 문제를 해결하는 데도 도움이 될지 모르겠다. 바로 어떻게 하면 대규모 사용자층을 짭짤한 수익원으로 전환시킬 수 있을까이다. 한국 시장에서 웹툰이 성공하는 사례가 증가하자 일본 채팅앱 운영사 라인의 모회사이기도 한 네이버는 최근 '라인 웹툰'이라는 새로운 서비스를 론칭했다. 영어와 중국어로 된 웹툰 작품 수십편을 서비스하는 것이다. 모바일 기기용으로 고안된 것으로, 안드로이드 스마트폰 사용자는 구글 플레이를 통해 라인 웹툰앱을 무료로 다운로드받아 액세스할 수 있다. 한 달 안에 iOS버전도 선보일 계획이다. 네이버는 매일 7~10편 정도의 신작을 제공할 예정이다. 라인 웹툰 서비스는 라인 채팅앱의 일부는 아니지만, 네이버 관계자에 따르면 채팅 플랫폼과 연계할 방법도 강구할 수 있다고 한다. 라인은 현재 전세계에 4억6,000만 명이 넘는 등록 사용자를 보유하고 있다.

권윤구 동부증권 애널리스트는 "라인 웹툰의 첫 번째 목표는 만화라는 글로벌 콘텐츠를 활용한 글로벌 이용자 확보에 있다"라고 말했다. 애널리스트들은 네이버의 기존 데스크톱 기반 웹툰 서비스 평균독자층이 일일 600만 명에 달하는 것으로 추산한다. 한국 인구의 10%가 넘는 엄청난 숫자다. 웹툰 서비스는 콘텐츠 유료 판매나 광고 등의 방식으로 수익을 낸다. 독자들은 무료 혹은 최소 몇 백 원만으로도 웹툰 서비스를 이용할 수 있다. 네이버가 넘어야 할 또 다른 산도 있다. 라인 웹툰이 영어나 중국어 사용자를 겨냥한 것인 만큼 '망가'를 판매하거나 무료로 제공하는 다른 앱 수백 개와 경쟁해야 하는 것이다. 망가는 일본에서 생긴 용어로 만화를 가리킨다. 네이버는 한국 모바일 메신저 시장을 장악하고 있는 카카오톡의 움직임도 주시할 공산이 크다. 카카오톡은 지난 4월부터 사용자층을 늘리기 위한 노력의 일환으로 '카카오페이지'에서 한국어 웹툰을 제공하고 있다. 카카오 페이지는 유료 콘텐츠를 사고파는 장을 마련하겠다는 야심찬 포부로 출발했지만 의도와는 달리 고전을 면치 못하고 있다.

출처 : 월스트리트저널 한국어판 2014년 9월 30일자 기사 발췌

첫째, 물리적 제품이란 현실 세계에 그 실체가 존재하고 직접 만져볼 수 있는 제품으로 오프라인상에서 거래되는 대부분의 제품이 이에 해당된다고 볼 수 있다. 물리적 제품은 제품의 성격에 따라 탐색재(search goods), 경험재(experience goods), 신뢰재(credence goods)으로 구분할 수 있다. 탐색재는 제품을 사용하기 전에도 제품의 품질을 평가할 수 있는 성격의 제품을 의미한다. 경험재는 제품을 사용하고 난 뒤에야 제품의 품질을 평가할 수 있는 의류나 전자제품 등을 의미한다. 신뢰재는 제품을 사용하고 난 후에도 그 품질을 평가하기 어려운 성격의 제품으로 예술품과 같은 전문적 성격의 제품이 그 예이다. 물리적 제품의 경우 기존의 오프라인 기업과의 경쟁을 피할 수 없다. 탐색재의 경우 그 특성상 쉽게 온라인화할 수는 있지만 치열한 경쟁으로 인해 이익 창출은 쉽지 않다. 이러한 제품은 대량 판매와 효율적인 비용 관리를 하여 저렴한 가격을 통한 경쟁전략을 추구해야 할 것이다. 경험재와 신뢰재의 경우 웹상에서 제공하는 것이 상당히 어렵다. 이러한 제품은 제공하는 제품의 정보를 효과적으로 전달하여 오프라인 기업에서 제공하는 것과 유사하도록 해야 하며, 소비자들이 믿고 거래할 수 있도록 자사의 브랜드 관리 전략이 필요하다. 예를 들어, 일본 중고차 경매 회사인 AUCNET의 경우 중고차에 대한 각종 정보와 사진을 제공하고, 소비자의 신뢰를 얻기 위해 전문가들의 평가 정보를 제공하였고, Virtual Vineyard의 경우 역시 포도주 전문가의 평가 정보를 제공하였다. Amazon의 경우는 해당 제품에 대한 독자의 평가 정보를 제공함으로써 소비자로 하여금 신뢰감을 갖게 하였다. 이렇게 경험재와 신뢰재의 특성을 지닌 제품을 탐색재로 전환시킬 수 있는 다양한 방법을 사용하여 사용자의 불확실성을 줄여주어야 할 것이다.

둘째, 디지털 제품이란 디지털로 생산, 유통, 소비되고 디지털 형태로 저장될 수 있는 제품으로 MP3, 전자서적, 소프트웨어 등을 예로 들 수 있다. 디지털 제품의 특성은 다음과 같다. ① 디지털 제품은 생산초기에는 많은 고정비용이 들지만, 추가생산에 드는 비용은 거의 없고, 전송하기가 쉽다. ② 디지털 제품은 다양하게 변형시켜 판매할 수 있다. 예를 들어, 잡지사는 인터넷을 통하여 개별 소비자가 원하는 기사만을 구매하도록 하거나 소프트웨어의 경우 기능의 차이에 따라 가격을 달리하여 판매할 수 있다. ③ 디지털 제품은 일단 생산되고 나면, 그 형태와 품질을 영구히 유지할 수 있다는 특징이 있다. 디지털 제품은 변형이 용이하고, 추가적인 생산 비용이 거의 들지 않는다는 특성으로 인해 상황에 따라 다양한 내용물의 제공이 가능하다. 이러한 특성으로 인해 디지털 제품의 중요한 전략으로 버저닝(Versioning)을 사용할 수 있다. 버저닝이란 고객의 기호와 필요에 따라 가장 적절한 버전을 선택해 구입하도록 하는 전략을 말한다. 예를 들어 다우존스 인터렉티브(Dow Jones Interactive)의 경우 고객의 요구에 맞춰 다양한 종류의 버전을 제공하고 있는데, 텍스트 정보만 필요한 고객에게는 저렴한 가격으로 제공하는 반면에, 그래픽 정보와 전문가의 의견이 필요한 고객에게는 자세한 정보를 제공하면서 가격을 높게 받고 있는 전략을 취하고 있다.

셋째, 서비스는 인터넷상에서 거래 그 자체의 목적으로 제공되거나, 다른 제품을 쉽게 이용할 수 있도록 매개체가 됨으로써 가치가 실현되는 것으로 인터넷뱅킹, 인터넷 주식거래, 예약 서비스 등을 들 수 있다. 서비스는 모든 기업에서 중요하게 관리되어야 한다. 물리적 제품을 취급하는 기업에서도 제품을 제공하는 것 외에 배송이나 애프터서비스와 같은 서비스적 요소가 중요하다. 서비스를 제공하는 기업의 경우에는 구매 의사결정에 필요한 다양한 정보와 구매 단계의 편리성, 그리고 결제 수단의 다양성과 안정성이 요구된다.

2) 체험

1990년대 이후 대부분의 소비재 시장이 성숙기에 접어들고, 생산기술이 보편화되면서 많은 기업들이 높은 고객 만족도를 달성하기 위해 서비스를 개선하고, 다양한 새로운 서비스를 개발하기 위해 노력해 왔다. 이렇게 경쟁사와 지속적으로 차별화시키고, 더 높은 고객 만족도를 달성하며, 좀 더 확실한 경쟁력을 갖출 수 있는 요소로 체험(Experience)의 중요성이 크게 주목받게 되었다. 체험이란 소비자가 웹사이트와 상호작용하는 동안 반응하는 모든 자극에 대한 소비자의 인식과 해석을 의미하는 것이다. 기업이 제공해야 할 제공물은 단순히 제품 그 자체뿐만 아니라 그러한 제품을 소비하면서 느끼는 체험 모두이어야 한다.

소비자는 때때로 합리성보다는 감성에 의해 움직이는 체험적 욕구를 가진 존재이다. 이러한 소비자의 이성과 감성은 고도로 전문화되고 기능적인 부분으로 구성되어 있고, 이들 각각은 고유한 구조와 과정을 통해 소비자로 하여금 나름대로 독특한 체험을 느끼게 한다. 이 때 체험은 서로 다른 세분화된 유형으로 구성되는데, 감각(Sense), 인지(Think), 행동(Act), 그리고 관계(Relate)가 그것이다. 이러한 측면에서 마케터로서는 소비자가 감각적, 감성적, 인지적, 행동적, 관계적 특성을 모두 갖춘 총합된 체험을 누릴 수 있도록 노력하여야 한다.

3) 인터넷 상표

일반적으로 상표(Brand)란 판매인의 제품이나 서비스를 경쟁 제품이나 서비스와 구별하기 위해 만든 독특한 이름, 상징물의 결합체라고 정의할 수 있다. 이런 맥락에서 인터넷 상표란 인터넷상에서 거래를 하는 기업의 사이트 및 제공하는 컨텐트웨어를 소비자들에게 식별시키고, 다른 경쟁업체와 차별화하기 위해 사용하는 독특한 이름, 상징물의 집합체로 정의될 수 있다. 인터넷 사업이 본격화되면서 웹사이트 수가 급증하고, 제공하는 컨텐트웨어가 다양해짐에 따라 상표 및 상표의 신뢰도 문제는 점차 중요해지고 있다. 따라서 이러한 환경에서 강력한 상표의 구축으로 소비자의 마음을 사로잡지 못하는 기업은 결국 살아남기 어려운 현실에 직면하게 될 것이다. 인터넷 상표를 기술적으로 정의하면 도메인 이름을 의미한다. 웹사이트의 도메인은 인터넷 상표와 주소를 연결시키는 중요한 고리 역할을 한다. 즉, 도메인은 웹상에서 다른 경쟁상품들과 구별되는 인터넷 상표의 역할과 웹사이트가 어디에 있는지를 알려주는 역할을 동시에 수행한다. 도메인 이름을 선정할 경우 고려해야 할 요소로는 다음과 같은 것이 있다.

- 기억하기 쉬운 형태로 되어야 한다.
- 고객의 주목을 끌 수 있는 독특한 것이어야 한다.
- 제공하는 컨텐트웨어의 특징을 잘 전달될 수 있어야 한다.
- 가능한 짧게 표현할 수 있어야 한다.
- 도메인을 사용할 고객의 입장에서 생각해야 한다.
- 법적으로 보호받을 수 있는 것이어야 한다.

인터넷 상표는 경험과 상호작용으로 만들어진다. 온라인 환경에서는 기존의 오프라인과 달리 웹사이트와 소비자가 구매 혹은 서비스 프로세스 전반에 걸쳐 직접적으로 접촉을 하게 되고, 상호작용하면서 직접적 경험을 쌓아 나가게 된다. 결국 이렇게 형성되는 소비자 경험은 바로 그 해당 상표 전부를 나타낸다고 볼 수 있다. 따라서 인터넷 상표는 제공자 중심보다는 사용자 중심으로 구축되어야 하고, 의미전달 체계 또한 통합적이어야 한다.

3. 커미트먼트 관리

커미트먼트(commitment)란 소비자가 컨텐트웨어를 얻고자 할 때, 그에 상응하여 지불해야 하는 대가를 말한다. 기존의 가격 개념이 확장된 것으로 금전적인 요소인 가격(price)과 비금전적인 요소인 퍼미션(permission)으로 구분할 수 있다. 퍼미션이란 가치를 제공받기 위해 자신과 상대방에 대한 정보 공유를 허락하는 것과 그에 소요되는 시간, 노력 모두를 포함하는 것이다. 오프라인 환경에서는 소비자는 제품을 제공받는 대가로 금전적 가치를 제공하지만, 인터넷상의 소비자는 대부분의 컨텐트웨어를 무료로 사용하고 있다. 즉, 소비자는 웹사이트에서 제공하는 제공물을 받는 대가로 자신의 정보를 공개함으로써 회원으로 가입하거나, 시간이나 노력의 대가와 같은 비금전적인 가치를 제공하는 경우가 일반적이다. 따라서 가격 이외에 이러한 비금전적 가치를 관리하는 것이 중요하다.

1) 가격 관리

본질적으로 가격은 다른 마케팅 믹스와 달리, 쉽게 변경이 가능하고 즉각적으로 이익에 커다란 영향을 미친다는 특징을 갖고 있다. 다시 말하면 마케팅 믹스 중에서 판매 수익을 올릴 수 있는 직접적인 요소는 가격뿐이며 나머지 요소들은 비용의 성격을 가진다. 인터넷의 등장은 이전에 생각지도 못했던 방법으로 기업과 소비자 양측에 대해 가격의 개념을 바꾸어 놓고 있다. 인터넷의 도입으로 인하여 기업이 마케팅 의사결정을 내리는 데 있어 느끼게 되는 가장 빠르고 직접적인 변화의 하나가 바로 가격 정책이다. 또한 온라인 사업을 시작한 기업의 입장에서 기존의 오프라인 경쟁사들과 비교해서 어떻게 제품 가격을 책정해야 하는지를 결정하는 것은 가장 중요한 마케팅 의사결정 중의 하나이다. 가격 관리의 근본적인 변화를 요구하는 주요 요인은 세 가지로 요약할 수 있다. 즉, 소비자 측면에서는 가격 민감도의 변화, 그리고 경쟁자 측면에서는 가격 경쟁의 심화를 들 수 있으며, 기업 측면에서는 환경 변화에 대한 가격 대응의 유연성 제고이다. 첫째, 가격 민감도의 변화이다. 인터넷은 소비자의 정보 탐색 비용을 감소시켜 소비자의 가격 민감도를 높이고 있다. 특히, 인터넷상에서 소비자의 가격 민감도에 가장 결정적 영향을 미친 것은 가격 비교 사이트의 등장이다. 그리고 인터넷 환경은 소비자의 전환 비용을 감소시키는 경향이 있어, 이에 따라 가격 민감도가 상승하게 된다. 하지만 인터넷에서는 익명성의 증대와 품질에 대한 불확실성이 큰 경우에 고가일수록 품질이 좋은 것으로 생각하는 가격-품질 효과 등에 따라 소비자의 가격 민감도를 둔화시킬 수 있는 가능성이 존재하며, 또한 고객과의 상호작용과 고객 우대 프로그램 등을 이용하여 전환 비용을 제고할 수 있는 가능성이 존재하고 있다. 둘째, 가격 경쟁의 심화이다. 시간적, 공간적 제약으로 인해 형성된 시장의 경계가 인터넷으로 인하여 그 의미가 사라지면서 시장 경계에 기반을 둔 가격 전략에도 변화가 나타나고 있다. 산업과 지역간 경계가 모호해지고, 고정비의 비중이 작고 유통 단계가 짧은 신흥 인터넷 기업의 등장으로 가격 경쟁이 더욱 치열해지고 있다. 셋째, 가격 대응의 유연성 제고이다. 오프라인 기업과 비교하여 온라인 기업은 제품의 데이터베이스에 있는 가격만 바꾸면 되므로 메뉴 비용을 획기적으로 줄일 수 있다. 뿐만 아니라 온라인 기업은 가격 검색 프로그램을 통해 소비자의 가격 수용도와 경쟁 기업의 가격을 쉽게 알 수 있게 됨으로써, 환경 변화에 따라 실시간으로 가격 조정을 할 수 있게 되었다.

인터넷 환경에서 시장은 완전 경쟁 시장에 가까운 특성을 보이면서 치열한 가격 경쟁이 예상되는 한편, 다양한 방법으로 가격 민감도를 낮추고 전환 비용을 상승시킬 수 있는 가능성도 함께 존재한다. 따라서 기업은 인터넷 환경의 위협 요인과 기회 요인을 면밀히 검토하여 경쟁도 회피하면서 이익도 증대시킬 수 있는 탄력적인 가격 전략을 적극 고려해야 할 것이다. 단순가격경쟁은 경쟁력 있는 전략이 아니라 오히려 수익성을 악화시킬 수 있다. 단순한 가격경쟁에서 벗어나 인터넷을 최대한 활용해 고객들의 반응을 바탕으로 차별화된 서비스와 고객 이동 방어벽을 형성하는 탄력적인 가격 전략을 구사할 수 있다면 수익성 있는 고객들을 확보할 수 있을 것이다. 이러한 가격 전략이 반영된 가격 책정 방식으로는 경매에 의한 방식, 버저닝에 의한 방식, 공동 구매와 같은 것들이 있다.

첫째, 경매에 의한 방식이다. 전통적인 경매의 유형에는 영국식 경매와 네덜란드식 경매가 있다. 영국식 경매는 최저가격을 정해 놓고 가장 높은 가격을 제시하면 낙찰되는 방식으로 가장 보편적인 형태이다. 반면에 네덜란드식 경매는 최고 가격을 제시한 후 시간이 흐름에 따라 일정 비율로 가격이 떨어지면서 첫 번째로 구매의사를 표현하면 낙찰되는 방식으로 꽃이나 화훼같이 시간이 지날수록 가치가 떨어지는 제품(Perishable Goods)에 적용되는 형태이다. 경매는 잠재되어 있는 고객의 유보가격을 시장에 노출시킬 수 있는 매우 효과적이고 유연한 가격 설정 방식으로, 시·공간적 제약을 받지 않고 다수의 경매 참여자에게 관련 정보를 신속하고 빠르게 전달할 수 있는 인터넷으로 인하여 일반 상품 거래에까지 확장하게 되었다. 대표적인 사이트로는 미국의 eBay와 한국의 옥션[7]을 들 수 있다. 일반적인 경매와는 달리 판매자가 입찰을 하여 가장 낮은 가격을 제시하는 판매자가 상품을 판매하게 되는 역경매(Reverse Auction)의 형태도 있다. 대표적인 예로는 priceline[8]을 들 수 있다. 경매는 일반적으로 가격 하락을 촉진시켜 기업에게는 불리한 가격 설정 방식으로 이해되고 있으나, 경매될 제품의 차별화가 이루어진다면 기업의 수익성을 높일 수 있는 기회 또한 존재한다.

둘째, 버저닝에 의한 방식이다. 버저닝은 제품의 버전을 다양화하여 고객의 선택 폭을 넓히고, 고객이 느끼는 가치에 따라 버전간 가격을 설정하는 가치 중심의 가격 설정 방법이다. 버저닝에는 초기에는 기본 사양의 제품을 빠른 시일 내에 확산시킨 뒤, 사양을 늘리거나 성능을 높이면서 점점 고가를 책정하는 방식과 품질 경쟁력이 있는 제품을 일단 생산한 뒤 고객의 차별적 요구에 따라 제품의 사양을 줄여나가는 방식의 두 가지가 있다.

셋째, 공동 구매이다. 인터넷상에서 이용되는 새로운 가격 결정 방식 중의 하나가 바로 공동 구매이다. 공동 구매는 수요에 따른 가격 결정 방식으로, 일정 수준의 구매자가 발생할 경우 가격은 한 단계 낮아지고, 그 가격에 사고자 하는 사람이 일정 수준 이상에 달하면 가격은 다시 그 다음 단계로 낮아지는 방식이다. 결국 가격 결정은 구매하고자 하는 사람의 수에 따라 결정된다.

(1) 가격 민감도

인터넷에서 가격 수준을 결정하는 데 영향을 많이 주는 요소는 고객이 인터넷을 통

---

7) http://www.auction.co.kr
8) http://www.priceline.com

하여 많은 정보를 갖게 됨으로써 생기게 되는 가격 민감도이다. 일반적으로 인터넷 상에서 가격 비교가 쉽게 이루어지면서 고객들은 더욱 가격에 민감해지고 있는 것이 보편적인 사실이다. 과연 어떠한 것들이 가격 민감도에 영향을 미치는지에 대한 이해는 매우 중요하다. 왜냐하면 가격의 민감성은 소비자 구매활동과 직접적인 관련이 있고 소비자 구매는 바로 기업의 수익과 직결될 수 있기 때문이다.

- 독특한 가치 효과(Unique Value Effect) : 제품이 주는 혜택이 독특하고 값진 것일수록 소비자의 가격 민감도를 낮추고, 지불의사 상승을 기대할 수 있다는 것으로 제품의 브랜드는 제품이 가진 독특한 가치를 대표하는 좋은 예이다.
- 대체재 인지 효과(Substitute Awareness Effect) : 대체재가 존재하느냐의 유무에 따라 가격 민감도가 다른데, 대체재가 존재하면 가격 민감도는 상승한다는 것이다. 인터넷에서 가격 민감도에 가장 큰 영향을 미치는 것은 아마도 고객들이 시장에 대체재가 존재한다고 인식하는 것일 것이다. 인터넷은 많은 정보를 고객에게 제공하고 있는데, 이러한 정보제공의 증가는 대체재가 존재한다는 소비자의 인식으로 이어지며 그것은 곧 고객들의 가격 민감도를 높이거나 유보가격을 낮추는 경향이 있다.
- 지불자 효과(Shared Cost Effect) : 가격의 지불자와 제품의 선택자가 다른 경우에 제품 선택자의 가격 민감도가 상대적으로 떨어진다는 것이다. 가격 민감도와 온라인 콘텐츠에 대한 많은 시사점을 지불자 효과에서 찾을 수 있다. 예를 들어 기업의 목표 고객을 제품의 선택권자와 지불자로 구분하여 생각해 보면, 목표 고객이 제품의 선택권자라면 합리적인 가격과 여러 부가적인 혜택을 강조해야 하지만 지불자라면 가격을 높게 책정하는 것이 가능하다.
- 가격-품질 효과(Price-Quality Effect) : 소비자들이 품질을 평가하는 데 믿을 만한 단서가 부족한 경우 가격 등의 외부 단서를 이용하여 품질을 유추한다. 즉 소비자가 높은 가격을 높은 품질의 단서로 사용하는 경우 가격-품질 효과가 발생하여 가격 민감도를 떨어뜨릴 수 있다. 온라인에서는 오프라인보다 품질 평가를 위한 외부 단서들이 부족하기 때문에 낮은 가격은 낮은 품질을 연상시킬 수 있다. 이러한 경우에는 온라인 상에서 가격으로 경쟁하는 것이 어렵기 때문에 소비자들에게 품질에 대한 신뢰감을 제공하는 것이 무엇보다 중요하다.

● 전환 비용 효과(Switching Cost Effect) : 기존에 사용하던 제품을 다른 제품으로 바꾸는 것을 꺼려하는 경우에 가격 민감도가 떨어진다는 것이다. 인터넷에서는 전환 비용이 오프라인보다 적기 때문에 가격 민감도가 높은 것이 일반적인 현상이다.

(2) 가격 전술

극심한 경쟁에서 살아남기 위해 기업은 다양한 가격전술을 구사하고 있다. 최근 들어 많은 온라인업체가 일부 인터넷 서비스를 무료화하여 고객을 먼저 유인한 후 차별화된 콘텐츠를 제공함으로써 점차 유료화하려는 전략을 쓰고 있다. 인터넷상에서의 대표적인 가격전술로는 주문량에 따른 가격할인, 유인가격전략, 묶음가격전략 등이 있다.

첫째, 주문량에 따른 가격할인으로 고객의 상품 주문량이 많아지면 주문이나 배달을 처리하는 각종 비용이 절감되어 할인된 가격을 책정하는 것이다. 즉, 단위당 처리 비용과 배달비가 줄어들기 때문에 인하될 수 있는 할인가격을 제시하여 가능하면 주문량을 늘리거나 한꺼번에 주문하도록 유도하는 것을 말한다.

둘째, 유인 가격전술로 일부 품목을 파격적으로 싼 가격으로 판매하거나 원가 이하로 판매함으로써 고객의 사이트 방문빈도(Traffic)를 증가시켜 방문한 고객들에게 유인 품목 이외의 다른 품목들을 정상가격에 구입하도록 유도하는 것을 말한다. 이러한 전술은 판매촉진, 재고정리, 신상품 소개 등에 유용한 전략으로 오프라인에서도 많이 사용되고 있다. 인터넷 기업은 중간상을 배제함으로써 최종 제품가격을 낮추어 판매촉진을 시도할 수 있다.

셋째, 묶음 가격전술로 신상품이나 인기 있는 상품을 그렇지 않은 상품과 한 묶음으로 만들어 두 상품을 낱개로 구입할 때보다 싼 가격에 파는 것이다. 하지만 이 경우에도 소비자의 선택의 폭을 넓히기 위해 각각의 상품가격을 비교하고 따로따로 구매할 수 있는 기회를 제공해야 한다.

2) 퍼미션 관리

퍼미션이란 용어는 Seth Godin(1999)이 어떻게 하면 전자메일 광고 활동이 고객과의 관계를 만들어내고 성공적으로 결말지어질 수 있는지를 설명하면서 퍼미션 마케팅(Permission Marketing)이란 개념을 소개하면서 등장하였다. 퍼미션이란 고객이 기업으로부터 제품이나 서비스를 얻고자 할 때, 그에 상응하여 지불해야 하는 대가 중의 하나로, 자신의 개인 정보에 대해 공유를 허락하거나, 기업이 제공하는 정보를 받을 것에 동의하는 것을 의미한다. 이러한 고객의 정보를 이용하여 기업은 그 고객에 대해 더 잘 알 수 있게 되고, 좀 더 나은 맞춤 서비스를 제공하여 결국에는 더 많은 이익을 창출할 수 있는 기회를 잡게 된다. 예를 들어, 경매 사이트의 경우 경매 참가를 위해서는 회원에게 개인 신상에 대한 정보를 퍼미션으로 요구하게 된다. 물론 결제 및 물품 배송 등을 위해 필요한 내용이지만, 사이트를 운영하는 입장에서는 고객에게 제공하는 경매 정보는 사용자들이 구매를 염두에 두고 적극적으로 탐색하고자 하는 대상이 되기 때문에 많은 시간과 노력을 투자하여 정보를 살펴보게 될 것이고, 이에 따라 제품 판매의 기회는 증가하게 될 것이다. 효과적인 퍼미션 관리를 위해서는 다음과 같은 요인들에 대한 고려와 체계적인 분석이 요구된다.

첫째, 고객을 유인하기 위한 보상이 적당한가를 생각해 보아야 한다. 보상은 반드시 상품이나 금전일 필요는 없으며, 고객에게 흥미있는 정보가 될 수도 있다.

둘째, 퍼미션을 받고 응답 메시지를 보내면, 얼마만큼의 반응을 보이는지 점검해야 할 것이다. 물론 개별 고객에게 차별적이고 맞춤화되어 있는 내용일수록 응답률은 높을 것이다.

셋째, 퍼미션을 이용한 고객 기반이 확보된 이후에는, 이를 어떻게 활용할 것인가도 중요하다. 퍼미션을 통해 신제품을 판매할 수도 있고, 제품의 소비를 늘릴 수도 있고, 다른 업체와의 제휴를 통해 퍼미션을 공유할 수도 있다.

4. 커뮤니케이션 관리

커뮤니케이션(Communication)은 인터넷 환경의 특성을 고려하여 일대일 또는 다대다 사이에 다양한 방법을 통해 행하는 쌍방향 대화를 의미하며 기존 4P 마케팅 믹스의 촉진(Promotion)의 개념을 확장한 것이다. 촉진은 제품을 현재 혹은 잠재 고객들에게 알리고, 구매하도록 설득하여, 구매를 유인할 수 있는 인센티브를 제공하는 마케팅 활동으로 정의된다. 오프라인 환경에서는 [그림 4-3]과 같이 기업과 고객간의 의사소통이 직접적 대면을 제외하고는 중간 유통상이나 대중 매체를 통한 일방적인 단방향적 성격이 강했지만, 온라인 환경에서는 [그림 4-4]와 같이 컴퓨터를 매개로 한 쌍방향 커뮤니케이션이 가능하게 되어, 기업이 소비자를 대상으로 하는 광고, 홍보, 판매 방식 등도 많은 변화가 일어나게 되었다.

[그림 4-3] 오프라인에서의 커뮤니케이션 모형

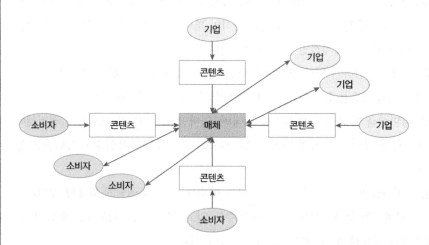

[그림 4-4] 온라인 환경에서의 커뮤니케이션 모형

인터넷을 통한 쌍방향 커뮤니케이션 기술의 급속한 발전은 인터넷 마케팅 관리자로 하여금 고객의 신상 정보와 구매행위까지 확인할 수 있게 하였고, 또한 개별 고객의 특성에 맞는 커뮤니케이션 수단의 설정 및 활용을 위한 중요한 기반이 되고 있다. 기업에서 활용할 수 있는 커뮤니케이션의 형태는 다양하며, 대표적인 방법으로는 인터넷 광고, 전자메일 마케팅, 인터넷 판매촉진, 구전 등을 들 수 있다.

1) 인터넷 광고

광고는 가장 일반적이며 친숙한 마케팅 커뮤니케이션 도구로 인터넷의 상업적 이용이 허용된 이후 활발한 인터넷 광고가 이루어지고 있다. 인터넷 광고란 인터넷이라는 통신 매체를 이용하여 인터넷 사용자를 대상으로 상품이나 서비스를 홍보하는 것이다. 인터넷 광고는 광고와 소비자가 상호작용할 수 있다는 점에서 전통적인 매체와 다르다고 볼 수 있다. 소비자는 광고에 대한 좀 더 많은 정보를 위해 클릭할 수 있고, 다음 단계로 넘어가서 온라인 상에서 제품을 직접 구매할 수도 있다.

(1) 인터넷 광고의 장점

인터넷 광고는 텔레비전, 라디오, 잡지, 신문 등과 같은 전통적인 매체를 이용한 광고와 비교하여 다음과 같은 장점을 가지고 있다. 첫째, 표적시장 적합성이다. 온라인 광고주들은 완전히 새로운 표적화 능력을 가지게 되었다. 예를 들어 그들은 특정한 기업 또는 지역, 또는 하루 중 특정 시점, 특정 브라우저 등등 그들이 원하는 표적 시장만을 집중 공략할 수 있다. 즉 데이터베이스를 사용하여 표적화를 할 수 있거나 또는 특정한 고객의 선호와 실제 행위를 기반으로 표적화할 수 있다. 둘째, 추적가능성이다. 마케터는 어떻게 사용자가 그들의 브랜드와 상호작용하는가를 추적하고 그들의 현재 또는 예상되는 고객의 관심사를 학습할 수 있다. 예를 들어, 자동차 제조업자는 사용자가 그들의 사이트를 항해하는 과정을 추적하여 사용자가 '안전정보' 또는 '이벤트'에 관심이 있다고 결론 내릴 수 있다. 광고주들은 또한 광고에 대한 반응을 쉽게 측정할 수 있는데, 광고가 클릭되는 수나, 광고를 통해 판매된 수 또는 광고를 통해 해당 사이트로 하이퍼링크한 수를 분석하여 쉽게 광고의 효과를 측정할 수 있다. 셋째, 유연성이다. 인터넷은 하루 24시간, 일주일 7일, 일년 365일 실시간으로 제공되며 광고 캠페인은 처음 게재된 이후, 쉽게 업데이트되거나 삭제될 수 있다. 광고주들은 매일 다른 광고를 게재할 수 있으며 첫 주의 광고에 대한 반응이 매우 미약했다고 여겨지면 바로 다음 주에 다른 광고로 대체할 수 있다. 이는 새로운 발행물이 출간될 때까지 대체될 수 없다는 점에서 인쇄매체와 그리고 쉽게 바꾸려면 많은 비용이 수반된다는 점에서 TV 매체와 상반된 특징을 가지고 있다. 마지막으로 상호작용성이다. 인터넷 광고주의 목표는 제품을 홍보하거나 판매하는 것이다. 이는 온라인에서 더욱 효과적으로 이루어질 수 있다. 소비자가 제품과 상호작용함으로써 좀 더 쉽게 제품을 구입할 수도 있다. 예를 들어 소프트웨어를 위한 광고는 쉽게 사용자를 끌어들여 데모버전을 다운로드 받아서 쉽게 이용해 볼 수 있도록 하고 있다. 만약 소비자가 소프트웨어가 마음에 든다면 그 자리에서 바로 구입할 수 있게 된다.

(2) 인터넷 광고 유형

인터넷 광고의 형태는 다양한데, 일반적으로 배너 광고, 리치미디어 광고, 스폰서십 광고 등과 같은 유형이 있다. 첫째, 배너(Banner) 광고는 최초의 인터넷 광고로 현재 가장 자주 사용되는 인터넷 광고 방법이다. 배너 광고는 컴퓨터 화면의 상단이나 하단에 위치한 사각형 박스 안에 메시지를 표시한 것이다. 최근에는 단순한 정지화상이나 문자 위주보다는 애니메이션이나 비디오 클립을 이용하여 소비자 시선을 유인한다. 배너 광고는 인쇄물의 전통적인 광고와 유사하지만 몇 가지 추가된 이점이 있다. 즉, 배너를 클릭하면 광고주의 웹사이트로 잠재 고객을 직접 방문하게 하여 추가적인 정보를 제공할 수 있다. 배너 광고는 키워드(Key Word)와 랜덤(Random) 두 가지 종류의 배너가 있다. 키워드 배너는 주로 검색 포털사이트에 사용되는 방식으로 포털사이트와 광고 계약을 할 때 미리 약 40개 정도의 낱말을 등록한다. 자동차 회사의 경우 자동차, 탈 것, 모터, 트럭, 경주용차, 레이싱 등과 같은 자동차와 관련 있는 단어를 등록하고 사용자가 등록된 단어를 검색하면 자동으로 자사의 배너 광고가 뜨도록 하는 방식이다. 이 방식은 불특정 다수를 대상으로 하는 광고가 아니고 관련된 분야에 관심이 있는 사람을 대상으로 하기 때문에 광고 효과가 높다. 그러나 일반 광고에 비해서 시스템이 처리해 주어야 할 일이 늘어나기 때문에 비용이 높다. 랜덤 배너는 무작위로 나타나는 광고로 새로운 제품을 널리 알리고자 하거나 기업 이미지 광고에 적당하다. 최근에 영화나 음악 앨범의 발매에 랜덤 배너를 많이 사용하고 있다. 키워드 배너보다는 무작위로 나타나지만, 자사의 광고에 적절한 사이트, 광고시간대, 노출 빈도 등을 조정하여 어느 정도의 통제가 가능하다.

둘째, 리치미디어(Rich Media) 광고이다. 인터넷 광고의 형태가 이제는 기존의 단순한 배너 형태를 벗어나 다양한 툴을 선보이고 있고 이것의 한 형태로 리치미디어 형태의 광고가 많이 사용되고 있다. 리치미디어 광고는 텍스트나 이미지가 아니라 비디오, 오디오, 사진, 애니메이션 등을 결합한 멀티미디어 형태의 인터넷 광고를 말한다. 광의의 의미로 정의한 리치미디어는 단순히 텍스트나 그래픽, 단순한 애니메이션을 넘어선 사운드, 멀티미디어, 상호작용성을 지원하는 인터넷 광고방식을 말한다. 광의의 의미에서 정의된 리치미디어는 단순히 특정한 기술에 종속적이지 않다. 자바, 자바스크립트, 쇼크웨이브(Shockwave), 스트리밍 등과 같은 것뿐 아니라, 인터넷과 연동되도록 개발된 별도의 소프트웨어 기술까지를 포함하는 것이다. 그래서 일부 사람들은 리얼오디오나 리얼 비디오를 이용한 광고 방식까지를 리치미디어라는 개념 속에 포함시키기도 한다.

리치미디어 광고의 장점으로는 첫째, 기존의 배너가 정태적 그래픽과 애니메이션을 표현할 수 있는 반면 리치미디어는 그래픽, 애니메이션, 사운드까지를 포함하는 멀티미디어 환경을 제공한다. 그리고 마우스를 배너에 이동시키는 것만으로 사람들의 관심을 다시 환기시킬 수 있는 효과를 낼 수 있다는 것은, 때로 짜증을 유발할 수는 있지만 표적 고객의 관심을 유발하기에는 매우 효과적일 수도 있다. 둘째, 배너에 대한 사람들의 관심 유발 정도에 대한 척도가 될 수 있는 평균 클릭률이 일반 배너에 비해 4~8배 정도 높다. 셋째, 자바스크립트, DHTML, 자바 등을 통해 배너를 보다 다이나믹하게 만들 수 있을 뿐만 아니라, 브라우저가 제공하는 기능을 보다 폭넓게 활용함으로써 전달할 수 있는 메시지의 양을 크게 확대시킬 수 있다. 넷째, 보통의 배너는 사용자를 배너에 링크된 페이지로 이동하게 만들지만 리치미디어는 현재 사용자가 보고 있는 페이지를 떠나지 않고도 광고주가 목적하는 활동을 전개할 수 있다. 마지막으로 사용자를 다른 페이지로 이동 시킬 때에도 사용자의 욕구를 충분히 환기시킨 후에 이루어진다는 점에서 서핑 방해에 대한 거부감이 줄어들 수 있다.

리치미디어 광고의 단점으로는 첫째, 파일의 크기가 크기 때문에 다운로드 시간이 오래 걸릴 것이라는 점이다. 일반 배너의 경우 보통 파일크기가 5~25KB에 불과하다. 하지만 리치미디어의 경우 20~50KB에 달한다. 둘째, 리치미디어 제작비는 일반 배너에 비해 비용이 많이 들 수밖에 없다. 셋째, 사용자 브라우저에 리치미디어를 동작시키기 위한 새로운 플러그인을 설치하도록 만드는 것도 부담이 되지 않을 수 없다.

셋째, 스폰서십(Sponsorships) 광고는 개인이나 기관에서 수행하는 일을 후원하면서 간접적으로 상표와 제품을 노출시키는 광고이다. 주로 사용하는 스폰서십 광고는 대중적인 이벤트와 관련된 웹사이트에 스폰서의 광고를 로고나 배너 형태로 게재하는 것이다. 이 외에도 웹사이트에서 특정한 페이지를 보려고 하거나 어떤 활동을 전개하려고 하는 중간에 광고를 삽입하는 삽입광고(Interstitial) 형태로 이루어질 수 있다. 스폰서십 광고는 웹사이트와 장기적이고 지속적인 관계를 맺으면서, 광고주가 자신의 웹사이트에 부하를 주지 않고도 성공적인 캠페인을 추진할 수 있는 장점이 있다.

2) 전자메일 마케팅

전자 메일 마케팅은 전자 메일로 상품이나 서비스 광고를 보내는 것으로 해당 상품에 관심이 있을 만한 사람의 전자 우편 목록을 확보하고 목록에 있는 고객에게 광고 정보를 전송하는 것이다. 비용 측면에서 발송 비용이 기존의 직접 우편에 비해서 3분의 1 이하인 저비용으로 광범위한 대상에게 광고할 수 있으나, 수신자가 원하지 않는 경우 스팸 메일(Spam Mail)로 인식하여 상당한 반감을 일으켜 역효과를 발생시킬 수도 있다. 가장 보편적인 광고 방법인 배너 광고의 응답률이 0.5%인 반면에 전자우편의 경우 5~10%인 것으로 나타나고 있으며, 다른 인터넷 광고 수단에 비해서 원하는 고객을 목표로 집중된 커뮤니케이션이 가능하기 때문에 개인화 전략의 필수 수단으로 사용된다.

전자메일 마케팅의 목적은 크게 신규 고객의 유치와 기존 고객 유지를 위한 관계의 강화 두 가지이다. 두 가지 목적에 따라서 전자메일 마케팅의 절차와 시스템 활용 등이 달라지게 된다. 기존 고객인 경우는 회원으로 등록되어 있기 때문에 Opt-in 형태의 전자메일 마케팅을 수행할 수 있다. Opt-in이란 고객이 우선 자사의 웹사이트에 방문하여 개인 정보를 등록하고 자발적으로 전자메일 서비스를 받겠다고 등록한 경우이다. 수신자가 자발적으로 원했기 때문에 퍼미션 마케팅의 한 형태로 볼 수 있다. 일반적으로 회원으로 가입할 때 관심 있는 정보를 선택하도록 하고, 매번 전자메일을 받을 때마다 자신의 관심분야를 수정하거나 혹은 메일 수신을 거부할 수 있도록 한다. 이러한 과정은 메일 시스템과 웹 시스템이 통합된 형태로 자동으로 처리되어야 한다. 신규 고객의 유치인 경우는 Opt-out 형태로 수행되어야 한다. Opt-out이란 수신자의 승인 없이 광고 메일을 송부하고 수신자가 수신을 거부할 수 있도록 하는 전자메일 마케팅 방법이다. 수신자의 승인이 없었던 상태이므로 수신자는 스팸 메일로 인식할 수도 있다. 따라서 Opt-out을 수행할 때의 중요한 점은 해당 상품이나 서비스에 관심 있는 잠재 고객 목록을 확보해야 한다는 것이다. 그래야만 수신자가 자신에게 도움이 되는 유용한 정보로 인식하고 전자메일 광고를 읽거나 클릭하여 자사의 웹사이트로 이동할 수 있게 된다.

3) 인터넷 판매 촉진

판매 촉진(Sales Promotion)은 인적 판매, 광고, 홍보 등을 제외하고 고객의 구매나 유통업자의 효율성을 자극하는 마케팅 활동을 의미하는데, 이러한 맥락에서 인터넷 판매 촉진이란 기업이 소비자의 즉각적인 반응을 유도하기 위해 인터넷으로 단기적으로 쿠폰, 경품 제공, 가격 할인, 리베이트 등과 같은 추가적인 인센티브를 제공하는 마케팅 활동으로 정의될 수 있다. 이때 소비자의 반응이란 반드시 구매 행동만을 의미하는 것은 아니며, 자사 웹사이트 방문, 회원 등록 등과 같은 반응 모두를 포함하는 것이다. 또한 인터넷 판매 촉진은 소비자의 즉각적인 반응을 유도하기 위한 단기적인 수단이라는 점에서 인터넷 광고와는 구별된다.

인터넷 판매 촉진의 가장 큰 장점은 무엇보다도 기업과 소비자 간의 상호작용을 통한 피드백을 얻을 수 있다는 것이다. 즉, 인터넷 판매 촉진은 판매 완결과 직접적으로 관련하여 그 결과를 단기적으로 산출할 수 있으며, 개별 시장이나 목표 시장에 직접적으로 대응할 수 있다는 것이다. 이러한 인터넷 판매 촉진의 유형으로는 인터넷 쿠폰, 인터넷 경연과 경품 추첨, 가격 할인, 구전이 있다.

첫째, 인터넷 쿠폰이다. 인터넷 쿠폰은 소비자에게 특정 제품을 할인된 가격으로 이용 가능한 수단을 제공함으로써 판매 촉진 효과를 활성화시키는 수단을 말한다. 인터넷 쿠폰의 이용은 소비자가 지금까지 쓰던 제품을 전환하게 하거나, 가격을 낮추는 효과를 줌으로써 자사 제품을 처음으로 사용하게 하는 데 주목적이 있고, 자사 웹사이트에 대한 방문을 유도하는 효과를 볼 수 있다.

둘째, 인터넷 경연과 경품 추첨이다. 경연(Contest)은 소비자의 지식이나 기술을 요구하는 문제를 낸 다음, 이를 맞춘 사람에게 일정한 보상을 해주는 것이다. 경품 추첨은 경연과 유사하나, 복권과 같이 소비자의 지식이나 기술과 상관없이 운에 의해 당첨자를 결정하여 보상을 해준다는 점에서 차이가 있다. 이 방법은 자사의 판매 목표나 이익 목표에 미달이거나 기대 이하일 때 단발적인 효과가 있어, 방문한 소비자들을 자신의 고객으로 유지할 수 있는 다양한 노력이 필요하다.

셋째, 가격 할인이다. 가격 할인(Price-Off)은 제품 가격을 일시적으로 일정 비율만큼 인하시키는 것이다. 가격 할인은 가격이라는 제품 속성의 특성을 직접 이용하기 때문에 인터넷 판매 촉진 방안 중에서 소비자에게 전달되는 가치가 가장 명백하게 나타난다. 이 방법은 여러 시장 상황에서 효과를 나타내지만, 특히 경쟁적 상황을 극복하는데 가장 적합하다고 알려져 있다.

4) 구전

구전(Word of Mouse)이란 특정 제품이나 서비스에 관하여 소비자들 간에 개인적인 직·간접 경험에 대해 긍정적 혹은 부정적 정보를 비공식적으로 교환하는 의사소통 행위를 말한다. 구전은 발신주체가 소비자이기 때문에 피드백이나 추가설명이 가능하고 사회적으로도 지지와 격려를 받을 수 있기 때문에 신뢰도가 높아 설득 효과가 크다. 인터넷의 등장으로 소비자들은 다양한 방법을 통하여 자신의 의견을 보다 적극적으로 표현할 수 있게 되었으며, 또한 인터넷에서의 구전은 파급 효과나 속도에서 기존의 오프라인의 경우보다 훨씬 강력하고 빠르다. 이러한 측면에서 인터넷 구전을 흔히 바이럴 마케팅(Viral Marketing)이라고도 한다. 구전은 오프라인 환경에서도 매우 중요한 역할을 하고 있으나, 기업의 입장에서 구전을 관리한다는 것은 쉽지 않았다. 하지만 인터넷 환경에서는 이를 효과적으로 관리할 수 있는 방안이 있다. 대표적인 방법이 추천인 우대 프로그램으로, 기업이 긍정적인 구전을 적극적으로 퍼뜨리는 고객에 대해 인센티브를 제공함으로써 구전 효과를 촉진시키는 것이다. 웹사이트의 가입이나 구매를 추천하는 추천인에게 마일리지, 사이버 머니, 포인트 등을 제공하는 것이 그 예이다. 그 외에 간접적인 방법으로 해당 제품에 대한 경험을 게시판 등에 게재함으로써 구전 효과를 촉진할 수도 있다.

▌ '온라인 입소문의 힘' 소비자가 먼저 찾는 광고들

▲ 배달애플리케이션 배달의 민족의 온라인 티저 광고 화면. /광고 화면 캡처

지난 달 초 처음으로 방송 광고를 실시한 배달의 민족은 세월호 여파로 광고를 잠정 중단해야 했다. 애써 만든 광고가 빛을 못 보게 됐지만 믿는 구석이 있었다. 광고가 '재미있다'는 평을 받으며 온라인에서 빠르게 퍼지고 있었기 때문이다. 현재 유튜브에 올라온 배달의 민족 티저 광고는 조회 수 100만 건을 넘어섰다.

지금껏 페이스북에서 공유된 횟수는 800회 이상이다. 힘들여 홍보하지 않아도 시청자가 알아서 찾아보는 광고들이 화제이다. 대부분 온라인 바이럴(입소문) 영상이다. 광고와 예능의 경계를 넘나들 정도로 재미 요소가 많다. 클릭 한 번이면 손쉽게 공유도 할 수 있다. 이처럼 구전 효과가 크다 보니 바이럴 영상이 기업들의 주요한 마케팅 수단으로 각광받고 있다. 7년 만에 광고를 시작한 팔도의 비락식혜도 대표적인 사례이다. 이 광고는 영화배우 김보성이 출연해 단어 '의리'를 활용한 언어유희로 화제를 모았다. 팔도는 TV보다 온라인에 먼저 광고를 배포했다. 이번 달 7일 유튜브에 등록한 영상은 3일 만에 조회 수 150만 건을 기록했고 21일 현재 267만 건을 넘어섰다.

이 같은 광고들의 흥행 비결은 입소문이다. 성가신 팝업창을 띄워 시청을 강요하지 않아도, 소문을 듣고 찾아오는 시청자가 많다는 뜻이다. 팔도가 21일 비락식혜 유튜브 조회 수 267만여 건 가운데 경로 유입 추적이 가능한 10만 건을 분석했다. 그 결과 웹사이트에 노출된 링크를 따라온 수동적인 시청자보다 자발적인 시청자가 많았다. 특히 영화나 드라마를 검색하는 것처럼 광고를 찾기 위해 검색 포털을 이용하는 사람들이 많았다. 10만 건 가운데 네이버나 구글에 '김보성 광고', '비락 식혜' 등 키워드를 검색해 들어온 건이 절반에 가까운 47%를 차지했다. 네이버 검색은 37%, 구글 검색은 10%였다. 반면 실시간 검색어를 누르거나 다른 사람이 올린 링크를 따라 들어온 비율은 9.7%(네이버 5.4% • 다음 4.3%) 수준이었다.

이 같은 광고들의 흥행 비결은 입소문이다. 성가신 팝업창을 띄워 시청을 강요하지 않아도, 소문을 듣고 찾아오는 시청자가 많다는 뜻이다. 팔도가 21일 비락식혜 유튜브 조회 수 267만여 건 가운데 경로 유입 추적이 가능한 10만 건을 분석했다. 그 결과 웹사이트에 노출된 링크를 따라온 수동적인 시청자보다 자발적인 시청자가 많았다. 특히 영화나 드라마를 검색하는 것처럼 광고를 찾기 위해 검색 포털을 이용하는 사람들이 많았다. 10만 건 가운데 네이버나 구글에 '김보성 광고', '비락 식혜' 등 키워드를 검색해 들어온 건이 절반에 가까운 47%를 차지했다. 네이버 검색은 37%, 구글 검색은 10%였다. 반면 실시간 검색어를 누르거나 다른 사람이 올린 링크를 따라 들어온 비율은 9.7%(네이버 5.4% • 다음 4.3%) 수준이었다.

▲ 팔도 비락식혜의 온라인 바이럴 영상 광고. /광고 화면 캡처

페이스북 등 SNS의 힘도 컸다. 10만 건 가운데 페이스북, 트위터를 통해 유입된 비율은 각각 9.7%, 5.5%였다. 팔도 관계자는 "페이스북 내에서 '공유하기'나 '좋아요'를 통해 발생한 추가 조회 수가 270만 건으로 집계됐다"며 "페이스북에서 원본 영상 조횟수는 30만 건인데 9배에 가까운 확산 효과가 나온 셈"이라고 말했다.

이처럼 홍보 효과를 톡톡히 내다보니 바이럴 영상을 이용한 마케팅 대열에 합류하는 기업도 많아지고

있다. G마켓 쇼핑몰 G9도 최근 아이돌 가수를 기용한 바이럴 영상을 공개했다. 이혜영 G9 마케팅팀 팀장은 "온라인 바이럴 영상의 경우 광고 비용을 절감하면서도 큰 구전 효과를 낼 수 있다"며 "제작 과정에서 광고에 재미있는 요소를 넣어 보는 맛을 더했다"고 말했다. 김찬석 청주대 광고홍보학과 교수는 "광고가 단순히 제품을 홍보하는 기능을 넘어 예능 프로그램처럼 하나의 즐길 거리로 자리 잡고 있다"고 말했다.

출처 : 조선비즈 2014년 5월 21일 기사 발췌

5. 채널 관리

채널(Channel)은 교환을 하고자 하는 주체간에 제공하는 컨텐트웨어를 전달하는 경로를 의미하며, 장소의 의미가 강했던 유통(Place)의 한계점을 극복하고 오프라인과 온라인상의 모든 경로를 포함한다. 채널 관리란 주로 유통 경로를 어떻게 구성하여 효율화시키며 관리할 것인지에 관한 것이다. 유통이란 생산자나 서비스 제공자들로부터 최종 소비자에까지 이르는 다양한 조직들 사이의 관계들을 연결시켜 주며, 주문, 지불, 수송, 보관과 같은 마케팅 기능의 흐름을 촉진해 주는 활동을 의미한다. 이와 같은 역할을 수행하는 일련의 연결시스템을 유통경로라 한다. 새로운 유통 구성원인 인터넷의 등장으로 가장 많은 변화가 바로 유통 구조에서 나타나고 있다. 모든 기업들은 기업의 제품이 표적 시장에서 구매되고 판매될 수 있도록 하는 유통 경로를 결정해야 한다. 여기에는 크게 두 가지 방법이 존재하는데, 제품을 직접 판매하는 방식과 중간상을 통하여 판매하는 것이다. 하지만 인터넷의 등장으로 인해 기존 중간상의 실효성 여부에 대한 많은 논쟁이 이루어지고 있다. 이러한 현상의 배경에는 거래비용최소화 이론이 있다. 탈중개화(Disintermediation) 현상이란 인터넷을 통한 유통경로가 구성됨에 따라 기존의 제조업체 또는 후방에 있는 업체들이 전방에 있는 업체를 우회하여 소비자와 직접 거래를 함으로써, 전방에 있는 업체가 유통 경로에서 사라지게 되는 현상을 의미한다. [그림 4-5]는 유통 과정에서 중간상을 배제함으로써 절약할 수 있는 가격을 나타낸 것이다. 재중개화 현상(Reintermediation)은 탈중개화 현상이 이루어지고 있는 영역에 새로운 형태의 중간상이 등장하는 현상을 의미한다. 여기서 새로운 형태의 중간상이란, 기존의 유통 능력에 인터넷 기능을 활용하여 중간상들로 사이버중간상(Cybermediary)이라고도 한다. 일반적으로 우리가 접할 수 있는 대부분의 인터넷 쇼핑몰들이 대표적인 예이다. 새로운 중간상은 생산자와 소비자 간의 제품 품질에 대한 확신, 표준화, 보안 문제 등을 해결하여 가치를 창출하는 역할과 소비자에게 제품의 정보를 제공해 줌으로써 탐색 비용을 줄여주고, 생산자에게는 인터넷을 통한 마케팅 수행 채널을 제공해 줌으로써 거래 효율을 증진시키는 역할을 수행해야 한다.

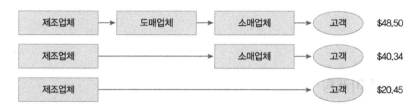

출처 : Kenneth C. Laudon and Jane P. Laudon, Management Information Systems 8th ed., Prentice
　　　Hall, 2004, p.119

[그림 4-5] 탈중개화로 인한 이익

　유통 채널은 기업과 고객의 접촉 방식에 따라 기업과 고객이 직접 접촉하지 않고 중간상을 이용하는 간접 채널과, 기업과 고객이 직접 접촉하는 직접 채널로 구분하기도 하고, 인터넷의 사용 여부에 따라 온라인 채널과 오프라인 채널로 구분하기도 한다. 특히 인터넷을 이용하는 채널은 고객 접촉의 질과 양적인 측면에서 매우 우수하다는 특성을 가지고 있다. 온라인 채널의 특성으로 인터넷을 이용한 직접 판매가 활성화되고 있지만, 직접 판매의 활성화는 온라인 채널과 전통적인 마케팅 채널간의 채널 갈등(Channel Conflict) 문제를 발생시킨다. 인터넷이 기업의 새로운 판매 채널로 급부상함에 따라 지금까지 판매를 담당해 온 대리점, 소매점, 심지어 기업 내부 영업사원까지도 자신의 위치에 심각한 위협을 느낄 수 있기 때문이다. 일반적으로 채널 갈등은 제조업체들이 동일한 제품에 동일한 고객을 대상으로 다양한 유통 채널을 동시에 활용하기 때문에 발생하는데, 인터넷으로 인한 채널 갈등의 유형은 인터넷이 기존 판매원을 대체하면서 발생하는 내부 판매원들과의 갈등과 기업 외부의 대리점이나 소매점 등 기존 유통 채널과의 갈등의 두 가지로 구분할 수 있다. 이러한 채널 갈등이 발생한다면, 갈등 자체에 대한 회피보다는 갈등을 적절히 관리하도록 하여야 할 것이다. 내부 판매원들과의 갈등에 있어서는 판매원들에 대한 지속적인 교육과 프로그램으로 갈등을 예방해야 할 것이며, 기존 채널과의 갈등은 유통 채널간의 기능과 역할을 분리하는 방안, 목표 시장을 차별화하는 방안, 제품을 차별화하는 방안, 기존 유통 채널과 인터넷 채널을 공유하는 방안 등이 있을 수 있다. 예를 들면, 인터넷 채널은 고객 수집과 사후 관리만을 하고, 실제 매출이나 유통은 인근 대리점이나 소매점에서 담당하도록 하는 것이다.

제4절 소셜 마케팅

1. 소셜 마케팅 개요

소셜 마케팅(Social Marketing)이란 소셜 미디어(Social Media)를 활용하여 마케팅의 제반 활동을 하는 것을 말한다. 소셜 미디어는 사람들이 자신의 생각과 의견, 경험, 관점 등을 서로 공유하고 참여하기 위해 사용하는 개방화된 온라인 플랫폼을 말한다. 소셜 미디어는 그 자체가 일종의 유기체처럼 성장하기 때문에 소비와 생산의 일반적인 메커니즘이 동작하지 않으며, 양방향성을 활용하여 사람들이 참여하고 정보를 공유하며 사용자들이 만들어 나가는 미디어이다. 이전의 마케팅에서는 공급자가 소비자에게 일방적으로 정보를 전달하는 방식을 취하였다면, 소셜 마케팅에서는 SNS와 같은 소셜 미디어를 통해 공급자와 소비자가 상호간에 의사소통이 가능한 쌍방향적인 방식으로 진행된다. 기업들은 소셜 마케팅을 위해 소셜 미디어를 영리적인 목적으로 사용할 뿐만 아니라 기업의 이미지 제고를 위해서도 사용한다. 소셜 마케팅의 장점은 저렴한 마케팅 비용과 빠른 전파력 그리고 소비자의 요구를 신속하게 파악할 수 있다는 점이다. 이전의 마케팅에서 소비자들은 오직 기업에서 제공하는 정보만 알 수 있었고 다른 소비자들이 제공하는 정보를 얻기가 힘들었지만 현재는 소셜 미디어를 통해 소비자가 주체가 되어 기업의 광고에 참여할 수도 있고, 집단과 개인의 다양한 목적을 달성하기 위해 상호작용하여 새로운 가치를 창조하고 있다.

▌ 이통사, '고객 잡기' 소셜 마케팅으로 승부수

이동통신 3사가 사회관계망서비스(SNS)를 활용한 '소셜 마케팅'으로 고객 잡기에 나서고 있다. SNS의 강력한 전파력을 활용하면 신규 고객 유치 및 브랜드 이미지 강화에 유리하다는 판단에서이다. 19일 업계에 따르면 이동통신 3사는 전통적인 TV 광고에서 벗어나 페이스북, 트위터, 유튜브 등 SNS 채널을 통해 상품 및 서비스를 적극 알리고 있다. 구체적으로 SK텔레콤은 '페이스북' KT는 '트위터' LG유플러스는 유튜브 등 '동영상'을 활용한 마케팅에 강점을 나타낸다. SK텔레콤의 공식 페이스북은 9월 현재 약 120만 명의 친구수를 확보해 KT 59만 9000여 명, LG유플러스 31만 5000여 명과 비교해 월등한 페이스북 규모를 구축하고 있다. 페이스북 등 SNS를 전담하는 '소셜 마케팅팀'을 따로 운영하고 있는 것도 특징이다.

SK텔레콤 소셜 마케팅팀은 'T멤버십 글로벌 디지털 캠페인'이나 '모바일 오케스트라' 캠페인 등을 진행해 해외에서도 주목 받았다. 이 회사 관계자는 "페이스북 자체가 글로벌 서비스이기 때문에 이를 활용한 마케팅이 성공하면 국내는 물론 해외까지 광고 효과가 있다는 것이 장점"이라고 말했다.

KT는 통신 3사 중 가장 먼저 '트위터' 계정을 열고 현재 14만 명의 팔로워를 유지하고 있다. 특히 트위터를 활용해 '고객의 소리'를 운영하면서 일평균 500건에 이르는 고객 문의를 처리하는 등 SNS가 고객서비스센터 역할도 한다. 또 올레 카카오스토리의 경우 이동통신 3사 중 가장 많은 22만 명의 팬을 확보하고 있다.

LG유플러스는 유튜브 채널을 중심으로 온라인에 특화된 동영상을 제작해 자사의 공식 SNS채널을 통해 확산시키는 데 주력하고 있다. TV나 케이블 채널에서는 선보이지 않는 유튜브 전용 광고를 따로 만들어 '입소문' 효과를 톡톡히 누리고 있는 것이다. 최근 유플러스(U+)가족친구할인 요금제를 소개하는 온라인 전용 '팔로우팔로우미' 영상의 경우 4일 만에 200만 시청 수를 기록하는 등 흥행에 성공했다. 장준영 LG유플러스 e마케팅 팀장은 "상품과 서비스에 대한 일방적인 설명보다는 고객들이 재미있는 영상 콘텐츠를 부담 없이 소비하고 자발적으로 확산시킬 수 있도록 하는 방식의 SNS 마케팅이 최근 들어 소비자들의 이목을 집중시키는 데 더욱 중요한 역할을 하고 있다"고 설명했다. 업계 관계자는 "SNS는 소비자들의 접근이 쉽고 전파력이 강해 TV광고보다 적은 비용으로도 높은 광고 마케팅 효과를 누릴 수 있다는 특징이 있다"면서 "특히 모바일 사용이 많아지면서 소셜 마케팅의 효과가 배가되는 추세에 따라 통신사들의 마케팅 전략도 변화하고 있는 것"이라고 분석했다.

출처: 헤럴드경제 2014년 9월 19일자 기사 발췌

2. 소셜 마케팅 효과

기업들이 소셜 마케팅을 하는 이유는 비즈니스에 유익한 효과가 나타나기 때문이다. 이러한 효과를 요약하면 다음과 같다.

첫째, 제품에 대한 홍보 효과이다. 기업들이 신제품을 출시할 때마다 전통적으로 매스 미디어를 통한 홍보를 하였다. 그러나 매스 미디어를 통한 홍보는 불특정 다수를 대상으로 하기 때문에 홍보 효과를 정확히 측정할 수도 없고, 비용 또한 만만치 않게 든다. 그러나 소셜 마케팅으로 제품을 홍보하면 저렴한 비용으로 제작할 수 있을 뿐만 아니라 목표 고객을 대상으로 하기 때문에 효과 또한 쉽게 측정할 수 있다.

둘째, 브랜드 이미지가 향상된다. 기업의 입장에서 브랜드 가치는 상당히 중요하기 때문에 브랜드 이미지 향상을 위해 노력을 하게 된다. SNS를 통하여 마케팅을 하게 되면 적은 비용으로 브랜드 이미지를 제고할 수 있게 된다.

셋째, 매출 증대이다. 당연히 소셜 마케팅을 하게 되면, 제품에 대한 홍보와 브랜드 이미지 향상 효과가 나타나며 이로 인해 매출은 증대될 것이다.

3. 소셜 마케팅 기법

소셜 마케팅 기법은 바이럴 마케팅, 소셜 리포터 마케팅, 위치기반 마케팅 등 다양하다. 소셜 마케팅 기법의 대부분이 모바일 기기나 스마트 폰을 활용하는 마케팅이다.

1) 바이럴 마케팅

바이럴 마케팅(Viral Marketing)은 바이러스 마케팅(Virus Marketing)과 구두(Oral)의 합성어로 네티즌들이 전자메일이나 다른 전파 가능한 매체를 통해 자발적으로 어떤 기업이나 특정 제품을 홍보할 수 있도록 제작하여 널리 퍼트리는 마케팅 기법을 말한다. 바이럴 마케팅은 2000년 말부터 확산되면서 새로운 인터넷 광고 기법으로 주목을 받기 시작하였는데, 소비자의 전자메일을 통해 입에서 입으로 전해지는 광고라는 점에서 기존의 광고와는 차이점이 있다. 바이럴 마케팅은 입소문과 일맥상통하지만 전파하는 방식에서는 다소 차이가 있다. 입소문 마케팅은 정보 제공자를 중심으로 메시지가 퍼져나가지만 바이럴 마케팅은 정보 수용자를 중심으로 퍼져 나간다. 소셜 네트워크를 이용하여 풀어나가는 방식이 바로 바이럴 마케팅이라고 할 수 있다. 이제는 많은 사람들이 정보를 찾고자 할 때 오프라인이 아닌 온라인 검색을 통해 정보를 찾고 있다. 이것이 바로 바이럴 마케팅이 효과를 보고 있는 이유 중의 하나이다. 하지만 가장 중요한 요소는 거짓된 정보나 과장된 정보는 다른 사람이 바로 확인이 가능한 일이기 때문에 올바른 정보를 모든 사람이 공감하도록 전달하는 것이다. 바이럴 마케팅을 활용할 수 있는 방법으로는 SNS를 활용한 마케팅, 커뮤니티를 활용한 마케팅, 블로그를 통한 마케팅, 언론을 통한 홍보 마케팅 등이 있다.

(1) 바이럴 마케팅 장점

바이럴 마케팅의 장점은 다음과 같다.

첫째, 소비자가 직접 생산하는 콘텐츠로 높은 신뢰성을 지닌다. 바이럴 마케팅의 특성상 소비자가 스스로 생산하는 콘텐츠로서 소비자의 입장에서 생각하고 느낀 내용으로 만들기 때문에 기업의 입장에서 생산된 콘텐츠에 비해 신뢰도가 높다고 할 수 있다.

둘째, 소비자와 소비자 간의 자유로운 전파가 가능하다. 콘텐츠를 만드는 주체가 바로 소비자이고 보는 것도 소비자이기 때문에 기업들이 일방적으로 제공하는 콘텐츠보다 소비자가 원하는 콘텐츠를 자유롭게 보고, 자유롭게 다른 사람에게 전파할 수 있는 특징을 가지고 있다.

셋째, 쌍방향 커뮤니케이션이 가능하다. 이전의 마케팅은 공급자가 소비자에게 일방적으로 콘텐츠를 생산하여 제공한 반면에 바이럴 마케팅에서는 공급자뿐만 아니라 소비자가 콘텐츠제작에 직접 참여하여 의견을 서로 주고받기 때문에 쌍방향적 커뮤니케이션이 가능하다고 할 수 있다.

넷째, 지속성이다. 매스미디어를 통한 TV 광고의 경우 계약기간이 종료되면 더 이상 TV로 광고를 할 수 없기 때문에 홍보 효과는 단절된다고 할 수 있다. 하지만 SNS를 통하면 지속적으로 재생산 및 재이용이 가능하기 때문에 다른 어떤 매체보다 지속성이 높다고 할 수 있다.

다섯째, 상대적으로 비용이 저렴하다. 이전의 마케팅 기법은 생각보다 비용이 많이 든다. 그러나 바이럴 마케팅의 경우는 구전을 통해 전파되기 때문에 적은 비용으로 최대의 효과를 낼 수 있다는 장점을 가지고 있다.

(2) 바이럴 마케팅 단점

바이럴 마케팅의 단점은 다음과 같다.

첫째, 많은 시간과 노력이 필요하다. 마케팅이 그러하듯이 바이럴 마케팅이 효과를 보기 위해서는 많은 시간이 투자되고 노력이 요구된다. 상품이나 서비스 정도에 따라 짧은 시간안에 큰 성공을 거두는 경우는 많지 않다.

둘째, 지속적인 콘텐츠 생산에 따른 피로감의 누적이다. 구전 효과를 누리기 위해서는 콘셉트를 잡고 지속적으로 콘텐츠를 생산하여 올려야 한다. 시리즈를 통한 광고가 한 예가 될 수 있다. 그러다 보면, 콘텐츠를 생산하는 담당자들은 쉴 틈 없이 노력을 해야 하기 때문에 피로가 누적될 수도 있다.

셋째, 의도하지 않은 방향으로 흘러갈 수 있다. 기업의 입장에서 마케팅을 하는 이유는 기업의 제품이나 서비스 등을 홍보하거나 브랜드 이미지나 기업 이미지 향상인데 예기치 않게 역풍을 맞는 경우도 있다.

2) 소셜 리포트 마케팅

소셜 리포트 마케팅(Social Report Marketing)은 특정 미디어 국한되지 않고 트위터, 페이스북, 블로그를 통합적으로 활용하여 파급 효과를 높이는 기법이다. 소비자가 블로그나 페이스북을 통해 브랜드 소식과 신제품 관련 콘텐츠를 생산하고 트위터를 통해 생생하게 전파하는 활동을 벌이게 된다. 특히 자기 자신의 소셜 미디어를 활용해 다른 소비자를 대상으로 마케팅 활동을 직접 전개하는 등 능동적인 리포터 활동을 수행할 수 있는 것이 특징이다. 외식업계 최초로 2010년 '피자헛 트위터 리포터'를 운영하여 피자헛의 신제품 시식 리뷰와 이벤트 소식을 피자헛 공식 트위터(@enjoypizzahut)를 통해 전달하는 활동을 전개하였고, 2011년에는 페이스북(http://www.facebook.com/enjoypizzahut)까지 확장한 '피자헛 SNS 리포터'를 운영하였다.

[그림 4-6] 피자헛 SNS 리포터

3) 위치기반 마케팅

위치기반 서비스란 이동통신망이나 위성항법장치(GPS) 등을 통해 얻은 위치정보를 바탕으로 이용자에게 여러 가지 서비스를 제공하는 서비스 시스템이다. 위치기반 서비스를 기반으로 SNS를 이용해 매장을 자주 방문할 수 있는 사용자들에게 주변의 매장 이벤트 정보를 제공하는 것이 위치기반 마케팅이다. 위치기반 소셜 네트워크 서비스가 자기 자신에 대한 기록을 남기고 주변 사람들과 대화하는 커뮤니티 도구에서 점점 실질적인 보상과 혜택을 주는 서비스로 진화하고 있다.

▌위치기반서비스, 매장 마케팅을 '안성맞춤'

위치기반서비스란 스마트폰에 내장된 위성위치확인시스템(GPS) 등의 기술을 통해 스마트폰 사용자의 현 위치를 중심으로 각종 서비스나 기능을 제공하는 시스템을 말한다. 자동차 내비게이션이 대표적인 위치기반 서비스로, 최근에는 맞춤형 상거래 서비스에 접목하려는 움직임이 활발해지고 있다. 위치기반 서비스가 스마트폰 사용자의 위치를 자동으로 인식하면 내 주변의 어느 점포가 지금 할인행사를 하고 있는지 바로 알 수 있다. 상점들도 내 점포 주변에 있는 소비자와 쉽게 교류할 수 있다는 장점을 지녀 IT

업체들이 잇따라 관련 서비스를 선보이고 있다.

IT 마케팅 업체 아이팝콘은 최근 기존 전자지갑 서비스에 위치기반기술인 '팝콘(Popcorn)'을 활용해 멤버십, 스탬프, 쿠폰, 결제수단 등을 하나의 앱으로 제공하는 '얍(YAP)'을 내놨다. 팝콘은 고주파와 블루투스의 결합한 위치기반기술로 매장에 설치된 엑세스포인트(접속지점, AP)에서 쏜 전파를 스마트폰에 있는 스피커를 이용해 수신하는 방식이다. 고객은 가맹점에 방문하면 별도의 장치 구동 없이도 해당 매장에서 제공되는 쿠폰과 이벤트, 멤버십 보유 내역 등의 정보를 스마트폰 화면을 통해 띄워준다.

아이팝콘은 모바일 쿠폰 앱 열두시와 제휴를 맺고 전국 프랜차이즈 레스토랑과 커피숍 등에서 사용이 가능한 7만 개가 넘는 쿠폰을 제공 중이다. 오준호 아이팝콘 대표는 "기존 소비 방식이 소비자가 직접 정보를 찾는 방식이라면 얍이 구축하려고 하는 방식은 소비자와 함께 교감하고 먼저 찾아가는 방식"이라고 말했다.

엔지니어링 전문회사인 이케이웍스는 최근 특허 기술인 '블루투스 ADS(Active Detecting System)'를 활용해 상점에서 개인화된 쿠폰을 수신할 수 있는 앱 '스테이하이'를 출시했다. 각 가맹점에 스마트폰을

인식할 수 있는 'ADS 디텍터(Detector)'를 설치하고, 가맹점 바로 앞을 지나는 회원들이 입력한 정보를 바탕으로 그에 맞는 쿠폰 등을 제공하는 방식이다. 스테이하이는 이처럼 시간과 거리 오차가 좁은 블루투스로 눈에 보이는 것들에 대한 정보를 실시간으로 제공할 수 있다고 회사측은 설명했다. 현재 스테이하이 앱은 30m 내의 회원을 찾는 기능이 우선적으로 제공되고 있다. 오프라인 상점과의 연계 서비스는 내달 중 오픈한다. 다우데이타와 공동 사업을 펼치며 다우데이타의 VAN 사업자 매장(카드 가맹점)을 중심으로 스테이하이 가맹점을 확장해 나갈 예정이다. 신동민 이케이웍스 대표는 "스테이하이는 실시간성과 현장성, 보안성이 합쳐진 새로운 개념의 서비스"라고 말했다.

SK플래닛도 지난달 GPS기반의 가상 반경 설정기술인 '지오펜스(Geo-fencing)', '저전력 블루투스 BLE(Bluetooth Low Energy)' 등 모바일 기술을 활용해 OK캐쉬백, 스마트월렛, 기프티콘 등을 묶은 하나의 서비스 브랜드로 '시럽'을 선보였다. 시럽은 시간, 장소, 목적에 맞는 쿠폰과 이벤트 등을 맞춤형으로 제공해 고객의 시간과 노력을 최소화하고 경제적 혜택을 극대화하는 고객 지향적 커머스 서비스라고 회사측은 설명했다. 시럽과 제휴한 전국 8만여개 가맹점에는 마케팅에 활용할 수 있는 마케팅 플랫폼 '시럽 스토어(Syrup Store)'가 제공된다. 시럽 스토어에서는 멤버십 발급, 마일리지 적립·사용은 물론 다양한 고객을 대상으로 모바일 광고와 쿠폰 발행이 가능하다. SK플래닛 김지현 커머스사업개발 실장은 "온라인과 오프라인 커머스의 경계가 모바일 기반의 연계를 통해 점차 허물어지면서 새로운 기회가 열리는 오프라인 커머스 시장을 다시 주목했다"면서 "앞으로 빅데이터, 근거리 통신 등 다양한 기술과 연계해 서비스를 고도화할 계획"이라고 말했다.

출처: 아이뉴스24 2014년 7월 1일자 기사 발췌

참 고 문 헌

김용호, 정기호, 김문태, 인터넷 마케팅 3.0, 학현사, 2013

노규성 외 9인 공저, 스마트 시대의 전자상거래, 생능출판사, 2013

세스 고딘, 퍼미션 마케팅, 21세기 북스, 2000

이두희, 통합적 인터넷 마케팅 개정판, 박영사, 2006

Anderson, M. D., and C. Joobin, "Marketing on the Internet", Information Strategy: The Executive's Journal, 12, Summer, pp. 22–29, 1996.

Kenneth C. Laudon and Jane P. Laudon, Management Information Systems 8th ed., Prentice Hall, 2004.

Lauthenborn, Robert, "New Marketing Litany: 4P's Pass; C-words Take Over," Advertising Age, October, 26, 1990.

Rayport, J. F. and Jaworski, B. J., Introduction to e-Commerce, 2nd Edition, NewYork: McGraw Hill, 2004.

Rheingold, H., The virtual Community : Homesteading on the Electronic Froniter, Addison-Wesley, 1993

연습문제

01. e-비즈니스 환경의 시장 특징을 설명하시오.

02. e-마케팅의 특징을 일대일 마케팅 측면에서 설명하시오.

03. 시장 세분화 변수에 대해 설명하시오.

04. 표적시장 선정기준에 대해 설명하시오.

05. 전통적인 4P 마케팅 믹스의 한계점을 설명하시오.

06. 기업과 고객간 콜래보레이션을 관리할 수 있는 방법 세 가지를 설명하시오.

07. 디지털 제품의 특징을 설명하시오.

08. 커미트먼트의 구성요소 두 가지는 무엇인가?

09. 기업에서 활용할 수 있는 커뮤니케이션 방법에 대해 설명하시오.

10. 탈중개화 현상에 대해 설명하시오.

11. 소셜 마케팅의 정의와 효과에 대해 설명하시오.

12. 바이럴 마케팅의 장점과 단점에 대해 설명하시오.

CHAPTER 05

인터넷 서비스와 스마트 응용

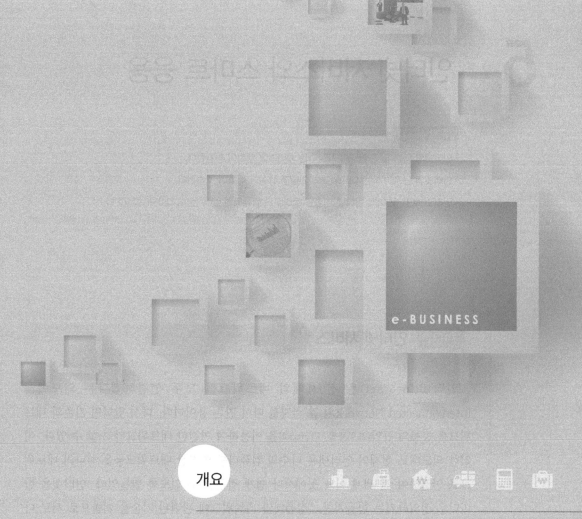

e-BUSINESS

개요

우리나라는 2012년에 인터넷 30주년을 맞이하였고, IT기술의 측면에서 디지털 강국을 목표로 하고 있다. 우리나라는 초고속 인터넷과 스마트폰 보급 등에서 IT 선진국으로 자리 잡아 가고 있다. 인터넷이 보급된 이후로 생활 모습은 급격하게 변모되고 있으며, 우리나라는 그 중심에 서 있다고 볼 수 있다. 이 장에서는 이렇게 우리의 생활을 변화시키고 있는 인터넷의 기초 개념과 인터넷을 통해서 제공되는 서비스와 응용 및 미래 인터넷 기술에 대하여 살펴보기로 한다.

먼저 제1절에서는 인터넷의 특징을 간략히 살펴보고, 인터넷을 통해서 제공되는 각종 서비스와 응용을 콘텐츠 분야, 비즈니스 분야, 사회문화 분야로 나누어 설명한다. 제2절에서는 인터넷의 근간이 되는 네트워크의 기술적 사항을 기초적인 수준에서 설명하기로 한다. 그리고 제3절에서는 인터넷의 보안에 대하여 설명한다. 마지막으로 제4절에서는 휴대폰 이후로 우리나라의 미래 IT 캐시카우가 될 클라우드 컴퓨팅과 IoT기술에 대하여 소개한다.

인터넷 서비스와 스마트 응용

• 인터넷의 특징 및 인터넷이 제공하는 서비스에 대하여 학습한다.

• 인터넷의 근간이 되는 네트워크의 기술적 특성에 대하여 학습한다.

• 인터넷 보안 및 미래 인터넷 기술인 클라우드 컴퓨팅과 IoT 기술에 대하여 학습한다.

제1절 인터넷 서비스

인터넷(Internet)은 전 세계의 네트워크를 모두 연결하겠다는 의도에서 Interconnected Network의 앞 글자를 따서 만든 용어이다. 다시 말하면 기존의 네트워크를 공통의 규약(프로토콜, Protocol)을 이용하여 연결한 네트워크라고 할 수 있다. 이러한 의도대로 현재의 인터넷은 다수의 컴퓨터를 연결한 네트워크들을 하나의 네트워크로 연결하여 전 세계 어느 곳에서나 쉽게 접근할 수 있도록 만들었다. 인터넷을 한 마디로 정의하기는 힘들지만, "컴퓨터와 네트워크에 관련된 기술을 기반으로 서로 다른 네트워크가 TCP/IP라고 하는 표준 프로토콜로 연결한 다양한 서비스가 가능한 거대한 네트워크"라고 정의할 수 있다. 인터넷을 이해하기 위해서는 한 마디로 정의해서 암기하는 것보다는 정의를 대신할 수 있는 다음과 같은 핵심어를 이해할 필요가 있다.

- ●수많은 컴퓨터를 연결한 세계적 규모의 거대한 네트워크
- ●네트워크의 네트워크
- ●정보의 바다
- ● TCP/IP 프로토콜을 이용하는 네트워크

1. 인터넷의 기초 이해하기

1) 인터넷의 특성 이해하기

전 세계 인터넷 사용자수는 2004년 기준으로 약 9억 명에서 가파르게 증가하여 2011년에는 약 23억 명이었으며, 2014년에는 약 30억 명으로 추산되고 있다. 인터넷이 빠른 시간 내에 지금과 같이 전 세계 수많은 사람들이 이용하는 거대한 네트워크로 발전한 데에는 그 나름의 이유가 있다. 즉, 인터넷이 가지는 특성에서 기인한 것이라고 할 수 있다.

- 개방적 구조: 인터넷은 프로토콜이나 제도, 규격 등이 완전히 개방된 통신망이다. 현재 인터넷의 기본적인 의사소통은 국제 표준화 기구인 ISO(International Standard Organization)에서 제정한 OCI-7계층 중의 TCP/IP(Transfer Control Protocol/Internet Protocol)라는 개방된 규격의 프로토콜을 사용하며, 제도적으로 인터넷 사용자는 누구든지 새로운 표준안을 제안할 수 있다. 따라서 TCP/IP라는 표준적인 프로토콜을 사용하는 네트워크는 모두 인터넷으로 연결될 수 있고 초고속통신망부터 모뎀 사용자에 이르기까지 수많은 기관과 사용자들이 연결될 수 있다.
- 호스트 간 평등성: 인터넷에 연결된 모든 컴퓨터는 하드웨어의 종류, 용량 및 크기에 상관없이 대등한 위치에 놓이게 된다. 인터넷은 통신회선과 직접 연결된 구조는 아니지만 여러 대의 컴퓨터를 거쳐서 원하는 컴퓨터에 접속할 수 있는 구조를 갖고 있다. 이러한 이유로 논리적으로는 개인이 보유한 PC를 가지고도 서버의 역할을 하도록 할 수 있으며, 서버와 클라이언트의 역할을 동시에 할 수도 있다. 이러한 평등성에 의해 국가나 지역, 인종 분야의 벽을 넘어 전 세계 어떤 정보도 공유할 수 있다.
- 독자적인 주소 할당: 인터넷에 연결된 모든 컴퓨터는 고유한 주소를 가지며 이를 일컬어 IP 주소(IP Address)라고 한다. 우리가 거주하는 집들이 주소를 가지는 것처럼 인터넷에 연결된 모든 컴퓨터는 주소를 가지고 있으며, 이를 통하여 해당 컴퓨터를 찾아가게 된다.

2. 인터넷 응용

인터넷이 발달하면서 우리 생활은 여러모로 변모하고 있다. 특히, 초고속 인터넷이 보급되고 스마트폰 등의 모바일 기기를 이용한 무선 인터넷의 사용이 활성화되면서 인터넷 초기와는 다른 형태의 인터넷 응용 및 비즈니스가 발생되고 있는데, 이러한 인터넷 응용을 콘텐츠, 비즈니스, 사회와 문화의 세 가지 측면에서 살펴보기로 한다.

1) 인터넷 콘텐츠

(1) 정보검색

인터넷은 이미 살펴본 바와 같이 정보의 바다라고 할 만큼 무한한 정보들이 존재하지만, 이 모든 정보가 사용자들에게 이용 가능한 것은 아니다. 따라서 이러한 정보의 효과적인 사용을 위해서는 정보검색 서비스가 필수적이라 하겠다. 우리나라 시장에서 주요 포털 사업자들이 검색서비스에 역량을 집중하는 것도 이러한 이유 때문이라고 할 수 있다. 최근에 새로이 등장한 검색 서비스를 소개하면 다음과 같다.

① 정보 검색: 수많은 사이트로부터 원하는 페이지에 접속하기 위한 검색 서비스로 사용자가 관심 있어 하는 관련 사이트를 신속하게 검색하여 제시해 주는 서비스이다. 이러한 검색 서비스의 활성화를 위해서는 검색결과의 정확성과 신뢰성에 대한 재고가 필요하며 최근에는 시맨틱 정보 검색 등의 기술들이 활용되고 있다.

② 동영상 및 멀티미디어 검색: 검색서비스를 이용하는 목적은 이슈가 되는 정보를 찾는 것이며, 이러한 정보는 이미지, 음악, 동영상 등 다양한 미디어를 통해서 전달 및 확산된다. 각 포털 사업자들은 이러한 환경변화와 이용자 욕구 충족을 위하여 각종 포털 사이트에서 서비스를 실시 중이다. 이러한 동영상들은 대부분 공중파 및 각종 미디어사업자, 그리고 사용자가 직접 올리는 UCC(User Created Contents)로부터 제공된다.

③ 데스크톱 검색: 2004년부터 본격적으로 준비되던 데스크톱 검색은 구글, 야후, MSN이 2005년에 검색시장에 진출하면서 서비스를 선보였다. 데스크톱 검색은 PC내의 파일 검색을 통해 문서, 메일, 이미지, 동영상, 음악파일을 손쉽게 찾아주는 서비스이다.

④ 지식 검색: 우리나라에서는 지식iN을 시작으로 사용자가 생성한 지식 콘텐츠를 검색하는 서비스가 활성화되어 있다. 예전의 검색서비스에서 콘텐츠 확보는 웹 로봇의 기술력과 성능에 의해 좌우되었다면 현재 검색서비스의 경쟁력은 사용자 생성 콘텐츠의 효과적 활용으로부터 나온다고 할 수 있다.

(2) 커뮤니케이션

인터넷의 등장은 인간의 의사소통에 있어 시간과 공간이 가지는 제약을 상당부분 해소한 것으로 평가 받고 있다. 이러한 의사소통은 1970년 레이 톰린슨에 의해 개발된 e-mail, 1978년 아드 크리스텐센과 랜디 수에스가 고안한 전자게시판, 1996 미라빌리스 사가 개발한 '아이씨큐(ICQ)'를 시작으로 등장한 인스턴트 메신저에 이른다. 인터넷은 사용자의 욕구와 상황에 맞는 다양한 형태의 커뮤니케이션 수단을 선보이고 있다. 최근에는 Facebook, twitter와 같은 소셜네트워크 서비스와 스마트폰이 등장하면서 카카오톡, 라인과 같은 다양한 모바일 메시지 전송 서비스들이 사용자 간의 의사소통을 촉진하고 있다. 스마트폰 이용자들은 이러한 새로운 서비스들을 통해서 기존의 미디어에서는 찾아볼 수 없는 새로운 커뮤니케이션 방식을 창조하였다. 그리고 지금까지의 온라인 커뮤니케이션을 10대와 20대가 주도해왔다면, 스마트폰의 등장과 함께 40대 이상의 중, 장년층의 참여가 크게 확산되었다.

① 이메일서비스: 1997년 다음이 우리나라 최초의 무료 이메일 계정(Hanmail)을 선보였으며, 이메일 서비스는 2005년 12월을 기준으로 2,700만 명이 사용하고 있는 대표적인 커뮤니케이션 수단이다. 2013년 기준으로는 만 6세 이상의 전체 인터넷 이용 인구의 84.8%가 이메일을 사용할 정도로 대중화되어 있다. 현재방송통신위원회와 한국인터넷진흥원이 실시한 '2012년 인터넷 이용실태조사'에 따르면 만 6세 이상 인터넷 이용자의 이메일 이용률은 84.8%로 전년대비 0.9% 감소하였지만, 다른 인터넷 커뮤니케이션 서비스와 비교해서 여전히 높은 이용률을 보이고 있다. 그리고 스마트폰을 이용한 이메일 커뮤니케이션의 비율이 꾸준히 증가하고 있는 추세이다.

② 인스턴트 메신저(모바일 메신저): 이메일 성장세는 다소 둔화되었으나 메신저는 점차 그 입지가 강화되어 왔다. 2005년 6월 기준으로 이미 전체 인터넷 이용자의 44.2%가 네이트온이나 MSN과 같은 인스턴트 메신저를 사용하고 있는 것으로

나타났다. 그러나 스마트폰이 보급되면서 인스턴트 메신저를 주로 이용하는 기기로 스마트폰이 자리 잡았고, 2012년을 기준으로 70% 이상이 스마트폰을 통해서 메신저를 사용하는 것으로 나타났다. 우리나라에서 스마트폰을 이용한 인스턴트 메신저의 활성화에는 카카오톡의 급속한 확대가 큰 기여를 했으며, 2013년 기준으로 8000만 명 이상의 가입자를 확보하였고, 이후 다음의 마이피플이 등장해서 2013년 기준 2600만 명의 가입자를 확보하였다. 2013년에 NHN의 라인은 전 세계 2억 5000만 명의 가입자를 확보한 글로벌 플랫폼으로 자리 잡아가고 있다.

③ SNS: 해외의 페이스북, 국내의 미니홈피로 대표되던 SNS는 웹 시절부터 꾸준한 발전이 이루어져서, 스마트폰의 확산과 함께 폭발적으로 성장하고 있다. 초기 SNS는 공간이나 캐릭터를 꾸미는 정도에 그쳤으나, 최근에는 빠르고 간단하게 메시지, 사진, 영상 등의 콘텐츠를 생산 공유할 수 있도록 그 형태가 변화하고 있다. SNS의 유형은 '블로그', '커뮤니티', '미니홈피' 등으로 나누어볼 수 있으며, 트위터, 미투데이와 같은 마이크로 블로그 및 카카오톡 기반의 카카오스토리 등이 최근에 많이 보급되고 있다. SNS의 이용목적은 친교와 교제, 취미와 여가 활동, 개인적 관심사의 공유 등으로 다양하게 나타나고 있다.

(3) 콘텐츠

웹의 진화, 디지털 카메라와 스마트폰을 비롯한 모바일 기기의 보급, 웨어러블 디바이스의 등장으로 각종 멀티미디어 콘텐츠들이 빠른 속도로 인터넷을 통해서 공유되고 있다. 동영상을 중심으로 한 콘텐츠의 공급은 KT의 ollehTV, SK브로드밴드의 BTV, LG의 UTV 등과 같은 IPTV를 통해서 더욱 활발하게 진행되고 있다. 또한 CD와 테이프로 공급되던 음반시장에서는 모바일 음악 서비스업, 인터넷음악 서비스업, 음원 대리 중개업 등의 발달로 2004년 이후에는 디지털 음원 시장이 오프라인 시장을 역전하였다.

① 영화 · 영상: 인터넷을 통한 영상 서비스는 인터넷 속도의 발전으로 급격하게 발전하여 IPTV 외에 해외 동영상 서비스인 유튜브와 더불어, 다음 tv팟, 곰TV, 아프리카 TV 등 다양한 채널을 통해서 서비스되고 있다. 국내에서 동영상 서비스가 시작된 2006년부터 꾸준한 성장세를 보이고 있으며, 저작 및 프라이버시 침

해 등의 문제가 대두되면서 다소 주춤하다가 최근에는 스마트 기기의 보급으로 성장가능성이 다시 주목을 받고 있다. 디지털 온라인 영화 시장의 경우는 IPTV와 디지털 케이블 TV 매출이 크게 성장하고 있는 추세이다. 2012년 디지털 온라인 영화 시장의 매출액은 2,258억 원에 이르고 있다.

② 음악: 음악시장의 부진을 해소해준 것이 바로 디지털 음원이라고 할 정도로 인터넷을 통한 음원의 보급은 중요한 인터넷 콘텐츠이다. 인증된 사용자가 제한된 기간 동안만 사용가능하도록 통제하는 DRM(Digital Rights Management) 상품의 출시와 스마트폰의 확산을 통해서 많은 사람들이 인터넷상에서 손쉽게 음원에 접근할 수 있게 되었다. 최근 K-POP 열풍 속에 음악 산업의 콘텐츠 규모는 전체적으로 꾸준히 증가하는 추세이다.

(4) 게임

2011년 국내 게임 산업의 사업체 수는 17,344개이며, 종사자 수는 약 10만여 명에 이르는 것으로 알려져 있다. 또한 매출액은 8조 8,047억 원에 이르고, 게임을 통한 수출액은 23억 7,807만 달러로 전년에 비해서 48.1%나 증가하였다.

[표 5-1] 게임산업의 총괄

구분	매출액 (백만 원)	부가가치액 (백만 원)	부가가치율 (%)	수출액 (천 달러)	수입액 (천 달러)
2006년	7,448,900	3,655,175	49.1	671,994	207,556
2007년	5,143,600	2,487,445	48.4	781,004	389,549
2008년	5,604,700	2,808,000	50.1	1,093,865	386,920
2009년	6,580,600	3,348,867	50.9	1,240,856	332,250
2010년	7,431,118	3,768,320	50.7	1,606,102	242,532
2011년	8,804,740	4,184,893	47.5	2,378,078	204,986
전년대비 증감률	18.5	11.1	△3.2	48.1	△15.5

출처 : 문화체육관광부 · 한국콘텐츠진흥원, 2012 콘텐츠 산업통계, 2013

게임은 그 장르별로 온라인게임, 비디오게임, 모바일게임, PC게임, 아케이드게임 등으로 나누어볼 수 있으며, 우리나라는 이 중 온라인 게임의 비중이 70.8%로 가장 높은 것으로 나타나고 있다.

(5) 기타 콘텐츠 응용

지금까지 살펴본 인터넷 콘텐츠 응용 외에도 P2P, e-러닝, 언론, 광고, 커뮤니티와 블로그, 출판/뉴스 등의 콘텐츠 응용을 들 수 있겠다.

2) 인터넷 비즈니스 응용

(1) 인터넷 쇼핑몰(B2C)

국내 유통시장은 할인점과 백화점을 중심으로 발달해 가고 있으며, 중요한 유통채 널로 자리잡아가고 있다. 이러한 성장세는 결제, 물류 시스템 등과 같은 인프라가 갖 추어지고 판매자와 소비자 간의 신뢰가 자리 잡은 결과로 볼 수 있다. 특히, 최근 들어 오픈 마켓의 급성장은 인터넷 쇼핑몰 확산에 큰 기여를 하고 있다.

● 오픈마켓이란?

일반적으로 오픈마켓의 개념은 개인과 개인 간 사업(C2C : Consumer to Consumer)이지만, 주요

[그림 5-1] 대표적인 오픈마켓의 예

업체에 몰인몰(Mall in Mall) 방식으로 중소 규모의 전문몰이나 개별 사업자가 각자의 전문성을 가지고 고객과 직접 거래하는 e-마켓 플레이스 형태로 확산되고 있다. 현재 국내에서 활성화된 오픈 마켓으로는 'G마켓', '옥션 오픈마켓', '후이즈몰 오픈마켓' 등이 있다.

최근에는 인터넷 쇼핑몰을 통해서는 주로 디지털 상품이 팔리고 있다. e-Book, e-러닝, MP3 및 VOD 등이 디지털화가 가능한 대표적 상품으로 저작권 및 유료화에 대한 제도 정비가 이루어지면서 급속도로 성장하고 있다.

(2) 무역(B2B)

B2B는 무역과 같은 응용에서 기업 간에 이루어지는 인터넷 기반 거래를 말하며, 거래를 주도하는 주체에 따라 구매자 중심형 거래, 판매자 중심형 거래, 중개자 중심형 거래로 구분할 수 있다. 거래액에 따르면, 구매자 중심형 거래가 약 70%를 차지하고 있을 정도로 가장 비중이 높고 그 다음은 판매자 중심형, 중개자 중심형 거래가 차지하고 있다.

(3) 금융거래 응용

금융거래 서비스는 인터넷뱅킹을 의미한다고 볼 수 있는데, 이미 3장에서 자세히 살펴보았으므로 이 장에서는 설명을 생략하기로 한다.

(4) 기타 인터넷 비즈니스 응용

지금까지 살펴본 인터넷 비즈니스 응용 외에도 인터넷 데이터 센터, 모바일 콘텐츠, m-커머스, 소셜 커머스, 모바일 커뮤니케이션 등의 응용이 있다.

3) 사회와 문화 응용

지금까지 인터넷 응용을 콘텐츠와 비즈니스 측면에서 살펴보았다. 이 밖에도 사회와 문화적인 측면에서 활용되는 여러 응용들이 있으며, 정치, 사회문화, 전자정부, 오락 및 여가생활, 인터넷 규제와 관련된 여러 응용들이 있다. 특히, 전자정부와 관련된 인터넷 응용은 이 책의 제3장에 자세히 기술하였으므로, 독자들은 참고하기 바란다.

3. 클라이언트/서버 시스템과 인터넷 기반 시스템

클라이언트/서버(C/S) 시스템 이전에는 메인프레임을 기반으로 한 컴퓨팅 환경이 주를 이루었다. 메임 프레임 환경에서는 매우 큰 용량을 가진 컴퓨터를 단말기를 통하여 접속하는 형태로 비용 부담이 큰 반면, 상대적으로 처리효율은 낮고 최종사용자가 접근하는 데 여러모로 불편하였다. 또한 프로그램의 개발과 수정 및 유지 보수에 어려움을 겪는 경우가 발생하면서 경영자의 신속한 의사결정을 지원하는 데 적합하지 않은 컴퓨팅 환경으로 인식되기 시작하였다. 이후 C/S 시스템이 등장하면서 컴퓨팅 환경이 급격하게 변화하기 시작하였고, 인터넷 역시 넓은 의미로 본다면 C/S 시스템의 일종이라고 할 수 있다. 즉, C/S 3계층 구조로부터 발전된 인터넷 시스템에서 웹브라우저를 클라이언트의 인터페이스를 제공하는 계층으로 볼 수 있다.

이 절에서는 인터넷의 배경이 되는 C/S 시스템의 개념을 살펴보고 인터넷에 기반을 두고 C/S 시스템 이후에 등장하게 된 기업 네트워크 응용의 구조로 인트라넷과 엑스트라넷에 대하여 살펴본다.

1) 클라이언트/서버 시스템

메인 프레임 기반 시스템은 중앙 집중처리 방식이므로 시스템 전체의 신뢰도에 문제를 일으킬 소지를 갖고 있으며 새로운 시스템의 요구가 있을 때, 이에 대한 대처가 신속하게 이루어지지 않았다. 그 이후 PC의 성능이 대단히 빠른 속도로 발전하고 네트워크가 발달하면서 정보를 경쟁의 무기로 활용하는 새로운 체제가 필요하다는 점을 인식하게 되었다. 이에 따라 등장하게 된 것이 바로 C/S 시스템이다.

(1) 클라이언트/서버 시스템의 작동

네트워크를 이용해서 C/S 시스템을 구현하는 것은 서버와 클라이언트의 상호작용이 가능하도록 하는 것이다. 대부분의 C/S 시스템은 클라이언트의 요청에 서버가 응답하는 형식을 취한다. 서버는 같은 네트워크에 접속되어 있는 컴퓨터로서 클라이언트에게 서비스를 제공한다. 커다란 저장 공간을 제공하는 데이터베이스 서버와 강력한 프로세서로의 접속을 제공한다.

C/S 구조의 목적은 컴퓨터 자원의 사용을 최대화하는 것으로 저장 작업이나 많은

계산은 PC보다 서버에서 하는 것이 효과적이며, 문서편집과 사무작업은 PC에서 더욱 효과적으로 처리할 수 있다. 또 다른 중요한 요소는 공유이며 대개 비싸지 않은 PC 클라이언트가 값비싼 서버를 공유하며 작동하도록 구성된다.

C/S 구조에 대한 여러 가지 모형이 존재하는데 가장 전통적인 모형은 클라이언트가 사용할 데이터를 제공하는 데이터베이스 역할을 서버가 하는 것이다. C/S 구조는 기업에게 네트워크상에 있는 PC 숫자만큼이나 많은 데이터 접속을 허용한다. 또한 기업으로 하여금 데이터나 정보를 처리할 수 있는 더 많은 도구를 사용하도록 해준다.

(2) 클라이언트/서버 시스템의 분류

C/S 시스템은 그 발전단계에 따라 다음과 같이 1계층 구조, 2계층 구조, 3계층 구조로 구분한다.

① 1계층 구조

1계층 구조는 하나의 컴퓨터 내에 논리적으로만 구분된 클라이언트와 서버 시스템을 동시에 두는 경우이다. 시스템을 구축하는 데 많은 기술이 소요되지 않으며, 관리와 운용이 편리한 점을 장점으로 들 수가 있다.

② 2계층 구조

메인 프레임을 이용하는 방식에서는 클라이언트 역할을 하는 쪽은 더미(Dummy) 단말기로서의 역할만을 수행한다. 즉, 클라이언트에 컴퓨팅 부하가 전혀 없고 입출력 기능만을 담당한다. 그러나 PC의 사양이 비약적으로 발전하면서 클라이언트의 컴퓨팅 자원을 활용하는 구조로 발전하게 되면서 2계층 구조가 등장하였다.

2계층 구조 하에서는 클라이언트와 서버의 부하의 비중에 따라 다양하게 구성이 가능하며 [그림 5-2]의 B에 그 예를 들었다.

③ 3계층 구조

3계층 클라이언트-서버 시스템은 표현계층, 업무규칙, 데이터의 3개의 역할을 명확히 구분하여 클라이언트-서버에게 할당하는 구조를 말한다. 현재 웹 기반으로 개발되는 정보 시스템들은 대부분 이러한 3계층 구조를 따르고 있다.

A
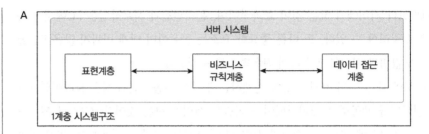

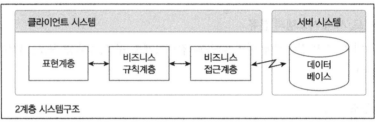

B
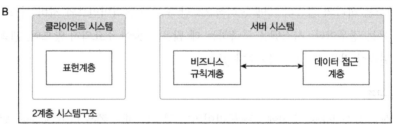

C
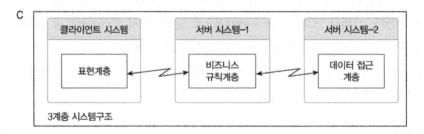

[그림 5-2] 클라이언트/서버 시스템에 의한 분류 구조

2) 인트라넷 및 엑스트라넷

(1) 인트라넷

인트라넷은 인터넷 소프트웨어와 TCP/IP 프로토콜을 이용하는 사적 네트워크이다. 좀 더 쉽게 설명하면, 웹 기반 기술을 활용하여 구축된, 주로 기업 내에서 이루어지는 업무에 대한 정보시스템이다. 이러한 인트라넷은 일반적인 웹과는 달리 주어진 권한을 가진 사람들에게만 접근이 허용된다. 최근에는 직원들이 기업정보에 쉽게 접근할 수 있도록 웹 서버에 의해 가동되는 인트라넷을 사용하는 기업이 증가하고 있다.

인트라넷을 구축함으로써 인터넷 소프트웨어 표준을 기업 내 네트워크로 확대하여 보안을 강화하고 기업 내 정보의 흐름을 관리하기 위한 WWW 정보검색서비스와 브라우저 SW를 바로 사용할 수가 있다. 인트라넷의 가장 장점은 적은 비용으로 편리하게 사내 네트워크를 구성할 수 있다는 점이며, 웹 브라우저에 익숙한 사용자들은 약간의 교육만으로도 쉽게 사용 및 관리를 할 수 있다.

[표 5-2] 인트라넷의 주요 기능

기 능	내 용
전자메일, 게시판 기능	원거리 간(부서 간, 회사 간)의 업무연락 및 의사소통 방법으로 전자메일과 게시판이 이용된다.
원격 회의 기능	인터넷의 강력한 통신 기능을 이용한 음성 및 화상 회의가 가능하다 (CoolTalk, CuSeeme 등).
문서 결재 기능	기존의 종이 문서에서 전자문서(Electric Document)로 결재를 시도하며, 종이 없는(Paperless) 사무실 구현과 데이터베이스 구축에 효과가 있다.
데이터베이스의 이용	기업 내부에 데이터베이스가 구축되어 있다면 이를 쉬운 방법으로 조회 및 추가할 수 있다.
전체 교육 및 사내회보 회람 기능	구성원 전체 및 일부에게 온라인 교육이 가능하며 또한 사내회보의 회람이 가능하다.
정보 검색(웹 브라우징)	업무 간에 웹 브라우저를 이용한 정보검색에 사용된다.

(2) 엑스트라넷(Extranet)

엑스트라넷은 인트라넷의 개념이 한층 더 진일보한 개념이다. 엑스트라넷은 인트라넷을 외부로 확장한다. 엑스트라넷은 원거리 이용자가 인터넷이나 사설망을 경유하여 기업의 주 인트라넷에 안전하게 연결하는 것을 가능하게 한다. 이때, 원격 접속 소프트웨어가 원격 이용자와 인트라넷 간에 오고 갈 데이터를 인증하고 암호화하기 위해 사용된다.

엑스트라넷은 규모가 큰 가상의 네트워크를 형성하기 위해 두 개 이상의 인트라넷이 연결된 형태일 수도 있다. 엑스트라넷은 멀리 떨어져 있는 판매사원, 원격 작업 그룹의 사용을 위해 기업 인트라넷의 원격 접속을 허용할 수 있다. 엑스트라넷은 둘 이상의 기업이 정보를 공유하기 위해 일정 수준의 통제된 형식으로 접근하는 것을 허용한다. 엑스트라넷은 전자상거래의 개발에서 중요한 역할을 하게 될 것으로 기대되고 있다.

제2절 인터넷 네트워크

1. 네트워크의 기본 이해

1) 프로토콜

일반적으로 서로 다른 두 주체가 의사를 교환하기 위해서는 몇 가지 기본적인 요소가 필요하다. 그 첫 번째는 상호작용의 주체(송신자, 수신자)이며, 두 번째는 통신수단(예: 전선, LAN 케이블, 장치), 그리고 공통된 언어와 형식을 필요로 한다. 특히, 전자적으로 통신하는 현대의 네트워크에서는 메시지를 주고받는 표준적인 약속이 없어서는 안 될 요소이며, 이를 프로토콜(Protocol)이라고 한다. 컴퓨터의 이용범위가 확대되어 데이터 통신이 주된 활용도구로 자리 잡음에 따라 관련 하드웨어와 소프트웨어도 비약적으로 발전 및 다양화 되었다. 그렇지만 이들 하드웨어와 소프트웨어 간의 상호호환성 문제가 끊임없이 제기되고 있으며, 이를 위해 표준화의 개념이 필요하게 되었다. 서로 다른 기종의 하드웨어나 소프트웨어가 상호작용할 수 있도록 하는 규약이 프로토콜이다.

국제 표준 기구 ISO(International Standard Organization)에서는 1977년부터 통신 구조를 표준화하기 위한 작업을 진행해오고 있는데 그 대표적인 결과물이 OSI(Open

System Interconnection)라고 하는 모델이다. 이는 서로 이질적인 컴퓨터 시스템을 상호 연결하기 위한 기준을 제공하고 있다. OSI 참조 모델의 목적은 시스템 연결을 위한 표준을 개발하기 위해서 공통적인 기법을 제시하고 현재 존재하는 네트워크 구조들이 전체의 모델 안에 존재하도록 하기 위한 것이다.

기본적으로 OSI는 계층 구조로 이루어져 있다. 통신회선의 제어에서부터 업무에 의존하는 정보처리의 기능까지 7개의 층으로 계층화하여 각 층마다 독립적인 기능을 정의하였다.

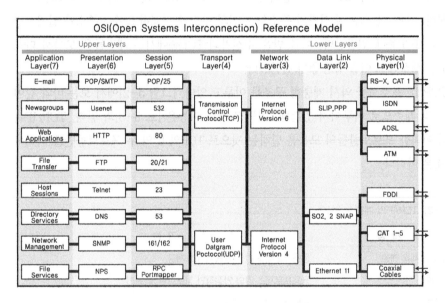

[그림 5-3] ISO의 OSI 참조모델

2) 인터넷에서 사용되는 프로토콜

(1) TCP/IP

인터넷은 데이터를 한 컴퓨터에서 다른 컴퓨터로 전송한다. 이때, 사용되는 프로토콜이 TCP/IP이다. TCP/IP는 1960년대 말과 1970년대 초에 ARPANET의 많은 컴퓨터를 상호연결하기 위해 DARPA에 의하여 개발되었다. TCP는 '전송을 제어하는 프로토콜'이다. 신뢰성 없는 데이터그램에 의한 데이터 교환 과정을 제어함으로써 신뢰성 있는[1] 데이터 교환이 이루어지도록 하는 프로토콜이다. IP는 인터넷에서 사용하는 전송 프로토콜로서 주어진 패킷을 어떻게 목적지까지 보낼 것인가에 대한 역할을 담당한다. OSI 프로토콜 계층에서 TCP는 트랜스포트 계층에 속하고 IP는 네트워크 계층에 속한다.

정보를 전송하는 호스트의 TCP 프로토콜은 응용층으로부터 받은 정보가 1500문자 이상이면, 이를 송수신자의 주소와 정보를 묶어서 패킷[2] 단위로 나누고, 만들어진 패킷을 IP층에 전달하는 역할을 한다. IP 프로토콜은 패킷을 받아서 주소를 해석하고 경로를 설정하여 다음 호스트로 전송하게 된다. 패킷이 방문하는 인터넷 호스트의 IP 계층에서는 패킷에 있는 수신자의 주소와 자신의 주소를 비교하고 수신주소와 일치하면 패킷을 TCP층에 전달한다. 이를 받은 수신자의 TCP층에서는 패킷들을 모아서 다시 정보를 생성하고 이를 응용층에 전달한다.

TCP/IP 프로토콜 역시 계층형 구조를 이루고 있다. [그림 5-2]에서 보는 바와 같이 네 개의 계층으로 이루어져 있는데, 이들 각각의 기능은 [표 5-3]과 같다. TCP/IP는 원래 이러한 프로토콜들의 모음을 말하는 것으로 TCP와 IP의 두 프로토콜만을 의미하는 것은 아니다.

[표 5-3] TCP/IP의 계층

계 층	기 능
응용프로세스 계층	응용프로세스 간의 응용서비스 제공
전달 계층	응용프로세스 간의 안정적인 정보교환 및 관리
IP 계층	노드 사이의 패킷 교환
네트워크접속 계층	물리적 네트워크 접속

(2) FTP(File Transfer Protocol)

지역적으로 멀리 떨어져 있는 경우, 컴퓨터에 자신의 계정 또는 익명(Anonymous)의

---

[1] 신뢰성이 있다는 의미는 먼저 출발한 데이터가 뒤에 출발한 데이터보다 반드시 먼저 도착하고, 도중에 분실된 데이터는 재송되어 결과적으로 올바른 데이터가 도착하도록 보장한다는 것이다.
[2] 패킷 교환방식에서의 정보 전송단위로 본래는 소포를 뜻하는 용어로, 소화물을 뜻하는 패키지(package)와 덩어리를 뜻하는 버킷(bucket)의 합성어이다. 우체국에서는 화물을 적당한 덩어리로 나눠 행선지를 표시하는 꼬리표를 붙이는데, 이러한 방식을 데이터통신에 접목한 것이다. 즉, 데이터 전송에서 송신측과 수신측에 의하여 하나의 단위로 취급되어 전송되는 집합체를 의미한다.

계정으로 파일을 전송할 수 있는 서비스의 프로토콜이다. 일반적으로 인터넷에서 파일 송수신을 위하여 FTP가 있는데 보통 파일 송수신을 위한 소프트웨어[3]를 사용한다. FTP는 파일 전송 프로토콜로 인터넷 환경에서 파일을 송수신할 때, 사용되는 인터넷 표준 프로토콜을 말한다. 이것은 사용자가 실제 사용하는 개인용 컴퓨터에서 다른 컴퓨터 간의 파일 송수신 기능을 제공한다. FTP 서비스를 제공해주는 컴퓨터는 익명 사용자에게도 개방하는 경우도 있다.

(3) SMTP/POP(Smile Mail Transfer Protocol/Post Office Protocol)

인터넷 상에서 전자우편 서비스를 위한 프로토콜들이다. 대부분의 유닉스 시스템에서는 SMTP에 따라 메일을 송수신하고 PC 기반에서의 전자우편 전송방식은 POP 방식을 이용한다. SMTP와 POP 방식의 가장 큰 차이점은 사용자 시스템의 디스크 장치 이용 여부이다. SMTP방식은 실제 메일을 사용자 자신의 컴퓨터에 저장하지 않고 전자우편 저장소에 저장하여 사용자가 요구 시에 메일을 가져온다. 한편, POP방식은 전송된 메일이 실제 자신의 컴퓨터에 저장되도록 한다. 따라서 POP 방식의 경우에는 사용자가 메일에 대한 조작이 용이하지만 사용자 컴퓨터에 부담을 주고 SMTP는 메일 조작은 제한되지만 사용자 컴퓨터의 부담을 덜 수 있다. 인터넷에서는 기본적으로 SMTP 방식을 준수하는 메일 서버를 통해 메일을 송수신하는데 PC 사용자는 SMTP 서비스를 제공하는 서버와 POP 방식으로 통신하여 메일을 받아보게 된다. 즉, 마이크로소프트의 Outlook 등을 이용하여 메일을 확인하게 된다.

(4) HTTP(HyperText Transfer Protocol)

HTTP는 인터넷에서 웹 서버와 클라이언트가 HTML 문서의 송수신을 위해서 사용하는 프로토콜이다. Tim Berners Lee라는 사람에 의해 처음으로 설계되었고, 인터넷 기반에서 하이퍼미디어의 정보공유를 위한 프로토콜로 개발되었다. 이 프로토콜은 데이터가 분산되어 있으면서 빠른 전달 속도를 요구하는 시스템에 적합하다. 웹 브라우저에서 주소창에 주소를 쓰기 전에 http라고 표시하는 것은 HTTP 프로토콜로 문서를 주고받기 위해 해당 규약을 사용하라는 의미를 가진다. 하이퍼텍스트가 이 프로토콜을 사용하여 주고받을 때는 기본적으로 클라이언트가 서버에 대한 요구(Request)를 하

---

3) 최근 많이 사용되는 Windows용 FTP 클라이언트 프로그램으로는 cuteFTP, WS_FTP 등이 있다.

고 서버가 응답(Response)하는 형식을 취한다. HTTP는 하이퍼텍스트 문서의 교환을 위한 표준 규약이기 때문에 HTML로 작성된 웹 문서를 교환하는 것이 일반적이다.

(5) SLIP/PPP(Serial Line Internet Protocol/Point-to-Point Protocol)

최근에는 많은 인터넷 사용자들이 초고속 인터넷 서비스를 제공받고 있으며, 우리 나라는 세계 최강의 초고속 인터넷 국가이다. 초고속 인터넷 서비스가 상용화되기 전 에는 많은 사용자들이 전화선을 사용하여 인터넷에 접속하였고 이를 위하여 모뎀이라 는 네트워크 접속 장치를 사용하였다. SLIP/PPP는 인터넷 가입자의 네트워크 응용소 프트웨어가 전화선과 같은 직렬 라인을 통해 TCP/IP와 같은 네트워크 계층 프로토콜 을 이용할 수 있도록 하는 통로를 열어주는 역할을 한다. 최근에는 이러한 SLIP/PPP 를 통해 인터넷을 접속하는 사례는 거의 드물기 때문에 자세한 설명은 생략하기로 한다.

2. 인터넷 접속하기

1) 인터넷 주소 체계

(1) IP주소

지금까지 살펴본 바와 같이 인터넷은 거대한 통신망이며, 데이터를 원하는 곳에 정 확히 전달하기 위해서는 연결된 수많은 컴퓨터를 구별하기 위해서는 주소체계가 필요 하다. 이것은 마치 우리가 실생활에서 사용하는 주소와도 역할이 비슷하다. 즉, 우편 물을 정확하게 배달하기 위해서는 각 건물마다 고유한 주소가 할당되어야 하고, 우편 물에는 이러한 주소가 명기되어야 한다.

이와 같이 인터넷에 연결된 컴퓨터는 고유한 번호를 가지는데 이를 IP주소(IP Address)라고 한다. IP주소는 32bit(32자리 이진수)로 되어 있으며 4개의 octet(8자리 이진 수)으로 구분되어 있다. 실제로 IP주소를 표기할 때는 각 octet을 십진수로 표시하여 "210.107.242.83"과 같이 표현한다. 각 octet은 2^8개의 정수를 표현할 수 있으므로 0 에서 255 사이의 값을 가지게 된다.

IP주소는 가상적으로 네트워크 번호와 호스트 번호가 부여된다. 즉, 앞쪽의 일정 부분을 네트워크 번호로 할당하고 나머지 부분을 호스트 번호로 할당한다. IP주소는 네트워크의 규모를 구분하기 위해서 5개의 클래스로 나눈다. 그러나 대부분의 네트워크는 A, B, C 세 개의 클래스를 사용한다. 먼저 A클래스는 첫 번째 octet의 맨 앞자리의 최상위 비트가 0으로 시작한다. 그리고 첫 번째 octet은 네트워크 번호로, 나머지 octet은 호스트 번호로 활용한다. 따라서 A클래스의 통신망은 $128(2^7)$개가 존재하며, 각 통신망은 16,777,216(256*256*256)개의 호스트를 보유할 수 있는 커다란 통신망이 된다. B클래스는 앞의 두 개의 octet을 네트워크 번호로 사용하고 최상위 비트가 10으로 시작한다. 따라서 B클래스 통신망은 16,384개가 존재하고 각 통신망은 65,536(256*256)개의 호스트를 보유할 수 있다.

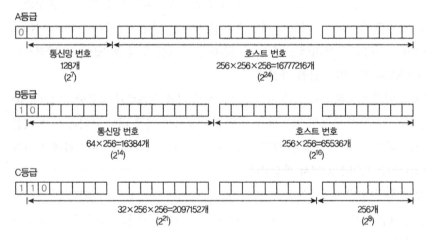

[그림 5-4] IP주소와 IP클래스

지금까지 살펴본 현재의 IP주소 체계는 32비트로 구성되어 있고 최대 4,294,967,296(256*256*256*256)개의 호스트를 연결할 수 있다. 그러나 실제로는 인터넷 주소를 전 세계의 각 기관에 할당하는 방법이 비효율적으로 이루어져 온 결과로 실제 활용 가능한 인터넷 주소는 매우 적은 것이 현실이며, 머지않아 포화상태에 이를 것이라는 전망이 나오고 있다. 이러한 문제를 해결하기 위하여 IPv6가 제안되었으며 차세대 인터넷 프로토콜로 현재의 인터넷 주소체계와 관련된 많은 문제들을 해결할 것으로 기대된다.

IPv6에서는 주소 부문 정보의 길이가 32비트에서 128비트로 확장된다. 이는 IP주소를 표기할 수 있는 숫자가 지금의 2^{32}개에서 2^{128}개로 늘어난다는 것을 의미한다. 이러한 새로운 주소체계는 기존의 인터넷 주소 부족의 문제를 해결할 수 있으며, 기존의 인터넷 통신 규약이 안고 있는 보안의 취약성, 고속 및 무선 네트워크에서의 비효율성 등의 문제들을 개선할 수 있다고 알려지고 있다.

(2) 도메인 이름

IP주소는 숫자를 인식하는 컴퓨터에는 효율적인 체계이지만, 사람들이 기억하는 데에는 상당히 불편하다. 따라서 인터넷에서는 사람이 기억하기 불편한 IP주소를 대신할 수 있도록 도메인 이름이라는 또 다른 일종의 주소를 제공하는데 숫자로 된 IP주소를 영문으로 표기한 것이다. 이러한 도메인 이름은 도메인 이름 서버(DNS: Domain Name Server)에서 관리하고 필요시에 IP주소로 변환해주기 때문에 각 호스트는 일반적으로 하나의 IP주소와 도메인 이름을 가진다.

이러한 도메인 이름은 IP주소와 마찬가지로 서로 다른 호스트가 공유할 수 없다. 따라서 인터넷 주소를 마음대로 만들어서 사용할 수 없으며 이에 대한 규칙과 이에 대한 관리가 필요하다. 도메인 이름은 NIC(Network Information Center)라는 기관에서 관장하며 우리나라는 KORNIC에서 관장한다.

도메인 이름은 일반적으로 "(컴퓨터이름).(기관이름).(기관종류).(소속국가)"와 같이 구성하여 만든다. 예를 들면 "e-biz.pusan.ac.kr"이라는 도메인 이름은 [그림 5-5]와 같이 구성되어 있다.

도메인 이름의 구성

[그림 5-5] 도메인 이름의 구성

기관종류와 소속국가의 경우는 다음과 같은 일반적인 약속에 따라 주어지는 것이 보통이다.

[표 5-4] 미국의 조직도메인

com	상업적 사이트
edu	교육용 사이트
mil	군사적 사이트
gov	행정 사이트
net	네트워크 조직
org	기관
firm	실업, 상사
store	매매를 위한 상품 제공하는 회사
info	정보서비스 제공업자
web	월드 와이드 웹 활동 관련 실체
arts	문화적 · 예능적 활동
rec	레크리에이션 활동
nom	개인

[표 5-5] 미국을 제외한 기타 국가들에서의 조직도메인

영 역	목 적
co	회사 · 기업
ac	교육기관
go	정부기관
re	연구기관
or	비영리기관

[표 5-6] 주요 국가들의 지역도메인

영 역	영 역
au	호 주
ca	캐 나 다
ch	스 위 스
de	독 일

uk	영 국
es	스 페 인
fr	프 랑 스
il	이스라엘
it	이탈리아
jp	일 본
kr	한 국
ru	러 시 아

2) 인터넷에 접속하기

인터넷을 사용하기 위해서는 필요한 하드웨어와 소프트웨어를 준비하여야 한다. 여기서는 인터넷에 접속하는 최종 사용자를 기준으로 필요한 사항을 기술하기로 한다. 먼저 하드웨어는 기본 사양을 갖춘 PC(CPU, 메인메모리, 하드디스크, 모니터, 키보드, 마우스 등을 갖춘)를 필요로 한다. 그리고 네트워크 어댑터를 갖추어야 한다. 최근에는 PC를 구입할 때, 인터넷 접속에 필요한 하드웨어를 모두 갖춘 제품이 출시되고 있으며 사용자가 특별히 신경 쓰지 않아도 되는 것이 일반적이다. 그러나 무선랜 서비스 등을 제공받기 위해서는 특별한 네트워크 어댑터를 설치해야 하는 경우도 있다.

소프트웨어는 크게 통신용 소프트웨어와 웹 브라우저로 구분할 수 있는데 통신용 소프트웨어는 네트워크 어댑터를 통해서 송수신할 수 있도록 하는 프로그램이다. 그리고 웹 브라우저는 인터넷 익스플로어와 넷스케이프사의 넷스케이프 내비게이터가 많이 사용되어 왔으나 최근에는 대부분 인터넷 익스플로어와 구글 크롬브라우저를 많이 사용하고 있다. 우리나라의 토종 브라우저인 스윙브라우저도 activeX 사용가능성과 속도를 내세워 사용자층을 넓혀가고 있다. FTP, SMTP, POP 등과 같은 인터넷 서비스를 사용하기 위해서는 별도의 소프트웨어를 추가로 설치하여야 한다.

최근에는 전통적인 인터넷 접속 방식보다 스마트기기를 활용한 무선 인터넷을 통한 접속이 증가하는 추세에 있다. 오늘날 인터넷환경은 스마트모바일 콘텐츠, 스마트기기, 초고속 무선 네트워크로 특징지워질 수 있다.

3) IPv6(Internet Protocol version 6)

기존의 인터넷은 IPv4 프로토콜로 구축되어 왔으나 인터넷 이용자의 수가 증가함에 따라 IPv4 주소는 빠른 속도로 고갈되어 가고 있다. 이러한 인터넷의 주소 고갈 문제를 해결하고 인터넷에 확장성과 보안을 강화하기 위해 IPv6가 제안되었다. IPv6(Internet Protocol version 6)는 인터넷 프로토콜 스택 중 네트워크 계층의 프로토콜로써 version 6 Internet Protocol로 제정된 차세대 인터넷 프로토콜을 말한다.

IPv6와 기존 IPv4 사이의 가장 큰 차이점은 기존의 IPv4는 IP 주소의 길이가 32비트의 공간을 제공하는 데 비해 IPv6는 주소의 길이가 128비트로 늘어났다는 점이다. 이는 폭발적으로 늘어나는 인터넷 사용에 대비하기 위한 것과 동시에 여러 가지 새로운 기능을 제공하기 위한 목적이 있다. 32비트 주소공간이란, 32bit로 표현할 수 있는 주소영역을 지칭한다. 32bit에 의해 생성할 수 있는 모든 IPv4 주소는 2^{32}인 4,294,967,296개이다. IPv6의 128비트 주소공간은 128bit로 표현할 수 있는 2128개인 약 3.4×10^{38}개의 주소를 갖고 있어 거의 무한대로 쓸 수 있다. IPv4 주소에 비해 IPv6 주소는 그 표현 bit 수가 128bit로 IPv4의 32bit에 비해 4배가 되었지만, 생성되는 IPv6 주소공간 영역은 IPv4 주소공간에 비해 2^{96}배의 크기를 갖는다. 이러한 IPv6는 현재 인터넷 매체와 상호 통신할 수 있는 하는 냉장고, TV, AV 스피커, DVD 플레이어, 홈 보안장치, 전화기 등 대량의 유비쿼터스 장치(device)들에 주소공간을 제공할 수 있다.

(1) IP주소 구성

IPv6주소는 16비트 4자리를 콜론(:)으로 구분하여 16진수로 표기한다. 128비트 중 앞의 64비트를 네트워크 주소로 하고 뒤의 64비트를 네트워크 인터페이스 주소로 활용한다.

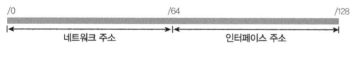

/0   /64   /128

네트워크 주소   인터페이스 주소

[그림 5-6] IPv6 주소 구성

(2) IP주소 표현

IPv6의 128비트 주소공간은 32자리의 16진수를 4자리씩 끊어 나타낸다. 그러나 32자리의 16진수는 사람이 읽고 쓰기에 불편하고, 대부분의 자리가 0의 숫자를 갖게 되므로, 4자리가 모두 0의 숫자를 가질 경우 하나의 0으로 축약하거나, 혹은 아예 연속되는 0의 그룹을 없애고 ':' 만을 남길 수 있다. 또한 맨 앞자리의 0도 축약할 수 있다.

Ex: 2001:0DB8:0000:0000:0000:0000:1428:57ab
    2001:0DB8:0000:0000:0000::1428:57ab
    2001:0DB8:0:0:0:0:1428:57ab
    2001:0DB8:0::0:1428:57ab
    2001:0DB8::1428:57ab

(3) IPv6 변환기술

기존의 IPv4와 IPv6간의 유연한 연동을 위해 IPv4와 IPv6간의 인터페이스 및 상호 호환을 위한 변환기술 중 대표적으로 듀얼스택, IPv4/IPv6, 터널링 기술이 대표적이다.

① 듀얼스택: IPv4와 IPv6의 프로토콜을 하나의 시스템(라우터 혹은 호스트 서버)에서 논리적으로 모두 처리하는 기술이다.

② IPv4/IPv6 변환: IPv4 클라이언트가 IPv6 망(서버)에 접속하거나 반대로 IPv6 클라이언트가 IPv4 망(서버)에 접속할 때 주소 변환기를 사용 상호 연동시키는 기술이다.

③ 터널링: IPv6망이 건너편 IPv6망으로 통신할 때 중간에 IPv4망이 존재할 경우 IPv4망에 터널을 만들어 IPv6 패킷을 통과시키는 개념이다.

제3절 인터넷 보안

1. 인터넷 보안 기술

1) e-비즈니스와 보안

(1) 인터넷 보안의 개념

21세기 인터넷을 기반으로 한 정보화 시대의 도래는 인간의 편리함과 유효성을 향상시켜 주었다. 그러나 이러한 정보화 시대의 편리성과 유효성의 역기능도 점차 커지고 있다. e-비즈니스 시대의 최대 걸림돌로 등장한 것이 정보보안이라는 문제이다. 인터넷이 가진 편리성의 근원은 개방성(Open Architecture) 구조에서 유래한다. 그러나 이러한 개방성은 수많은 개인 및 조직의 정보자원을 잠재적 위험 속에 노출시키는 결과를 가져오게 되었다. 이는 개인이나 기업의 정보유출 문제와 더불어 전자상거래의 발전을 가로막는 큰 걸림돌로 인식되고 있다.

보안이란 컴퓨터 시스템이나 컴퓨터 시스템에 의하여 관리되는 자료 및 정보에 대하여 인가된 사람들만이 이러한 정보자원을 활용할 수 있도록 통제하고 제어하는 활동을 의미한다. 예를 들어서, 상용 이메일 시스템을 이용하여 메일을 보내거나 확인하려는 사람은 누구든지 먼저 본인에 대한 확인을 위하여 ID와 패스워드를 기입해야 하는 것과 같은 제어 메커니즘을 말한다. 요약하자면, 인터넷 보안이란 "TCP/IP 프로토콜을 통해 연결된 수많은 호스트들 사이에서 정보의 유출과 불법적인 서비스 이용을 방지하는 것"이라 할 수 있다.

2012년을 기준으로 보면 최근에도 다양한 보안위협이 출현하고 있고, 침해사고가 꾸준히 발생하고 있다는 점을 알 수 있다. 이러한 최근 보안 위협을 특징을 요약해보면

① 개인정보 유출 및 기업대상 해킹 사고의 빈발
② 국내 금융기관 사칭 피싱사고의 급증
③ 모바일 보안 위협의 현실화

등을 들 수 있다.

2012년을 기준으로 한 해 동안 한국인터넷진흥원에서 접수 처리한 민간부문 침해사고 접수처리건을 보면 악성코드 감염피해사고는 전년대비 소폭감소하였으나, 해킹사고의 처리건수는 급격하게 증가한 것으로 보인다.

[표 5-7] 민간부문 침해사고 접수처리 건수   (단위 : 건)

구분	2008년	2009년	2010년	2011년	2012년
악성코드 감염피해	8,469	10,395	17,930	21,751	21,399
해킹사고 접수처리	15,940	21,230	16,295	11,690	19,570

출처 : 한국인터넷진흥원, 2012 인터넷 침해사고 동향 및 대응, 2013.

(2) 인터넷 보안의 필요성

최근에는 개인정보 유출을 노린 기업대상 공격이나, 게임업체, 포털, DNS서버 등을 대상으로 하는 DDoS(Distributed Denial of Service) 공격이 꾸준하게 진행되는 한 편, 금융정보의 유출 및 결제를 유도하는 등의 보다 고도화된 공격이 발생하면서 직접적인 금전피해로까지 이어지고 있다.

이러한 측면에서 인터넷 보안은 반드시 필요하다고 할 수 있으며, 다음의 세 가지의 방향성에서 인터넷 보안의 필요성을 정리할 수 있다.

- 인터넷 등 네트워크를 통하여 연결되는 개방화된 정보시스템과 사용자가 지속적으로 증가하고 있다.
- 해커들 간의 자유롭고 빠른 정보 교환이 용이해지고 있다.
- 정보시스템 관리자의 시간적, 기술적 역량이 부족하다.

2) 방화벽

(1) 방화벽의 개요

방화벽은 신뢰성 있는 비공개 인트라넷과 신뢰성이 적은 외부에 공개되는 인터넷 사이를 구분할 목적으로 방어의 경계선에 위치한 소프트웨어와 하드웨어로 구성된 시스템을 말한다. 보안 관리자는 네트워크 상에서 그 기관의 보안 수준에 적합한 보안 규칙들을 정의한다. 이 규칙은 접속 시간, 날짜, 접속 가능한 서비스 유형 등에 대한 다양한 규칙을 확정하여 사용자의 권한이나 허용권을 제한한다. 방화벽이 갖는 역할과 기능도 중요하지만 방화벽이 사용될 네트워크, 서버, 보안정책, 인력 등 여러 가지의 제반 조건들을 통해 안전한 보안조건을 확보하는 것은 더욱더 중요하다.

방화벽의 주요 목적은 외부 네트워크로부터 내부 네트워크를 보호하는 것이다. 외부네트워크는 신뢰할 수 없으며, 보안 침해의 원인이 될 수 있으므로 허가된 사용자들이 방해를 받지 않고 네트워크 자원에 접근할 수 있도록 하는 것이 목표가 된다.

(2) 방화벽의 구성요소

방화벽의 기능은 허가된 연결만 가능하도록 네트워크를 통제 및 감시하는 데 있다. 따라서 방화벽의 구성요소는 스크린 라우터, 베스천 호스트, 프락시 서버 등이다. 다음 [그림 5-7]은 개인 방화벽 소프트웨어 Alam Zone이다.

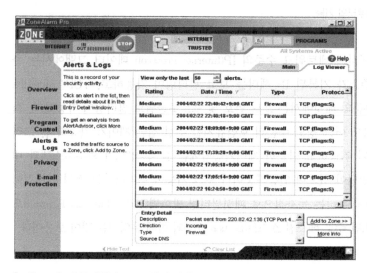

[그림 5-7] 개인 방화벽 프로그램의 사례

① 스크린 라우터(Screen Router)

인터넷에 접속하려면 대부분의 네트워크는 라우터라는 장비를 통과하게 된다. 라우터의 역할은 인터넷 패킷의 전송경로를 배정하는 역할을 수행한다. 라우터는 데이터가 담겨있는 패킷을 통과시킬 때 패킷에 적혀있는 헤더의 내용을 보고 통과시킬 것인지 돌려보낼 것인지(필터링)를 결정하게 된다.

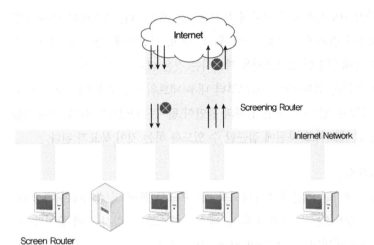

Screen Router

출처 : 홍승필 외, e-Business Security, 파워북, 2000.

[그림 5-8] 스크린 라우터의 기능

스크린 라우터에서는 네트워크 수준의 IP(Internet Protocol) 데이터 그램에서는 출발지 및 목적지 주소가 기록된 IP 헤더를 보고 필터링이 가능하고, TCP(Transition Control Protocol) 수준의 패킷에서는 포트 번호 및 프로토콜별로 필터링이 가능하다. 스크린 라우터만으로도 어느 정도 수준의 보안유지를 위한 접근 제어가 가능하다. 그러나 경계선의 방어가 취약하고 단순한 제어기능밖에는 할 수 없으며 외부시스템과 내부시스템이 직접 맞닿아 있으며 인증기능이나 로그 기능이 취약하다는 것이 한계점이다. 따라서 스크린 라우터는 독자적으로 패킷필터링 방화벽(Packet Filtering Firewall)으로 사용되기도 하지만 주로 베스천 호스트(Bastion Host)와 함께 운영되는 것이 보통이다.

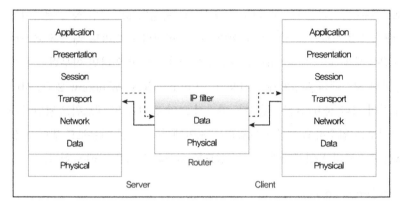

출처 : 홍승필 외, e-Business Security, 파워북, 2000

[그림 5-9] 네트워크 수준의 패킷 필터링

② 배스천 호스트(Bastion Host)

배스천 호스트는 방화벽 시스템이 가지는 기능 중 가장 중요한 기능을 제공하는 핵심 수비부분이다. 방화벽의 주요 기능인 접근제어, 인증, 로그, 감사, 추적 등을 모두 배스천 호스트에서 담당하게 된다. 배스천 호스트는 외부공격에 노출되면서 내부 네트워크를 보호하는 보안 상의 전략지대이기 때문에 해킹의 대상이 될 수 있는 어떠한 빌미도 제공하지 않는 완전무결한 시스템으로 운영해야 한다. 따라서 상용 방화벽 시스템에는 배스천 호스트가 포함되어 있다.

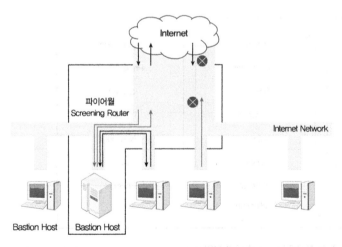

출처 : 홍승필 외, e-Business Security, 파워북, 2000

[그림 5-10] 배스천 호스트의 기능

배스천 호스트는 물리적인 보안과 더불어 호스트의 운영체제도 보안 상 안전하여야한다. 만약 배스천 호스트가 완전무결한 서비스를 제공한다 하더라도 배스천 호스트가 운영되는 운영체제(O/S : Operating System)에 보안상 결함이 있다면 아무런 소용이없다. 즉, 방화벽 시스템의 운영체제로 사용되는 Linux, Unix, Windonw 2000 서버등에 대한 보안이 보다 중요하다는 것이다. 따라서 보안 관리자 및 네트워크 담당자들은 최신 보안정보를 입수하고 새롭게 제공되는 보안패치(patch)를 다운로드 받아서 설치하여 배스천 호스트의 운영체제에 결함이 없도록 최선의 노력을 다해야 한다.

③ 프락시 서버(Proxy Server)

　　프락시 서버란 방화벽이 설치되어 있는 호스트에서 작동되는 서버로서 방화벽 내에있는 클라이언트들의 요구(Request)를 받아서 방화벽 밖에 있는 서버와 연결하여 그 응답(Response)을 다시 클라이언트에 전달하려는 목적으로 설립된 서버이다. 프락시 서버는 사용자 브라우저와 방화벽 외부 서버들 간에 서로를 대신하여 방화벽을 통과해주는 중계 게이트웨이의 역할을 하게 된다. 즉, 프락시 서버는 방화벽 내의 클라이언트와 방화벽 밖의 서버 양자 간의 인터페이스 역할을 수행한다. 또 한 가지 프락시 서버가 하는 중요한 역할은 캐싱(Cashing) 기능이다. 여러 개의 브라우저가 서버로부터원하는 파일을 중계해 주면서 이것을 특정 디렉터리에 저장해 두면 다른 브라우저가같은 파일을 요청할 때는 다시 서버까지 갈 필요 없이 미리 저장해 둔 디렉터리에서

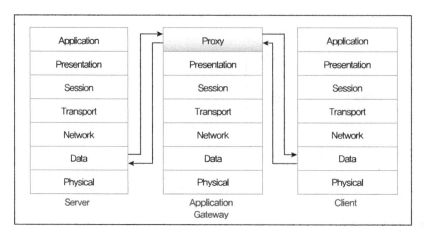

[그림 5-11] 프락시 서버를 통한 애플리케이션 수준의 보안

곧바로 지정된 파일을 꺼내 제공해 줄 수 있기 때문에 훨씬 빠른 응답이 가능하다.

(3) 방화벽의 기능

방화벽의 기능은 아래와 같은 세 가지로 집약된다.

① 내·외부 접근 제어(Access Control)

방화벽의 가장 중요한 서비스는 보안정책에 따라 인가가 된 접근만을 허용하는 기능이다. 이러한 접근제어는 접근제어 리스트(ACL : Access Control List)라는 리스트를 통해서 관리하게 된다. 주로 IP 해더의 정보를 리스트와 비교해 보고 통과 여부를 결정하면서 트래픽을 제어하게 된다. 이러한 접근정책은 크게 2가지로 나눌 수 있는데 "기본적으로 모두 연결을 허용하고 특별히 지정된 것만 막는" 개방형 접근 방식과 "기본적으로 모두 막고 특별히 지정된 것만 허용하는" 폐쇄형 접근 방식이 있다.

② 인증(Authentication)

방화벽의 두 번째 기능은 인증 서비스이다. 사용자가 인가된 사용자인지를 확인해 주는 서비스가 그것이다. 이러한 인증 서비스는 전통적인 패스워드를 통한 방법이 가장 많이 활용되지만 해커들에 의한 패스워드 유출을 막기 위해서 일회용 패스워드를 사용할 것이 권장된다. 일회용 패스워드란 매번 접속할 때마다 새로운 패스워드를 사용하게 해주는 기능으로 개인의 보안유지가 매우 중요한 서비스를 제공할 때 주로 사용된다.

③ 가상사설망(Virtual Private Network)을 위한 데이터 암호화

방화벽의 세 번째 기능은 가상사설망의 기능이다. 가상사설망은 가장 대중적인 네트워크인 인터넷을 사용하여 멀리 떨어져 있는 협력업체나 지점들과 연결하면서도 개인 사설망을 사용하는 것만큼 보안상 안전한 네트워크를 말한다. 기업은 가상사설망을 활용할 경우 전용선을 설치하지 않고도 저렴한 가격으로 개인용 사설망을 소유하게 되는 장점이 있다. 여기에 기업이 방화벽을 설치하고 있다면 각 서브 네트워크의 접속점으로서의 역할을 수행하게 되며 이로 인하여 데이터의 암호화와 복호화를 지원하게 된다.

3) 암호화 기술

현대 암호학은 키 기반의 암호화 알고리즘을 사용하고 있으며 이것은 크게 두 가지 알고리즘으로 구별된다. 첫 번째는 대칭형 알고리즘(Symmetric Algorithm)이고, 두 번째는 공개키 알고리즘(Public-key Algorithm)이다. 또 메시지를 보낸 송신자의 데이터가 중간과정에 변경 없이(무결성) 수신자에게 도착했는지의 여부를 확인할 때나 데이터의 송신자를 확인할 때 사용되는 메시지 다이제스트(Message Digest)방법이 있다.

(1) 대칭키 방식

암호화키와 복호화 키가 같거나 하나의 키로부터 다른 하나의 키를 산출해 낼 수 있는 암호화 방식을 대칭키 방식 또는 비밀키 방식이라고 한다. 대부분의 대칭키 암호 알고리즘은 같은 키(예 : A의 비밀키)로 암호화 시키고 또 같은 키(예 : B의 비밀키)로 복호화 시키는데 이 경우 암호화와 복호화가 일정한 키로 고정되어 있으므로 속도가 빠르며, 이미 오랫동안 사용되어 왔기 때문에 다양한 암호 알고리즘이 존재한다는 점이 가장 큰 장점이다. 그러나 복수의 사용자가 모두 비밀키를 사용하려고 한다면 키의 공유에 큰 문제점이 발생된다.

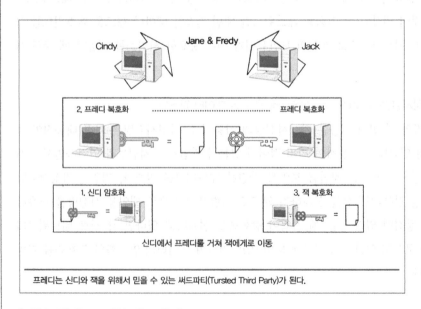

[그림 5-12] Trusted Third Party의 예

대칭형 암호화 알고리즘으로는 DES, IDEA, RC2, RC5 등이 있는데 이러한 알고리즘에 대한 자세한 지식은 e-비즈니스 보안과목을 통해 배우기를 바란다.

(2) 공개키 암호화 방식

이 방법은 암호화키와 복호화키가 전혀 다르며, 어느 하나로 다른 하나를 추론해내거나 산출해 낼 수 없는 방법이다. 공개키라는 이름의 유래도 암호화키가 공개되어도 복호화키가 없이는 도저히 풀 수가 없다는 데서 유래하였다. 아무나 암호화키로 암호화 할 수 있지만 오직 복호화키를 가지고 있는 사람만이 암호문을 평문으로 바꿀 수 있다.

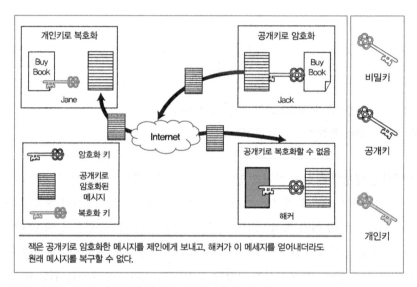

출처 : H.X. Mel 저, 정재원 역, 보안과 암호화 모든 것, 인포북, 2001

[그림 5-13] 개인키와 공개키의 활용

공개키 암호화 방식에서는 암호화키, 복호화키라는 용어 대신에 개인키(Private Key)와 공개키(Public Key)라는 용어를 사용하는데 이때 암호화키를 공개키라고 하고 복호화키를 개인키라고 한다.

이 중 공개키는 대칭키 방식에서 비밀키와는 달리 누구나 이용할 수 있도록 상대방에게 전달한다. 심지어 명함이나 전자메일에 첨부해서 보내기도 하고 공개키 센터에 등록하여 누구나 원하는 사람들이 이용할 수 있도록 제공하기도 한다. 그러나 개인키는 각별한 주의 속에서 적절하게 관리되어야 한다. 왜냐하면 공개키로 암호화는 보안된 통신을 요구하는 누구든지 할 수 있지만 복호화는 비밀키를 가진 사람만이 할 수 있기 때문이다.

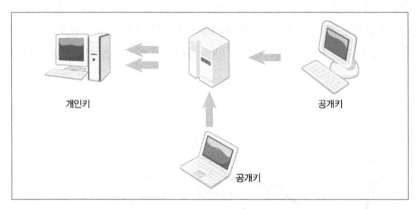

출처 : H.X. Mel 저, 정재원 역, 보안과 암호화 모든 것, 인포북, 2001

[그림 5-14] 공개키 방식을 이용한 암호화와 복호화

이러한 방식은 대칭키 방식이 가지고 있었던 중요한 문제점들을 해결할 수 있었다. 즉, 비밀키를 전달하는 방법에 따르는 키 교환의 문제가 해결되었고 자신의 개인키만 잘 보관하면 되기 때문에 여러 명의 비밀키를 각각 공유해야 하는 불편함이 해결되었다. 그러나 이 방법도 장점과 단점이 있는데 장점으로는 대칭키의 문제점을 해결했다는 점을 제외하고도 데이터의 무결성을 보장할 수 있다는 점과 부인방지를 위한 해결책이라는 점이다. 그러나 단점으로는 대칭형 방식에 비하여 너무나도 암호화와 복호화에 걸리는 속도가 느리다는 점(약 1000배)이다. 이러한 공개키 알고리즘에는 Diffie-Hellman, RSA, LUC, Elliptic Curve 등이 있다.

(3) 메시지 다이제스트

일반적으로 네트워크의 오류를 체크할 때 사용하는 패러티 비트에 대해서 들어 보았을 것이다. 패러티 비트는 잡음이 많은 채널을 통과할 경우 데이터가 변조되었는지의 여부를 체크하는 비트를 말한다. 이 때문에 컴퓨터 상의 데이터 기본처리 단위는 8

비트이지만 네트워크에서 기본 데이터 처리 단위는 7비트가 된다. 마지막 한 비트는 오류검사를 위한 것이기 때문이다. 아주 쉬운 예를 들면, 전송되는 비트는 0과 1로 구성되기 때문에 7개의 비트는 0과 1의 조합으로 구성된다. 이때 1의 개수가 홀수이면 마지막 8번째 패러티 비트를 1로 표현하고, 짝수이면 0으로 표현하여 보낸다. 그러면 수신자는 7개 비트에서 표현된 1의 개수를 더하여 홀수인데도 패러티 비트가 0이면 이 데이터 전송은 변조되었음을 간단히 확인할 수 있다.

이처럼 메시지 다이제스트도 메시지의 오류나 변경을 체크하여 전송된 데이터의 무결성을 확보해주는 서비스이다. 메시지 다이제스트는 주로 단방향 해시함수를 이용하여 주어진 데이터를 일정한 길이 이내의 아주 큰 값(해시 값)으로 변환시켜준다. 이때 단 방향이라는 말은 주어진 데이터를 활용하여 해시 값을 만들어 낼 수는 있지만 거꾸로 해시 값을 통하여 원래 데이터를 복구해 낼 수는 없음을 의미한다.

해시 값은 같은 데이터에서 오직 하나의 값을 갖는다. 따라서 해시 송신자가 원문 데이터와 함께 송신자의 해시 값을 함께 전송하면 수신자는 전송 받은 원문 데이터로 자신이 직접 만든 해시 값과 송신자가 보내온 해시 값을 비교함으로써 원문 데이터의 무결성을 확보할 수 있다. 이때 당연히 송신자가 수신자에게 보내는 해시 값은 암호화된 채 전송되어야 한다. 그렇지 않으면 해커가 원문 데이터와 해시 값을 가로채어 없애 버리고 자신이 송신자인 것처럼 꾸민 거짓 데이터와 거짓 데이터로 만든 해시 값을 수신자에게 보내게 되면 수신자는 해커가 보낸 줄을 모르고 큰 피해를 입을 수도 있다. 또한 메시지 다이제스트는 데이터에 대한 무결성은 확보해 주지만 데이터를 보낸 사람이 정말 송신자가 맞는지는 알 수 없기 때문에 공개키 방식과 함께 사용함으로써 무결성, 인증, 부인방지의 기능까지 함께 해결하는 것이 보통이다.

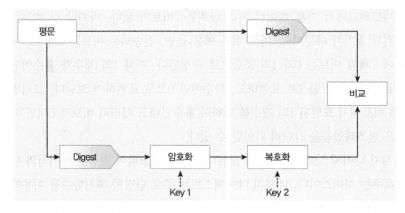

[그림 5-15] 메시지 다이제스트의 절차

제4절 **미래 인터넷 기술 : 클라우스 컴퓨팅과 사물인터넷**

1. 클라우드 컴퓨팅(Cloud Computing)

1) 클라우드 컴퓨팅의 개념

클라우드 컴퓨팅(Cloud Computing)이란 그 개념이 지속적으로 발전하고 있어 한 마디로 정의하기는 힘들지만, 일반적으로 인터넷 기술을 활용하여 '가상화된 IT 자원을 서비스'로 제공하는 컴퓨팅 기술을 의미한다. 클라우드 컴퓨팅에서 사용자는 IT 자원(소프트웨어, 스토리지, 서버, 네트워크)을 필요한 만큼 빌려서 사용하고, 서비스 부하에 따라서 실시간 확장성을 지원받으며, 사용한 만큼 비용을 지불하게 된다. 다음 [표 5-8]은 여러 기관에서 기술한 클라우드 컴퓨팅에 대한 정의들이다.

[표 5-8] 클라우드 컴퓨팅의 정의

가트너	인터넷 기술을 활용하여 다수의 고객들에게 높은 수준의 확장성을 가진 자원들을 서비스로 제공하는 컴퓨팅의 한 형태
포레스터 리서치	표준화된 IT 기반 기능들이 IP를 통해 제공되며, 언제나 접근이 허용되고, 수요의 변화에 따라 가변적이며, 사용량이나 광고에 기반한 과금 모형을 제공하고, 웹 혹은 프로그램적인 인터페이스를 제공하는 컴퓨팅
위키피디아	인터넷에 기반한 개발과 컴퓨터 기술의 활용을 말하는 것으로 인터넷을 통해서 동적으로 규모화 가능한 가상적 자원들이 제공되는 컴퓨팅
IBM	웹 기반 애플리케이션을 활용하여 대용량 데이터베이스를 인터넷 가상공간에서 분산 처리하고 이 데이터를 데스크톱 PC, 휴대 전화, 노트북 PC, PDA 등 다양한 단말기에서 불러오거나 가공할 수 있게 하는 환경

출처 : ETRI, 전자통신동향분석 제24권 제4호, 2009

그동안 국내외 다양한 기관들에서 IT기술의 트렌드를 예측하면서 중요한 기술들을 전망하였고, 최근의 기술전망에서 유망 기술로 클라우드컴퓨팅 기술은 빠지지 않고 등장하고 있다.

2012 by Gartner	2013 by Gartner	2014 by Gartner	2013 by Samsung SDS
Tablet	Mobile Device Battles	Mobile Device Diversity and Management	빅데이터를 통한 가치 창출
Mobile App. & Interface	Mobile Applications and HTML 5	Mobile Apps & Applications	클라우드 서비스의 발전
Situation/Social experience	Personal cloud	The Internet of	통합형 IT 비즈니스
Internet of Things	Internet of Things	Hybrid Cloud and IT as Service Broker	지능화된 보안 위협
App store & Market place	Hybrid IT and Cloud Computing	Cloud/Client Architecture	공격적 특허전략
Next generation analytics	Strategic Big Data	The Era of Personal Cloud	상황 인지형 기기와 서비스
Big Data	Actionable Analytics	Software Defined Anything(SDx)	차량의 스마트 기기화
In memory Computing	Mainstream In-memory Computing	Web-Scale IT	Green IT의 진보
Low Power Server	Integrated Ecosystems	Smart Machines	개방형 생태계를 통합 기업의 급성장
Cloud Computing	Enterprise App Store	3-D Printing	

[그림 5-16] 국내외 기관들의 유망기술 전망

보통 인터넷을 표현할 때 인터넷 망을 구름으로 표현하기도 한다. 이는 일단 데이터가 인터넷 망으로 들어가면 어디로 이동하고 또한 어느 공간에 저장되는지 일반인들은 모르기 때문이다. 전 세계적으로 이러한 인터넷 망에 연결되어 데이터를 공유하기 때문에 구름으로 표시하곤 하는데 클라우드 컴퓨팅의 개념 역시 이와 마찬가지이다. 기존에는 사용자가 개인용 PC 등에 필요한 자료와 소프트웨어들을 개별적으로 저장하고 관리하였다면, 클라우드 컴퓨팅은 사용자가 클라우드 컴퓨팅 네트워크에 접속하여 애플리케이션, 스토리지, OS, 보안 등 필요한 IT 자원을 원하는 시점에 필요로 하는 만큼 골라서 사용하고 사용량에 기반하여 대가를 지불하게 된다. 즉, 필요로 하는 소프트웨어를 개인 PC에 설치할 필요가 없이 언제든지 클라우드 컴퓨팅 네트워크에 접속하여 사용할 수 있게 되고 자료를 공유하므로 자료를 언제든지 사용할 수 있다는 장점이 있다. 예를 들어 사용자가 홈페이지를 만들어 어떤 웹서비스를 하나 구축 하려한다고 할 때 기존에는 홈페이지 저작용 프로그램과 웹서버 및 데이터를 저장할 수 있는 스토리 그리고 고속회선을 필요한 만큼 구입하여 구축하였다. 하지만 클라우드 컴퓨팅을 이용하게 되면 사용자는 해당 클라우드 컴퓨팅 네트워크에 필요로 하는 웹서버의 용량(대역폭, 스토리지 용량 등)을 설정하고 원하는 웹서비스 프로그램을 클라우드 컴퓨팅 네트워크에서 서비스 받은 저작용 프로그램을 이용해서 만들어 올려주기만 하면 된다. 클라우드 컴퓨팅 네트워크 내부에서 다 알아서 저장하고 처리해 주기 때문에 데이터를 저장하기 위한 스토리지 혹은 저장용 프로그램을 구매하거나 대역폭을 확대하기 위한 회선을 더 구축할 필요가 없게 된다. [그림 5-18]은 클라우드 컴퓨팅의 개념을 잘 표현한 그림으로 클라우드로 표현된 구름은 마치 모든 서비스를 제공할 수 있는 거대한 컴퓨터의 개념으로 이해할 수 있다. 이 컴퓨터에 다양한 매체를 이용하여 접속하고 원하는 서비스를 제공받을 수 있다는 것이 클라우드 컴퓨팅의 일반적인 개념이라 할 수 있다.

[그림 5-17] 클라우드 컴퓨팅

이러한 클라우드 컴퓨팅에는 다음과 같은 장점과 단점이 있다.

(1) 장점

① 사용자가 하드웨어나 소프트웨어를 직접 디바이스에 설치할 필요가 없이 자신의 필요에 따라 언제든지 컴퓨팅 자원을 사용할 수 있다는 장점이 있다.

② 모든 데이터와 소프트웨어가 클라우드 컴퓨팅 네트워크 내부에 집중되고 이기종 장비간의 상호 연동이 유연하기 때문에 손쉽게 다른 장비로 이러한 데이터와 소프트웨어를 이동할 수 있어 장비 관리 업무 및 PC 및 서버 자원 등을 줄일 수 있다는 장점이 있다.

③ 사용자는 서버 및 소프트웨어를 클라우드 컴퓨팅 네트워크에 접속하여 제공 받을 수 있으므로 서버 및 소프트웨어를 구입해서 설치할 필요가 없어 사용자의 IT 작업 비용이 대폭 줄어든다는 장점이 있다.

(2) 단점

① 서버의 공격 및 서버 손상으로 인한 개인 정보가 유출 및 유실될 수 있다.

② 모든 애플리케이션을 보관할 수는 없으므로 사용자가 필요로 하는 애플리케이션을 지원 받지 못하는 경우가 발생하거나 애플리케이션을 설치하는 데 제약이 있을 수 있다.

2) 클라우드 컴퓨팅 서비스

클라우드 컴퓨팅에서 제공하는 서비스는 다음과 같이 SaaS(Software as a Service), PaaS(Platform as a Service), IaaS(Infrastructure as a Service) 세 가지를 가장 대표적인 서비스로 분류한다.

SaaS는 클라우드 컴퓨팅 서비스 사업자가 클라우드 컴퓨팅 서버에 소프트웨어를 제공하고, 사용자가 원격으로 접속해 해당 소프트웨어를 활용하는 모델이다. 이는 클라우드 컴퓨팅의 최상위 계층에 해당하는 것으로 다양한 애플리케이션을 여러 클라이언트 조직에서 제공하고, 이러한 애플리케이션은 다중 임대 방식을 통해 서비스로 제공한다. 즉, 클라우드 컴퓨팅 서비스 사업자로부터 제공 받은 이메일 관리 프로그램이나 문서 관련 소프트웨어 및 핵심 애플리케이션 등에 이르는 모든 소프트웨어를 사용자는 클라우드 서비스를 통해 제공받을 수 있다.

PaaS는 사용자가 소프트웨어를 개발할 수 있는 토대를 제공해 주는 서비스이다. 클라우드 서비스 사업자는 PaaS를 통해 서비스 구성 컴포넌트 및 호환성 제공 서비스를 지원한다. SaaS가 소프트웨어의 활용을 위한 서비스 모델이라면, PaaS는 소프트웨어 개발을 위한 서비스 모델이라 할 수 있다. 여기에는 컴파일 언어, 웹 프로그램, 제작 툴, 데이터베이스 인터페이스, 과금모듈, 사용자관리모듈 등이 포함될 수 있다. 즉, 응용 서비스 개발자들은 클라우드 서비스 사업자가 마련해 놓은 플랫폼 상에서 데이터베이스와 애플리케이션 서버, 파일시스템과 관련한 솔루션 등 미들웨어까지 확장된 IT 자원을 활용하여 새로운 애플리케이션을 만들어 사용할 수 있다.

IaaS는 서버 인프라를 서비스로 제공하는 것으로 클라우드를 통하여 저장 장치(Storage) 또는 컴퓨팅 능력(Compute)을 인터넷을 통한 서비스 형태로 제공하는 서비스이다. 이는 사용자에게 서버나 스토리지 같은 하드웨어 자체를 판매하는 것이 아니라 하드웨어가 지닌 저장 혹은 컴퓨팅 능력만을 제공하는 서비스 모델이다.

위에서 언급한 클라우드 컴퓨팅의 대표적인 3가지 서비스 모델 이외에도 다음과 같은 6가지 서비스 모델들이 있을 수 있다.

① AaaS(Architecture as a Service) : 가상화 기술(Virtualization Technology)과 같은 아키텍처 구성을 위한 기술들을 제공하는 서비스 모델이다.

② BaaS(Business as a Service) : 비즈니스(경영, 마케팅, 제조, 인사, 프로세스, 재무 등) 전반에 걸친 기능들을 제공하는 서비스 모델이다.

③ FaaS(Framework as a Service) : 서비스 개발에 필요한 프레임워크들을 사용법, 실체 등을 포함하여 제공하므로 서비스 구성을 도와주는 서비스 모델이다.

④ HaaS(Hardware as a Service) : IaaS와 동일 개념으로, 컴퓨팅 능력(Compute)이나 저장 장치, 데이터베이스 등과 같은 물리적 공간을 총괄적으로 제공하여 컴퓨팅 서비스를 제공하는 서비스 모델이다.

⑤ IDaaS(Identity as a Service) : Identity와 관련된 서비스를 제공하는 서비스 모델이다.

⑥ CaaS(Communications as a Service) : IT 망을 기반으로 한 음성 기반 서비스로 기간통신이 아닌 별정 통신과 같은 부가 통신 사업자가 제공하는 서비스 모델이다.

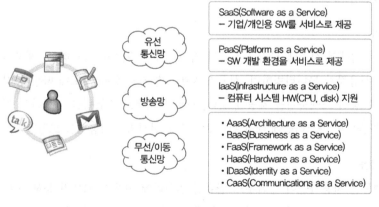

[그림 5-18] 클라우드 컴퓨팅 서비스

3) 클라우드 컴퓨팅의 관련 기술들

클라우드 컴퓨팅을 구성하기 위한 공통적인 기술 요소들로는 분산 컴퓨팅, 가상화, 시스템 관리, 서비스 플랫폼, 모바일 플랫폼 기술 등이 있다. 모바일 플랫폼은 엄밀히 말하면 클라우드 컴퓨팅을 구성하기 위한 핵심 공통 기술 요소는 아니지만, 현재 휴대폰 등 모바일 기술과 관련해서 많은 관심을 불러일으키고 있으며 앞으로 클라우드 컴퓨팅 서비스와 이기종 매체와의 유연한 연동을 위해 필요한 기술이 될 것이라는 판단에 간단하게 설명하도록 한다.

(1) 분산 컴퓨팅

분산 컴퓨팅은 클라우드 컴퓨팅 하드웨어를 구성함에 있어 인트라넷 또는 인터넷으로 연결된 다수의 컴퓨팅 자원을 하나로 연결하는 기술을 말한다. 분산 컴퓨팅과 관련한 기술로는 분산 파일시스템, 분산 데이터베이스 등이 있다. 분산 컴퓨팅에서는 독립적인 파일 시스템 및 데이터베이스를 단일 시스템으로 인지하고 접근할 수 있도록 하며 대용량 데이터들에 대한 빠른 처리 속도를 가져올 수 있도록 하는 기술이다.

(2) 가상화

클라우드 컴퓨팅에서 가상화는 자원 가상화(Resource Virtualization)를 의미하며 자원 가상화는 스토리지 볼륨, 네임 스페이스, 네트워크 자원 등과 같은 구체적인 시스템 리소스에 대한 가상화를 의미한다. 서버, 스토리지, 네트워크가 클라우드 컴퓨팅에서의 대표적인 가상화 대상이다.

(3) 시스템 관리

클라우드 컴퓨팅에서 시스템 관리는 사용자 가상 컴퓨팅 환경을 제공하고, 제공된 가상 시스템을 사용자가 모니터링하며, 사용자 서비스별 자원 활용 정도에 따른 동적인 자원 할당 및 동적 스케줄링을 제공해 준다. 또한 클라우드 컴퓨팅을 구성하고 있는 주요 시스템 솔루션 마스터들에 대한 관리로 시스템 전체의 고가용성을 보장한다.

(4) 서비스 플랫폼

서비스 플랫폼은 사용자들이 클라우드 컴퓨팅 인프라에 사용자 고유의 응용 또는 인터넷 서비스를 구축하기 위한 인터페이스를 제공한다. 서비스 플랫폼에서는 프로그래밍 언어의 인터프리터 환경 등과 같은 소프트웨어 개발 환경들과 보유 서비스들의 API(Application Programming Interface)를 제공하여 연결 가능하도록 한다. 또한 협업을 위한 인터페이스, 대용량 데이터처리를 위한 분산 병렬 처리 환경, 데이터베이스 인터 페이스 등을 서비스 플랫폼으로 제공하기도 한다.

(5) 모바일 플랫폼

모바일 플랫폼은 모바일 장치(Mobile Device)에서 다른 애플리케이션들이 잘 돌아갈 수 있게 플랫폼 역할을 하는 실행 환경을 말한다. 우리가 일반적으로 컴퓨터를 작동시 키면 마이크로소프트의 윈도우를 비롯하여 리눅스, 맥OS(Operating System) 등 운영체 제가 동작을 하게 된다. 이러한 운영체제는 컴퓨터에서 다른 애플리케이션들이 잘 돌 아갈 수 있도록 해주는 플랫폼으로서의 역할을 해주는 실행 환경을 의미한다. 이렇듯 모바일 기기도 일반적인 컴퓨터처럼 iPhone, Windows Mobile과 같은 모바일용 운 영체제가 나오면서 운영체제 자체가 플랫폼 역할을 대신하게 되었다. 모바일 플랫폼 은 응용 프로그램관리와 API(Application Programming interface) 관리 기능을 포함하고 있으며, 응용프로그램 플랫폼으로는 Java, BREW, Flash Macromedia, i-mode등 이 있다. 모바일 플랫폼 기능으로서 운영체제는 RIM OS, Window Mobile, Android, iPhone 등이 있으며, 그 구조에 따라 전문 OS, VM 모드 OS, 개방형 OS로 분류된다.

[그림 5-19] 모바일 운영체제 구조에 따른 분류

(6) 기타

그 밖에도 사용 용량에 따른 과금 정책 및 사용자 인증 인터페이스와 사용자들의 데 이터 또는 접근 등에 대한 플랫폼 기술들이 있을 수 있다.

2. 사물인터넷(IoT : Internet of Things)

1) 사물인터넷의 개념

사물인터넷이라는 용어는 1999년에 P&G사의 케빈 애쉬튼이 RFID 및 여러 센서들을 일상생활 속 많은 사물에 탑재함으로써 사물인터넷이 구축될 것이라고 언급하면서 최초로 사용되었다고 알려져 있다. 이는 통신망을 이용하여 사람과 사물, 사물과 사물 간의 지능통신을 할 수 있는 M2M(Machine to Machine)의 개념으로 볼 수 있으며, 최근에는 IoE(Internet of Everything)로 그 개념이 더욱 확장되어가고 있다.

이러한 IoT 개념이 지금까지 자리잡아오게 된 데에는 RFID(Radio Frequency Identification), WSAN(Wireless Sensor and Actuator Network), 웹기반 기술 등의 이전 기술들의 발전이 있었기 때문에 가능해진 것이다. 지금의 IoT 기술은 표준화된 통신 프로토콜뿐 아니라, 다양한 제품과 플랫폼의 존재로 그 특성을 규정할 수 있다. 따라서 사물인터넷은 유선통신 기반의 인터넷으로부터 출발해서 무선과 모바일 인터넷보다도 더 진화된 단계의 인터넷을 의미한다. 즉, 초기 인터넷의 개념은 많은 사람의 개입을 요구했지만, 앞으로는 무선 통신 기술의 발달로 사물대 사물의 통신이 가능한 영역이 더욱 확대되고, 사물간의 자율적인 통신도 가능한 시대로 발전해갈 것이다.

2) 사물인터넷을 위해 필요한 노력

먼저, 사물인터넷이 잘 자리잡기 위해서는 사물 간 지능적인 통신을 가능하게 하는 방법론의 개발을 지원하기 위한 인프라의 구축이 필요하다. 우리나라는 사물간 지능통신을 위해서 4G통신 인프라를 구축하고 국내 대학 등과 함께 인프라의 개발과 체험교육 등을 위한 다양한 노력을 전개하고 있다. 또한 이와 함께 사물지능통신에 필요한 글로벌 표준 개발 및 이에 대한 표준화 작업이 진행되어야 한다. 우리나라는 '이동통신망 기반 MTC 기술 표준 개발', '개방형 M2M서비스 기술 표준 개발' 등을 통해서 만들어진 표준안을 3GPP, ITU-T, oneM2M 등에 기고하여 표준화 작업에 활발하게 참여하고 있다. 마지막으로 꼭 필요한 것이 차세대 사물지능통신을 위한 핵심기술의 확보이다. 각종 통신프로토콜 위에서 동작할 수 있도록 사물지능통신 표준 플랫폼 기술뿐만 아니라, 지능형 서비스를 위한 시스템 기술들이 개발이 되어야 한다.

3) 사물인터넷의 시장현황

시장 조사기관인 가트너에 의하면 2011년부터 향후 정보기술 및 산업에 영향을 미칠 요인으로 사물인터넷을 포함시켜서 분석하였다. 또한 매년 선정하는 10대 전략기술로 2012년부터 3년간 연속으로 사물인터넷을 포함시켰다.

사물인터넷은 여러 IT기술이 복합적으로 얽혀있어서 그 시장규모를 단일하게 측정할 수는 없지만, 연결된 단말들의 가치로 그 시장규모를 유추해볼 수 있는데, 단말의 수는 2011년 기준 90억 대 수준에서 2020년에는 약 250억 대까지 증가할 것으로 예측되며 그 증가추세는 더 빨라질 전망이다. 그리고 2020년까지 이렇게 연결된 단말들로부터 만들어질 시장의 가치는 약 4조 5,000억 달러로 추산된다.

4) 사물인터넷의 향후 전망

우리나라를 포함한 주요 선진국들은 사물인터넷을 주요 국가 성장동력의 새로운 주제로 선정하여 다른 사업들과의 융합을 통해서 파급효과를 기대하고 있다. 앞으로 무선으로 연결되는 단말들이 늘어나고, 기업과 개인을 막론하고 사회적으로 많은 컴퓨팅 자원들이 보급이 될 것으로 예견되고 있다. 빅데이터, 클라우드, 스마트폰 등의 기술과 함께 사물인터넷은 미래 사회를 이끌어 갈 주요역할을 담당할 기술로 자리잡을 것이다.

비즈니스적 관점			기술적 관점	
자동차, 헬스케어, 스마트홈, 엔터테인먼트	비즈니스 영역	물리적 영역	유비쿼터스-이동-정지영역 현실세계-증강현실-가상세계	
개방-폐쇄 통합-분산	생태계 구축	솔루션 생명주기	기술-제품-시스템-서비스 애플리케이션-인프라스트럭처	
가치 공동생성, 가치 평가, 가치 공유 비즈니스 모델 평가	비즈니스 모델	사용모델	스마트폰-패드(태블릿)-노트북-PC-TV 주문형-상시형	
무방향성-양방향성 서비스 일반화-서비스 다양화	서비스의 디지털화	서비스의 클라우드화	개인 클라우드-공공 클라우드	

[그림 5-20] IoT의 미래에 대한 관점 비교

참고문헌

강석호, 배준수, 김훈태, 이우기, E-biz, IT, SI, 박영사, 2003

김용석, 김현아, 방형빈, 이구순, 이은상, 홍현성, 훤히 보이는 WiBro, uBook, 2005

안중호, 박철우, 인터넷과 전자상거래, 홍문사, 2001

이재동, 이재범, 장호성, 인터넷기술과 응용, 사이텍미디어, 2001

산업자원부 한국전자거래협회, 2001 전자상거래 백서, 2001

산업자원부 한국전자거래진흥원, 2003 e-비즈니스 백서, 2003

정보통신부, 2005년도 전기통신에 관한 연차 보고서, 2005

미래창조과학부, 한국인터넷진흥원, 2013 한국인터넷백서, 2013

한국전산원, ASP산업 분류 및 현황 조사, 2005

한국정보보호진흥원, 인터넷 침해사고 동향 및 분석 월보, 2006.1

H.X. Mel 저, 정재원 역, 보안과 암호화 모든 것, 인포북, 2001

베리 소신스키 저, 정원천, 김양수 역, 클라우드 컴퓨팅 바이블, (주) 도서출판 길벗, 2012

아드리안 맥이웬, 하킴 카시말리 저, 문현선 역, 사물인터넷 디자인의 원칙: 세상을 연결하는
　　　IoT설계의 모든 것, 비제이퍼블릭, 2014.10

Jeffrey F. Rayport, Bernard J. Jaworski, e-Business, McGraw-Hill, 2002

ITU, World Telecommunication Indicator Database, 2006.1

ITU, World Telecommunication · ICT Development Report, 2006.1

O. Mazhelis, H. Warma, S. Leminen, P. Ahokangas, P. Pussinen, M. Rjahonka,
　　　R. Siuruainen, H. Okkonen, A. Shveykovskiy, J. Myllykoski, Internet-of-
　　　Things Market, Value Networks, and Business Models: State of the Art Report,
　　　University of Jyvaskyla Technical Report TR-39, 2013

연습문제

01. 인터넷의 특징을 설명하여 보시오.

02. 인터넷 콘텐츠 활용 방안을 조사하시오.

03. B2B와 B2C에 대해서 설명하시오.

04. 클라이언트/서버 시스템의 3계층 구조를 설명하시오.

05. 인트라넷과 엑스트라넷을 비교·설명하시오.

06. 프로토콜의 개념과 필요성을 설명하시오.

07. 인터넷의 기반이 되는 프로토콜은 무엇인가?

08. 현재 인터넷 주소 체계의 문제는 무엇인가?

09. 클라이언트/서버 시스템과 웹기반 시스템을 비교·설명하시오.

10. 인터넷 보안의 필요성에 대해서 설명하시오.

11. 방화벽의 구성요소는 무엇인가?

12. 대칭키와 공개키는 무엇인가?

13. 인터넷에서 이루어지는 서비스를 나열하고 설명하시오.

14. 클라우드 컴퓨팅의 개념을 설명하시오.

15. 클라우드 컴퓨팅의 배치모델과 서비스모델을 설명하시오.

16. IoT의 개념을 설명하시오.

CHAPTER 06

e-비즈니스 기반 기술

e-BUSINESS

개요

e-비즈니스 환경에 대한 내용을 언급함에 있어 웹, 네트워크 등 정보기술에 대한 부분은 언제나 중요하게 다루어진다. e-비즈니스 환경을 구성하는 기반 정보기술에 대한 이해가 선행되지 않고서는, e-비즈니스에 대한 명확한 이해를 하기도 어렵다.

이에, 이 장에서는 e-비즈니스 환경의 주요 요소로 작용하는 기반 정보기술에 대한 이론적 부분을 살펴본다. 제1절에서는 웹과 관련된 기본적 이해와 그 기술에 대해 알아보고, 제2절에서는 네트워킹 기술에 대한 기본적 내용을 학습한다. 그리고 제3절에서는 네트워크에서 빠질 수 없는 정보보안 기술에 대해 공부하고, 마지막으로 제4절에서는 모든 정보시스템의 기반이 되는 데이터베이스에 대한 기본적 사항을 알아본다.

e-비즈니스 기반 기술

학습목표 ○○○

- 웹(Web)의 의미는 무엇인지 알아본다.

- 인터넷에서 클라이언트와 서버는 어떤 것인지 학습한다.

- 네트워크란 무엇이며, 그 종류는 어떠한 것들이 있는지 학습한다.

- 데이터베이스가 무엇이며, 왜 중요한지 학습한다.

제1절 웹(Web) 기반 기술

우리는 일상의 생활에서 웹 환경을 자주 접하고 있으며, 이 단어 역시 많이 사용하고 있다. 그러나 웹이라는 개념이 너무 광범위하여 한마디로 정의하는 것은 어려운 일이다.

웹은 인터넷(Internet)이라는 통신망에서 다양한 정보들을 연결해 주고, 표현해 주는 방법이라고 말할 수 있다. 웹은 텍스트를 포함하여 이미지 및 동영상 등 다양한 데이터를 표현할 수 있으며, 웹 브라우저(Web Browser)라는 도구를 사용하여 그러한 데이터를 보고, 듣고, 사용할 수 있는 환경이라 정의할 수 있다. 과거의 웹은 그 표현과 사용에 있어서 매우 제한적인 환경이었지만, 최근의 웹은 가젯이나 Background에서 동작하는 다양한 기능들로 인해 다양한 표현 방식과 사용 환경을 보이고 있다.

이러한 웹은 데이터를 전송 및 연결하고 표현해주는 것이 주된 목적이라 할 수 있으며, HTTP(Hyper Text Transfer Protocol)라는 규약(프로토콜, Protocol)을 사용하여 마크업 언어(Mark-Up Language)로 표현된 다양한 데이터를 서로 주고받게 되는 것이다.

또한 우리는 웹이라는 용어를 대신하여 인터넷이라는 단어를 자주 사용한다. 개념적으로 보았을 때, 웹은 인터넷의 하위에 속한다고 할 수 있으며, 정확히 표현한다면 인터넷이라는 환경을 이용하여 웹을 사용하게 되는 것이다. 다시 말해, 우리가 정보검색, 게임, 그리고 인터넷 쇼핑몰을 이용하기 위해 자주 사용하는 인터넷은 TCP/

IP(Transmission Control Protocol/Internet Protocol) 프로토콜을 통해 연결되어 있는 글로벌 네트워크 환경을 의미하는 것이며, 그 환경 속에서 웹을 사용한다는 것이다.

인터넷은 최초 군사적인 목적으로 개발된 ARPANET이라는 네트워크 환경이 그 시초였으나, 그 용도가 점차적으로 학술, 정보검색 및 상업 등으로 확대되어 오늘 날의 인터넷 환경으로 발전하게 된 것이다. 이러한 인터넷이라는 환경은 검색, 메일, 파일 전송 등 "특정 서비스에 대한 요청과 그에 대한 응답"이라는 동작으로 이루어지는데 이를 클라이언트(Client)/서버(Server) 시스템이라고 한다.

1. 클라이언트(Client)/서버(Server) 시스템

인터넷 환경의 기본이 되는 클라이언트(Client)란, 인터넷 상에서 서비스를 요청하는 쪽을 의미하는 것이고, 서버(Server)는 클라이언트(Client)에 의해 서비스 요청이 발생했을 때 반응하고 응답을 보이는 쪽을 의미하는 것이다. 예를 들어 우리가 학교나 집에서 네이버에 접속하기 위해 네이버 주소를 웹 브라우저에 입력하고 나면, 네이버 화면이 우리 컴퓨터에 나타나게 되는데 이 때, 네이버 서비스를 요청하는(우리가 사용하는) 컴퓨터가 클라이언트(Client)가 되고, 반응을 보이며 응답을 하는 네이버 컴퓨터를 서버(Server)라고 한다.

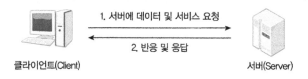

1. 서버에 데이터 및 서비스 요청

2. 반응 및 응답

클라이언트(Client)　　　　　　　　　　　서버(Server)

[그림 6-1] 클라이언트(Client)와 서버(Server)

이러한 클라이언트(Client)는 서버(Server)로의 원활한 접속과 서비스 활용을 위해 다양한 프로그램을 사용하게 되는데, 이러한 프로그램을 클라이언트(Client) 프로그램이라고 하며 웹 브라우저, 알FTP 등이 있다. 또한 서버(Server) 역시도 서버(Server)로서의 원활한 역할 수행과 서비스 운영을 위해 서버(Server) 프로그램을 설치하며, IIS(Internet Information Server), Exchange Server 등의 프로그램이 있다.

2. 클라이언트(Client) 프로그램

앞서 설명했듯이, 클라이언트(Client)는 서버(Server)로의 원활한 접속과 서비스 활용을 위해 다양한 프로그램을 사용한다. 일반적으로 많이 사용되는 클라이언트 프로그램에는 웹 브라우저와 FTP 프로그램 등이 있다.

1) 웹 브라우저(Web Browser)

웹은 인터넷이라는 환경을 통해, 마크업 언어(Mark-Up Language)로 표현된 다양한 데이터를 주고받는 것이다. 따라서 사용자는 인터넷을 통해, 특정 서버에 데이터나 서비스를 요청하고, 그 결과를 받아 화면으로 표시하는 프로그램을 사용하여야 하는데, 그것이 바로 웹 브라우저이다. 전 세계적으로 사용되는 웹 브라우저는 그 종류가 매우 다양하지만, 가장 대표적인 것으로 IE(Internet Explorer)와 FireFox, Opera 등이 있다.

(1) 인터넷 익스플로러(Internet Explorer 이하 IE)

IE는 마이크로소프트에서 개발한 웹 브라우저이며, 현재 버전11까지 출시가 되어 사용 중에 있다. 보통 IE는 컴퓨터에 윈도우(Windows)를 설치하면 자동으로 설치가 되지만, 그렇지 않을 경우 윈도우즈 업그레이드 기능을 사용하거나, 마이크로소프트사 웹 사이트에서 다운로드하여 설치할 수 있다.

(http://windows.microsoft.com/ko-kr/internet-explorer/ie-11-worldwide-languages)

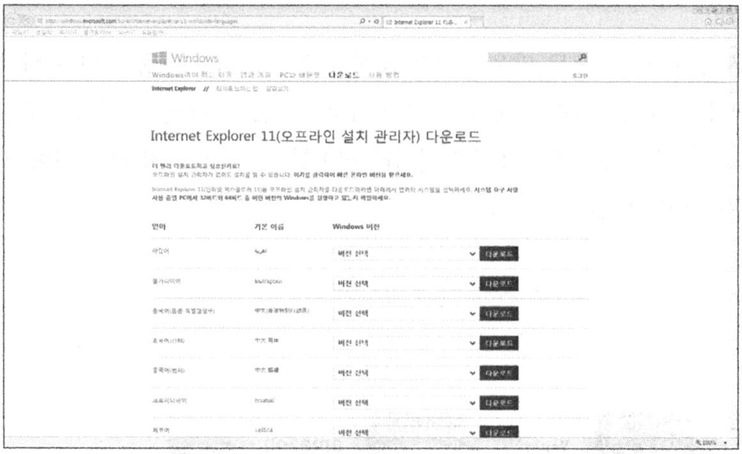

[그림 6-2] IE 11

(2) 파이어폭스(FireFox)

파이어폭스는 모질라(http://www.mozilla.or.kr/ko/)라는 곳에서 제작한 오픈 소스 브라우저이다. 특히 파이어폭스는 FireBug, Web Developer 등 다양한 부가기능을 제공하는 강력한 브라우저로, 최근 웹 표준 및 웹 접근성 등에 대한 관심의 증가로 인해 우리나라에서도 사용자가 많이 증가하고 있는 웹 브라우저이다.

[그림 6-3] FireFox

(3) 오페라(Opera)

최근, 국내 사용자를 중심으로 많은 활용을 보이고 있는 브라우저 중 하나가 바로 오페라(Opera)이다. 이용자의 운영체제(OS)를 가리지 않고 웹을 이용할 수 있도록 하는 데에 초점을 둔 웹브라우저로, 운영체제뿐 아니라 접속환경도 차별하지 않는 것이 이 웹 브라우저의 특징이자 핵심 사상이다.

[그림 6-4] Opera

(4) 크롬(Chrome)

구글(Google)에서 개발한 크롬 브라우저는, 단순한 디자인에 웹을 더욱 빠르고 안전하고 쉽게 만드는 최첨단 기술이 구현된 브라우저라 할 수 있다. 우리나라에서는 PC에서 보다 스마트폰에서 더 많은 활용을 보이고 있는 브라우저이다.

[그림 6-5] Chrome

2) FTP 프로그램

클라이언트 프로그램은 앞서 알아본 웹 브라우저(Web Browser) 외에 FTP가 대표
적이라 할 수 있다. FTP 프로그램은 클라이언트(Client)와 서버(Server) 사이에서 파일
전송을 위해 사용하는 프로그램으로, 웹(Web) 상에서 파일을 전송하기 위한 규약인
FTP(File Transfer Protocol)를 사용하기 때문에 통칭하여 FTP 프로그램이라 부르게 된
것이다. FTP 프로그램 역시 그 종류가 매우 많지만, WS_FTP와 알FTP(알드라이브)라
는 프로그램이 대표적이다.

(1) WS_FTP

IPSWITCH 사에서 제작한 WS_FTP는 인터넷 상에서 서버에 있는 파일을 다운로
드하거나 업로드하기 위해 사용하는 프로그램이다. WS_FTP는 접속한 서버와의 파일
업·다운로드 외에도 파일 검색, 스크립팅, 파일의 동기화, 파일 확장자를 자동변환
및 작업 기록에 대한 로그파일 저장 등 편리하고 강력한 기능들을 지원한다.

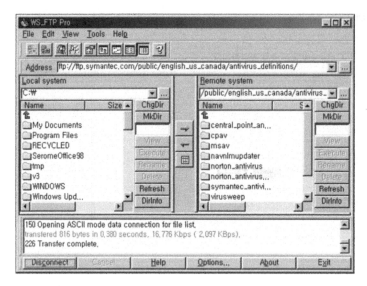

[그림 6-6] WS_FTP

(2) 알드라이브(알FTP)

알집으로 잘 알려진 국내의 ESTSoft 사에서 제작한 FTP 프로그램으로 클라이언트·서버 간의 파일 전송을 위한 프로그램이다. 최초 알FTP라는 프로그램에서 알드라이브로 업그레이드되었으며, FTP 접속 기능 외에, WebDAV 등 다양한 프로토콜 파일 전송을 지원하며, S3, Ucloud Biz, T-cloudbiz(Easy Storage) 등의 서비스도 접속가능한 장점이 있다.

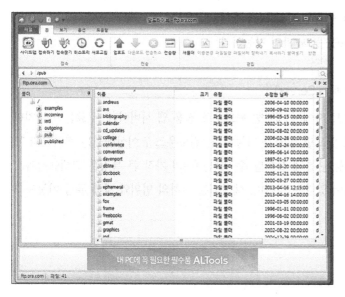

[그림 6-7] 알드라이브

3. 서버(Server) 프로그램

클라이언트(Client)에서 서버(Server)로의 원활한 접속과 서비스 활용을 위한 클라이언트 프로그램이 있다면, 서버(Server) 역시 다양한 서버 프로그램을 사용하여 서비스에 대한 효율적인 응답과 반응을 하게 된다.

웹 브라우저(Web Browser)나 FTP 등과 같은 클라이언트의 요청에 대한 응답과 반응을 위해서는 웹 서버(Web-Server)라는 프로그램을 사용하게 되며, 대표적인 웹 서버(Web-Server) 프로그램으로는 아파치(Apache), IIS, 제우스 등이 있다.

1) 아파치(Apache)

아파치(Apache)는 1995년 처음 발표된 웹 서버용 소프트웨어로, NCSA(National Center for Supercomputing Applications:미국국립슈퍼컴퓨터활용센터) 소속 개발자들이 개발하였으며 무료 소프트웨어이다. 아파치(Apache) 웹 서버는 자바 서블릿, 실시간 모니터링 및 자체 부하 테스트 등 많은 기능을 제공하고 있으며, 운영체제에도 독립적이어서 많은 사이트에서 사용하고 있다. 아파치(Apache)의 기능과 버전은 아파치 사이트 (http://www.apache.org)를 통해 확인 가능하다.

2) IIS(Internet Information Server)

IIS는 마이크로소프트 사에서 개발한 윈도우즈 전용 웹 서버이다. 무료는 아니지만, 윈도우즈 설치 파일이 있으면 설치가 가능하며, 윈도우즈 7 이상에서는 제어판의 "프로그램 추가/제거" 기능을 통해 설치할 수 있다. IIS의 가장 큰 특징은 검색엔진과 스트리밍 기능이 포함되어 있다는 것이며, 예상되는 부하의 범위와 자체 튜닝 기능도 포함하고 있다.

제2절 네트워크(Network) 기술

웹은 인터넷이라는 환경을 기반으로 사용되는 것이다. 여기서 말하는 인터넷이 바로 네트워크 환경을 기반으로 만들어진 것이며, 네트워크 기술이 없이는 인터넷 환경도, 웹도 사용할 수 없게 된다.

네트워크란, 정보공유를 목적으로 다양한 정보통신기기들을 묶어 놓은 통신망을 의미하는 것이며, 컴퓨터나 스마트폰 등 통신이 가능한 장비 또는 단말기를 사용하여 유·무선의 통신 매개체를 통해 데이터나 정보를 공유하는 것을 네트워크라고 한다.

정보통신이라고도 하는 네트워크에서는 송신자와 수신자, 전송내용 그리고 전송매체가 반드시 존재하는데, 송신자와 수신자는 서버와 클라이언트 등과 같은 단말기를 의미하는 것이고, 전송내용은 콘텐츠를, 그리고 전송매체는 유·무선의 통신선 또는 통신매개체를 뜻하는 것이다. 이러한 네트워크는 통신망이 펼쳐진 지역적 범위에 따라 구분할 수도 있으며, 전송매체의 종류에 따라 그 종류를 나누기도 한다. 먼저 지역적 범위에 따른 네트워크의 분류는 LAN, WAN, WAN 등으로 구분을 할 수 있으며, 전송매체의 경우 유선통신과 무선통신으로 분류하여 그 종류를 다시 세분화하게 된다.

1. 지역적 범위에 의한 구분

통신망이 펼쳐진 지역적 범위 즉 얼마나 넓은 범위에 네트워크가 구성되었는가에 따라, 네트워크는 LAN, WAN, WAN 등으로 구분된다.

1) LAN(Local Area Network)

근거리 통신망이라 불리기도 하는 LAN은 일정 지역(특정 방, 층, 건물, 집단) 내의 정보통신기기들을 정보 공유를 목적으로 묶어놓은 통신망을 의미한다. 이를 통해 업무의 효율성을 증대시키고 시간의 절약이라는 이점을 가져올 수 있다. 이러한 LAN은 통신망이 구성된 형태에 따라 Star형, Ring형, Bus형의 세 가지 토폴로지(Topology)로 구분된다.

(1) Star형

컴퓨터 등의 정보통신기기들이 정보공유를 목적으로 하나의 접점(허브, Hub)을 중심으로 연결되는 네트워크를 의미하는 것이다. 일반적인 LAN의 구성에서 가장 많이 사용되는 토폴로지(Topology)이며, 통신망에 연결된 컴퓨터(정보통신기기) 중 하나가 불량

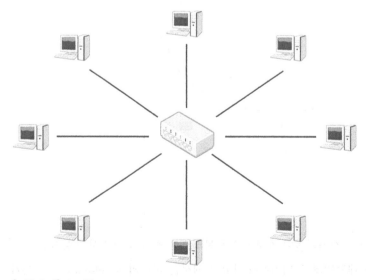

[그림 6-8] Star형

이 되거나 오류가 발생해도 통신망에는 영향을 미치지 않는 장점이 있다. 그러나 허브(Hub)라 부르는 접점에 오류나 불량이 발생하게 되면, 전체 통신망에 아주 큰 영향을 미치게 된다.

(2) Ring형

컴퓨터 등의 정보통신기기들이 정보공유를 목적으로 하나의 원(Ring) 모양으로 연결되는 네트워크이다. 각각의 컴퓨터(정보통신기기)들은 양 옆의 컴퓨터(정보통신기기)와 직접 연결하여 전체적으로 원(Ring) 모양의 통신망 형태를 이루게 된다.

이러한 Ring형 네트워크는 모든 컴퓨터(정보통신기기)들이 통신망에 접속 및 전송할 수 있는 기회를 가질 수 있는 매우 순차적인 장점이 있으며, 하나의 컴퓨터(정보통신기기)가 불량이 되거나 오류를 발생하게 되면 전체 통신망에 영향을 미칠 수 있는 단점이 존재한다.

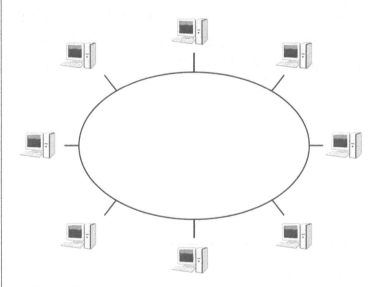

[그림 6-9] Ring형

(3) Bus형

컴퓨터 등의 정보통신기기들이 정보공유를 목적으로 하나의 기준선(백본, Backbone)을 통해 연결되는 네트워크를 의미한다. Bus형에서는 하나의 컴퓨터(정보통신기기)가

통신을 할 경우 다른 컴퓨터(정보통신기기)는 통신을 할 수 없으며, 통신을 하기 위하여 기준선(백본, Backbone)의 양방향 중 어디로든 신호를 발송할 수 있다. 그리고 기준선(백본, Backbone)의 양 끝에는 신호의 유실을 막기 위해 종단장치(터미네이터, Terminator)를 장착하게 된다.

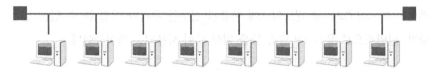

[그림 6-10] Bus형

2) MAN(Metropolitan Area Network)

도시권 통신망으로 불리기도 하는 MAN(Metropolitan Area Network)은 특정 도시에 퍼져 있는 컴퓨터(정보통신기기)들을 정보공유를 목적으로 묶어 놓은 통신망을 의미한다. 예를 들어 하나의 특정 도시(부산 또는 서울)에 있는 모든 정보통신기기들을 하나의 통신망으로 묶어 통신망을 구축할 경우 MAN(Metropolitan Area Network)이 형성된다.

3) WAN(Metropolitan area network)

WAN(Metropolitan area network)은 원거리 통신망이라도 불리며, 서로 다른 LAN과 LAN, LAN과 MAN, MAN과 MAN을 묶어 구성하게 된다. 일반적으로 국가나 대륙 등과 같은 넓은 지역을 연결하는 네트워크를 형성하기 위해 만들어진다.

2. 전송매체에 의한 구분

전송매체란, 말 그대로 송신측 컴퓨터(정보통신기기)와 수신측 컴퓨터(정보통신기기) 사이의 전송 통로를 의미하는 것으로, 일반적인 네트워크 구축을 위해서는 동축 케이블(Coaxial Cable), 쌍 꼬임선(Twisted Pair Cable), 광 케이블 등이 많이 사용된다.

1) 동축 케이블(Coaxial Cable)

동축 케이블(Coaxial Cable)은 주파수가 높은 경우에 사용하는 전송용 케이블로서, 파이프 모양의 외부 도체 중심에 내부 도체를 배치하고, 그 사이에 절연물을 넣은 구조로 되어 있다. 이러한 동축 케이블(Coaxial Cable)은 높은 주파수까지 감쇠가 적어 광대역 전송에 적합하며, 또한 외부 도체가 있으므로 신호의 손실이 적은 것이 특징이다. 동축 케이블(Coaxial Cable)을 네트워크에 사용된 경우를 우리가 직접 볼 수 있는 경우는 드물며, 일반적으로 유선 TV 방송 등을 위해 많이 사용되는 케이블이다.

[그림 6-11] **동축케이블**

2) 비차폐 쌍케이블(Unshielded Twisted Pair Cable)

보통 UTP(Unshielded Twisted Pair) 케이블이라고 부르기도 하는 이 케이블은 일반 전화선이나 랜(LAN:근거리통신망)의 구성을 위하여 많이 사용한다. 절연된 2개의 구리선을 서로 꼬아 만든 여러 개의 쌍케이블 외부를 플라스틱 피복으로 절연시킨 것으로, 카테고리 1부터 5까지가 주로 사용된다.

- 카테고리 1 : 주로 전화망에 사용되는 케이블.
- 카테고리 2 : 최대 전송 속도 4Mbps를 가진 케이블.
- 카테고리 3 : 일반적으로 사용되는 UTP 케이블. 최대 전송 속도 10Mbps이며, 선의 구성에 따라 100Mbps 적용 가능
- 카테고리 4 : 일반적으로 Ring형의 네트워크에 사용되는 케이블. 최대 전송 속도 16Mbps.
- 카테고리 5 : 최대 전송 속도 100Mbps를 지원하는 Fast Ethernet용 케이블.

[그림 6-12] UTP 케이블

3) 광케이블(Optical Cable)

광섬유케이블이라고도 하며, 전기신호를 강한 빛과 약한 빛으로 변화시켜 전송하는 통신방식에 사용되고, 머리카락 정도의 두께인 직경 0.125mm의 가느다란 유리섬유를 여러 가닥 묶어서 통신용으로 쓸 수 있도록 외피를 입힌 케이블이다. 전송 속도와 전송량에 있어 가장 효율이 높은 케이블이며, 그만큼 가격도 비싸다.

[그림 6-13] 광케이블

3. OSI(Open System Interconnection) 참조 모델

네트워크에 대한 공부를 하다 보면, 프로토콜(Protocol)이라는 용어를 많이 접하게 된다. 프로토콜(Protocol)은 컴퓨터(정보통신기기)가 서로 통신을 하기 위해 반드시 지켜야 하는 약속, 즉 규칙을 의미하는 것이다. 우리가 자주 사용하는 인터넷에서도 TCP/IP, HTTP, FTP, SMTP, POP3 등 수많은 프로토콜(Protocol)이 동작을 하고 있다. 우리가 인터넷을 통해 메일을 주고받거나, 파일을 전송하거나, 웹 서핑을 할 수 있는 것도 바로 이러한 프로토콜(Protocol)들이 동작을 하기 때문이다.

이처럼 중요한 프로토콜(Protocol)은 OSI(Open System Interconnection) 참조 모델을

기본으로 구성된다. OSI참조 모델은 LAN 표준을 제정한 IEEE 위원회에서 네트워크 장비간의 호환 및 표준을 위하여 제정한 네트워크 장비 개발의 표준 준수 모델이자 프로토콜(Protocol)의 기본 모델이라 할 수 있으며, 이를 통해 컴퓨터의 특정 모델이나 제작사에 영향을 받지 않고 네트워크를 구성할 수 있게 된다.

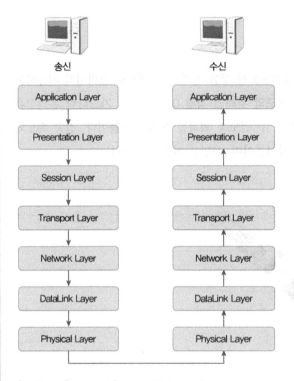

[그림 6-14] OSI 7 계층

- 물리 계층: OSI의 최하위의 계층으로, 데이터링크로부터 받은 데이터를 물리적인 장치를 통해 변환/ 전송을 수행하는 역할
- 데이터 링크 계층: 상위계층으로부터의 보든 데이터 패킷의 실제적 전송이 이루어지는 물리계층으로 전송하는 역할
- 네트워크 계층 : 네트워크 사이의 라우팅 패킷의 올바른 전송
- 전송 계층 : 상위의 애플리케이션 계층과 네트워크 계층 사이의 인터페이스 역할

을 담당하여, 단말간의 전송을 보증해 주는 역할
- ●세션 계층 : 통신 모드의 선택(통신 채널 설정)이나 동기 등 다이얼로그의 관리 담당. 파일의 크기나 종류에 따라 통신 형태 결정을 하며 필요에 따라 동기를 취하면서 신뢰성 있는 전송 담당
- ●프레젠테이션 계층 : 데이터의 표현 방식 결정
- ●애플리케이션 계층 : 여러 애플리케이션에서 필요한 통신서비스 요소 선택

제3절 정보보안 기술

정보화 · 지식화 사회의 도래로 인해, 정보는 물질이나 에너지 자원보다 더욱 중요한 가치를 가지게 되었고 사회 및 생활 전반에 걸쳐 중요한 위치를 차지하게 되었다. 그에 따라 정보를 안전하게 보호하고, 관리하는 기술의 중요성과 필요성이 높아지고 있다.

정보보안이란, 정보의 수집, 가공, 저장, 검색, 송신 및 수신 도중에 정보의 훼손, 변조 또는 불법적 유출 등을 방지하고 이를 통해 정보의 무결성, 기밀성, 가용성을 유지하기 위한 관리적, 기술적 방법을 의미하는 것이다. 이러한 정보보안은 정보를 제공하는 공급자 측면과 사용자 측면에서 살펴볼 수 있는데, 공급자의 측면에서는 내 · 외부의 위협요인들로부터 네트워크, 시스템 등의 하드웨어, 데이터베이스, 통신 및 전산시설 등 정보자산을 안전하게 보호 · 운영하기 위한 일련의 행위로 볼 수 있으며, 사용자의 측면에서는 개인 정보 유출, 남용을 방지하기 위한 일련의 행위를 뜻하는 것이다.

1. 보안공격(Security Attack)

보안공격이란, 특정 조직의 정보보호를 저해하는 제반 행위를 뜻하는 것으로, 소극적 공격(Passive Attack)과 적극적 공격(Active Attack)으로 그 유형을 나누어 볼 수 있다.

소극적 공격 (Passive Attack)	적극적 공격 (Active Attack)
• 가로채기 • 도청 • 트래픽 분석	• 방해(Interrruption) • 수정(Modification) • 재전송(Replay)

[그림 6-15] 보안 공격의 유형

1) 소극적 공격(Passive Attack)

소극적 공격은 시스템으로부터 정보를 도청하여 얻거나 그 결과로 얻은 정보를 사용하려는 시도이며, 시스템 자원에는 영향을 끼치지 않는 공격 형태를 의미하는 것으로, 전송 중인 정보나 콘텐츠에 대한 도청이나 감시하는 것이다. 따라서 소극적 공격(Passive Attack)은 전송 중인 정보나 콘텐츠를 취득하는 것을 최대 목표가 되며, 가로채기 및 도청 등을 통해 메시지 내용 갈취하거나 트래픽 분석을 통해 송수신자의 신분이나 통신 주기 등을 관찰하는 것이 소극적 공격(Passive Attack)의 대표적인 유형이라 할 수 있다.

2) 적극적 공격(Active Attack)

적극적 공격은 시스템 자원을 변경하거나 시스템의 작동에 영향을 끼치는 공격 형태로, 전송 중인 정보나 콘텐츠를 수정하거나 가짜 정보 등을 생성하게 된다. 일반적으로 방해(Interruption), 수정(Modification), 재전송(Replay) 등의 기법을 사용하여 공격을 한다.

방해(Interruption)는 정보의 가용성에 대한 공격 유형으로 시스템의 일부를 파괴하거나 사용할 수 없도록 만드는 공격이며, 수정(Modification)은 정보에 대한 비인가자들에 의한 불법적 접근 및 변경을 통해 정보의 무결성을 침해하는 공격을 의미한다. 그리고 재전송(Replay)은 정보 및 콘텐츠를 데이터 단위로 획득하여 이를 변조한 후, 다시 전송하는 방식으로 변조된 데이터를 획득한 수신자가 잘못된 정보를 취득하도록 만드는 공격을 얘기하는 것이다. 이러한 적극적 공격(Active Attack)은 소극적 공격(Passive Attack)에 비해, 그 예방이나 탐지가 매우 어려우며, 공격에 의한 손실 발생 시 복구 많은 비용과 시간이 필요하게 된다.

2. 보안의 원칙

정보보안을 얘기할 때는, 보안의 3원칙을 반드시 거론한다. 바로 기밀성(Confidentiality), 무결성(Integrity) 그리고 가용성(Availability)이 그것이다.

[그림 6-16] 보안의 3원칙

1) 기밀성(Confidentiality)

기밀성은 허락되지 않은 사용자 또는 객체가 정보의 내용을 알 수 없도록 하는 것으로 비밀 보장이라고 할 수도 있다. 원치 않는 정보의 공개를 막는다는 의미에서 프라이버시 보호와 밀접한 관계가 있다고 할 수 있으며, 합법적인 사용자만이 정보를 취득·확인할 수 있도록 불법적인 접근이나 도청으로부터 전송 메시지 및 콘텐츠를 보호하는 것이다. 일반적으로 이러한 기밀성 유지를 위해 암호화 알고리즘을 사용하고 있다.

2) 무결성(Integrity)

무결성은 허락되지 않은 사용자 또는 객체가 정보를 수정할 수 없도록 하는 것을 의미한다. 다시 말하면, 수신자가 정보를 수신했을 때, 또는 보관돼 있던 정보를 꺼내 보았을 때, 그 정보가 중간에 수정 또는 첨삭되지 않았음을 확인할 수 있도록 하는 것이다. 이러한 무결성 서비스는 연속되는 메시지나 콘텐츠의 불법적 변경을 보호하는 연결형 무결성과 비연속적인 개인 메시지 또는 콘텐츠를 대상으로 한 비연결형 무결성

서비스가 있다. 사고에 의해 또는 불법적·의도적 접근에 의한 정보의 변경, 중복보관 중인 정보의 일부 변경 및 바이러스 등에 의한 정보 손상 등이 무결성이 깨어지는 경우에 해당하며, 해시함수, 디지털 서명 및 암호화 알고리즘을 이용하여 무결성을 유지한다.

3) 가용성(Availability)

가용성은 허락된 사용자 또는 객체가 정보에 접근하려 할 때 이것이 방해받지 않도록 하는 것을 의미한다. 정보에 대한 접근과 사용이 확실하게 보장되는 상태를 의미하며, 정보 또는 시스템이 원하는 시간과 장소에서 제대로 동작되는 것이라 할 수 있다. 최근, 네트워크의 고도화로 대중에 많이 알려진 서비스 거부 공격(DoS : Denial of Service Attack 공격)이 이러한 가용성을 해치는 공격의 유형이라 할 수 있다.

③ 보안 서비스

현대와 같이 인터넷 등 네트워크를 통해 데이터나 정보를 교환하는 시대에는 정보 보안의 필요성이 더욱 절실하다고 할 수 있다. 이처럼 효과적이고 효율적인 정보 보호를 위한 기본적인 서비스에는 인증(Authentication), 접근제어(Access Control), 비밀성(Confidentiality) 그리고 부인봉쇄(Non-repudiation)라는 네 가지가 있다.

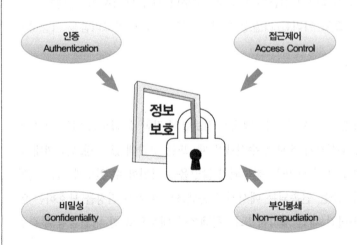

[그림 6-17] 정보보호의 기본적 서비스

1) 인증(Authentication)

인증이란, 정보 및 시스템의 자원을 사용하는 정당한 사용자임을 확인할 수 있도록 보호하는 서비스로, 정확한 송수신자의 확인, 제3자의 위장 확인, 발신처 인증, 메시지 인증 및 실체 인증 등이 포함된다. 메시지의 수신자는 메시지의 근원지를 확인할 수 있어야 하며, 침입자는 메시지의 발신자인 것처럼 위장할 수 없도록 보호하는 서비스이다.

2) 접근제어(Access Control)

접근제어는 비(非)인가된 접근으로부터 자원들을 보호하는 서비스로, 인증되지 않은 행동의 위협으로부터 보호하는 것이다. 다시 말해 사용자가 시스템 혹은 특정 자원에 접근하고자 할 때 인가 받은 사용자만 접근을 허락하도록 제어하는 서비스라 할 수 있다.

3) 비밀성(Confidentiality)

비밀성은 비(非)인가된 개인, 처리 그리고 실체들에 의해 정보들이 노출되는 것을 막는 것을 의미하는 것으로, 합법적 또는 인가된 사용자만 정보 또는 콘텐츠에 접근하여 내용을 확인할 수 있도록 하는 서비스를 의미한다.

4) 부인봉쇄(Non-Repudiation)

부인봉쇄(Non-Repudiation)는 발신자가 발신 사실을 부인하거나, 수신자가 수신사실을 부인하는 것을 방지하는 것으로 송신자 부인 봉쇄, 수신자 부인봉쇄, 배달증명 및 의뢰증명 등이 서비스에 포함된다.

4. 암호화기술

정보보호의 필요성은 아주 오랜 전부터 매우 중요한 개념으로 인식되고 있다. 그에 따라 상대방의 비밀 정보를 가로채어 자신에게 유리한 정보를 얻고자 하는 노력 역시 지속적으로 이루어져 왔으며, 비밀 정보보호의 필요성은 정보를 보호하는 가장 좋은 수단인 암호화 기술과 시스템에 관한 연구의 주요한 동기가 되고 있다.

합법적인 송수신자 외의 누군가가 정보를 결코 획득할 수 없는 전송 수단이 존재한다면 그 정보는 매우 안전하겠지만, 그렇지 않을 경우 전송되고 있는 정보는 항상 제3자가 획득할 수 있다는 가정을 반드시 하여야 한다. 이를 위하여 정보를 암호화하여 제3자가 정보를 획득하였다 하더라도 그 의미를 분석할 수 없도록 하거나, 정보 획득의 시간을 지연시키고자 하는 노력이 필요한 것이다.

이러한 암호화 기술의 기본적인 구성요소가 바로 알고리즘과 키(Key)이다. 알고리즘은 아주 복잡한 수학적 수식으로, 키는 일련의 비트들로 구성되며, 암호 키와 알고리즘은 비밀리에 보관하여야 한다. 암호화 기술은 대표적으로 비밀 키 시스템(대칭 시스템)과 공개키 시스템(비대칭 시스템)이 있으며, 비밀 키 시스템(대칭 시스템)은 암호 키의 수가 단일키이고 수행속도가 빠른 반면 공개키 시스템(비대칭 시스템)은 비밀 키와 공개키의 쌍을 가지고 있으며 수행속도가 느린 단점을 가지고 있다.

1) 암호화 알고리즘

평문(Plaintext)을 제3자가 알 수가 없는 암호문(Ciphertext)으로 변환하는 알고리즘을 암호화 알고리즘이라고 한다. 암호화 알고리즘은 크게 관용 암호 시스템(Conventional Cryptosystems)과 공개키 암호 시스템(Public-key Cryptosystems)으로 나눌 수 있는데, 관용 암호 시스템은 암호화 키와 복호화 키가 동일한 것으로 처리속도가 빠르나 키 관리 및 키 분배가 어렵다는 단점을 가지고 있다. 가장 대표적인 것으로는 DES(Data Encryption Standard)와 IDEA(International Data Encryption Algorithm) 등이 있다.

공개키 암호 시스템은 암호화 키와 복호화 키가 서로 다른 기술을 의미하는 것이다. 대표적인 것으로 소인수 분해의 어려움을 이용한 RSA 방식이 있으며, 최근에는 RSA 방식보다 빈도가 높은 ECC(Elliptic Curve Cryptography) 방식이 등장하여 주목을 받고 있다. 이러한 공개키 암호 시스템은 관용 암호 시스템의 단점을 해결하여 주고 있으나, 처리속도가 느리다는 단점을 가지고 있어, 대부분의 암호 프로토콜에서는 데이터 암호화를 위해서는 관용키 암호 시스템을, 키 분배를 위해서는 공개키 암호 시스템을 이용하는 Hybrid 방식을 채택하고 있다.

2) 암호시스템

암호 시스템은 평문(Plaintext)을 암호문(Ciphertext)으로 변환하거나, 반대로 암호문(Ciphertext)을 평문(Plaintext)으로 변환하는 시스템을 의미하는 것이다.

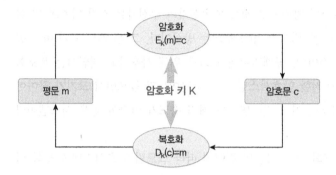

- 평문 m : 평문 메시지 영역
- 암호문 c : 암호문 메시지 영역
- 암호화 키 k : 키 영역
- E_k : 평문을 암호문으로 암호화
- D_k : 암호문을 평문으로 복호화

[그림 6-18] 암호화 시스템

암호시스템은 암호화 알고리즘과 마찬가지로, 암호화를 위한 Ek와 복호화를 위한 Dk의 K, 즉 암호화 키와 복호화 키의 동일 여부를 통하여 비밀키암호시스템과 공개키암호시스템으로 구분된다([그림 6-18] 참조). 비밀키암호시스템은 암호화를 위한 Ek와 복호화를 위한 Dk의 K가 같은 것으로, 하나의 키가 다른 하나의 키로부터 쉽게 유추될 수 있는 반면, Ek와 복호화를 위한 Dk의 K가 다른 공개키암호시스템은 다른 하나의 키로부터 키를 유추하는 것이 계산적으로 불가능한 특성을 가지고 있다.

비밀키암호시스템은 대칭키암호시스템이라고도 하며, 송신자와 수신자가 키를 공유하는 방식으로 복호화는 암호화의 단순한 역조작(예: 덧셈으로 암호화했을 경우 뺄셈으로 복호화, 곱셈으로 암호화했을 경우 나눗셈으로 복호화)이어서 암호화할 때와 복호화할 때 사용하는 키가 동일한 특징을 가지고 있다. 비밀키암호시스템의 경우 대부분 간단한 비트 연산을 반복하는 작업을 통해 암호화가 이루어지기 때문에 단위 시간당 암호화할 수 있는 데이터의 양이 비교적 많을 수 있어서, 대용량의 데이터를 취급하는 데 적합하지만 하나의 비밀키에 대한 의존도가 너무 크기 때문에 그 응용성에 있어서 제약이 많이 따르게 된다.

공개키 암호시스템의 경우, 비밀키 암호기법에 있어서 가장 큰 문제점인 메시지의 전달자와 수신자가 똑같은 비밀키를 다른 사람들이 모르게 공유해야 한다는 키의 문제점을 해결하기 위해 고안된 방법으로 정보의 송신자와 수신자는 각각 암호화 및 복호화를 위한 두 개의 키를 할당받아 사용하게 되는 방식이다. 그 두 개의 키가 바로 공개키와 개인키라고 하는 것이며, 공개키는 암호화를 위해 사용하고 개인키는 복호화를 위해 사용하게 된다. 이러한 암호시스템은 키의 난이도가 높으면서 크기가 작아야 하며, 암·복호화 연산의 과정이 간결하면서도 처리 속도가 빨라야 좋은 시스템이라 할 수 있다.

또한 암호시스템은 암호화 되는 평문의 길이에 따라 스트림 암호시스템과 블록 암호 시스템으로 구분할 수도 있습니다. 스트림 암호 시스템은 암호화 되는 평문의 최소 단위를 하나의 비트 또는 문자로 보는 방식이고, 블록 암호시스템은 암호화되는 평문의 최소 단위를 하나 이상의 비트 또는 문자로 인식하는 형태를 의미하는 것이다.

제4절 **데이터베이스 기술**

모든 정보화 시스템의 기반이 되는 데이터베이스는 한마디로 데이터(Data)를 관리하는 기술이라 할 수 있다. 데이터(Data)는 정보(Information)를 만들어 낼 수 있는 원재료이며, 중요한 자원이 된다는 차원에서 데이터베이스의 중요성을 미루어 볼 수 있다. 또한 우리가 일상생활에서 데이터(Data)와 정보(Information)라는 용어를 많이 사용하고 있지만, 대부분 그 뜻을 정확히 이해하지 못하고 있는 경우가 많다.

[그림 6-19] 데이터와 정보 그리고 의사결정

데이터(Data)는 정보(Information)의 원재료가 되는 것으로, 관찰 또는 측정을 통해 알게된 사실이나 값을 의미하는 것이다. 물론 그 사실이나 값은 객관적이어야 하며, 기준이 명확한(대소 판단이 가능한) 것이어야 한다. 그러한 데이터(Data)를 수집·가공하여 정보(Information)를 생성해 내게 되며, 정보(Information)는 의사결정(Decision Making)을 할 수 있도록 해주는 유효한 해석이 되고 정확한 정보(Information)가 있어야 효율적인 의사결정(Decision Making)을 할 수 있게 되는 것이다.

반대로 말해 본다면, 정확한 의사결정(Decision Making)을 하기 위해서는 정확한 정보(Information)를 유도할 수 있어야 하고, 정확한 정보(Information)를 유도하기 위해서는 정확한 데이터(Data)를 반드시 가지고 있어야 한다는 것이다. 이러한 이유에서 데이터(Data)와 그 데이터(Data)를 관리하는 기술인 데이터베이스 기술은 매우 중요한 요소인 것이다.

1. 데이터베이스의 정의

데이터베이스는 한마디로 데이터(Data)를 관리하는 기술이다. 그러나 데이터베이스는 네 가지 조건을 만족해야만 데이터베이스로서의 역할을 수행할 수 있다. 바로 통합, 저장, 운영 그리고 공용이 그것이다.

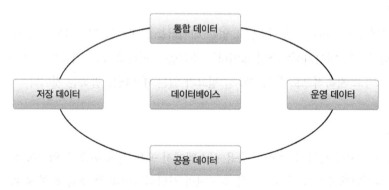

[그림 6-20] 데이터베이스의 정의

1) 통합 데이터

데이터를 한 곳에 모아 두어야 한다는 뜻이다. 데이터가 여기 저기 흩어져 있다면, 데이터베이스가 될 수 없으며, 반드시 데이터는 한 곳에 통합해 두어야 한다는 것이다. 또한 데이터베이스를 구성할 때 동일한 데이터가 여러 개 존재하면, 중복되는 데이터들을 갱신(수정)하거나 삭제할 때 어려움과 혼란이 따르기 때문에 데이터 중복성은 허용하지 않는다. 예외적으로 효율적 활용을 위해 이를 허용하는 경우가 있다고는 하지만 기본적으로 데이터의 중복을 최소화하는 통합 데이터라고 할 수 있다.

2) 저장 데이터

데이터가 한 곳에 모여 있다고 해서 데이터베이스가 될 수는 없다. 데이터베이스가 되기 위해서는 반드시 컴퓨터가 접근할 수 있는 저장 매체에 저장되어 있어야 한다는 것이다. 데이터베이스에 저장되어 있는 데이터들을 활용하기 위해서는 어떠한 기록 장치에든 저장되어 있어야 할 것이다. 장부에 적혀 서랍 속에 보관되어 있는 데이터들이라면 종이에 적혀 저장돼 있겠지만, 대부분 데이터베이스는 컴퓨터가 접근하기 때문에 컴퓨터가 접근하여 활용할 수 있도록 하드디스크 등의 매체에 저장돼 있어야 할 것이다.

3) 운영 데이터

필요한 데이터를 의미하는 것이다. 필요 없는 데이터를 모아두는 것은 의미가 없다는 뜻이기도 하다. 즉, 데이터베이스의 데이터는 조직을 관리하고 주요 기능을 수행하기 위해 꼭 필요하고 지속적으로 유지해야 할 필요가 있는 데이터를 말하는 것이다.

4) 공용 데이터

데이터베이스는 여러 사람 또는 여러 응용 시스템에서 공유 및 공용될 수 있어야 한다는 것이다. 데이터베이스의 기본적인 목적은 여러 사람이 데이터를 공유해 함께 활용하는 것이기 때문에 데이터베이스를 조직 내 여러 사용자가 함께 소유하고 이용할 수 있는 공유 및 공용 데이터라고 말할 수 있다. 이를 위하여 데이터베이스는 다양한 목적을 위해 사용될 수 있도록 구성해야 한다.

2. 데이터베이스의 특징

통합, 저장, 운영 그리고 공용이라는 네 가지 조건이 만족되었을 때, 데이터베이스로서의 자격이 갖추어지게 되는 것이며, 이러한 데이터베이스는 실시간 접근, 계속 변화, 내용에 의한 참조, 동시 공유 등의 특징을 가지고 있다.

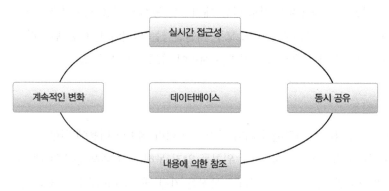

[그림 6-21] 데이터베이스 특징

1) 실시간 접근성

데이터베이스의 데이터들은 상호 밀접한 관계로 연결되어 있어야 하고, 실시간으로 데이터를 저장하고 읽어올 수 있어야 한다. 즉, 데이터베이스는 사용자의 데이터 요구에 실시간으로 응답할 수 있어야 한다는 것이다. 사용자의 특성이나 서비스 유형에 따라 허용 응답시간은 다르지만 일반적으로 몇 초를 넘기지 않는 시간 내에서 사용자의 요청에 따라 사용자가 원하는 데이터를 제공할 수 있어야 한다.

2) 계속적인 변화

데이터베이스의 데이터들은 실시간으로 변화할 수 있어야 하며, 동적인 성격을 가지고 있어야 한다. 만약 사용자가 저장되어 있는 데이터를 변경하였음에도, 데이터베이스가 이를 바로 처리·적용하지 않고 일정시간 뒤에 처리하게 된다면 즉각적인 반영을 하지 못하고 있다고 할 수 있다. 예를 들어 홍길동이 은행에서 5백만 원을 입금했을 때 이를 바로 입금계좌에 반영하지 못한다면 돈의 행방이 순간 묘연해져 혼란이 벌

어질지도 모르는 것이다. 즉, 데이터를 계속 삽입, 삭제, 수정하고 이를 반영하며 현실 세계의 정확한 상태를 반영할 수 있어야 한다는 것이다.

3) 동시공유

데이터베이스는 서로 다른 사용자 및 시스템에서 동시에 접근하여 사용가능 하여야 한다. 이러한 동시공유는 사용자가 서로 다른 데이터를 동시에 사용하는 것뿐만 아니라, 같은 데이터를 동시에 사용하는 것도 모두 지원한다는 의미이다. 이는 단순히 여러 사용자가 데이터를 함께 사용한다는 것과는 개념이 다르다고 할 수 있다.

4) 내용에 의한 참조

데이터베이스는 데이터가 저장된 위치나 주소가 아니라 데이터 내용에 의한 참조가 가능해야 한다. 즉, 사용자가 데이터 저장 위치를 알지 못해도 그 내용 값으로 데이터에 접근할 수 있어야 한다는 것이다. 이러한 특징을 가진 데이터베이스는 컴퓨터에서 DBMS(Data Base Management System : 데이터베이스 관리시스템)라는 프로그램을 사용하여 구축되고 관리된다. DBMS는 사용자가 컴퓨터에서 데이터베이스를 만들고, 유지 · 관리할 수 있도록 해주는 프로그램으로, 데이터와 응용 프로그램 사이에서 중재자 및 모든 프로그램들이 데이터베이스를 유용하게 활용할 수 있도록 관리해 주는 소프트웨어를 말하는 것이다.

참 고 문 헌

황하진, 고일상, 박경혜, 전자상거래와 e-비즈니스, 경문사, 2012

진강훈 외, 후니의 쉽게 쓴 시스코 네트워킹, 성안당, 2012

김종훈, 김종진, 컴퓨터개론, 한빛아카데미, 2013

양대일, 정보보안개론, 한빛아카데미, 2013

전태일, 정보보호개론, 퍼플, 2013

홍의경, 데이터베이스 배움터, 생능, 2012

김연희, 데이터베이스개론, 한빛아카데미, 2013

박종혁 홈페이지 http://www.parkjonghyuk.net/

우동블로그 http://s2kiess.blog.me/30187992315

펜타시큐리티 https://www.pentasecurity.com/

체서의 블로그 http://chessire.tistory.com/30

연 습 문 제

EXERCISE

01. 웹과 인터넷에 대해 설명해보시오.

02. 클라이언트와 서버에 대해 설명해보시오.

03. 웹 브라우저란 무엇이며, 대표적인 종류에는 어떠한 것들이 있는가?

04. FTP 프로그램이란 무엇이며, 대표적인 종류에는 어떠한 것들이 있는가?

05. 서버 프로그램에 대해 설명해보시오.

06. 네트워크란 무엇인가?

07. LAN의 개념과 종류에 대해 설명해보시오.

08. UTP 케이블의 종류에는 어떠한 것이 있으며, 어떠한 특징을 가지고 있는가?

09. OSI 7계층이란 무엇인가?

10. 보안의 3원칙에는 어떠한 것들이 있는가?

11. 비밀키암호시스템과 공개키암호시스템에 대해 설명해보시오.

12. 데이터베이스란 무엇인가?

13. 데이터베이스의 특징에 대해 설명해보시오.

e-비즈니스 구현 기술

CHAPTER 07

e-비즈니스 구현 기술

e-BUSINESS

개요

웹(Web)을 구현하기 위해 사용되는 기술에는 수많은 종류가 있다. e-비즈니스와 관련된 기반 기술에 대한 지식을 가지고 있다고 하더라도 실제 웹 사이트를 구축하는 기술적 측면의 지식이 없다면, e-비즈니스를 완벽히 이해하기 힘들다. 따라서 제7장에서는 웹 사이트 구축에 기본이 되는 주요 기술들에 관하여 살펴보고자 한다. 제1절에서는 마크업 언어에 대하여 알아보고, 제2절에서는 웹과 DB 연동기술인 웹 프로그래밍에 대해 살펴본다. 그리고 마지막으로 모바일 프로그래밍에 대한 이해를 위한 학습을 진행한다.

e-비즈니스 구현 기술

- 마크업 언어가 무엇인지 알아본다.
- 마크업 언어와 웹 프로그래밍은 어떠한 차이가 있는지 학습한다.
- 그래픽 기술의 종류에는 어떤 것들이 있으며 각 특징은 어떠한지 학습한다.
- 모바일 프로그래밍은 무엇이며 개발환경은 어떠한지 학습한다.

제1절 마크업 언어(MarkUp Language)

일반적으로 마크업 언어라고 하면 HTML을 떠올린다. 그러나 마크업 언어는 SGML, XHTML, XML 등 그 종류가 상당히 많으며, 우리가 알고 있는 HTML은 마크업 언어의 일부에 지나지 않는다.

마크업 언어에 대해 알아보기에 앞서 마크업(Markup)이란 단어에 대해 알아보자. 마크업이란 본문, 즉 원래의 내용에 뭔가 특별하다는 표시를 한다든가, 또는 추가적인 정보를 표시하는 모든 것을 의미한다. 가령 우리가 책, 참고서 등을 통해 공부할 때 줄을 치거나 형광펜 등의 기타 필기도구로 색칠을 하는 것 등을 바로 마크업이라고 할 수 있다.

이러한 마크업의 의미를 미루어 보았을 때, 마크업 언어라는 것은 본문 내의 특정 단어나 문장 또는 이미지 등과 같은 대상물에 대하여 어떠한 표시(마크업)를 함으로써, 그 대상물에 어떠한 의미가 있음을 나타내는 언어라고 정의할 수 있다. 따라서 마크업 언어는 적어도 다음과 같은 두 가지 항목을 포함하고 있어야 하는 것이다.

● 마크업 구성 요소

어떤 표시(마크업)를 하려면 표시(마크업)가 되는 단어가 있어야 하며, 표시(마크업)를 하기 위한 볼펜이나 형광펜 등이 필요하다. 그러한 것들이 바로 마크업을 이루는 구성 요소이다. 마크업의 구성요소는 어떤 대상물에 대하여 어떤 마크업을 할 것인가를 의미한다.

●마크업의 의미

책을 보면서 밑줄을 긋는다는 것은 그 내용이 중요거나, 어떤 의미가 있음을 나타내기 때문이다. 마크업의 의미는 마크업이 된 대상이 어떤 의미로 마크업이 되었는가를 말하는 것이다.

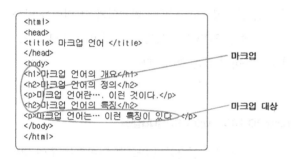

```
<html>
<head>
<title> 마크업 언어 </title>
</head>
<body>
<h1>마크업 언어의 개요</h1>
<h2>마크업 언어의 정의</h2>
<p>마크업 언어란…. 이런 것이다.</p>
<h2>마크업 언어의 특징</h2>
<p>마크업 언어는… 이런 특징이 있다.</p>
</body>
</html>
```

마크업

마크업 대상

[그림 7-1] 마크업 언어의 구성

[그림 7-1]을 보면, 〈 와 〉로 둘러싸여진 부분이 바로 마크업이며 태그라고 불리는 것이고, 그 태그 사이의 문장(또는 단어)들이 바로 마크업 대상이 된다. 예를 들어, 마크업 언어의 개요라는 문장이 마크업 대상이 되는 것이고, 이 대상물에 대해 h1이라는 마크업을 함으로써 대제목이라는 의미가 부여되는 것이다.

이처럼 마크업 언어라는 것은 단순한 HTML이나 XHTML 등과 같은 특정 언어 하나를 의미하는 것이 아니라, 마크업의 구성요소와 그 의미를 만들어 내는 것이 바로 마크업 언어라 할 수 있으며, 내부적으로 3가지 유형으로 구분된다.

●양식적 마크업 또는 유형적 마크업(Stylistic Markup)

문서를 시각적으로(또는 외형적으로) 나타나는 방법에 관련된 것.

예) 웹 문서를 꾸미는 용도로 사용하는 〈I〉, 〈B〉, 〈U〉 등

- **구조적 마크업(Structual Markup)**

문서의 구성방식을 표현한 것.

예) 웹 문서의 전체 또는 부분적인 모양을 지정하는 〈P〉, 〈DIV〉 등

- **의미적 마크업(Semantic Markup)**

데이터의 내용 자체에 관한 것.

예) 웹 문서의 내용이 어떠한 것인가를 표현하는 〈TITLE〉, 〈CODE〉 등

이처럼 마크업 언어는 특정 문서의 구조와 내용 그리고 그 내용에 대한 의미를 부여하는 마크업 규칙들을 규정하는 것이고, 필요에 따라 새로운 마크업과 그 의미를 만들어 낼 수 있는 언어이다. 우리가 자주 들어본 HTML, XHTML 등의 마크업(태그)들도 SGML이라는 또 다른 마크업 언어를 이용하여 만든 언어이다.

1. SGML(Standard Generalized Markup Language)

SGML은 단어 그대로 번역한다면, 표준화되고 일반화된 마크업 언어라는 뜻이지만 실제 SGML은 마크업 언어 중에서 제일 어려운 언어이다. 이는 SGML이 다른 마크업 언어를 생성하기 위해 사용하는 마크업 언어, 즉 "마크업 언어의 마크업 언어"이기 때문이다.

SGML은 1986년 국제 표준(ISO 8879)으로 제정된 마크업 언어로, 그 개념은 1960년대 후반부터 존재하였으며, 언어의 각 요소(element)와 속성(attribute)에 대한 정규적 정의를 작성하는 방식을 통해서 자신만의 태그를 규정하기 위해 필요한 메타언어, 즉 "언어의 언어"라고 할 수 있다. SGML은 1960년대 말 GCA(Graphic Communications Association)의 연구를 시초로, 1978년에 ANSI에서 문서 기술 언어의 표준화 활동이 본격화되면서 1980년에 최초의 SGML 규격 원안이 작성되었다. 이어 1984년에는 ISO에 의한 표준화 활동이 시작되었고, 1986년에 ISO의 국제 규격이 된 것이다.

SGML은 "마크업 언어의 마크업 언어"인 만큼, 매우 강력하지만 그만큼 복잡하며 어렵다. 또한 하나의 SGML문서는 그 자신만으로는 해석될 수 없으며, 마크업 언어의 정의가 담겨있는 DTD(Document Type Definition : 문서 원형 정의)를 통해 해석·활용된

다. DTD는 SGML에 들어 있는 언어에 대한 모든 규칙들을 담은 것으로, SGML 문서의 사용자 정의 태그들을 해석하게 되며, 일반적으로 SGML로 만들어진 마크업 언어들을 통칭해서 SGML애플리케이션이라 하고 대표적인 것으로 HTML, XHTML 그리고 XML 등이 있다.

2. HTML(HyperText Markup Language)

마크업 언어의 대표적 종류인 HTML은 SGML이라는 마크업 언어를 이용하여 만들어졌으며, 웹에서 사용되는 하이퍼텍스트(HyperText) 문서 또는 페이지를 태그(Tag)를 이용하여 작성하는 마크업 언어이다.

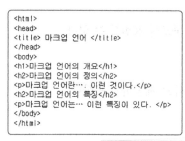

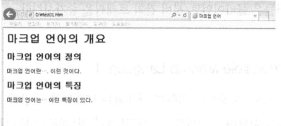

[그림 7-2] HTML 예제

HTML은 1991년 Tim Berners-Lee에 의해 만들어져 1990년부터 사용되기 시작하였으며, 문서의 구조나 내용을 표현할 수 있도록 만들어졌다. 즉, 문서의 제목과 단락 등을 비롯하여 글자, 이미지, 동영상 등을 웹 페이지(문서) 내에 삽입할 수 있도록 되어있다는 것이다. 이러한 HTML 문서는 인터넷 상에서 전송될 때 HTTP(HyperText

Transfer Protocol)라는 프로토콜을 사용하게 되며, 우리가 웹 브라우저를 사용하여 웹 서핑을 할 때, 주소 앞에 HTTP가 붙는 이유가 바로 프로토콜 때문이다.

일반적인 웹 페이지 작성을 위해 많이 사용하는 마크업 언어가 HTML이지만, 다음과 같은 한계점으로 인해 최근 그 사용이 많이 줄어들고 있다.

● 한정된 태그

HTML은 태그가 지정된 태그 외에는 사용할 수 없다.

● 의미 전달의 한계

HTML은 표현을 위한 기술이기 때문에 태그에 포함된 내용의 의미를 전달하기에는 한계가 있다.

● 평면성

HTML은 평면적(flat)이기 때문에 데이터의 계층 구조를 표현할 수 없다.

● 제한적 기능

웹 애플리케이션을 만드는데 필요한 기능들을 제대로 제공하지 못한다.

● 트래픽 증가

HTML 문서들은 클라이언트/서버 간의 트래픽을 증가시킨다.

3. XML(eXtensible Markup Language)

웹 페이지(문서)를 작성하기 위하여 사용되는 HTML은 간단한 사용방법으로 인해 많은 사용자들을 확보하고 있었으나, HTML에서 정의하고 있는 태그(Tag) 외에는 사용할 수 없는 한계점을 가지고 있었다. 즉, 사용자들이 작성하는 웹 페이지에 대한 문서 유형 또는 형식을 자유롭게 정의할 수 없는 단점을 극복하기 위한 대안으로 XML이 만들어지게 된 것이다.

XML은 사용이 어렵고 복잡한 SGML의 단점과 HTML이 가지는 태그의 한계성을 극복하면서, SGML의 다양한 표현법과 HTML의 사용용이성이라는 장점만을 가진 언어인 것이다.

HTML은 태그의 종류가 한정되어 있는 반면, XML은 문서의 내용에 관련된 태그를 사용자가 직접 정의할 수 있으며, 그 태그를 다른 사람들이 사용하도록 할 수 있도록 설계되어 있다. SGML보다 쉬우면서 HTML의 단점을 극복할 수 있는 언어가 바로 XML이지만, 이러한 XML의 본질은, 바로 메타언어(다른 언어를 기술하기 위한 언어, 언어의 언어)라는 것이다. 즉, XML을 이용하여 SGML과 마찬가지로 또 다른 마크업 언어를 만들 수도 있다는 것이다.

이러한 XML문서가 제대로 표시되기 위해 필요한 필수 구성요소와 절차는 다음과 같다.

● DTD(Document Type Definition, 문서 원형 정의)

다른 사용자가 XML에서 사용된 태그들의 의미를 파악할 수 있도록, 또는 XML 문서가 태그의 정의를 참조할 수 있도록 하는 선언 파일이다.

● Style Sheet

XML이 상대적으로 취약한 부분이 웹상에 표현되는 방식이다. 그래서 XML에는 없는 XML이 표시되는 방식에 대한 규정을 담고 있는 XSL(eXtensible Stylesheet Language) 또는 CSS(Cascading Stylesheet) 등을 사용한다.

● XLL(eXtensible Linking Language)

HTML에서의 링크는 단방향만을 지원하는 상당히 제한적인 한계가 있다. 그러나 XML에서는 XLinks와 Xpointers라는 두 가지 링크 방식을 지원하고 있다. Xlinks는 문서들 사이의 일 대 다, 다 대 일 관계를 만들게 할 수 있으며, Xpointers는 문서들의 특정 부분만을 서로 연결하게 할 수 있다.

● Parser

XML을 다루기 위한 시스템은 XML 처리기와 응용 프로그램으로 구성된다. 첫 번째 부분인 XML 처리기(Proccessor)는 우선 XML 파일이 Spec을 지키는지 검사한다. 그 다음 컴퓨터가 XML 파일을 해석하는 데 필요한 문서 트리라는 것을 생성한다. Paser는 XML 처리기의 역할을 한다.

●DCD(Document Content Definition)

XML에서 작성된 태그들의 의미를 파악할 수 있도록 작성된 DTD를 보완하기 위한 문서이다. 또한 XML은 다음과 같은 측면에서 HTML이 가지는 단점을 보완하고 있다.

– 태그와 속성의 사용자 정의

정보 제공자가 의도대로 새로운 태그 세트와 속성을 정의할 수 있다. 즉, 사용자가 자신의 편의에 따라 혹은 자신의 데이터를 구분하고자 새로운 태그 세트를 임의로 만들 수 있다.

– 문서 구조의 중복 허용

XML은 HTML이 지원하지 않는 객체 지향적 구조 혹은 데이터베이스 스키마의 구성을 위해 필요한 여러 번의 중첩을 허용한다.

– 검색의 확장

문서의 구조 검색 및 전문 검색이 가능하다.

– 문서의 구조 표현

DTD를 이용하여 문서의 논리적 구조를 다양한 형식으로 표현이 가능하다. 또한 하나의 문서로 각각의 목적에 맞게 스타일 시트를 적용시켜서 정보를 재가공할 수 있다.

– 링크의 표현

양방향 링크, 다방향 링크의 지원이 가능하다.

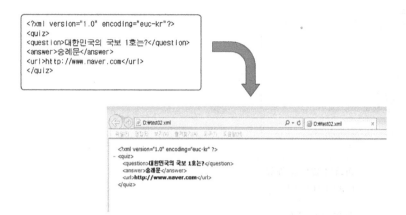

```
<?xml version="1.0" encoding="euc-kr"?>
<quiz>
<question>대한민국의 국보 1호는?</question>
<answer>숭례문</answer>
<url>http://www.naver.com</url>
</quiz>
```

[그림 7-3] XML 예제

4. XHTML(eXtensible HyperText Markup Language)

XHTML은 웹 표준기술로 각광받고 있는 기술 중 하나로, XML의 응용언어이다. 다양한 웹 브라우저(모바일 브라우저 포함)에서 동일하게 보일 수 있는 웹 페이지를 생성할 수 있도록 웹 표준을 지원하는 마크업 언어이다. 이 XHTML을 통해 셋톱박스 등을 지원할 수 있으며, 전자상거래 등에서 사용하는 특정 양식을 XHTML의 새로운 양식 옵션을 통하여 지원할 수도 있다. 또한 XHTML은 HTML과 많은 부분이 유사하지만 다음과 같은 부분에서 HTML과 차이를 보이고 있으며, "HTML + XML의 문법적 특징"을 가진 언어가 바로 XHTML이다.

- 모든 태그는 시작 태그와 종료 태그로 구성된다(셀프 클로징 포함).
- 태그 내의 모든 속성값은 반드시 인용부호로 표현한다.
- 스크립트는 CDATA를 사용하여 표현해야 한다.

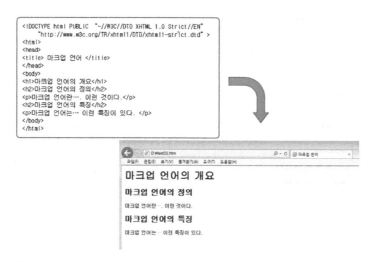

```
<!DOCTYPE html PUBLIC "-//W3C//DTD XHTML 1.0 Strict//EN"
    "http://www.w3.org/TR/xhtml1/DTD/xhtml1-strict.dtd" >
<html>
<head>
<title> 마크업 언어 </title>
</head>
<body>
<h1>마크업 언어의 개요</h1>
<h2>마크업 언어의 정의</h2>
<p>마크업 언어란…. 이런 것이다.</p>
<h2>마크업 언어의 특징</h2>
<p>마크업 언어는… 이런 특징이 있다. </p>
</body>
</html>
```

[그림 7-4] XHTML 예제

5. HTML5(HyperText Markup Language 5)

최근 웹의 진화로 인해 웹은 정보를 얻기 위한 수단에 그치지 않고, 다양한 웹 애플리케이션을 실행하는 환경으로 변화하고 있다. 기존의 HTML, XHTML 등은 웹 애플리케이션을 구현하기 위하여 ActiveX나 플래시(Flash), 실버라이트 등의 플러그인 (Plug-in) 형식의 프로그램을 부가적으로 설치해야만 했다. 이를 극복하기 위해 만들어진 언어가 바로 HTML5이다.

HTML5는 플러그인 프로그램의 부가적 설치 없이 동영상, 사운드 등의 다양한 멀티미어 콘텐츠를 구현할 수 있도록 기능이 강화되었으며, 이를 통해 하나의 정적인 문서로서의 웹이 아닌 애플리케이션으로의 웹을 표현할 수 있는 환경을 제공한다.

이러한 HTML5는 HTML에 대한 차세대 표준안으로 W3C를 주축으로 애플, 모질라, 구글, 오페라, 마이크로소프트 등 모든 웹 브라우저 벤더가 참여하고 있는 산업 표준이다.

기술적 측면에서의 HTML5는 마크업 요소인 HTML과 CSS3 그리고 자바스크립트를 포함하고 있으며, Web Workers나 Web SQL Database와 같은 응용프로그램 API들도 포괄하고 있는 강력한 언어이다.

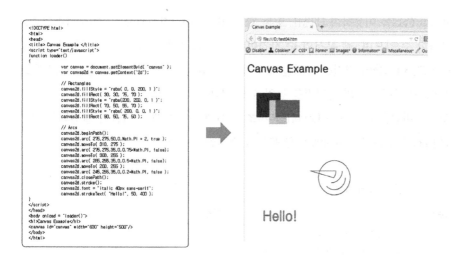

[그림 7-5] HTML5 예제

6. CSS(Cascading Style Sheets)

HTML 또는 XHTML 등의 마크업 언어에서는 웹 페이지 내의 텍스트, 이미지 등의 콘텐츠가 웹 브라우저에 나타나는 스타일을 설정하기 위하여 태그 내에 적절한 속성 (Attribute)과 값(Value)을 사용하였다. 이러한 방식은 스타일 지정이 필요한 각 콘텐츠마다 태그 내에 적절한 속성(Attribute)과 값(Value)을 각각 지정해 주어야 하는 불편이 있었으며, 소스코드의 복잡성을 야기하는 단점이 존재하였다.

웹 페이지 내 콘텐츠의 스타일 정보를 마크업과 분리하여 별도로 정의하고자 하는 기술이 등장하게 되었고, 그것이 바로 CSS인 것이다.

CSS는 웹 문서(콘텐츠)가 표현되는 방식, 즉 사용자에게 어떻게 보이는지를 기술하는 언어이다. HTML, XHTML 등과 같은 마크업 언어를 통해 만들어진 웹 문서에 대하여, 웹 브라우저에서 어떻게 나타내는가를 정의하는 언어가 바로 CSS 기술이다. 즉, CSS는 HTML, XHTML 등과 같은 마크업 언어를 사용하여 텍스트 콘텐츠를 생성하고자 할 때, 텍스트의 크기, 글꼴 및 색상 등의 스타일을 지정하는 기술의 총칭이며, HTML, XHTML 등과 같은 마크업 언어가 웹 문서의 "구조"를 지정하는 언어라면 CSS 는 웹 문서의 "시각적 표현"을 제어하는 기능을 담당하는 기술이라는 것이다.

이러한 CSS를 이용하여 HTML 또는 XHTML 등으로 작성된 웹 문서에 디자인요소를 부가할 수 있으며, 웹 문서의 줄 간격이나 글자 크기 및 색상 등을 조절하여 가독성을 높이고, 태그들에 적절한 차별을 부여할 수도 있다. 또한 링크의 색상을 다르게 표현함으로써 콘텐츠 간의 분별력을 높일 수도 있다.

　　CSS는 버전을 위미하는 Level1을 시초로 현재 Level3까지 기술이 발전되었으며, 다음의 [표 7-1]은 각 Level에 대한 특징을 정리한 표이다.

[표 7-1] CSS 각 Level의 특징

Level	특징
CSS1	– 1996년 표준화 완료 – 기본적인 스타일 속성 정의 기능 　• 텍스트의 글꼴, 색상, 간격 등의 설정 　• 텍스트, 이미지, 테이블의 정렬 　• 콘텐츠 요소의 여백, 경계선, 위치 지정 등
CSS2	– 1998년 표준화 완료 – 새로운 스타일 기능 추가 　• 콘텐츠 요소의 절대적 · 위치 지정 　• 미디어 타입의 지원 　• 음성 스타일 시트 지원 등
CSS2.1	– 2011년 표준화 완료 – CSS2의 보완 　• CSS2 오류 수정 　• CSS2에서 사용되지 않는 기능 삭제 　• 브라우저에서 구현된 CSS2 확장 부분 추가 등
CSS3	– 2014년 현재 표준화 작업 진행 중 – CSS를 스타일의 특성별로 모듈화 　• 폰트, 색상, 선택자, 미디어 질의 등 다수의 모듈 존재 　• 각 모듈별 표준화 작업 진행 중

　　HTML, XHTML 등의 마크업 언어가 웹 문서 내의 텍스트, 이미지, 테이블, 프레임 및 링크 등의 콘텐츠를 생성하는 것이라면, CSS는 이러한 콘텐츠가 웹 브라우저에 나타나는 표현 방식을 지정하는 것이다.

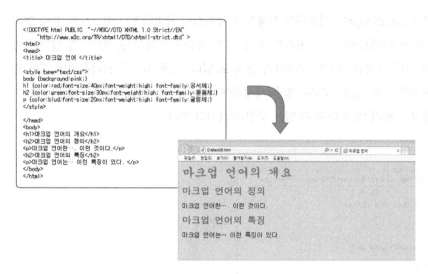

```
<!DOCTYPE html PUBLIC "-//W3C//DTD XHTML 1.0 Strict//EN"
    "http://www.w3.org/TR/xhtml1/DTD/xhtml1-strict.dtd">
<html>
<head>
<title> 마크업 언어 </title>

<style type="text/css">
body {background:pink;}
h1 {color:red;font-size:40px;font-weight:high; font-family:궁서체;}
h2 {color:green;font-size:30px;font-weight:high; font-family:돋움체;}
p {color:blud;font-size:20px;font-weight:high; font-family:굴림체;}
</style>

</head>
<body>
<h1>마크업 언어의 개요</h1>
<h2>마크업 언어의 정의</h2>
<p>마크업 언어란… 이런 것이다.</p>
<h2>마크업 언어의 특징</h2>
<p>마크업 언어는… 이런 특징이 있다.</p>
</body>
</html>
```

[그림 7-6] CSS 예제

7. JavaScript

JavaScript는 1995년 Netscape 사에 의해 개발된 클라이언트 측 스크립트 언어로, XHTML 등의 마크업 언어와 함께 사용되며 웹 브라우저에 의해 실행되는 특징을 가지고 있다.

JavaScript는 1996년부터 마이크로소프트사의 인터넷익스플로러에서 지원하면서부터 광범위하게 사용되었으며, ECMA International에 의해 ECMAScript라는 이름으로 표준 버전이 발표되고 있다. 이러한 JavaScript의 특징을 정리하면 다음과 같다.

- XHTML 등 마크업에 포함되어 웹 브라우저에서 해석·실행되는 클라이언트 측 스크립트 언어이다.
- 명령어 기반의 언어로 구조적 프로그래밍이 가능하다.
- 객체의 정의와 사용을 지원하는 객체지향언어로, 내장 객체, 브라우저 객체, DOM 객체 등을 지원한다.
- 사용자의 요청에 대해 반응하는 동적 웹 페이지와 다양한 사용자 인터페이스를 쉽게 구현할 수 있다.

이러한 JavaScript를 이용하여 사용자가 마우스를 클릭하거나 키보드를 통해 입력하는 다양한 이벤트(Event)를 처리할 수 있으며, 사용자가 특정 웹 페이지를 열거나 이동할 때 미리 지정된 작업을 수행하게 할 수도 있다. 또한 사용자 브라우저에 대한 정보를 파악할 수도 있고, 새로운 창을 생성하여 정보 전달도 가능하며 방문했던 페이지에 대한 히스토리 역시 다룰 수 있는 강점을 가지고 있다.

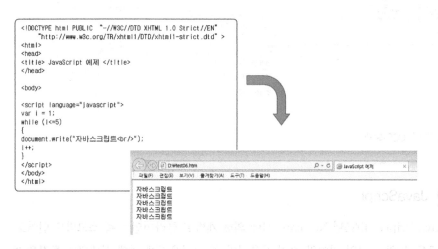

[그림 7-7] JavaScript 예제

제2절 웹 프로그래밍 언어

마크업(MarkUp)언어는 태그(Tag)라는 문법을 사용하여 웹 문서의 콘텐츠를 작성하는 언어이고, CSS는 콘텐츠가 웹 브라우저에서 표현되는 방법, 즉 웹 콘텐츠의 디자인 측면을 위한 언어이다. 그러나 웹 프로그래밍 언어는 이러한 마크업 언어나 CSS와는 조금 다른 차원의 언어라 할 수 있다.

HTML, XHTML 등과 같은 마크업 언어는 서버에 저장된 웹 문서와 클라이언트에 전송된 웹 문서가 같으며, 이러한 것은 정적 페이지(언어)라고 부른다. 반면, 동적 페이지(언어)는 서버에 저장된 웹 문서와 클라이언트에 전송된 웹 문서가 다르다는 특징을 가진다는 것이다. 이와 같은 동적 웹 페이지를 만들기 위해 예전에는 CGI(Common Gateway Interface) 같은 서버 기술을 사용했지만, 최근에는 ASP, JSP 등을 많이 사용한다.

1. ASP(Active Server Page)

ASP(Active Server Pages)는 MicroSoft 사 NT서버의 IIS(Internet Information Server)3.0 이상에서만 동작하는 페이지이며, 서버에서 동작하는 페이지이므로 HTML 페이지와는 달리 동적인 구성을 가능하게 해준다.

ASP의 기본 구조는 "HTML 문서"에 서버 측 스크립트를 추가한 웹 페이지이다. 여기서 서버 측 스크립트란, 서버에서 실행되는 스크립트를 뜻하는 것이며 이는 사용하는 언어에 따라 구분하는 것이 아니라, 스크립트 언어가 서버에서 실행되느냐 혹은 클라이언트에서 실행되느냐에 의해 구분되는 것이다.

예를 들어, 자바스크립트라는 기술은 대표적인 서버측이 아닌 클라이언트 스크립트로서 웹 문서에 프로그래밍 개념을 도입해서 이미지나 텍스트 같은 요소들에 다양한 효과를 줄 수 있는 기술이다.

덧붙여 설명하면, 서버 스크립트가 모든 것을 서버 쪽에서 책임지는 반면에, 클라이언트 스크립트는 서버 쪽에 전혀 영향을 주지 않으며, 웹 서버에서는 클라이언트 스크립트는 해석하지 않고 바로 클라이언트에게 넘기게 되는 것이다. 넘겨진 클라이언트 스크립트는 웹 브라우저가 차례로 해석하게 된다.

ASP와 같은 서버 스크립트는 서버에서 지원하는 여러 능력들과 연동하여 사용할 수 있다. 예를 들어 데이터베이스 서버와 연동해서 작업결과를 HTML 문서로 만들어 클라이언트의 웹 브라우저로 전송하는 등의 구현을 가능하게 해준다.

1) ASP(Active Server Pages)의 동작 원리

서버측 스크립트 언어인 ASP의 동작 원리를 순서적으로 본다면 다음과 같다.

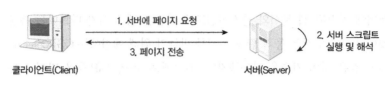

[그림 7-8] ASP 동작 순서

① 클라이언트(사용자)가 서버에 접속, 웹 페이지를 요청
② 서버는 클라이언트가 요청한 웹 페이지의 확장자 확인(확장자가 .asp 이면)
③ 웹 페이지의 소스코드를 HTML 태그와 서버 측 스크립트 부분으로 분리
④ 서버는 서버 측 스크립트를 실행하여 웹 페이지를 완성
⑤ 완성된 웹 페이지를 클라이언트로 전송
⑥ 클라이언트의 웹 브라우저는 HTML 태그를 해석, 화면 생성

ASP는 asp.dll이라는 하나의 dll로 구성되어 있으며 이것이 ASP 문서의 서버측 스크립트를 실행·해석하는 역할을 한다. 이 스크립트는 해석되기 위해 적절한 스크립팅 엔진으로 전달되며 그 스크립트를 실행한 결과는 ASP 페이지 안에 있는 HTML과 결합되어 웹 서버로 전달되고 웹 서버는 그 페이지를 요청한 클라이언트에 결과를 전송하는 것이다.

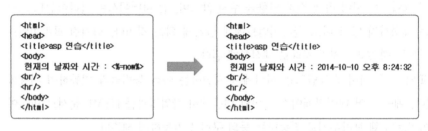

[그림 7-9] ASP 예제

[그림 7-9]에서 왼쪽의 코드가 서버에 저장된 asp 소스코드이고, 오른쪽의 내용이 클라이언트로 전송되는 코드이다. asp 소스코드 내의 〈%에서 %〉까지의 내용을 웹 서버의 asp.dll이 해석·실행하여 클라이언트에 전송되는 웹 페이지를 생성하게 되는 것

이다. 이로써, 서버에 있는 웹 페이지의 내용과 클라이언트에 전송된 웹 페이지의 내용이 다른 것을 확인할 수 있고 ASP가 동적 페이지임을 확인할 수 있다. 〈%.....%〉 태그 내에 있는 스크립트는 서버 측 스크립트이며, 서버에 있는 asp.dll 이 〈%.....%〉 안의 내용을 실행·해석하여 그 결과를 클라이언트로 전송하게 되는 것이다.

2. JSP(Java Server Page)

JSP(Java Server Page)는 JAVA를 기반으로 하고 있는 서버측 스크립트 언어이다. JSP는 서블릿(Servlet) 기술을 기반으로 하고 있으며, JAVA를 기반으로 한 언어이기 때문에 JAVA의 일반적인 특징을 가지고 있다.

JSP의 동작원리를 이해하기 위해서는 서블릿(Servlet)과 웹 컨테이너(Web Container)에 대해 알고 있어야 한다.

서블릿(Servlet)이란 자바에서 웹 애플리케이션을 구현하기 위해 작성하는 코드로, 웹 컨테이너(Web Container)에 의해 생성된다. 웹 컨테이너(Web Container)는 JSP와 Servlet의 실행 환경을 제공하고 웹 브라우저의 요청에 대한 응답을 웹 서버에 전달하는 기능을 제공하며, 웹 응용 프로그램의 보안·관리 및 라이프사이클 관리 등의 서비스를 제공한다. 다른 말로 WAR(Web Application Server)라고도 하는 이 웹 컨테이너의 종류로는 Tomcat, Resin, WebLogic, Jeus 등이 있으며, JSP(Java Server Page)의 동작원리는 다음과 같다.

1) JSP(Java Server Page)의 동작 원리

JSP의 동작 원리를 순서적으로 살펴보면 다음과 같다.

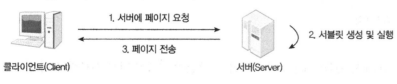

[그림 7-10] JSP 동작 순서

① 클라이언트(사용자)가 서버에 접속, 웹 페이지를 요청

② 서버는 클라이언트가 요청한 웹 페이지의 확장자 확인(확장자가 .jsp이면)

③ 웹 서버는 jsp 컨테이너에 전달

④ 컨테이너에서는 전달받은 jsp 파일을 찾아 서블릿(.class)이 존재하는지 확인

⑤ 서블릿(.class)이 존재하지 않으면, jsp를 서블릿 소스(.java)로 변환 후, 컴파일하여 서블릿(.class)을 생성

⑥ 서블릿(.class)이 존재하면, 소스 변환 또는 컴파일을 하지 않고 클라이언트의 요청을 처리 후 웹 브라우저에 응답

다시 말하면, JSP는 웹 서버에서 실행되는 자바의 클래스 파일이며, 이 클래스 파일을 서블릿이라고 부른다. 따라서 기본적으로 자바의 API를 모두 사용할 수 있으며 자바의 객체지향적인 장점을 모두 가지게 된다. 다만 서블릿은 일반적인 자바 클래스와 달리 반드시 javax.servlet.Servlet 인터페이스를 구현해서 작성해야 하며, 입·출력을 HTTP 프로토콜 요청(Request)과 응답(Response)의 형태로 다룬다는 점만 일반적인 자바와 다른 것이다. 즉, 클라이언트가 요청을 보내면 웹 서버는 요청에 해당하는 서블릿을 실행하고 서블릿에서는 요청을 처리해 결과물(HTML)을 생성하게 되며, 웹 서버는 그 페이지(HTML)를 클라이언트에 전송하는 순서로 진행이 되는 것이다.

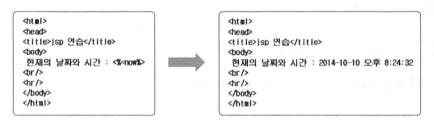

[그림 7-11] JSP 예제

[그림 7-11]에서 왼쪽이 jsp 소스코드이며, 오른쪽 코드가 바로 서블릿 실행 결과로 클라이언트에 전송된다. jsp 역시 〈%... %〉으로 묶인 부분이 HTML 코드로 변환되어 사용자에게 전송되는 것은 asp와 유사하지만, JSP 내에 자바 코드를 삽입하기 위해

선언문, 스크립틀릿, 표현식이라는 3가지의 jsp 스크립트 요소를 사용하게 된다.

(1) 선언문

JSP 페이지에서 자바코드의 멤버변수와 메서드를 선언하기 위해 사용된다. 선언문을 사용해 선언된 변수는 JSP 파일이 컴파일될 때 멤버변수가 되기 때문에 JSP 페이지의 어느 위치에서도 해당 변수를 참조하는 것이 가능하며, 선언문은 〈%!.... %〉태그를 사용하여 선언한다.

(2) 스크립틀릿

JSP의 소스 코드에서 HTML 태그로 된 부분은 일반 HTML 파일처럼 사용하고, 자바 코드로 이루어지는 부분은 〈%... %〉로 표현되는 스크립틀릿 태그를 사용하여 구분함으로써 out 개체를 사용하지 않고도 쉽게 HTML응답을 만들어 낼 수 있게 된다.

(3) 표현식

표현식은 선언문 또는 스크립틀릿 태그에서 선언된 변수나 메소드의 리턴값을 외부에서 출력하기 위해 사용하며, asp와 마찬가지로 〈%=......%〉스크립틀릿을 이용하여 표현한다.

3. PHP

PHP는 ASP, JSP와 함께 동적 웹 페이지 개발을 위해 사용되는 대표적 서버 측 스크립트 언어이다. PHP는 윈도우를 포함하여 리눅스 같은 유닉스 계열의 운영체제에서도 사용이 가능하며, 공개용 데이터베이스인 MySQL뿐만 아니라 Oracle, PostgreSQL, Sybase 등 다양한 데이터베이스와의 연동을 지원하는 매우 강력한 언어이다.

ASP나 JSP에 비하여 내부 엔진이 가벼워 웹 사이트 운영 시 처리 속도가 빠르며, 리눅스와 MySQL 데이터베이스가 무료이기 때문에 비용 측면에서도 유리하여, 중소 규모의 웹 사이트 개발에 많이 이용되고 있다.

또한 PHP는 웹 서버가 실행될 때 PHP 엔진이 함께 실행되어 웹 서버의 한 모듈 역할을 수행한다. ASP나 JSP와 마찬가지로 (X)HTML에 쉽게 내포되는 특징을 가지고 있으며, 자바스크립트와 같은 클라이언트 측 스크립트 역시 포함이 용이하여 다양한 웹 응용개발에 사용되고 있다.

PHP는 ASP나 JSP와는 다르게 스크립틀릿이 아닌 HTML 코드 내에 〈?와 ?〉로 PHP 프로그램의 시작과 끝을 나타낸다. PHP는 보통 Apache와 MySQL을 묶어 패키지 형태로 사용하며, 웹 프로그래밍 언어로 PHP를 선택하려면 웹 서비스를 위해 서버에는 APM(Apache, PHP, MySQL)을 탑재하여야 한다.

1) Apache

웹 서버 프로그램의 하나로 PHP가 제공한 HTML 파일을 HTTP 규약에 따라 클라이언트의 컴퓨터에 전송한다.

2) PHP

동적인 웹 사이트를 제작할 수 있게 해주는 프로그래밍 언어로 PHP 문법에 맞게 작성된 프로그램을 내장된 해석기를 통해 HTML 형태로 변환해 웹 서버인 Apache에 제공한다.

3) MySQL

DBMS(데이터베이스 관리 시스템) 중 하나로 각종 데이터를 저장한다. 무료이며 성능이 우수하다.

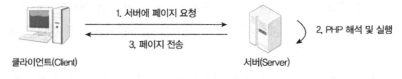

[그림 7-12] PHP 동작 순서

그래픽 기술

그래픽 기술은 컴퓨터와 특정 소프트웨어를 이용하여 도형 및 화상, 그림을 만드는 기술로 붓이나 연필, 포스터 칼라 등 미술 및 디자인 재료로 이용하던 것을 컴퓨터와 입출력 장치를 이용하여 만드는 모든 기술을 말하는 것이며, 여기서 사용되는 소프트웨어를 그래픽 툴이라고 한다.

그래픽 툴은 컴퓨터를 이용하여 그림을 그리는 프로그램으로, 크게 2D, 3D로 나눠지며, 2D는 2차원 평면 이미지를 의미하며 비트맵 이미지, 벡터 이미지 등의 종류가 있고, 3D는 3차원의 입체 이미지를 뜻하며 일반적인 3D 그래픽과 CAD와 같은 설계용 이미지가 있다. 대표적인 그래픽 툴로는 포토샵, 일러스트레이터, 플래시 등이 있다.

① 포토샵(PhotoShop)

Adobe 사에서 개발한 그래픽 툴로 사진의 편집 및 합성을 쉽게 할 수 있으며, 기본적인 드로잉 툴과 필터의 기능도 강력하여 여러 종류의 그림도 그릴 수 있다. 현존하는 그래픽 툴 중에는 가장 대중적이고 가장 강력한 툴이 바로 이 포토샵이라는 프로그

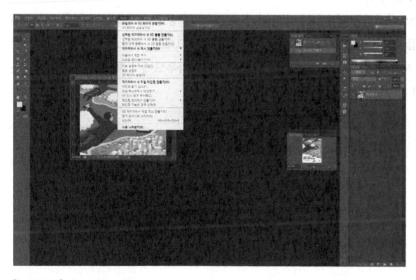

[그림 7-13] PhotoShop CS6

램이며, 어도비 일러스트레이터와 더불어 그래픽 툴로는 대표주자이다.

우리가 흔히 쓰는 '포샵질'이라는 말은 사진을 포토샵으로 보정한다는 말을 뜻한다. 포토샵으로 몇 번만 작업을 해도 멀쩡한 사진이 엽기 사진이 될 수도 있고, "포샵질만 하면 옥동자도 원빈이 된다."라는 말이 있듯이 포토샵의 위력은 실로 막강하다.

초창기의 그래픽은 스케치까지는 종이에다 수작업으로 하고 그것을 스캔하여 포토샵을 이용해 보정, 채색 등을 하는 수준이었으나, 포토샵의 버전 업을 통해 새로운 페인팅 엔진이 도입되면서, 기초적인 자연 매체를 그래픽을 할 수 있게 되었고 점점 기능이 더해져 CS5 버전부터는 붓털의 상세한 설정이 가능해지고, 밑색이 묻어나오는 믹싱 브러시 기능이 추가되어 막강한 그래픽 툴로 자리매김하고 있다.

2. 일러스트레이터(Illustrator)

일러스트레이터는 어도비(Adobe) 사에서 개발한 벡터 드로잉 프로그램이다. 벡터라는 것은 컴퓨터에서 점을 의미하는 픽셀과 상반되는 개념으로 연속적인 값을 가진 선 또는 방향이라는 뜻을 가지고 있다. 일러스트레이터는 포토샵과는 달리 이미지 보정 및 채색에 대한 기능보다 캐릭터 등과 같은 원본 이미지를 제작하기 위해 사용하는 전문 그래픽 툴이다.

일러스트레이터를 이용하여 만든 이미지는 파일의 용량이 적고 그림을 확대해도 선명한 장점이 있으며, 전자출판에서 많이 사용한다. 그래프, 픽토그램, C.I, 캐릭터 작업 등에 사용되며, 현재는 어도비 크리에이티브 클라우드에서 체험판을 무료로 다운로드하여 사용할 수 있다.

[그림 7-14] Illustrator CS6

3. 플래시(Flash)

어도비(Adobe) 사에서 개발한 그래픽/동영상 처리/게임 제작 등을 위한 그래픽 툴이다. 그래픽 작업을 위한 기능 외에 액션스크립트라는 언어를 사용하여 GIF 기반의 애니메이션 제작용 도구이다.

퓨처웨이브(FutureWave)라는 작은 벤처기업이 최초로 개발했으며, 매크로미디어(Macromedia) 사가 퓨처웨이브를 인수하여 '플래시 2'로 업그레이드하였고, 그 뒤 2005년에 어도비(Adobe) 사가 매크로미디어를 인수하여 지금의 플래시가 되었다.

플래시는 원래 GIF를 대신할 단순한 애니메이터일 뿐이었으나, 액션스크립트 기능이 추가되면서 웬만한 프로그래밍 언어 수준의 능력을 갖춘 무서운 도구가 되어 버렸다.

결국 플래시는 동영상 재생을 넘어서는 시도가 각 방면에서 이루어졌고, 그 중 하나가 플래시 게임이다.

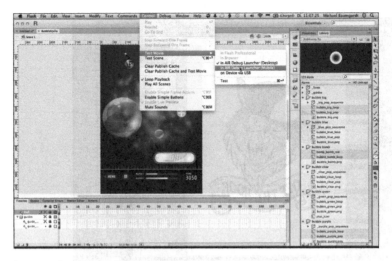

[그림 7-15] Flash CS6(출처 : http://www.macworld.com)

제4절   **모바일 프로그래밍**

스마트폰의 등장과 사용 확산으로 모바일은 최근 IT 서비스에서 가장 중요한 트렌드가 되고 있다. 전 세계적으로 스마트폰, Tablet 판매량이 이미 PC 판매량을 넘어섰으며, 머지않아 모바일을 통한 인터넷 트래픽이 PC 트래픽을 넘어설 것으로 전망되고 있다. 특히 모바일 앱은 스마트폰에 최적화된 사용자 경험을 제공할 수 있어 다양한 분야에서 활용되고 있는 실정이다.

이러한 스마트 환경의 확산으로 주목받고 있는 프로그래밍 기술이 바로 모바일 프로그래밍이다. 모바일 프로그래밍은 스마트폰, Tablet PC 등에 최적화된 서비스를 개발하기 위한 클라이언트 기반 기술을 다루는 분야이며, 모바일 웹 개발을 위한 클라이언트 기술인 HTML5, 자바스크립트, 그리고 모바일 앱 개발을 위한 iOS, Android 프로그래밍 기술을 포함한다.

1. 스마트폰과 앱

정보 기술의 발전으로 우리 사회의 환경은 더욱 급변하고 있다. 인터넷의 발전으로 e-비즈니스가 등장하였고, 무선 네트워크 기반의 확장으로 유비쿼터스 컴퓨팅이 가능하게 되었다.

2007년 애플에 의해 아이폰이라는 스마트 기기가 처음 세상에 등장하였으며, 지금은 갤럭시, 블랙베리, 태블릿 PC 등 다양한 종류의 스마트 기기가 수많은 사용자들을 확보하며 본격적인 스마트사회 환경을 만들어가고 있다.

우리가 사용하고 있는 스마트폰 또는 태블릿PC 등의 스마트 기기는 정보를 얻기 위해 다양한 애플리케이션을 사용하는데, 이 애플리케이션을 줄여 앱(App)이라 부른다. 원래 앱이란 용어는 애플의 애플리케이션을 지칭하는 용어였으나, 지금은 스마트 기기용 모든 애플리케이션을 통칭하는 용어가 되었다.

스마트기기를 위한 대표적 운영체제인 iOS를 만든 애플은 자사의 스마트 기기들을 위한 앱을 거래하는 시장으로 앱스토어를 운영하고 있으며, 구글 역시 안드로이드 앱을 위한 구글플레이를 통해 다양한 앱을 유·무료로 다운로드 받을 수 있는 환경을 제공하고 있다.

이러한 스마트기기의 앱을 활용하는 사례를 살펴보면, 크게 생산성 향상을 위한 것과 유희를 위한 엔터테인먼트용으로 나눌 수 있다. 일반 사용자들은 스마트기기와 앱을 이용하여 정보를 습득할 수도 있으며 생활 속에서 다양한 편리함을 느낄 수도 있고 게임 등을 통해 즐거움을 얻을 수도 있다. 일반 기업은 스마트 기기와 앱을 이용하여 인사, 재무, 마케팅, 유통 등의 업무 프로세스에 대한 효율성을 추구하거나, 기업 내부 커뮤니케이션 향상을 위한 도구로 활용하고 있다. 또한 기업은 앱을 이용하여 고객과의 커뮤니케이션 확장을 유도할 수도 있으며 이를 통해 소셜커머스 등의 새로운 전자상거래 형태도 등장하고 있다.

[그림 7-16] 다양한 정보 관련 앱

[그림 7-17] 대표적인 소셜커머스

2. 스마트폰의 운영체제

스마트폰의 확산과 함께 스마트폰을 위한 운영체제에 대한 관심도 증가하고 있다. 스마트폰, 태블릿 PC 등 스마트기기를 위한 대표적인 운영체제로는 구글의 안드로이드, 애플의 iOS, RIM의 블랙베리, 마이크로소프트의 윈도우폰7 등이 있다. 최근 우리나라에서는 모바일 플랫폼의 통일하기 위해 WIPI라는 플랫폼을 채택하였다.

[표 7-2] 대표적인 스마트기기 운영체제

운영체제	설명
안드로이드	스마트기기를 위한 운영체제와 미들웨어 및 핵심 앱을 포함하고 있는 구글의 운영체제
iOS	아이폰, 아이패드 등에 내장된 애플의 운영체제
블랙베리	블랙베리 스마트폰을 위한 리서치인모션의 운영체제
윈도우폰7	마이크로소프트 스마트기기를 위한 임베디드 운영체제

3. 앱 개발환경

앱을 개발하기 위한 환경은 크게 안드로이드 기반과 iOS기반 두 가지로 나눌 수 있으며, 안드로이드 앱의 경우 Java 기반의 언어를 사용하고 iOS 앱의 경우 오브젝트-C 기반의 언어를 사용한다. 이 장에서는 우리가 주로 사용하는 안드로이드 앱에 대해서만 소개한다.

1) 안드로이드 앱 개발환경

안드로이드 앱은 IDE(Integrated Development Environment)라고 불리는 통합개발환경을 이용하여 개발하고, 안드로이드 SDK(Android Software Development Kit)에 있는 컴파일러로 실행파일을 제작한다. 실행파일은 달빅가상머신 환경에서 AVD(Android Virtual Device)를 이용하여 실행하거나, 데이터 케이블로 PC에 연결된 스마트폰에 전송하여 실행하게 된다.

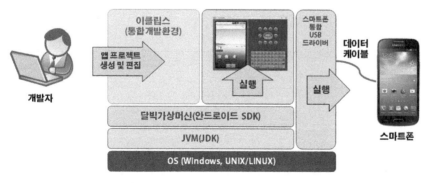

[그림 7-18] 안드로이드 앱 개발환경

[표 7-3] 안드로이드 앱 개발환경 구성요소

구성요소	설명
운영체제	OS(Operating System) Windows 또는 UNIX / LINUX 가능
자바개발킷	JDK(Java Development Kit) 자바 애플리케이션을 개발하기 위해 필요한 각종 클래스 파일들 포함하고 있는 개발 킷으로 자바 애플리케이션이 실행되는 자바가상머신(JVM : Java Virture Machine) 환경을 제공
안드로이드 SDK	Android SDK(Android Software Development Kit) 안드로이드 애플리케이션을 개발하기 위해 필요한 각종 클래스 파일들을 포함하고 있는 개발 킷으로 안드로이드 자바 애플리케이션이 실행되는 달빅가상머신(DVM : Dalvik Virture Machine) 환경을 제공
통합개발환경	IDE(Integrated Development Environment) Eclipse, IntelliJ, Android Studio 등 {sub-table below}
안드로이드 가상 디바이스	AVD(Android Virture Device) 안드로이드 기반 스마트폰 에뮬레이터를 실행시키기 위한 가상 장치로 앱의 실행을 테스트하는 환경

IDE	기능
Eclipse	자바를 비롯한 다양한 언어를 지원하는 프로그래밍 통합개발환경으로 IBM에서 개발
IntelliJ IDEA	자바 프로그래밍 통합개발환경으로 JetBrains에서 개발
Android Studio	IntelliJ를 기반으로 만들어졌으며, 안드로이드 사이트에서 다운로드 가능

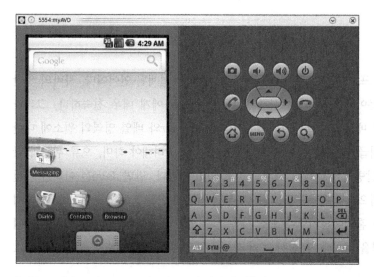

[그림 7-19] AVD (Android Virtual Device) 실행 화면(출처 : http://safdani.wordpress.com)

4. 앱 개발언어

안드로이드 기반의 앱을 개발하기 위해서는 java라는 언어를 핵심적으로 사용한다. 객체지향언어로 익히 알려진 언어인 java는 앱뿐만 아니라 다른 애플리케이션을 개발하기 위한 언어로도 많이 채택된다.

1) JAVA

JAVA는 플랫폼과 무관한 소프트웨어의 필요성에 의해 썬 마이크로시스템(Sun microsystems) 사의 제임스 고슬링에 의해 개발된 언어이다. JAVA는 대표적인 객체지향언어로, 객체지향언어의 시초라 할 수 있는 C++의 형태를 그대로 유지하고 있으며, C++의 불필요한 요소들과 절차지향적 프로그래밍 방법을 제거함으로써 매우 강력한 언어로 급부상하게 되었다. 특히 JAVA는 다른 프로그래밍 언어와는 다르게, 웹에서의 이식성 역시 매우 높아 다양한 분야의 개발 방법으로 채택되고 있다.

(1) 자바의 특성

① 단순성

JAVA는 쉽게 프로그래밍과 디버깅을 할 수 있도록 설계된 언어이다. 자바의 일반적인 형식과 구문이 C/C++와 유사하기 때문에 사용자에게 매우 친숙하다. 그러나 C++에서는 흔히 메모리의 쓰레기를 발생시키는 pointer와 배열 영역의 원소에 대한 참조를 상세히 취급해야 하고, 메모리 할당과 반환을 고려해야 하며, 오류 취급과 함수 간에 자료 전달방법에 대하여 자세히 알고 있어야 한다. 반면 Java는 이러한 불필요한 요소를 없앰으로써 응용프로그램으로부터 독립된 프로그램을 구현하고, 애니메이션과 웹에 관련 홈페이지의 부분으로 사용할 수 있고, 동일한 코드에 대해 플랫폼에 적합한 다중 버전을 갖거나, 복잡한 여러 작업들을 몇 페이지의 코드로 해결할 정도로 단순해졌다.

② 객체지향성

자바는 객체지향적 요소인 자료의 추상화(Data Abstraction)를 통한 캡슐화, 상속성(Inheritance)과 다형성(Polymorphism)을 지원할 뿐만 아니라, 기본적인 데이터 이외에 모든 데이터를 객체로 취급하고, 프로그램을 class 단위로 구성함으로써 프로그램 작성 및 관리가 용이하고, 프로그램 코드의 재사용이 가능하며 프로그램 설계에 쉽게 접근할 수 있다.

③ 강력한 지원 기능

Java의 기능 확장은 프로그래머로부터 Java 언어와 환경으로 메모리 관리나 동시성을 가진 멀티-스래딩(Multi-Threading)으로 언어의 능력을 극대화하고 동시에 프로그래머를 강력하게 지원한다. JAVA에서 문법과 구문의 체크, 메모리 관리, 스레드의 동기화, 에러의 취급 등은 JAVA언어에서 자체적으로 관리해주기 때문에 프로그래머는 창의적인 코딩에만 신경을 집중하면 된다.

④ 분산 처리 기능

JAVA는 인터넷 및 네트워크 환경에서 효율적으로 실행될 수 있도록 설계되었으며, TCP/IP 네트워크 기능을 내장하고 있다. 특히 HTTP, FTP 등의 프로토콜을 쉽게 사용할 수 있도록 네트워크 라이브러리를 지원하고 있으므로 개발자가 분산처리 기능을 구현하는 것을 용이하게 한다. 또 자바 애플릿은 인터넷 익스플로러, 넷스케이프와 같은 웹 브라우저에서 실행되므로 웹 환경의 애플리케이션 개발이 가능하다.

⑤ 독립성과 이식성

자바 컴파일러는 인터넷 상에 있는 여러 하드웨어에서 작동하고, 다양한 OS에서 실행될 수 있도록 컴퓨터 구조에 중립적인 바이트 코드를 생성하여 JVM(Java Virtual Machine)에 의해 해석방식으로 실행한다. 보통의 언어는 컴파일러에 의하여 기계에서 직접 실행 가능한 이진코드를 생성하여 실행시키지만, Java는 번역기에서 바이트코드를 생성한 후에 이를 해석기에서 실행시킴으로써 자바 플랫폼이 준비된 기기라면 어떠한 운영체제에서든지 항상 실행될 수 있다. 따라서 플랫폼 독립성이 강하고, 이식성이 좋다.

⑥ 안전성

자바는 네트워크에서 동작하기 때문에 강력한 오류 검사기능을 갖는다. 특히 오류가 발생할 수 있는 명령어를 사용할 경우, 적절한 오류처리 루틴을 작성할 것을 요구한다. 이는 불필요한 프로그램의 중단을 예방하고, 사용자가 오류를 적절히 처리하도록 지원하는 기능을 갖는다. JAVA는 컴파일을 수행할 때 엄격한 데이터의 형 검사를 수행하여 많은 실행시간 오류와 비정상적인 상황을 방지할 수 있다. 특히 자바는 주소 값을 저장하지 않은 참조변수를 검사하고 예외 상황을 처리하며, 더 이상 사용하지 않는 메모리 공간은 반환하는 특징을 가지고 있다.

⑦ 멀티 스레드 지원 기능

멀티 스레드란 하나의 프로그램 안에서 여러 개의 실행점(스레드)을 갖는다는 의미이다. 즉, 논리적으로 하나의 프로그램을 여러 개의 CPU가 동시에 실행하는 것과 같은 효과를 갖는다. 이러한 멀티 스레드 프로그램에서는 각각의 스레드가 마치 독립적인 프로그램처럼 동시에 실행될 수 있다. 대표적인 예가 하나의 서버가 독립적인 여러 대의 클라이언트에 동시 서비스하는 것을 프로그래밍하는 경우이다.

(2) 자바의 실행

자바 컴파일러(JAVA Compiler)로 번역된 코드(*.class)를 바이트 코드(Byte code)라 하는데 자바 바이트 코드는 자바 버추얼 머신(JVM)이 장착되어 있는 시스템이라면 어디서라도 실행될 수 있다. 왜냐하면 자바 버추얼 머신은 바이트 코드를 시스템의 특별한 기계어로 전환하기 때문이다. 자바 버추얼 머신은 현재 Solaris, Unix, Windows, MacOS 등에서도 사용할 수 있다. 따라서 자바의 번역은 기기 간의 호환성을 제공하여 기기에 독립적이다. 자바 버추얼 머신에 의한 처리속도의 향상을 위하여 JIT(Just In Time) 번역기를 사용할 수 있는데, 이는 바이트 코드를 생성하지 않기 때문에 실행시간이 빠르지만 그 대신 플랫폼 독립적이지는 못하다. 자바 프로그램으로는 애플리케이션 프로그램과 웹 브라우저를 통하여 실행할 수 있는 애플릿 프로그램이 있다.

참고문헌

고경희, DO it! HTML5 + CSS3 웹 표준의 정석(기초부터 반응형 웹까지!, HTML 권위자에게 정
　　석으로 배워라!), 이지스퍼블리싱, 2013

권기경, 박용우, IT EXPERT, 모바일 자바 프로그래밍, 한빛미디어, 2002

김남훈, 이동규, 핵심 ASP 프로그래밍, 생능출판사, 2007

김데레사, 방미희, 웹표준 핵심가이드북 XHTML+CSS(웹 접근성에서 크로스 브라우징까지), 제
　　우미디어, 2010

임승린, 기초에서 활용까지 ASP 프로그래밍, 글로벌, 2011

정동진, 김준형 외, JSP 웹프로그래밍 입문 활용, 앤써북, 2014

정진용, 정병열, 쉽게 배우는 PHP 프로그래밍, 글로벌, 2013

척 무시아노, 김종민, HTML & XHTML 핵심 가이드, 한빛미디어, 2001

천인국, HTML5 + CSS3 + JavaScript로 배우는 웹프로그래밍 기초(기초부터 모바일웹까지 빠
　　르고 쉽게 배우는 웹개발 지침서), 인피니티북스, 2013

최범균, JSP 2.2 웹 프로그래밍 기초부터 중급까지, 가메, 2013

황재호, PHP 프로그래밍 입문 (기초부터 다지는 웹 사이트 제작 실습), 한빛아카데미, 2013

엔하위키미러, https://mirror.enha.kr/wiki/FrontPage

연 습 문 제

01. 마크업 언어란 무엇인가?

02. HTML과 XML의 차이점은 무엇인가?

03. HTML과 XHTML의 차이점은 무엇인가?

04. HTML5와 CSS에 대해 설명해보시오.

05. ASP란 어떤 언어이며, 그 동작 순서는 어떠한가?

06. JSP란 어떤 언어이며, 그 동작 순서는 어떠한가?

07. PHP와 ASP, JSP의 차이점은 무엇인가?

08. 모바일 프로그래밍이란 무엇인가?

09. 안드로이드 앱의 개발환경에 대해 설명해보시오.

10. JAVA의 특징에는 어떠한 것이 있는가?

CHAPTER 08

정보와 시스템 통합

개요

최근의 기업 환경은 하나의 기업만이 스스로 자신의 활동을 영위하기 힘든 구조로 변해 가고 있다. 즉, 다른 기업과의 연관을 가지고 협업하는 체제가 필수 요소로 자리 잡고 있 다. 이러한 기업환경의 변화에 대처하기 위한 방편으로 많은 정보시스템들이 도입되고 있다. 기업정보시스템의 도입은 기업 활동을 편리하고 체계적으로 진행해주는 긍정적인 효과가 있지만, 무분별한 도입은 기업 활동의 발목을 잡는 장애요인으로도 작용한다.

따라서 기업의 정보시스템은 통합을 필요로 하는데, 통합 전사정보시스템의 대표적인 도구가 ERP이다. 이 장에서는 ERP에 대한 기본적인 개념과 구축전략 기대효과 등을 설명함으로써 전사적 기업정보시스템에 대한 이해를 제공한다. 또한 기업내외부적으로 서로 다른 정보시스템이 도입되는 경우 이들의 통합에 대한 방법론을 제시함으로써, 기 업정보시스템의 통합을 이해하도록 돕는다.

이 장은 크게 세 개의 절로 이루어져 있고, 제1절에서는 ERP시스템에 대한 전반적인 설 명과 사례를 제시하였다. 또한 제2절에서는 기업정보시스템의 통합 방법론 및 기술적 요소를 사례와 함께 제시하였다. 제3절에서는 외부의 변화 및 내부의 요구사항에 대한 보다 빠른 대응을 요구하는 최근의 비즈니스 환경에 대한 IT 환경의 새로운 패러다임으 로 제시되고 있는 서비스지향아키텍처(SOA : Service Oriented Architecture)를 지능형 서비스 통합 관점에서 살펴본다.

08 정보와 시스템 통합

- 기업의 통합적 정보시스템인 ERP에 대하여 학습한다.
- 기업정보시스템의 통합 방법론 및 기술적 요소에 대하여 학습한다.
- 서비스지향아키텍처와 지능형 서비스 통합의 개략적인 내용에 대하여 학습한다.

제1절 전사적 정보시스템 : ERP

1. ERP에 대한 이해

오늘날 급변하는 글로벌 경쟁 환경에서 살아남고 경쟁우위를 점하기 위해서는 고객의 요구에 부응하는 제품을 신속히 개발하고, 다양하며, 최적의 품질이 보장되는 서비스를 원하는 시간에 제공하여야 한다. 이를 위해 기업은 적절한 경영 및 고객서비스 등 기업 전반에 대한 시스템을 구축하고자 하였고, 따라서 생겨난 것이 ERP이다.

ERP는 Enterprise Resource Planning의 약어로 "기업의 모든 자원에 대해서 계획하고 활용하는 것"을 의미하며, 일반적으로 "전사적 자원관리"라고 부른다. 기업 컨설팅 전문기업인 가트너(Gartner) 그룹은 "ERP란 기업 업무(비즈니스) 기능들이 통합되도록 설계된 응용프로그램(Application)들의 집합"으로 정의하였다. 즉, 기존의 회계업무, 생산업무, 영업업무 등 단위 업무를 지원하기 위한 정보시스템을 하나의 패키지로 통합한 것을 ERP 패키지라고 한다. 이외에도, ERP는 기업 내의 모든 인적, 물적 자원을 정보화하며, 정보기술을 활용하여 통합 관리함으로써 궁극적으로 기업의 경쟁력을 강화시키기 위한 통합 정보시스템 전략을 말하기도 한다.

기본적으로 ERP시스템은 기업 업무에 필요한 대부분의 모든 기능이 포함되어 있어 시스템은 매우 복잡하지만 업무 프로세스를 개선하는 효과도 가져온다. 또한 ERP 패키지 내에서는 선진기업의 우수 사례(Best Practices) 결과가 내포되어 있어, 선진기업의 프로세스를 도입하는 효과를 얻을 수 있다. ERP 패키지에는 회계, 영업, 생산, 구매, 자재, 인사모듈들이 통합되어 있으며, 모듈 간 실시간으로 데이터 교환이 가능하여 경영자에게 유용한 정보를 실시간으로 제공할 수 있다. 궁극적으로 ERP 시스템은 업무의 자동화보다는 경영자가 보다 현명하고 빠른 의사결정을 내릴 수 있도록 여러 정보를 실시간으로 지원하는 의사결정지원시스템이라고 할 수 있다.

최근에는 인터넷을 기업 경영에 활용함에 따라, 고객, 협력업체 등 전체 공급사슬(Supply Chain)에 대한 최적의 의사결정을 지원하는 통합된 정보시스템을 목표로 한다.

경영환경 상의 필요성	통합 시스템의 필요성
• 시장구조 변화 : 고객 중심, 경쟁심화 • 정보기술 변화 : 경쟁사 e-Business 도입에 따른 정보기술 중요성 증대 • 경영관리 변화 : 국제회계기준 요구, 경영 투명성, 경영혁신 필요성 • 조직구조 변화 : 영업, 생산, 구매에 이르는 물류 프로세스 간의 통합성	• 부서 간 정보 연계의 미흡 • 제거/구매정보 미흡 • 생산관리정보 부족 • 수주/판매 예측자료 부족 • 컴퓨터 환경변화의 대응력 부족 • 임원 정보 자료부족

ERP 도입목표
• 경영혁신, 관리개선, 경쟁력 강화 체제 확립 • 경영정보의 통합에 의한 의사결정의 신속화 • 경영관리의 효율화, 고객 만족도 향상 • 품질향상, 재고 절감 및 재고투자비 감소 • 정보시스템 운용 및 A/S 비용 절감 • 웹 기반 Internet System으로 외부 시스템 활용

[그림 8-1] ERP의 필요성과 목표

1) ERP의 특징

(1) 범용성

ERP는 특정회사나 업종만을 대상으로 개발된 것이 아니라 범용적으로 모든 기업, 모든 업무에 적용할 수 있도록 개발된 것이다.

(2) 실시간(Real-time) 처리

입력된 데이터를 실시간으로 처리하여 정보 이용자에게 적시에 유용한 자료를 제공한다.

(3) 시스템 통합(Integration)

논리적으로 관련 있는 업무는 항상 함께 처리하도록 설계되어 있다. 모든 자료는 한 번 입력으로 처리되며 중복 작업과 자료 간의 불일치가 없어지기 때문에 최적으로 업무를 처리할 수 있다.

(4) 사용자 편의성

대부분의 ERP 상품들은 고객 서버 환경을 고려하여 개발되었기 때문에 시스템 사용자가 시스템 내에 저장된 데이터를 쉽게 조회하고 분석하며 출력할 수 있도록 지원하고 있다. 또 윈도우 환경에서 아이콘과 그래픽 기호를 사용하고 메뉴체계를 갖추고 있어 누구든지 쉽게 시스템을 사용할 수 있다.

(5) 개방성(Open system)

대부분의 ERP상품들은 모든 회사의 전용 하드웨어나 시스템 기술을 사용할 수 있다.

(6) 국제성

대부분의 ERP상품들은 다국적 기업이 사용할 것을 가정하여 개발되었기 때문에 많은 언어와 화폐단위를 지원하며, 각국의 회계제도를 수용해 범세계적으로 사용할 수 있다.

2) ERP의 발전과정

ERP를 이해하기 위해서는 ERP로 진화되어 온 단계별 정의를 살펴보는 것이 필요하다. ERP의 시조가 되는 MRP(Material Requirement Planning : 자재소요계획)는 1970년 미국의 생산·재고관리협회인 APICS가 제안하여 활용이 급속하게 확대되었다. MRP는 제품(특히 조립제품)을 적기에 생산하기 위해 부품(자재)이 투입된 시점과 투입되는 양을 관리하기 위한 생산관리시스템이다. 이것은 일정한 기준정보에 근거하여 물품 소요량을 예측하고 모든 제조활동과 관리활동을 계획에 따라 진행한다. MRP 시스템의 도입으로 기업자원의 비능률적 활용이 종전에 비해 많이 개선되었으나, 컴퓨터와 통신기술의 부족, 데이터베이스 기술의 미흡 등 정보통신기술이 낙후하여 이를 실제로 완벽하게 구현하지는 못했다.

MRP Ⅱ (Manufacturing Resource Planning Ⅱ : 생산 자원계획)는 1980년대 다품종 소량 생산체제로 접어들면서, 생산에 필요한 모든 자원을 효율적으로 관리할 필요성이 대두됨에 따라 등장하였다. 즉 MRP의 개량된 형태로 제조자원이 한정되어 있다는 상황을 생산계획의 수립에 반영할 수 있도록 갖추어진 시스템이다. 이것은 종전에 개별적으로 수행되었던 자재수주, 생산, 판매, 재무관리 기능을 통합하여 자재뿐만 아니라 생산에 필요한 모든 자원을 효율적으로 관리할 수 있도록 하였다.

1990년대에 들어서는 정보통신기술이 더욱 발전하면서 하청회사의 공급체계를 기업 업무와 연결시키는 것이 가능해지자, MRP Ⅱ에서 한 걸음 더 나아가 생산관리 기능에 재무, 회계, 영업, 인사 등 모든 경영활동을 지원하는 개념으로, ERP(Enterprise Resource Planning : 전사적 자원관리)가 등장하였다.

이후 1990년대 후반부터는 인터넷의 보급, 확산으로 기업 활동의 영역이 외부로 더욱 확장됨에 따라, 내부 업무통합과 아울러 여러 외부 관계까지 관리하는 확장형 ERP인 e-ERP로 발전하게 되었다. e-ERP는 업무통합에만 초점을 맞춘 기존 ERP에 외부 협력사 및 고객과의 관계를 관리하는 SCM(Supply Chain Management : 공급사슬관리), CRM(Customer Relationship Management : 고객관계관리), EC(Electronic Commerce : 전자상거래) 등의 기능이 부분적으로 추가된 것이다.

[표 8-1] ERP의 발전과정

시대	구분	주요내용	특징
1970년대	MRP (자재소요관리)	구체적인 제조일정, 자재생산, 조달계획	생산 활동을 위한 자재 투입의 최적화
1980년대	MRP Ⅱ (생산자원관리)	생산능력 기준으로 생산계획, 설비구입계획, 판매계획 연계	
1990년대	ERP (전사적 자원관리)	생산, 회계, 인사, 영업, 물류 등 기업의 제반 업무활동 대상	기업 내부 활동을 위한 경영자원 투입의 최적화
1990년대 후반	e-ERP (확장형 전사적 자원관리)	가치사슬 상의 기업 내부 및 외부의 모든 업무활동을 인터넷의 웹 기반으로 통합 자원관리	인터넷 기반의 경영자원 투입의 최적화 및 개방형, 협력형 통합 비즈니스 자원

3) ERP의 구성요소

ERP의 핵심은 비즈니스 프로세스의 변화에 있다. 비즈니스 프로세스의 변화는 조직, 업무프로세스와 기준, 기업 문화, 그리고 작업자 등 모든 것을 대상으로 한다. 즉, ERP는 단순히 패키지 소프트웨어를 설치하는 것이 아니라 기업의 주요 요소들을 변화시켜 나가는 하나의 변화 관리 프로세스인 것이다.

자원에 대한 전사적 관리를 위한 ERP 시스템은 사용하는 기업마다 동일하지 않다. 그러나 공통적으로 생산, 물류, 회계, 인사, 공통부분(프로젝트 및 워크플로우 지원) 등 다섯 가지 부문으로 구성되어 있다. 각 부분은 업무 흐름 상 서로 연동되어 있으며, 각 부분은 여러 개의 모듈로 구성되어 있기 때문에 사용하는 업체에 따라 재구성할 수 있도록 되어 있다. 때문에 ERP 시스템을 도입하고자 하는 조직은 설계단계에서부터 주의해야 한다.

[그림 8-2] ERP의 구성요소

(1) 생산 부분

생산관리와 품질관리, 설비관리로 구성된다. 생산관리는 생산계획 수립, 수요관리, 자재소요계획 등 회사의 제조활동을 계획, 실행 및 통제 관리 기능을 수행한다. 품질관리는 품질 계획, 품질 검사 및 품질과 관련된 문서처리기능을 가지고 있다. 설비관리는 설비의 예방점검, 보전수리, 이력관리, 통계분석 등 설비의 효율적 관리에 필요한 업무를 가지고 있다.

(2) 물류 부분

영업관리, 자재관리로 구성된다. 영업관리는 고객문의 접수, 배송관리, 판매수주관리, 마케팅 부분을 아우르고 있다. 자재관리는 구매요청, 발주처리, 재고자산입고처리, 재고자산의 입출고, 재고실사 등을 지원하며, 생산, 거래처리, 영업 부문의 출고처리와 통합되고 있다.

(3) 회계 부분

재무회계, 관리회계, 자금관리로 구성된다. 재무회계는 총계정원장관리, 채권관리, 채무관리, 고정자산관리, 연결회계기능을 가진다. 관리회계는 간접부분, 제품원가관리부분(표준원가계사, 실제원가계산), 수익성 분석을 한다. 자금관리는 자금수지(현금수리관리 및 유동성 예측관리), 자금운영 관리(차입금, 유가증권 및 예금에 대한 관리), 위험관리(이자율 및 환위험관리) 등의 기능을 내포하고 있다.

(4) 인사 부분

인사관리기능이며 세부내용으로 인사계획, 사원채용, 인사고과, 급료, 임금관리, 출장경비관리 등으로 구성된다.

(5) 공통 부분

프로젝트 관리 및 워크플로우 지원기능으로 구성된다. 프로젝트 관리는 프로젝트의 계획, 일정 수립 및 관리로 이루어지며, 워크플로우 지원 기능은 전자메일, 전자결제, 기능을 포함한 업무흐름을 관리한다.

2. ERP 구축 전략

1) ERP 구축 4단계

ERP시스템은 분석(Analysis), 설계(Design), 구축(Construction), 구현(Implementation) 등 4단계의 과정을 거쳐 구축된다.

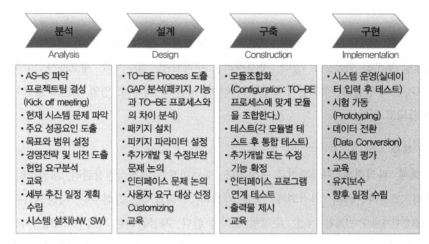

분석 Analysis	설계 Design	구축 Construction	구현 Implementation

• AS-IS 파악
• 프로젝트팀 결성
  (Kick off meeting)
• 현재 시스템 문제 파악
• 주요 성공요인 도출
• 목표와 범위 설정
• 경영전략 및 비전 도출
• 현업 요구분석
• 교육
• 세부 추진 일정 계획
  수립
• 시스템 설치(HW, SW)
	• TO-BE Process 도출
	• GAP 분석(패키지 기능
	  과 TO-BE 프로세스와
	  의 차이 분석)
	• 패키지 설치
	• 피키지 파라미터 설정
	• 추가개발 및 수정보완
	  문제 논의
	• 인터페이스 문제 논의
	• 사용자 요구 대상 선정
	  Customizing
	• 교육
		• 모듈조합화
		  (Configuration: TO-BE
		  프로세스에 맞게 모듈
		  을 조합한다.)
		• 테스트(각 모듈별 테
		  스트 후 통합 테스트)
		• 추가개발 또는 수정
		  기능 확정
		• 인터페이스 프로그램
		  연계 테스트
		• 출력물 제시
		• 교육
			• 시스템 운영(실데이
			  터 입력 후 테스트)
			• 시험 가동
			  (Prototyping)
			• 데이터 전환
			  (Data Conversion)
			• 시스템 평가
			• 교육
			• 유지보수
			• 향후 일정 수립

[그림 8-3] ERP의 구축 4단계

(1) 분석(Analysis)

분석단계에서 핵심은 현황파악(AS-IS 분석)이다. 성공적인 시스템을 구축하기 위해서는 무엇보다 해당 기업의 현주소를 명확히 알아야 하기 때문이다. 분석단계에서 현황파악을 하는 데 있어 중요한 사항을 [그림 8-3]에 기술해 놓았다. 이와 같은 분석과정을 통한 결과물은 바로 다음 단계인 설계에 반영하도록 되어 있다.

(2) 설계(Design)

분석한 결과를 구축하기 위해 준비하는 과정으로, 이 단계에서는 ERP프로젝트의 핵심인 개선된 프로세스, 즉 TO-BE 프로세스(진행할 프로세스)를 도출하게 된다. 이와 같은 TO-BE 프로세스는 현재의 회사 업무 프로세스와 회사나 경영자 및 현업에서 요청한 사항과 ERP패키지에 구현된 프로세스를 잘 조화시켜서 도출한다. 이를 위해 회사에서 내놓은 TO-BE 프로세스와 ERP프로세스를 비교하여 차이점을 발견하는 GAP분석을 하게 된다. 또한 ERP시스템에서 소화하지 못하는 문제에 대한 해결방안 및 대책을 수립하고 기존에 사용하는 애플리케이션이나 추후에 도입될 소프트웨어와의 인터페이스에 대한 문제 역시 설계단계에서 이루어진다.

(3) 구축(Construction)

분석·설계과정을 통해 이루어진 현황파악 및 설정된 목표를 시스템적으로 구축하여 검증하는 과정이다. 분석·설계과정을 통해 영업, 생산, 구매, 자재, 회계, 인사급여 등 회사의 ERP패키지의 각 모듈과 비교하고 필수적인 모듈의 조합으로 구성된 시스템구축 후 테스트를 한다.

(4) 구현(Implementation)

시스템 구축이 끝나면 실제 시스템을 돌려보게 된다. 본격적인 시스템 가동에 앞서 시험적으로 운영하는 과정이 구현단계로 볼 수 있다. 구축된 시스템에 실제 데이터를 입력시켜 시스템을 시험적으로 운영(Prototyping)해 보고 문제점이 발견되면 개선점(TO-BE 프로세스)을 찾아 구축하게 된다.

3. ERP 도입의 기대효과

미국 생산·재고관리협회(APICS : American Production and Inventory Control Society)의 조사에 따르면, ERP 도입으로 재고 10~40% 감소, 이윤 29% 증대, 구매비용 5~10% 절감, 주문처리기간 95% 단축, 생산리드타임 50% 단축, 인건비 25~40% 절감 등의 효과가 있는 것으로 나타났다.

현재까지 국내에서의 ERP 구축사례들을 살펴보면 재고 감소 효과가 가장 두드러지며, 그 다음으로 주문처리기간 단축, 이윤 증대 등의 효과가 두드러지게 나타나고 있다.

중소기업의 경우 대한상공회의소가 ERP를 도입, 활용중인 201개 국내 중소기업에 대한 조사를 거쳐 2003년 10월 발표한 「SMERP 도입효과 실태 조사」 자료에 따르면, 업종이나 기업규모에 관계없이 ERP 도입으로 고객납기 응답기간, 재고보유기간, 월차마감기간의 단축 등 ERP 도입효과가 매우 큰 것으로 나타났다.

[표 8-2] ERP의 도입효과

정성적 효과	정량적 효과
• 생산성 증대 및 서류작업 감소	• 부가세 신고기간 70.4%
• 공정관리 개선	• 재고 파악 시간 71.0%
• 거래비용 절감	• 재고자산보유금액 절감 4.5%
• 자재조달과 생산소요 시간 단축	• 채권 파악 소요시간 74.3%
• 의사결정 과정의 효율성 증대	• 월급여 계산 소요시간 63.2%
• 고객서비스 향상	• 시간외 근무시간 감소 31.8%

[표 8-3] 국내 중소기업의 ERP 도입효과

구분	ERP 도입효과(도입 전 대비)		
	고객납기 응답시간	재고파악시간	월차마감기간
단축기간 (증감률)	4일 (22% 감소)	10시간 (71% 감소)	3일 (54% 감소)

4. ERP 프로젝트 사례

1) KTT

(1) 도입 배경

KT는 지난 1981년 12월 전기통신사업의 효율적인 경영을 위해 체신부(현 정보통신부)에서 통신부문을 분리하면서 설립되었다. 지난 2002년 5월 완전 민영화를 통해 민영기업으로 새로운 출발점에 선 KT는 민영화 기반을 완성하는 사업의 일환으로, 그동안 개별 시스템으로 운용되어 왔거나 수작업으로 수행해 왔던 재무, 부동산, 구매, 물류 및 공사 시설 분야의 업무를 혁신하고, 통합하여 처리할 수 있는 경영혁신 툴로 ERP를 선택했다. 그러나 KT의 고민은 국내 최대 규모 사용자 3만 8천명, 공급사 7,600개 업체가 사용할 수 있어야 하는 것이다. KT는 경영지원 분야를 일괄 구축하는 빅뱅 방식의 ERP 구축하고자 하였다.

(2) 구축 과정

KT의 ERP 프로젝트는 기업의 업무 프로세스를 바꾸는 과정이었다. PI(Process Innovation)관점에서 목표달성 전략에 맞추어 프로세스, 조직, 시스템을 전체적인 관점에서 획기적으로 변화시키는 것이다. KT ERP 시스템은 단순한 시스템 구축을 넘어 혁신에 기반으로 한 PI 중심 접근법을 도입함으로써 ERP 도입 효과를 극대화하고자 했다. 뿐만 아니라 KT ERP 프로젝트는 코드 표준화를 통하여 흩어진 정보가 통합되고 공유하도록 하였다. 기존에 부문별로 각자의 코드 체계를 사용한 것을, 새로 도입한 표준코드(물품코드, 위치코드)를 통해 관련 정보를 통합하여 관리할 수 있게 되었다. 아울러 효과적인 코드 관리를 위해 CIS라는 코드 정보 시스템도 함께 구축하였다.

모든 경영지원 분야 시스템을 빅뱅 형태로 일괄 구축하여 3만 8천명이 사용할 수 있는 국내 최대 규모를 자랑하는 KT ERP 구축에는 EAI 솔루션 도입을 통하여 시스템 간 연동업무를 용이하게 관리할 수 있도록 함으로써 시스템 통합성을 제고하였으며, 웹 방식의 통합 인증 체계를 적용하여 보안성과 편리성을 증진시켰다.

(3) 도입 효과

ERP 구축으로 KT는 재무, 물류, 공사, 시설 등 전 부문에서 발생하는 비용을 당일에 반영하고, 수익은 추정매출액을 조기 반영하여 다음 달 5일까지 재무정보를 제공함으로써 신속한 경영 의사결정이 가능하도록 기반을 구축했다.

이와 함께 전자조달시스템은 사용자의 업무 생산성을 향상시키고, e-비즈니스 기반의 구매 방식으로 전환하여 7,600개 공급사와의 효과적인 협업이 이루어지도록 하였다. 바코드 기반의 실물자산 추적관리로 실물자산을 투명하게 관리할 수 있게 되었다. 또한 공사정보의 체계적인 관리와 그 활용을 위하여 공사 관련 정보를 표준화하고, 업무를 시스템화하여 동종관리 능력을 향상시켰다. 구매와 지출 분야에 전면 도입한 전자 결재는 비효율적인 문서나 증빙관리업무를 획기적으로 감소시켜 생산성에도 기여하게 되었다. 결과적으로 KT는 ERP 구축으로 구매 리드타임을 45일에서 17일로 단축시키고, 15일이 걸리던 결산정보를 5일로 신속하게 제공, 투자 재고 자산의 회전율을 연간 6회에서 10회로 높이고, 전자구매를 통한 원가절감, 99% 실물과 장부의 일치, 그리고 25% 재무 인력의 재배치 등 프로세스 혁신에 놀라운 성과를 이루어냈다. 이를 통해 앞으로 5년 간 약 2,700억 원의 기업가치 증가를 내다보고 있다.

5. ERP의 운영과 미래

1) ERP 도입의 성공요인

현재 기업에서는 다양한 방법으로 정보화, 정보시스템 구축, ERP 시스템 구축을 추진하고 있다. 그러나 ERP 프로젝트를 성공시키기 위해서는 우선 기업 스스로 비즈니스 프로세스 변화를 강력하게 추진할 수 있는 추진력이 있어야 한다. 즉 정보화전략, 정보기술 활용 등에 있어서는 외부 전문 업체에 아웃소싱을 할 수 있지만, 정보화 또는 ERP 구축에 있어서 가장 중요한 것은 외부 업체에 많은 부분을 의존하는 형태가 아니라 외부의 조언과 지원을 받아 스스로를 변화시킬 수 있는 강력한 추진력과 결과에 대한 책임의식 등이다.

　기업은 관리자나 경영진이 새로운 프로세스와 문화를 받아들일 자세를 갖추고 준비가 되어있는지 냉철하게 살펴봐야 하며, 이런 면에서 개발 제품과는 명백히 다른 양상을 나타낸다. 따라서 ERP 프로젝트의 성공적인 도입을 위해서는 다음과 사항을 점검해야 할 것이다.

(1) 현업 중심의 ERP 도입 추진

　ERP 프로젝트가 성공적으로 실행이 되고 완료된 후 문제없이 잘 사용되기 위해서는 사용자(현업 부서)의 참여가 필수적이다.

(2) 명확한 비전 설정과 공감대 형성

　ERP 도입을 통해 달성하고자 하는 비전을 명확하게 설정하고 관련된 전 구성원들이 공감대를 형성해야 효율적으로 프로젝트가 진행될 수 있다.

(3) 업무 관련 전문지식을 보유한 프로젝트팀 구성

　ERP 프로젝트를 적극적으로 지원하고 프로젝트의 성공 가능성을 높일 수 있는 우수한 인력으로 프로젝트팀을 구성하여 운용해야 한다.

(4) 지속적인 변화관리 및 적극적 지원

　변화 준비 평가(Change Readiness Assessment)를 통해 시스템 외적으로 발생될 수 있는 문제점을 방지해야 한다. 특히 ERP 프로젝트는 전산실 위주의 프로젝트가 아니라 실제 사용자 중심의 프로젝트라는 것을 명심해야 한다.

　따라서 실제 사용자는 ERP 프로젝트를 통해 비즈니스 프로세스의 변화를 스스로 받아들이고 구현해나갈 수 있어야 하며, 이를 달성하기 위해서는 다음과 같은 몇 가지 필수요건을 갖추어야 한다.

- ●최고경영진의 강력한 의지와 지원
- ●다양한 대상에 대한 지속적이고도 집중적인 교육 및 훈련
- ●민주적이며 효율적인 토론과 참여가 가능한 프로젝트팀의 구성
- ●경영진의 적절한 의사결정 등

2) ERP 도입의 실패요인

(1) ERP에 대한 환상과 과도한 기대

기대가 크면 실패도 큰 법이다. 고도의 정보시스템과 기술 인력을 활용한다고 하여도 ERP 프로젝트의 성공은 쉽지 않다. 수십 개의 시스템을 하나의 통합시스템으로 대체함으로써 모든 업무(회계, 인사, 구매, 영업, 물류, 생산 등)를 통합하여 일괄적으로 경영하겠다는 ERP 프로젝트의 목표는 많은 정보시스템의 예산과 인력을 투자하더라도 많은 노력을 기울여야 성공할 수 있다.

(2) 경영진의 무관심

일반적으로 볼 때 어느 조직이든 변화를 수용하는 데 많은 시간과 노력이 필요하다. 정보를 공유하거나 다른 사업단위 조직과 협조하는 일은 독립된 사업단위 조직에서 수용하기 어렵다. 최고경영자가 반드시 책임의식을 가지고 선도자적인 역할을 수행해야 한다.

ERP를 추진하다 보면 필수적으로 업무개선 및 부서 간, 업무 간 통합이 따르게 된다. 원활한 통합을 이루기 위해서는 부서장 등 관리자 선에서 방향이 결정되거나 문제점에 대한 해결책이 제시되는 것은 피해야 한다.

(3) ERP에 대한 불충분한 이해

ERP에 대한 이해의 부족으로 인해 ERP에 대한 인식은 비즈니스 품질 향상보다는 예산과 투자회수 효과에 대한 관심을 갖게 된다. 이는 ERP 도입에 큰 장애가 된다. 따라서 ERP 시스템을 도입하기 전에 도입배경, 필요성 등에 대한 세밀한 검토와 공감대 형성으로 전 구성원의 ERP에 대한 이해를 높여야 한다.

3) 인터넷 기반의 e-비즈니스 환경 고려

최근에 인터넷을 기업 활동에 활용하는 것은 기업 성과 측면에서 획기적인 기여를 하고 있다. 예를 들면 미국의 Ford사는 인터넷 기반의 통합적인 업무처리 시스템의 구축을 통해 자사 자동차에 장착할 타이어 구매를 인터넷 상에서 온라인 입찰을 실시한 결과 기존의 3개월 정도 소요된 구매절차에 반해 불과 8시간 만에 납품업체 결정을 완료하였다고 한다. 게다가 제품단가는 크게 인하되었고, 구매 관련 업무처리비용을 획기적으로 절감할 수 있었다고 한다.

우리나라의 대기업 및 중소기업에서도 ERP의 중요성을 인식하여 많은 기업에서 시스템 구축을 시도하고 있다. 그러나 그동안 국내외 기업 및 공공기관들이 초기에 ERP에 대대적인 투자를 했지만 성공적인 사례는 많지 않다. 그 이유는 인터넷 기반의 e-비즈니스라는 거대한 비즈니스 환경 변화에 원활하게 대응할 수 있는 통합적인 업무처리 시스템의 구축이 제대로 이루어지지 못했기 때문이다. 따라서 ERP의 성공적인 도입을 위해서는 단순한 ERP 시스템의 구축이 아니라, 기업 내부의 업무절차 자동화는 물론이고 외부와의 업무절차 자동화까지 포괄하는 e-비즈니스 환경에 맞는 통합적인 업무처리 시스템의 구축이 필요하다.

최근 ERP 시스템에 관련기업 간의 물류정보 관리를 위한 SCM(Supply Chain Management : 공급망 관리), 고객과의 유대관계 강화를 위한 CRM(Customer Relationship Management : 고객관계관리), KMS(Knowledge Management System : 지식경영시스템) 등을 비롯한 많은 정보화의 개념들이 이러한 정보 통합적 의미를 가지고 있다고 할 수 있다. 따라서 통합정보화는 ERP 구축을 전제로 하는 경우도 있지만, ERP의 구축 없이도 다양한 정보시스템의 구축과 이들 상호간의 통합과 연계를 위한 독립적 차원의 정보통합 활동이 모두 기업 정보화의 활동에 속한다고 말할 수 있다.

제2절 B2B 통합

1. 통합의 개념

1) e-비즈니스 통합의 기본개념 이해하기

기업에 IT 시스템을 도입하기 위해서는 IT 시스템을 직접 개발하거나 외부의 IT 시스템을 구입하여 구축하게 된다. 기업들은 정보기술을 사용하고 자사의 경쟁력을 키우기 위해 업무기능에 따라 개별 시스템들을 도입하고 운영하여 왔다. 그러나 이러한 과정에서 도입되는 여러 기능별 시스템들을 통합하는 데 소요되는 비용이 과도하게 발생하는 현상에 직면하게 되었으며, 이로 인해 효과적인 시스템 통합이 필요하게 되었다.

시스템 통합 즉 SI는 바로 그와 같은 필요성에서 생겨난 서비스로, 그 서비스에는 시스템의 설계, 최적의 하드웨어 선정에서 발주 및 조달, 사용자의 필요에 맞춘 응용 소프트웨어의 개발, 시스템의 유지·보수 등을 포함한다. 이와 같은 서비스를 제공하는 사업자를 시스템 통합 사업자(System Integrator)라고 한다. SI사업자는 고객의 목표를 이루고자 정보를 분석하고 정리하여 하루가 다르게 변하는 정보기술의 발전에 따라 실패의 위험을 줄이고, 장기적인 비용이 감소시켜 높은 시스템 품질을 확보할 수 있도록 정보시스템 자원을 가장 알맞게 구성하고 투입하여 통합, 관리하여야 한다.

2) 통합의 유형

급속히 변화하는 정보환경에 적응하기 위해 계속하여 새로운 시스템을 도입하고 있으며, 기존의 시스템들과의 호환과 통합의 문제를 안게 되었다. 또한 기업의 합병, 흡수 등으로 시스템 간의 통합에 대한 필요성이 더욱 커져가고 있다. 이런 통합을 위한 제품과 기술을 EAI(Enterprise Application Integration)라고 한다. 여기서는 EAI를 기반

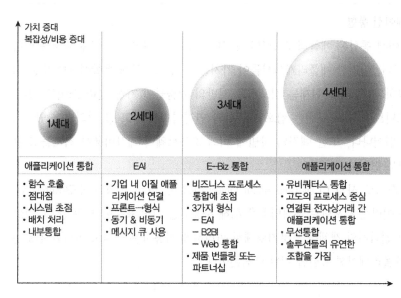

[그림 8-4] 기업 간 정보시스템 통합의 발전방향

으로 통합하는 유형에 대하여 살펴보기로 한다. 세계적인 전문 조사기관인 Gartner Group에 의하면 정보시스템의 통합에는 발전의 단계가 있으며, 초기에는 데이터에 의존하는 통합이고 이러한 유형이 발전하면 애플리케이션 통합을 이루게 되며, 다음으로는 프로세스통합으로 발전한다고 설명하고 있다. 이 세 가지 유형에 대하여 살펴보자.

(1) 데이터 통합

데이터 통합은 통합의 단계에서 가장 하위의 기초적인 단계로 인식되어 왔으며, 어떤 면에서는 가장 간단한 통합이면서 가장 흔히 사용되는 유형이라고 할 수 있다. 오늘날 기업은 다양한 시스템이나 애플리케이션에서 양산되는 데이터를 유지해야 하며, 이들을 효과적으로 운영해야 하는 과제를 안고 있다. 데이터의 종류에 따라 각각 포맷이 다르기 때문에 정보의 통합운영이 중요하다.

데이터베이스 간의 데이터 교환을 가능하게 하는 많은 솔루션이 있으며 이들을 데이터 브로커라고 한다. 데이터 브로커를 통하여 데이터를 통합하고 해당 데이터를 다양한 애플리케이션에서 활용할 수 있도록 하고 있으며 최근에는 이를 위하여 XML 등이 사용되고 있다.

(2) 애플리케이션 통합

애플리케이션 통합은 애플리케이션의 데이터 수준이 아니고 함수 수준에서 통합하는 것을 말한다. 이러한 애플리케이션들이 가지는 특성들로 인해 통합에 적용되는 기법들이 다양하다. 그러나 현재는 컴포넌트 기반의 기술들이 가장 널리 쓰이고 있다. 이러한 컴포넌트 기반의 구현은 컴포넌트 간의 연결이 단단하고 잘 정의되어 있으며 재사용성이 뛰어나다. 또한 예전의 방법에 비해 소프트웨어 제작비용이 적게들고 유지보수가 매우 편리하다.

마이크로소프트 사의 COM(Component Object Model), Java 진영의 EJB(Enterprise Java Bins)는 이러한 컴포넌트 제작방식을 위해 사용되는 기술 표준이다. 또한 CORBA 표준과 같이 원격지의 객체를 브로커링해서 편리하게 사용하는 방식도 이러한 컴포넌트 기반의 애플리케이션 통합을 위한 방법론이다.

(3) 프로세스 통합

프로세스 통합이란 하나의 조직 내 혹은 여러 조직에 걸쳐 있는 시스템들 사이에서 순서, 계층, 이벤트, 실행 로직, 정보의 이동 등을 규정하는 공통의 비즈니스 프로세스 모델을 정의하는 능력을 포함하는 것이다. 이러한 프로세스 통합은 기업 내부와 기업 간의 모든 비즈니스 프로세스들을 통합함으로써 거래 상대방과 상호작용하는 능력을 강화할 수 있다는 점에서 기술일 뿐 아니라 일종의 전략이라고 할 수 있다. 프로세스 통합에 사용되는 기술은 다음 [표 8-4]와 같다.

[표 8-4] 프로세스 통합 기술

기 술	내 용
비즈니스 프로세스 모델링 (Business Process Modeling)	BPM은 비즈니스 프로세스를 구성하는데, 시각적 디자인과 시뮬레이션을 위한 도구와 방법을 이용한다.
비즈니스 프로세스 자동화 (Business Process Automation)	BPA는 비즈니스 프로세스가 실행될 때 최종 사용자의 개입이 없이 자동으로 이루어질 수 있는 메커니즘을 제공하는 도구와 방법이다.
워크플로우(Workflow)	워크플로우는 비즈니스 프로세스가 실행될 때 최종 사용자와의 상호작용이 있는 자동화 과정을 지원한다.
프로세스 통합 (Process Integration)	이것은 비즈니스 프로세스 모델링, 비즈니스 프로세스 자동화, 워크플로우의 집합체이다.

2. 통합 정보시스템

1) 전사적 통합

(1) EP

EP(Enterprise Portal)은 '기업 정보의 관문'이다. 쉽게 말해 인터넷의 '포털' 기술을 기업의 지식관리에 적용해, 기업 내·외부에 흩어져 있는 다양한 형태의 정보를 하나의 창(Window)에서 관리하자는 개념이다. 인터넷이라는 드넓은 정보의 바다를 항해할 때 포털이 길잡이가 되듯, 기업 내에도 이 같은 역할을 할 수 있는 창구를 만들자는 것이다.

그렇다고 EP가 단순히 그룹사를 위한 대표 홈페이지를 의미하는 것은 아니다. 업무의 성격이나 등급에 따라 회사 정보에 원스톱으로 접근할 수 있도록 길을 열어주는 지능화된 정보관문이라고 볼 수 있다. 이를 통하여 직원들은 사내의 각종 시스템에 흩어져 있는 데이터와 인터넷 상의 수많은 외부 자료를 종합해 자신의 역할과 업무에 적합한 정보와 지식을 추출할 수 있다. 기업의 입장에서도 이러한 인터넷 기반의 단일화된 플랫폼을 통해 직원은 물론 고객과 협력사에 이르기까지 각종 정보를 맞춤형으로 통합 제공할 수 있다. 이처럼 지식을 하나의 창구를 통해 관리하게 되면, 지식을 획득하는 데 드는 비용은 대폭 줄어든다.

국내에서도 다양한 기업포털 솔루션들이 출시되어 있으며, 이들은 편리한 사용, 광범위한 정보접근, 최신 정보의 다양한 활용이 가능하다는 점을 무기로 여러 기업에 도입되고 있다. 기업 포털은 관리가 용이하고 협업, 개인화 기능과 함께 강력한 보안 기능, 많은 사용자의 동시 다발적인 정보 요청에 대응하는 확장성을 자랑한다.

최근에는 [그림 8-5]의 SAP Design Quild와 같이 사용자가 원하는 포털의 디자인을 쉽게 구성할 수 있는 EP서비스도 등장하고 있다.

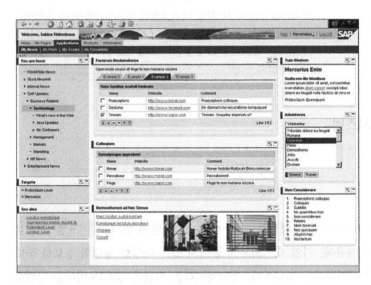

[그림 8-5] SAP Design Guild를 이용한 사용자 맞춤 EP

(2) EAI

e-Business 환경이 일상화되면서 고객의 요구사항에 따라 24시간 대응서비스가

일반화되었다. 각 사이트들은 빠른 응답속도를 유지하기 위해 노력했으며, 처리결과를 즉각적으로 제공하여 자사의 신뢰도를 높이고 고객만족을 끌어내기 위해 노력하게 되었다. 기업 내부적으로는 이런 외부환경을 적절히 반영하기 위해 내부 시스템 간의 통합 필요성이 증대되었다. 그리하여 기업 애플리케이션의 복잡한 연결이 요구되고 변경 사항 발생 시 개발 및 관리비용을 감소시킬 수 있는 EAI의 요구가 증대되었다.

EAI(Enterprise Application Integration)는 비즈니스 프로세스를 중심으로 기업 내 각종 애플리케이션 간의 상호연동이 가능하도록 통합하는 솔루션이나 방법론을 의미한다. EAI를 이용해 시스템을 구성하면 한 애플리케이션에 데이터가 업데이트될 때마다 실시간으로 사내의 모든 시스템의 애플리케이션에도 업데이트가 일어나게 되어 시간과 비용 면에서 장점을 가지게 된다. 또 사내 시스템 간에 주고받는 데이터에 대한 전체적인 트랜잭션 네트워크를 관리할 수도 있다. 즉 데이터에 대한 통합관리나 실시간 분석, 시스템 관리 등의 역할을 통해 비즈니스 프로세스를 원활하게 운영할 수 있도록 지원하는 것이다.

국내에는 삼성전자, 한국통신, 시티뱅크, 포스코, 한국전력, 아시아나 항공 등 20~30개 업체가 EAI를 도입하고 있으며, 2001년 하반기를 기점으로 빠른 성장해오다가 최근에는 서비스 기반 통합으로 전환되고 있다. 이는 은행들이 금융자동화기기, 폰뱅킹, 인터넷뱅킹 등 인프라를 확대해가면서 이들 간의 통합과 효과적인 운영을 위해 EAI 도입에 적극적이었기 때문이다. 금융기업들은 각기 EAI 사업자들을 선정하고 EAI 프로젝트를 진행하였다.

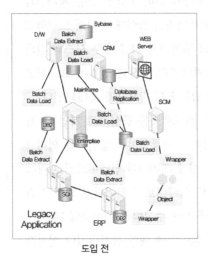 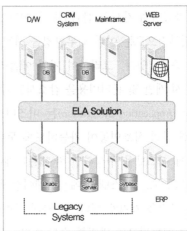

도입 전   도입 후

[그림 8-6] EAI 도입효과

① 구축사례 - 농협

●도입배경

농협은 IT 환경이 다변화되고 다양한 사업이 전산화되면서 통합 요구가 높아지고 있었고, 여기에 대해 표준화 관점에서 인터페이스 형태를 통합함으로써 전송 데이터의 신뢰성과 안정성 확보, 향후 비즈니스 변화와 신기술 적용에 신속한 대응이 가능한 체제를 갖추어야 한다는 요구에 직면했다. 또한 개별적으로 구현된 인터페이스 업무의 복잡하고 다양한 시스템 환경을 표준화 실행을 위한 EAI 시스템 구축으로 해결해야 한다는 요구가 절실했다. EAI 시스템 구축으로 급변하는 금융 환경변화에 유연하게 대처할 수 있는 인프라 체계를 갖춰야 한다는 경영진의 요구를 수렴해야 했고, 자체에 전사적인 인터페이스 표준을 정립해 인터페이스 통합 및 표준화의 기틀을 마련하고자 했다.

●구축과정

농협 EAI 시스템 구축은 2001년 5월 EAI 시스템 도입을 위한 기술검토를 시작으로 2002년 8월까지 EAI 검토팀을 구성하고 제반 기술 요인에 대한 검토 작업을 실시하여 사업자를 선정하였다. 이듬해인 2003년 2월부터 6월까지 5개월 동안 계정계 업무 다운사이징 대상 시스템을 중심으로 1단계 표준화 프로젝트를 실시했다. 이 과정에서 농협은 기존 인터페이스 유형을 분류하고 표준화 모델을 선정하는 작업을 실시해 표준 어댑터 및 사용자 라이브러리를 개발했으며, 이를 통해 농협 EAI 표준 전문 양식을 정립할 수 있었다. 2단계는 EAI 확대적용 프로젝트로 1단계 표준화를 근거로 업무 인터페이스 개발 및 이행을 실현하는 데 초점을 맞춰 2004년 1월 전체 시스템 다운사이징을 완료하며 프로젝트를 마쳤다.

● 구축 효과

프로젝트가 완료된 이후 농협은 현재 EAI 허브에서 1일 평균 1000만 건 이상의 실시간 인터페이스 트랜잭션을 안정적으로 운영하고 있으며, 피크 타임 2000 TPS의 처리 성능을 보유하게 됐다. 농협은 특히 인터페이스 패턴 표준화에 따라 인터넷뱅킹 고객 계좌 정보를 병렬 처리 조회할 수 있게 됐다. 인터넷뱅킹 고객정보 전 계좌조회 업무는 기존에는 10개의 서버를 순차적으로 처리했는데 EAI로 전환한 후에는 허브에서 병렬처리 실행으로 조회 응답시간의 크게 단축(평균 0.6초)됐으며, 현재 1일 30만 건 가량의 조회가 실행되고 있고, 향후 피크 타임 시 1일 70만 건 이상의 고객 계좌정보 조회가 예상되고 있다. 또한 2003년 7월 완료된 1단계 EAI 표준화 프로젝트를 통해 단일화된 EAI 전문 표준화 실행을 통한 개발 및 유지보수가 용이한 시스템으로 구축을 완료한 것도 성과였다. EAI 시스템을 구축하기 이전에 농협은 표준화되지 않은 인터페이스 프로토콜을 사용하며 단위 업무별로 전문을 표준화해 운영하고 있었다. 하지만 이것은 관리 및 운영의 복잡성을 증가시키고 유지보수의 표준화 실행이 불가능해 인터페이스를 중복 개발해야 하는 등 많은 문제를 안고 있었다.

농협은 여기에 표준 EAI 모니터링 시스템을 구축해 '눈으로 보는 EAI 트랜잭션 모니터링' 환경을 구현할 수 있었다. EAI 환경에서 트랜잭션의 처리결과와 처리 상태를 실시간으로 모니터링하는 것은 기존에 사용되던 인터페이스 통합과 함께 가장 차별화되는 부분이기도 하다. 농협은 전사적인 인터페이스 표준화 체계를 정립하면서 인터페이스 개발 작업의 최소화와 유지 보수의 단순화로 운영인력을 포함한 상당한 비용 절감 효과도 거두었다. 또 공통 인터페이스의 중복 개발로 인한 비효율성을 줄일 수 있게 됐으며, 인터페이스용 게이트웨이 소프트웨어 추가 도입 비용도 절감할 수 있게 됐다. 아울러 이기종 환경에서 인터페이스 개발 방법의 정형화로 농협 개발 인력의 수준을 한 차원 향상시킬 수 있게 된 것도 빼놓을 수 없는 성과였다.

농협은 앞으로 시스템 간 연계 처리를 위한 표준시스템으로 EAI 시스템을 전사적으로 확대 · 적용할 계획이며, 새로 추진되는 경영정보 신시스템 구축에도 역량을 집중할 방침이다. 아울러 장기적으로는 비즈니스 프로세스 관리(BPM) 환경 적용과 웹 서비스 등 새로운 기술에 대응하기 위한 준비 체제를 갖추는 데도 집중한다는 계획이다.

2) 기업 간 통합

(1) B2Bi

B2Bi(Business to Business Integration)란 말 그대로 기업 간의 전산시스템을 연동하는 것을 말한다. 한 기업 내의 다양한 애플리케이션들을 통합하는 것을 EAI라고 정의한다면, B2Bi는 통합의 개념이 기업 내부가 아닌 기업과 외부 협력업체 간으로 확대된 것이다. B2B 거래 시 발생하는 비즈니스 프로세스를 중심으로 기업과 기업 간, 기업과 B2B e-마켓플레이스 간, e-마켓플레이스 간의 시스템을 통합하는 것이다. 각기 다른 기종의 시스템을 사용하는 기업 간 업무프로세스가 자연스럽게 연계되도록 지원함으로써 여러 기업이 참여하는 B2B e-마켓플레이스와 각사의 내부 시스템 간 거래에 관여하는 물류, 통관, 결제 등 제3자 서비스 군을 모두 통합해 협업이 이루어지도록 하는 것이다. 시스템을 통합하지 않을 경우 업무프로세스 효율이 저하될 뿐만 아니라 서로 다른 e-마켓플레이스 사이에 데이터를 주고받기 위해서는 별도의 데이터변환 과정이 필요해 기업 간 전자상거래시 막대한 비용부담을 감수해야 한다.

예를 들어 두 기업 간에 경매나 역경매, 구매 처리와 같은 업무가 이뤄지려면 두 회사가 서로 이해할 수 있는 공통의 포맷이 필요하다. 기업의 수에 관계없이 업무를 매끈하게 연결해주는 것이 B2Bi의 개념으로, 이를 소프트웨어(SW)적으로 구현한 것이 B2Bi 솔루션이다. 이 때문에 B2Bi는 기업 간 협업 솔루션으로 인기가 급증하는 추세이다.

최근 기업의 글로벌화에 따라 개별 기업들뿐만 아니라 협력 업체들도 글로벌 스탠더드를 적용, 기업 간의 실시간 통합 운용이 가능해지고 있다.

(2) BPM

BPM(Business Process Management)은 빠르게 변화하는 환경에 적응하기 위한 기업들의 노력의 일환으로 시작되었다. 기업은 경영효율의 극대화를 위해 업무의 중복, 소요시간 증가 등의 복잡성이 함께 증가하면서 변화하는 환경에 적응하는 시간이 충분히 빠르지 못하게 되었고, 이제 기업은 생존을 위한 환경적응이 중요한 경쟁요소가 되었다. 기업들의 네트워크 구축을 위한 비즈니스 프로세스를 중심으로 업무 간 효율적 연계와 자동화를 도모하자는 것이 BRM의 개념이다.

Ovum은 BRM을 '조직내부에서 또는 조직들 간에 걸쳐서 일어나는 사람 또는 시스템과 상호작용하는 비즈니스 프로세스를 식별하고 이해하고 관리하는 것'이라고 말했다. 비즈니스는 끊임없이 프로세스를 조정해야 할 필요를 느끼지만 정적인 IT시스템은 그런 요구 사항을 반영하지 못하고 있다. BPM은 이런 문제를 극복하는 새로운 변화관리 방법이며, 시스템 구현 방법이다. 다시 말해 BPM은 프로세스를 분석, 정의, 실행, 모니터링, 관리를 지원하는 서비스와 툴을 말하며 사람과 애플리케이션의 상호작용을 지원하는 것을 포함하는 개념이다. 가트너(Gartner)그룹에서는 "미리 정의된 사람, 정보자원과 업무의 흐름을 통합적으로 관리, 지원해주는 업무처리 자동화 기업이다."라고 정의하였다.

BPM의 도입효과는 크게 프로세스와 조직, 시스템, 고객관점으로 나누어 볼 수 있다. 프로세스 관점에서 보면, 체계적 업무수행이 가능하고 프로세스를 눈으로 볼 수 있게끔 하여 지속적으로 업무프로세스 개선이 이루어지도록 하였다. 또한 실시간으로 모니터링 및 분석을 시행할 수 있어 문제점은 사전에 발견할 수 있고, 개선과 적용이 신속하게 이루어질 수 있다. 조직관점에서는 조직 내 개인의 업무처리와 지식 관리의 통합이 이루어지고 실시간으로 관리가 이루어져 쉽고 편리하게 관리할 수 있다. 시스템 관점에서는 개발시간과 비용이 단축되어 업무 규칙 변동 시 신속하게 반영할 수 있고 대응속도도 빨라진다. 고객 입장에서 보면 투명하고 빠른 업무처리로 인해 고객의 신뢰를 얻을 수 있다.

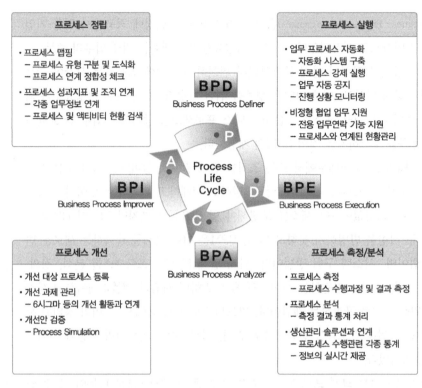

[그림 8-7] Process Life Cycle

① 구축사례 - 하이닉스 반도체

●도입배경

　대표적인 반도체 업체인 하이닉스 반도체는 오프라인 중심의 업무 프로세스로는 경쟁력의 약화 및 급변하는 기업의 대외 환경 변화에 능동적으로 대응하기 힘들다고 판단하여 전사적인 법제 업무 프로세스를 재정립하고자 했다. 하이닉스 반도체 법제 업무 관리 시스템 구축 프로젝트는 지속적인 업무 프로세스 개선을 위한 방법론을 확보하면서 통일성 있고 체계적인 시스템을 구축해 법제업무 프로세스를 좀 더 효과적으로 관리하고자 하여 시작됐다. 특히 오프라인에서 이루어졌던 법제 업무의 온라인화 등 법제 관련 서류의 전산화를 통한 영구보존으로 자료 손실을 예방하고자 하였다. 또한 업무 온라인화를 통해 관련 업무를 체계적이고 효율적으로 관리한다는 목표 아래 프로젝트에 들어갔다.

● 구축배경

하이닉스 반도체는 기존에 프로세스를 효율적으로 관리하기 위한 시스템이 없었기 때문에 업무 처리 과정 중에서 상당 부분을 수동으로 직접 처리해야 하는 번거로움이 있었고 법제 자료의 통합 관리 체계가 없어 담당자에 의존하는 자료 관리를 할 수밖에 없었다. 이번 프로젝트를 수행하기 위해, 하이닉스 반도체는 웹 기반의 개발과 BPM 솔루션을 활용한 시스템 구축 방법론을 검토했다. 또한 프로세스를 변경할 때 탄력적 적용이 용이하며, 어댑터나 브리지(Bridge)를 통한 애플리케이션 간 인터페이스가 가능하고, 각각의 컴포넌트 활용을 통해 구축 기간을 단축할 수 있는 BPM 솔루션을 선정해 시스템을 구축키로 했다.

하이닉스 반도체 현업(법제팀)은 TFT 구성 전부터 정형/비정형화된 계약 프로세스의 재정립 및 시스템 구축을 위한 개선 항목과 콘텐츠 준비를 해왔으며, IT 기획은 현업의 요구 사항을 만족할 수 있는 베스트 솔루션 선정을 위한 BMT 등 만반의 준비 작업을 진행했다.

TFT가 구성되고 프로젝트를 시작하면서 TFT 팀원들은 시스템 구축을 위한 비상 체계에 돌입해, 그룹별 임무(Role)를 수행하는 한편, 구축 완료 모듈에 대해서는 TFT 전원의 테스트 및 검증 단계(Quality Assurance)를 거침으로써 시스템의 완성도를 높일 수 있었다.

● 도입효과

이번 시스템 구축을 통해 하이닉스 반도체가 얻은 효과는 크게 유저 인터페이스 측면, 업무 시간 단축 및 생산성 측면, 프로세스 측면 등으로 나눌 수 있다.

유저 인터페이스 측면에서의 효과는 업무 지원 요청 시 시스템을 통한 사용자 편의성을 제공하고, 현업에서 요청한 사항에 대한 업무 진척상황을 실시간으로 모니터링이 가능하다는 점이다. 또한 표준 계약서 활용을 통한 시간 절감 및 위험 요소 최소화와 법무 업무 통합 서비스를 통한 사용자의 이해도가 10% 증가하였다. 업무 시간 단축 및 생산성 측면에서는, 담당자 배치로 책임 서비스가 가능해졌으며 팀원/팀 간의 원활한 커뮤니케이션이 이루어지게 됐다. 프로세스 측면에서는, 정형/비정형 계약 프로세스 정립으로 계약 검토 요청으로부터 담당자 접수/처리 프로세스가 한눈에 들어옴에 따라 현업에서 요청한 서류에 대해 처리 시간이 30% 감소하게 됐다.

3. 통합기술

1) XML

오늘날 비즈니스의 가장 큰 변화의 원인은 인터넷을 통한 전자상거래이다. 최근 이러한 인터넷 전자상거래 혁명은 기업 간(B2B) 거래에 가장 큰 영향을 주고 있다. 다수의 기업들이 원자재 및 유지보수품목(MRO)을 조달하거나 자사의 물건을 판매하는 데 전자상거래를 이용하고 있으며, 산업별로 업체들이 컨소시엄을 통해 e-마켓플레이스를 활발히 구축하고 있다.

그런데 이러한 기업 간 전자상거래가 원활히 이루어지기 위해서는 거래 업체 간의 시스템 사이에 구조화된 정보를 교환할 수 있는 공통된 언어가 필요하다. 이러한 XML을 통한 B2B 비즈니스 모델의 변화 및 시사점 공통 언어를 담당하였던 제 1세대는 단순하고, 사용이 용이하여 웹(web)의 발전에 큰 공헌을 하였던 HTML(Hyper Text Markup Language)이며, 그 다음 세대를 잇는 것이 최근 차세대 인터넷 언어로 각광받고 있는 XML(eXtensible Markup Language)이다. XML은 기존의 데이터를 보다 쉽게 표현, 교환, 저장할 수 있어서 무역, 금융, 멀티미디어, 전자상거래 등 다양한 분야에 응용되고 있다. 그 중 기업 간 전자상거래는 다자간 거래를 위한 통합된 구조 및 언어가 필수적이기 때문에, 기업 간 전자상거래 표준으로 XML을 이용하는 비율이 급속도로 증가하고 있다.

XML은 매우 개방적인 구조로 되어 있으며, HTML보다 정보의 수집, 수정, 편집이 자유로워 기존에 상이한 데이터 및 문서 포맷을 유지해온 다양한 기업 정보시스템 간의 통합이 쉽기 때문에 다수의 기업에서 XML을 이용하고 있는 것이다. 또한 XML은 정보를 교환하는 플랫폼 및 애플리케이션 중립적인 포맷으로 오라클, IBM, Sun, Microsoft, Netscape, SAP 등과 같은 벤더로부터 폭넓은 업계의 지원을 받고 있다. 최근에는 e-Business 상에서 서로 다른 플랫폼 상에서 구현된 애플리케이션들이 데이터를 주고받거나 상호작용을 위해 메시지를 주고받는 경우 반드시 필요한 기술로 주목을 받고 있다.

[표 8-5] HTML, SGML, XML의 비교

비교항목	HTML	SGML	XML
태그 사용	사용자 정의 불가능	사용자 정의 가능	사용자 정의 가능
문서 재사용	불가능	가능	가능
응용 분야	단순한 구조의 문서 및 내용이 너무 길지 않은 문서	방대한 내용과 구조를 요하는 기술적인 문서	SGML과 동일, 웹 상의 문서 교환
문서 작성	간단하고 용이함 논리 구조 작성이 난해	사전 등 매우 복잡	SGML과 동일
문서 검색	효과적 검색 난해	정확, 검색 가능 문서 구조에 대한 검색 가능	SGML과 동일
링크	HTML(Only simple link)	HyTime	XLL
문서형식언어	CSS	DSSSL	XSL/CSS

XML의 특징은 우선 내용과 표현이 분리된 것인데 HTML 태그가 주로 화면 표현을 기술하는 반면 XML 태그는 내용을 기술하며 XSL(eXtensible StyleSheet Language)을 이용해 다양한 XML 문서를 여러 가지 화면으로 표현, 수정, 편집이 가능하다. 둘째, 단순성인데 사람이 이해하기 쉽고 다루기도 쉽다. 셋째, 확장성을 들 수 있는데 고정된 태그가 없어서 필요에 따라 언제든지 새롭게 만들 수 있다는 것이다. 넷째, 데이터의 대체성을 들 수 있는데 문자 · 음성 · 동영상 등 각종 데이터 구조를 대체할 수 있으며 각종 데이터 간의 추출이 가능하여 필요한 정보만을 선택하여 볼 수 있다. 마지막으로 데이터 처리의 자동화가 가능하다는 것인데 XML의 구조는 콘텐츠의 의미를 해석할 수 있게 하는 정보를 포함하여 제공하기 때문에 사람을 배제한 자동화 작업에 좀 더 효율적으로 지원할 수 있다. 하지만 XML 기반 접근방식에도 단점이 있는데 XML을 사용한 메시지의 크기가 기존의 메시지 형태보다 매우 크고 복잡하다는 것에 있다. 또한 XML은 데이터 설명 언어가 아니라 데이터 설명 언어를 만드는 데 필요한 메타언어로 기존의 표준화가 잘되어 있는 EDI 포맷보다 설계상의 어려움이 있다.

2) 웹 서비스

웹 서비스란 인터넷 상에서 단일한 비즈니스 또는 다수의 비즈니스 업체 간의 기존 컴퓨터 시스템 프로그램을 결합시키는 표준화된 소프트웨어 기술로, 이러한 표준 기술을 이용해 모든 비즈니스 기능 또는 서비스를 가능케 하는 활동을 일컫는다. 인터넷을 통한 웹 서비스는 거래업체 간의 이질적인 운영시스템, 이질적인 프로그램언어 간의 커뮤니케이션 차이를 극복해주는 연결고리 역할을 해준다.

웹 서비스의 등장 배경은 일반 사용자 관점과 기업의 관점에서 나누어 생각할 수 있다. 먼저, 일반 사용자 관점에서 볼 때, 국내만 해도 이동전화 가입자수가 3000만을 넘어서고 인터넷 사용자도 그에 못지않게 해를 거듭할수록 늘어나는 추세이다. 사람들은 다양한 채널을 통하여 웹에 접근하고 있으며 웹에 대한 일반인의 요구사항도 기본적인 정보의 검색차원이 아닌 웹을 통하여 다양한 서비스를 제공받으려 하고 있다. 최근의 인터넷뱅킹, 쇼핑, 주식거래 등은 웹에서 이루어지는 대표적인 서비스라고 할 수 있다. 기업의 관점에서는 최근의 경영환경이 기업 간의 경쟁을 심화시켜서 경쟁적으로 각종 정보시스템들을 도입하여 운영하여 왔다.

ERP(Enterprise Resource Planning), KMS(Knowledge Management System), CRM(Customer Relationship Management) 등은 대표적인 기업 정보시스템이다. 그러나 기업 정보시스템에 대한 요구는 기존의 단순한 사무자동화의 수준을 넘어서 기업 내의 정보의 통합과 공유를 부추기고 있다. 특히, 네트워크의 발달과 더불어 서로 다른 조직, 기업 간의 상호작용이 필수 불가결해졌다. 이러한 상호작용에 있어 기존에 도입된 이질적인 환경의 시스템이 걸림돌이 되고 있는 것 역시 간과할 수 없는 사실이다. 현재 기업 정보 시스템 환경을 보면, 메인 프레임과 클라이언트서버 시스템, ERP, CRM, SCM 등 특수 목적을 위해 도입한 패키지 소프트웨어, 웹 애플리케이션까지 운영환경이 다양하고 다양한 플랫폼에서 동작하고 있다. 최근에 대두된 협력적 전자상거래 역시 외부 정보시스템과의 실시간 데이터 처리를 요구하고 있는 실정이다.

위에서 밝힌 두 가지 관점에 대한 대안으로 제기되고 있는 것이 XML기술을 기반으로 한 웹 서비스 기술이다. 즉, 웹 서비스를 통하여 플랫폼, 구현언어 및 통신 프로토콜에 독립적인 서비스를 제공함으로써 상호작용을 원활히 하고자 하는 것이다. 현재 이슈가 되고 있는 EAI와 B2Bi의 발전 방향도 이러한 추세의 선상에 있다. 정리하면 플랫폼, 구현언어, 네트워크에 상관없이 애플리케이션 간의 데이터 공유와 커뮤니케이션을 가능케 해주는 기술에 대한 요구가 늘어나고 있으며 이러한 요구에 부합할 수 있는 기술이 바로 웹 서비스이다.

많은 분석가들은 웹 서비스가 B2Bi, EAI 등 기업 내 외부 애플리케이션을 통합하는 주요 기술로 사용될 것이고 이로 인하여 기존 오프라인 기업들이 e-비즈니스 환경으로 체질을 바꿀 것으로 기대한다.

제3절 **서비스 지향 통합 방법**

1. 서비스 지향 아키텍처(SOA)

1) SOA란 무엇인가?

기업 내/외부 환경이 빠르게 변화함에 따라, 기업의 IT 환경은 생존을 위한 기본 인프라로, 기업의 성공유무에 중요한 역할을 하고 있다. 예전의 IT 환경은 장치의 변화를 예측 및 분석을 통해 예상된 변화에 대응할 수 있도록 설계되고 구축되었다. 그러나 이런 과정들은 수많은 시행착오를 거치고 실제 운용 단계까지 설계와 구축에 있어 상당한 시간과 노력이 소요되었다. 또한 시시각각 변화되는 요구에 대해서 능동적으로 대처하기 어려운 한계점을 가지고 있다.

> *"미래의 IT 환경은 비즈니스 환경과 밀접하게*
> *계획되고, 구축되며, 운영되어야 한다!"*

최근의 비즈니스 환경은 기업 외부의 변화와 기업 내부의 요구사항에 대하여 더욱더 민첩한 대응을 요구하고 있다. 이것은 기업의 성공적인 운영을 위해 예측되어진 변화뿐 만 아니라 예측하지 못했던 변화에 대해서도 민첩한 대응 능력을 요구되고 있으며, 기업의 중요한 정보 인프라로 IT 환경 또한 기업의 판단에 따른 비즈니스 변화에 대해 발빠르게 대처할 수 있도록 요구하고 있다. 그러나 기존의 방식으로는 비즈니스 환경 변화요구에 대해 IT 환경을 재구성하는 데 너무 많은 시간과 비용 등의 자원이 소요된다. 따라서 이러한 변화에 제대로 대응하기 힘든 기존의 IT 패러다임으로 다른 기업과의 경쟁에서 보다 앞선 경쟁력을 가진다는 것은 어려운 일이다. 그리하여 새로운 IT 환경에 대한 패러다임이 요구되었고 SOA(Service Oriented Architecture)가 제시되었다.

SOA의 가장 큰 특징은 바로 반복사용 및 재사용이 가능한 서비스에서 찾을 수 있다. 웹서비스를 기반으로 기업 내 각 업무를 독립적이고도 반복사용이 가능한 서비스라는 컴포넌트 형태로 구현하여, ESB(Enterprise Service Bus)를 통해 유연하게 연결하여 결과물을 산출한다. 웹서비스의 유연한 연결방식으로, 각 서비스들은 필요에 따라 새로운 형태로 연결되어 구성될 수 있고, 변경을 통해 비즈니스 환경이나 요구사항 변화에 발 신속한 대처가 가능한 것이다. 다시 말해, SOA는 기업 내부에 존재하는 수많은 단위 업무들을 서비스라는 형태로 정의하고 이를 조합하여 ESB로 연결함으로써 하나의 애플리케이션을 구성한다. 이것은 기존의 애플리케이션과는 다르게 사전에 정의된 서비스들을 조합하여 필요한 기능을 구현해 내고, 개발된 서비스 중 일부를 변경하거나 재조합하는 것으로 새로운 기능의 추가나 개선은 구현할 수 있다.

(1) SOA의 기본 개념

SOA는 엔터프라이즈 애플리케이션들이 가지고 있는 분산되어 존재하는 여러 기능들을 상호운용이 가능하고 비즈니스 니즈들을 만족시키기 위해 빠르게 조합할 수 있고 재사용할 수 있는 표준 기반의 서비스로 구성하는 IT 전략이라고 할 수 있다. 기능들을 서비스로 표현하는 것이 어떻게 IT 기능들을 기업으로 전달될 것인가와 동시에

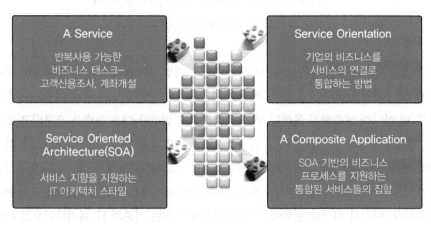

[그림 8-8] SOA 개념(출처 : IBM 포럼 2007 재구성)

그것이 가져다주는 가치를 증대시키는 것이 SOA의 가치라 할 수 있다.

SOA는 1996년 가트너 그룹에 의해 최초로 소개가 되었으며 표준적인 프로세스를 기반으로 한 아키텍처로 웹 서비스는 SOA의 개념을 구현하는 소프트웨어 구성요소로 XML 기반의 메시지를 사용하는 인터페이스의 집합이라 할 수 있다.

XML 기반의 웹 서비스 기술의 등장으로 인하여 SOA는 소프트웨어 인프라 구축에 대한 새로운 방법을 정의하는 것으로, 기업은 자시의 기업 내부에 산재해 있는 다양한 정보 시스템을 서비스 중심으로 통합하는 IT 아키텍처라 할 수 있다. 많은 IT 전문가들은 앞으로 기업의 대다수 업무용 애플리케이션들이 서비스 지향적으로 변할 것이라고 예측하고 있고 SOA는 가까운 미래에 대한 새로운 통합 이슈이며, 앞으로의 기업들은 SOA의 개념을 도입한 기업과 그렇지 않은 기업으로 분류될 수도 있을 것이다.

(2) SOA의 등장

초기의 프로그램들은 기계어(어셈블리어)를 이용하여 작성되었으나, 고급언어의 등장으로 손쉽게 프로그램을 작성할 수 있었다. 그러나 초기 프로그래밍 언어들은 문제마다 접근법이 각각 다르고 규모가 큰 프로그램 개발에는 여러 가지 복잡한 문제점을 안고 있었다. 이러한 문제점은 구조적 프로그래밍 언어를 통해서 해결해 왔으나 문제해결 방식이 직관적이지 못했기 때문에 객체를 이용한 객체지향적 프로그래밍 언어(C++, C#, Java)들을 통해 프로그램을 개발해 오고 있다.

객체지향적 프로그래밍 언어의 등장 이후, 코드의 재사용을 위하여 다형성, 상속성 배제(파동효과 최소화)로 잘 정의된 인터페이스를 통해 재사용할 수 있어야 하기 때문에 컴포넌트 개발방법론(CBD : Component Based Development)에 대한 연구가 진행되었다. 이것은 문제를 해결하기 위해 소프트웨어 컴포넌트를 통한 개발, 컴포넌트의 생성, 통합, 재사용에 초점을 맞춘 소프트웨어 개발이 이루어졌다. 플랫폼, 운영체제, 소프트웨어 등의 환경적인 제약 없이 분산 환경에서도 개별적이고 독립적으로 실행 가능한 컴포넌트(CORBA, COM+, EJB 등)를 말한다. 이상적인 분산 환경이라 함은 사용자들이 컴포넌트의 이용에 있어서 어떤 제약도 없는 환경으로 이를 위하여 충족되어야 하는 조건은 다음과 같다.

- ●개발 프로그래밍 언어와 상관없이 서비스를 제공
- ●플랫폼에 독립적인 컴포넌트
- ●쉬우면서도 간단한 서비스의 유지보수

CORBA, COM+, EJB 등은 프레임워크에 독립적이지 못한 데 반해 SOA는 표준화된 인터페이스와 XML을 이용하여 인터페이스 노출시키는 것으로 개발 언어에서 독립을 보장하고, 메시징 프로토콜을 이용한 약 결합(Loosely Coupled)구조로 보다 쉽고 간단한 유지보수를 가능하게하며 유연한 웹 기반으로 플랫폼으로부터의 독립을 제공한다. 전통적인 애플리케이션 인프라스트럭처와 서비스 인프라스트럭처를 비교해 보면 다음과 같은 특징들을 살펴 볼 수 있다.

[표 8-6] 전통적 구조 vs. 서비스 기반 구조

전통적 구조	서비스 기반 구조
서비스 가능성에 초점을 둠 실행환경에 중심적 신뢰성	크로스 플랫폼 관리 거버넌스 및 조정 서비스 탐색 및 공개 서비스 보안 메시지 라우팅 및 변환 자원 할당

2) SOA의 기본 구성요소

논리적인 개념의 SOA에서 서비스는 서비스 인터페이스와 서비스 구현으로 구성된다. 일반적으로 서비스라 함은 소프트웨어 상에 구현되어 있는 비즈니스 함수를 말하며, 잘 구성된 인터페이스를 통해 외부로 노출된다. 이러한 서비스 인터페이스는 서비스 요청자가 호출할 수 있는 연산들에 대하여 기술해 놓은 것으로, 서비스 명세(Specification)에 서비스 요청자가 호출할 수 있는 모든 인터페이스가 기술되어 있어야 한다.

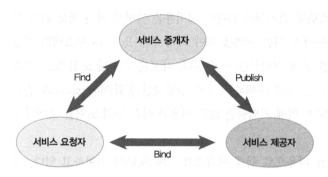

[그림 8-9] SOA의 기본 구성요소

[그림 8-9]는 SOA를 구성하는 기본적인 구성요소에 대한 것이고 구성된 서비스들의 집합은 다시 하나의 서비스로 이용될 수도 있다. SOA를 구성하는 세 가지 기본 구성요소는 다음과 같다.

① 서비스 사용자 또는 서비스 요청자(Service Consumer or Service Client): '서비스 제공자'에 의해 제공되고 있는 하나 이상의 서비스를 사용하는 주체임

② 서비스 제공자(Service Provider): '서비스 사용자'가 호출시 입력하는 값을 통하여, 그에 해당하는 결과인 서비스를 제공하고, 경우에 따라 '서비스 제공자'는 또 다른 '서비스 제공자'의 서비스를 사용하는 '서비스 사용자'가 될 수도 있음

③ 서비스 중개자 또는 서비스 레지스트리(Service Broker or Service Registry): 서비스에 대한 설명정보(Description)를 저장하고 있으며 '서비스 제공자'는 자기 자신이 제공하고 있는 서비스를 등록하고, '서비스 사용자'는 자신의 원하는 서비스를 발견하여 사용할 수 있음

3) SOA의 주요 특징

기업의 대규모 IT 시스템이 가진 가장 큰 문제는 막대한 비용으로 도입한 시스템들을 아주 제한적인 용도로 제한적인 사람들만 이용한다는 것이다. 예를 들어, 사내 직원들의 정보를 담고 있는 직원 정보 관리 시스템은 특정 부서의 직원들만이 접근 가능하고 다른 부서 직원들은 접근할 수 없다고 하면 비즈니스 프로세스를 관리하기 위해 BPM 시스템을 도입하여 각 단위업무를 수행하기 위하여 단위 업무에 직원을 할당하

는 과정에서 직원 정보시스템과 연계해야 한다면 고비용을 들여서 직원 정보 관리 시스템과 BPM 시스템을 연동하기 위한 작업을 해야 하며 추후 또 다른 시스템과 연동이 필요할 때마다 불필요한 반복 작업들을 하게 된다. 새로운 시스템 도입 또는 기존 시스템들의 활용 문제는 기업 내에 존재하는 아주 전형적인 통합(Integration)과 관련된 문제로 이 문제를 해결하기 위해 기업들은 많은 비용과 시간 등의 노력을 소비하고 있다.

바로 이러한 문제를 적은 비용으로 쉽게 해결하기 위해 SOA를 구현하고 있다. 직원 정보 관리 시스템이 외부에 제공 가능한 서비스들을 정의한 다음 이를 표준 XML 인터페이스로 정의하고 인터페이스를 통해 들어오는 서비스 요청에 대해 기존 직원 정보 관리 시스템과 연동시키기 위한 부분을 개발하는 것이다. 바로 여기서 웹 서비스가 요청되는데 JSP/Servlet 또는 ASP(Active Server Page) 등과 같은 웹 애플리케이션으로 손쉽게 개발할 수 있다. 여기서 서비스를 정의하는 WSDL(Web Service Description Language)의 장점은 시스템이 제공하는 서비스를 표준화된 방법으로 자세히 기술할 수 있기 때문에 WSDL 표준만 이해한다면 누구든지 이 서비스를 이용할 수 있다는 것이다. 위의 두 과정을 통해 직원 정보 관리 시스템은 누구든지 손쉽게 접근 가능하고 이용 가능한 서비스로 표현될 수 있다는 것이다. 또한 추후에 또 다른 시스템을 직원 정보 관리 시스템과 연동할 때에도 막대한 비용을 소요하지 않고도 높은 활용성을 제공하기 때문에 비용절감 효과도 있다.

SOA 구조에서 웹 서비스를 이용해야 하는 이유는 J2EE, .Net, CORBA 등과 같은 방법도 존재하지만 이 같은 기술들은 모든 인터페이스를 Java 인터페이스를 통해 정의해야 하고, RMI(Remote Method Invocation)로 연동 부분을 개발했다고 가정하더라도 또 다른 시스템이 직원 정보 관리 시스템과 연동되어야 할 때 통신상의 문제를 야기하기 때문이다. 따라서 이 문제를 해결하기 위한 방안으로 또 다른 추가비용을 들여 개발해야 한다는 문제점이 발생한다. 그렇기 때문에 SOA에서 웹 서비스를 사용하는 것은 서비스의 이용에 수반되는 연동 문제와 비용 최소화를 위한 가장 현실적인 해결책이 되는 것이며, 다른 소프트웨어 아키텍처와 차별화되는 SOA의 주요 특징(SOA 관련 기술, 한국산업기술평가원, 2007.12)은 다음과 같이 요약할 수 있다.

(1) 서비스는 발견이 가능하고 동적으로 바인딩(Dynamic Binding)된다.

어떤 서비스를 필요로 하는 사용자는 작업 수행 중(Run-Time)에 필요로 하는 서비스를 찾고, 그 서비스를 사용할 수 있다는 것이다.

(2) 서비스는 컴포넌트와 같이 독립된 모듈이다.

SOA에서 각각의 서비스들은 독립적으로 개발·유지·관리되며 서로의 동작에 별다른 영향을 미치지 않는다는 것으로 특정 서비스 수정으로 인해 발생하는 파문효과(Ripple Effect)를 최소화하여 다른 서비스에 영향을 미치지 않는다.

(3) 서비스는 플랫폼에 관계없이 상호운용이 가능하다.

각 서비스는 자신을 호출할 수 있는 인터페이스를 제공한다. 이때 호출이 이루어지는 프로토콜과 호출 메시지의 포맷만 이해할 수 있다면 서로 다른 플랫폼 위에서 개발, 운영되는 서비스끼리도 통신이 가능하다.

(4) 서비스는 느슨하게 연결된다.

결합도가 높을수록 한 모듈의 변화가 다른 모듈에도 영향을 주어 파문효과를 일으키게 되는데, 파문 효과가 클수록 시스템을 유지보수는 어려워진다. 파문 효과는 하나에 영향이 생겼을 때 다른 것들에 많은 영향을 끼치는 것이다.

(5) 서비스는 네트워크 주소로 접근 가능한 인터페이스를 갖는다.

네트워크를 통해 사용자가 서비스를 사용할 수 있게 되면 각각의 서비스는 불특정한 다수의 사용자에 의해 재사용될 수 있게 된다.

(6) 서비스는 위치 투명성을 제공한다.

서비스 사용자는 레지스트리에서 서비스를 찾아 바인딩하기 전까지는 자신이 사용할 서비스의 정확한 위치를 알지 못한다. 같은 이유로 서비스 제공자가 임의의 이유로 자신의 서비스 위치를 바꾸게 되더라도, 사용자는 쉽게 바뀐 위치의 서비스를 이용할 수 있게 된다.

(7) 서비스의 조립이 가능하다.

모듈화 된 서비스들은 하나의 완성된 기능을 제공하기 위해 조립되는데, 애플리케이션에서의 조립, 서비스 연합, 서비스 오케스트레이션이라는 3가지 방법이 있다. 애플리케이션에서 서비스를 조립하는 것은 가장 전통적인 방법으로 서비스와 컴포넌트, 애플리케이션의 로직을 기능에 맞게 작성하는 방법이다. 서비스 연합은 보다 큰 범주의 서비스, 즉 복합서비스(Composite Service) 안에 관련된 단순 서비스(Simple Service)들을 조합하여 특정 비즈니스 프로세스를 운용할 수 있게 구성, 관리하는 방법으로 이렇게 구성된 복합 서비스들은 다시 하나의 서비스로 이용될 수 있다. 마지막 서비스 오케스트레이션은 비즈니스 프로세스를 사용해 각 서비스의 호출 순서와 에러처리 등을 제어하는 방법이다.

(8) 서비스는 자기 치유(Self Healing)를 지원한다.

SOA에 의해 개발된 소프트웨어가 사용하고 있는 특정 서비스가 임의의 원인에 의해 정상적인 기능을 할 수 없는 경우가 있다. 소프트웨어는 그와 같은 기능을 하는 서비스를 새로 찾아 바인딩함으로써 자신의 내부에 있는 오류의 원인을 제거할 수 있다.

(9) 프로세스 중심의 아키텍처이다.

SOA에서 애플리케이션은 프로세스를 위해 개발된다. 프로세스를 비즈니스 서비스와 프로세스 서비스로 분리하기 때문에 프로세스는 단계별로 각각을 대표하는 비즈니스 서비스로 분해된다. 이러한 구조는 각 애플리케이션들의 서비스 진입점을 프로세스 서비스로 단일화하고, 업무 프로세스 추적을 가능하게 해준다.

2. SOA의 효율적 도입 방안

1) SOA의 도입

(1) SOA 도입을 위한 적용 원칙

SOA는 단순한 애플리케이션 개발이 아니라 추진 방식, 구현 방법, 구현 도구, 역할 등의 변화를 포함한 총체적 패러다임 전환이 필요하다. 따라서 다음의 5가지 적용 원칙이 필요하다. (1) SOA는 유연한 비즈니스 프로세스를 추구하며, 비즈니스 프로세스 모델링을 실행하고, 이것은 IT 조직과 업무 조직 간의 협업이 필요하다. (2) 솔루션의 도입만으로 SOA가 실현되는 것이 아니라 기업의 핵심 서비스가 무엇인지를 먼저 생각해야 한다. ⑶ SOA를 한 번에 다 적용해서는 안 되며 단계별로 도입하는 것이 좋다. 시작이 어렵기 때문에 면밀한 계획을 통해 성공할 수 있다. ⑷ SOA는 표준에 기반을 두고 있기 때문에 특정 솔루션에 한정 지을 필요는 없다. ⑸ 서비스는 만드는 것이 끝이 아니라, 이것을 어떻게 사용할지 계획 단계부터 관리하는 순간까지 생각해야 하여 SOA의 적용 절차는 아래와 같이 구분해 볼 수 있다.

- 1 단계 : Web Services 적용 가능성 탐색(파일럿 프로젝트 실행)
- 2 단계 : 기존시스템에 Web Services 기술 적용 테스트
- 3 단계 : 시스템 상호간의 의존도 제거 및 인터페이스 분석
- 4 단계 : 조직 내부 대상 서비스 기반 아키텍처(SOA) 구축
- 5 단계 : 기업 외부로의 확대

(2) SOA의 효율적인 도입 방안

SOA 도입은 새로운 미들웨어나 애플리케이션을 구입해 설치하는 것으로 해결되는 것이 아니고, IT 전반에 걸쳐 기존의 애플리케이션 중심적인 IT 시스템 설계 원칙, 기업 애플리케이션의 설계와 개발 과정에 대한 전반적 재고려 등의 작업이 수반되어야 한다. SOA 도입에 따른 우선순위와 제약조건을 이해하고 이에 따른 의사결정에 따른 핵심 원칙을 수립한 뒤 도입한다. SOA의 구축을 위한 접근 방법은 통합문제를 해결하는 상향식 접근과 프로세스에서 요구하는 서비스를 제공하는 하향식 아키텍처 접근을 함께 적용하는 것이 바람직하다. SOA 적용 시나리오를 소개하면, 먼저 고객의 비즈니스 내용과 IT에 대한 면밀한 분석을 기반으로 SOA 적용을 위한 수행 절차를 세운다. 그리고 고객의 업무 프로세스에 대한 이해를 바탕으로 비즈니스 프로세스와 애플리케이션의 개발 및 통합을 추진한다. 먼저 실행 계획의 수립 부문에서는 비즈니스와 서비스 아키텍처를 설계하고 그에 따른 이행전략과 계획(SOA 적용 로드맵 및 이행 전략 제시)을 수립한다. 프로세스 구현에서는 비즈니스와 서비스 컴포넌트에 대한 흐름을 식별하고 BPEL 기반의 서비스를 구축하며 소프트웨어 아키텍처를 설계한다. 그리고 개발과 통합을 위하여 연계와 공통의 서비스를 식별해 내고 서비스의 관리체제와 웹서비스를 구축한다.

2) SOA의 효과 및 문제점

(1) SOA의 도입 효과

SOA 도입 효과는 업무 프로세스와 공통 서비스를 이용하여 IT 조직의 비즈니스 혁신이 가능하다는 것이다. 예를 들어 기존의 비즈니스 프로세스는 중단 없이도 실행이 가능하고, 새로운 비즈니스 프로세스는 신속한 생성과 변경이 가능하다. 또한 업무조직의 변화에 대한 요구 사항에 대해서도 IT 조직의 민첩한 대응이 가능하다.

예를 들어 인터넷 보험 상품을 개발할 경우 상담만 하면 가입이 되는 인터넷 보험 상품이 만들어져야 하는데, SOA에서는 부분적인 업무 프로세스의 변경과 이 프로세스와 연관된 시스템의 기능 변경과 조합으로 신상품을 개발할 수 있게 된다. 특히 SOA를 도입하기 위한 파일럿 프로젝트를 통해 조직 내부에서는 SOA에 대한 공감대가 우선 형성되어야 하고, 아키텍처와 서비스 모델링의 어려움 그리고 SOA의 복잡성을 해결하기 위한 도구 및 수단 그리고 SOA를 이행하기 위한 세부적인 방법론과 접근법의 개발이 필요하다. SOA의 도입으로 예상되는 IT 환경의 변화는 다음과 같이 전망된다.

[표 8-7] SOA 도입을 통한 IT 환경 변화

	기존 IT 환경	변화되는 IT 환경
소프트웨어	패키지, 자체 개발 애플리케이션	서비스들
프로그램 방식	코드 개발	조립과 커스터마이징
시스템의 중심	개발자 중심	업무 담당자, 분석가 중심
운영 시 중요 관점	가용성 극대화를 위한 모니터링	비즈니스 서비스 통제 및 수준
목표시스템 디자인	최종 릴리즈를 위한 디자인	변경 가능성을 고려한 디자인

(2) SOA 구현을 위해 해결해야 할 문제점

SOA의 도입으로 기업은 핵심 역량을 확보하고 프로세스의 혁신 및 체계적인 관리가 가능하지만 SOA의 구현 관점에서 보면 아직 관련 표준들이 미정립 상태이고 지원 가능한 제품들 역시 충분히 성숙되지 못한 상황이며, 다양한 우수사례(Best Practices)들이 확보되지 못한 점이 SOA의 수용을 더디게 하고 있다. 이와 함께 SOA 구현에 있어 존재하는 몇 가지 문제점이 아직 존재하고 있다.

첫째, 현업 담당자는 일반적으로 그들의 요구사항을 설명하는 데 있어 명확하지 못한데 그 이유는 대부분의 비즈니스 상황이 불안정하기 때문이다. 따라서 전체적인 비즈니스 환경에 대해 무엇이 중요하고 무엇이 중요하지 않은지에 대해 명확한 이해가 필요하다. 둘째, IT 담당자는 비즈니스 요구사항을 아키텍처에 매핑시키는 데 있어서 미흡하다. 비즈니스 담당은 IT를 충분히 이해하지 못하고 IT 자체도 불안정하기 때문이다. 따라서 IT에서 통합된 뷰 환경을 제공하지 못하고 있다. 셋째, SOA에서 비즈니스와 IT를 일치시키기 위한 로드맵이 없는 실정이다. 이러한 문제점들로 인해 SOA의 도입이 가속화시키는 데 있어 걸림돌로 작용하고 있는 실정이다.

3. 지능형 통합서비스

최근에는 도시, 교통, 환경, 빌딩, 의료 등의 다양한 분야에서 보다 지능적인 기능을 부여해서 더욱 더 편리한 서비스를 통합적으로 제공하기 위한 노력들이 진행 중에 있다. 특히 IBM은 Smarter Planet이라는 새로운 개념을 통해서 많은 이기종 장비들과 대량의 데이터로부터 들어오는 데이터를 통합적으로 관리하여 하나의 서비스로 통

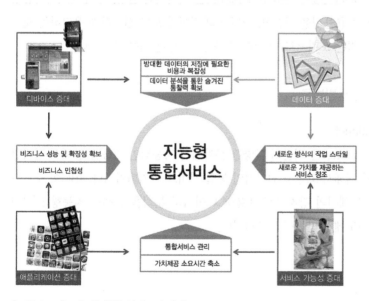

[그림 8-10] 지능형 통합 서비스의 배경

합 제공하려는 시도들이 이루어지고 있다. 이러한 통합서비스의 시도 배경에는 디바이스의 증대와 데이터의 증대, 애플리케이션의 증대와 서비스 가능성의 증대가 있다.

이러한 새로운 환경에서의 서비스는 보다 지능적이고 통합된 형태로 제공되어야 한다. 따라서 다음과 같은 요건을 필요로 한다.

① 새로운 형태의 지능: 보다 지능적인 의사결정을 위하여 수많은 정보의 원천으로부터 실시간으로 활용 가능한 정보를 추출해 내고, 이를 통한 가치를 어떻게 취득할 수 있는지에 대한 통찰을 가져야 한다. 또한 이러한 정보를 원하는 사람이나 기업에 언제 어디서든 그 곳에 위치하지 않더라도 그 곳을 볼 수 있는 가시성을 제공해야 한다.

② 새로운 작업 방식: 새로운 방식으로 일을 하기 위해 설계된 유연하고 동적인 프로세스를 사용하고, 더 스마트하게 작업을 처리할 수 있도록 사람에게나 기업에 스마트한 작업 환경을 만들어 줄 수 있어야 한다.

③ 동적 인프라: 인프라의 구축을 통해서 비용 절감을 이끌어 낼 만큼 지능적이고 더 안전하여야 하며, 사람이나 기업에 어떤 문제가 발생하기 전에 보다 빠른 응답성으로 그 문제를 해결하는 것을 가능하게 해 주어야 한다.

④ 친환경(Green and Beyond): Smarter Planet은 에너지와 환경, 그리고 지속가능성에 대하여 더 큰 효율성을 이끌고, 보다 효과적이며 보다 신속하게 응답하는 것으로, 기업에 더 적은 노력으로 더 많은 것을 할 수 있는 힘을 제공한다.

1) 지능형 서비스 통합 방법론

(1) IBM Smarter planet

IBM의 smarter planet은 최근의 다양한 분야에서 지능적인 기능을 통해서 편리한 서비스를 제공하기 위해서 고안된 전사적인 통합 서비스 아키텍처이다. IBM이 소프트웨어뿐 아니라, 하드웨어의 강자로서 대용량 데이터의 분석을 통해서 지능형 IT서비스를 구현하려는 시도에서 만들어진 개념이다.

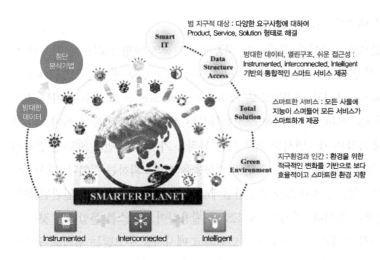

[그림 8-11] 스마터 플래닛

(2) IBM Smarter Planet과 다른 통합서비스와의 비교

스마터 플래닛과 비교할 수 있는 통합서비스는 스마트 그리드(Smart Grid)와 u-city 가 있을 수 있다. 스마트 그리드 개념은 스마터 플래닛의 에너지 토픽과 유사한 측면이 많아서 스마터 플래닛의 범주에서 다루는 하나의 주제로 보는 것도 무방하다. u-City의 경우는 스마터 플래닛의 도시와 유사한 개념을 가지고 있으나 스마터 플래닛이 좀 더 전체적인 데이터의 분석에 더 초점을 맞추고 있다.

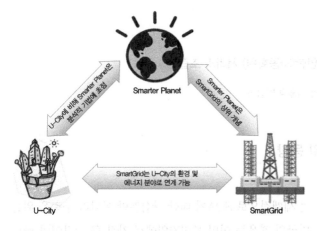

[그림 8-12] 스마터 플래닛, 스마트 그리드, u-City의 비교

2) 지능형 통합서비스의 기술

서비스를 기반으로 시스템을 통합하여 제공하는 기술의 방향으로는 세 가지를 생각할 수 있는데 첫 번째는 SOA(Service Oriented Architecture), 두 번째는 BPM(Business Process Management) 그리고 마지막으로 ESB(Enterprise Service Bus)이다. 이들 각각의 세 가지 방식으로 서비스를 통합하고 자동화하는 것은 자동화된 유연 서비스의 제공이라는 공통의 목적을 가지면서도 서로 다른 특징을 가지는데, 먼저 SOA를 활용하는 것은 느슨한 결합을 통해서 모든 웹 관련 기능들을 서비스화하는 것이다. 다음으로 BPM을 활용하는 것은 각 서비스를 흐름관점에서 조합하고 이를 하나의 일관된 통합 프로세스로 제공하는 것이다. 마지막으로 ESB를 활용하여 서비스를 통합하는 것은 버스 구조를 활용해서 서비스를 네트워크로 연결하고 메시지를 주고받는 형태로 구현하는 것이다. 이들 세 가지 방향의 특징을 요약하면 다음과 같다.

SOA	BPM	ESB
기본요소: 서비스	**기본요소: (업무)프로세스**	**기본요소: 아키텍처**
느슨한 결합 저장소, 서비스 등록 방법, 서비스 탐색	흐름 & 조정(orchestration) 자동화 엔진(Engine) 모델링 방법	버스 구조(Bus structure) 통신망(Network) 통합 방법(Integration mechanism)
서비스 인프라 Service Infra	서비스 안무와 조정 Service choreography and orchestration	서비스 물류 Service logistics

유연한(자동화된) 서비스 조합

[그림 8-13] 지능형 통합 시스템의 기술적 방향성

4. 국내외 구축 사례 및 동향

(1) 해외 사례

북미, 유럽, 아태 지역 등 전 세계적으로 SOA에 대한 관심뿐만 아니라 구축을 위한 노력 역시 활발해지고 있다. 미국의 경우는 이미 북미지역에서 가장 큰 시장이며 글로벌 기업들이 SOA의 도입을 주도하고 있다.

호주 지방 정부 기관인 Queensland Transport는 자동차 등록 및 운전면허와 같은 서비스를 포함하여 육상, 해상, 항공 운송 업무를 관리하고 있다. 더 낮은 비용으로 더 나은 서비스를 제공하기 위하여 SOA 도입 전략을 다각도로 모색하였고, SOA를 활용하여 자동화된 자동차 등록 프로세스를 구현함으로써 자동차 등록업무의 효율성을 향상하였다. 운송차량 판매점과 기관간의 데이터 교환 포맷으로 XML을 사용함으로써 차량등록과정의 전자적 처리와 추적을 가능하게 하였다. SOA의 적용을 통해 신속하고 효율적인 업무 프로세스의 구현이 가능해짐에 따라, 차량판매 대리점과 정부 모두에게 비용절감효과를 가져다주었다.

또한 미국의 웰스파고 금융서비스 그룹(Wells Fargo & Company)은 수천 개의 지점과 인터넷을 통해 은행, 보험, 투자, 모기지 및 소비자 파이낸스 서비스를 북미를 비롯한 국제적으로 제공하고 있다. 웰스파고는 보다 편리하고 간편한 은행 업무를 지원함으로써 고객에게 더욱 만족스러운 경험을 제공할 수 있는 방법을 모색하여 특히 기존 투자된 부분의 지속적인 활용, 비용 절감, 새로운 기능과 서비스의 출시 기간을 단축할 수 있는 유연한 인프라를 구축하는 데 초점을 두고 기존 고객 포털을 새로운 SOA 기반으로 마이그레이션(migration)하기로 결정했다. 이를 통해 통합 데스크톱 구축으로 직원들에게 고객에 대한 동일한 데이터 소스, 비즈니스 프로세스를 접근할 수 있도록 해 채널 간 일관성을 보장키로 한 것이다. 이를 통해 한 해 동안 채널을 통한 수익이 50% 이상 성장하였고, 거래 고객 당 평균 상품 판매건수 75% 성장, 은행 및 고객의 운영 경비 대폭 절감, 새로운 주요 IT 프로젝트 시간 반감 등의 성과를 거두게 됐다.

(2) 국내 사례

아직은 초기 시장에 머물러 있지만 최근 들어 국내에서도 SOA에 대한 관심이 늘어나고 있다. 각 업종별로 다양한 접근들이 시도되고 있으며 금융, 통신, 제조, 공공 분야 등 업종 전반에 걸쳐 사례가 나타나고 있다. 특히 금융, 통신 등 IT 투자에 선도적인 일부 업체들은 이미 구축을 시작하였고, 타 업종에서도 조금씩 확대되고 있는 상황이다. 금융권에는 보험사가 SOA 시장을 이끌고 있다. 이미 SOA를 도입한 보험사도 있고, LIG 손해보험, 메리츠 화재 등 주요 보험사 역시 SOA를 적용할 계획을 가지고 있다. 보험업계는 상품개발업무, 보험계약업무, 유지관리업무 등에 SOA를 도입하고 있다. 보험업종이 SOA 도입에 적극적인 이유는 은행, 증권에 비해 처리속도에 민감하지 않기 때문이다. 은행권에서는 하나은행, 기업은행 등이 부분적으로 SOA를 도입했으며 통신업계 역시 SOA를 적용하고 있다. 통신 분야에서 SOA는 경쟁력 강화 및 이윤 증대에 있어 매우 중요한 이슈로 부각되고 있어 SK텔레콤은 지난 해 SOA 프로젝트를 통해 NGM(차세대 마케팅) 시스템 인프라구축을 완료하였으며 또한 독자적인 SOA 프로젝트도 진행으로 인사, ERP와 타 시스템과의 연동 및 BPM 분야에 대하여 PoC(Prove of Concept)를 완료하였다. 올해는 지난해에 수립한 거버넌스(Governance) 체계를 바탕으로 실업무환경에 적용할 계획이다. LG텔레콤은 SOA를 적용한 차세대 시스템을 지난해 개통했고, KTF도 일부 파일럿 프로젝트의 완료로 빌링 및 CRM 프로젝트에 SOA 개념을 적용하여 추진 중에 있다. 데이콤 역시 SMS와 인터넷 팩스 등의 서비스와 연계하여 새로운 부가 서비스 요구에 신속하게 대응하기 위해 주문형 서비스 시스템을 구축하고 CRM 서비스, 그룹웨어 서비스, 팩스, SMS 등 재활용 가능한 비스니스 서비스를 주문형 서비스 플랫폼을 통해 서비스함으로써 부가서비스에 대한 Time-to Market을 실현하였다. 제조업종 역시 LG, 현대자동차 등 대형사 중심으로 기업들의 접근이 이루어지고 있다. 이런 동향을 살펴보면 앞으로 SOA 시장이 급격히 확대될 것은 의심의 여지가 없고 단지 지역별 또는 국가별 도입 시기에 있어 차이가 있을 뿐이다.

참고문헌

강석호, 배준수, 김훈태, E-biz IT SI, 박영사, 2003

안중호, 양지윤, 경영정보론, 홍문사, 2005

서영호, 박주석, 김재경, 이경전, 김경재, e-비즈니스 시대의 경영정보시스템, 한경사, 2004

류중경편저, ERP 및 e-ERP 구축방안, 삼양미디어, 2003

오라클 연구회, 실시간 경영을 위한 e-비지니스 시스템, 율곡출판사. 2004

심동철, EAI의 개념과 국내외 시장동향, KISDI IT FOCUS 50호, 2001.10

정부연, B2B 통합기술 개념 및 시장현황, 정보통신정책 ISSUE 제 13권 13호 통권282호, 2001.7

정부연, 기업 간 전자상거래 XML의 도입현황 및 전망, 정보통신정책 ISSUE 제13권 6호 통권 130호, 2001.9

김선환, 실시간 기업을 위한 EAI 구현 사례 및 도입 효과 분석, SDS Consulting Review, 2005.4

한국오라클 http://www.oracle.com/global/kr

경영과컴퓨터, SOA 국내외 도입 성공사례, 2007

권수갑, SOA 개념과 동향, 전자부품연구원 전자정보센터, 2005.11

권수갑, SOA 개념 및 최근 동향, 전자부품연구원 전자정보센터, 2008.6

박범순, SAP 코리아 마케팅팀, SOA의 기술, 시장, 표준화 동향과 전망, 전자상거래표준화통합 포럼 전자상거래연구조합, 2005.10

심재석(디지털데일리), SOA의 진화, 2008

지은희(KIPA), SOA가 바꿔놓을 세상, 2006

한국산업기술평가원, SOA 관련 기술, 2007산업기술동향분석, 2007.12

최진호, 이진미, 임상헌, "SOA 구현을 위한 프로세스 기반 서비스 정의 방법론에 관한 연구", 한국품질경영학회보, 제38권 제1호, pp. 1-9, 2010.03

K. C. Laudon, J. P. Laudon 저, 김우주, 백동현, 서우종 역, "경영정보시스템(12판)", 시그마 프레스, 2011

IBM, SOA 기술자료특집, http://www.ibm.com/developerworks/kr/series/soa

KRG, SOA 기술동향과 시장분석, 전자부품연구원 전자정보센터, 2008.4

Roy W. Schulte Yefim V. Natis, "Service Oriented Architecture", Gartner Group, SSA Research Note SPA-401-068, 1996

Thomas Erl, Service-Oriented Architecture(A field Guide to Integrating XML and Web Service)

Kyle Gabhart, "Service Oriented Architecture Field Guide for Executive", Wiley, 2014.03

연습문제

01. ERP의 의미와 특징에 대하여 설명하시오.

02. MRP, MRP II, ERP을 각각 정의하고, 그 차이점에 대하여 설명하시오.

03. ERP의 구성요소에 대하여 설명하시오.

04. ERP 구축 시 필요조건을 조사하시오.

05. e-비즈니스 통합 기술의 세 가지를 설명하시오.

06. EAI에 대하여 설명하시오.

07. BPM의 특징에 대하여 설명하시오.

08. XML을 SGML, HTML과 비교하여 설명하시오.

09. XML에서 DTD의 역할을 설명하시오.

10. 기업 정보시스템 통합에 XML을 적용하는 이유를 조사하시오.

11. 웹 서비스의 사례에 대해서 조사하시오.

12. SOA가 추구하는 의미를 설명하시오.

13. SOA의 구성 요소 3가지에 대해서 설명하시오.

14. SOA와 웹 서비스와의 관계에 대해서 설명하시오.

15. 지능형 통합 서비스의 세 가지 기술적 방향에 대해서 설명하시오.

CHAPTER **09**

e-CRM과 소셜 CRM

e-BUSINESS

개요

제1절 고객에 대한 인식 전환에서는 고객의 개념과 분류에 대해 살펴보고, 고객 가치에
대한 개념과 측정 모형에 관하여 살펴본다.

제2절 CRM 개요에서는 CRM 정의, 특성, 도입 배경, 적용 영역과 CRM 기능과 역할에
관하여 살펴본다.

제3절 CRM 시스템과 데이터마이닝에서는 협업 CRM, 운영 CRM, 분석 CRM에 대해 살
펴보고 데이터마이닝의 개념과 기법들에 관하여 살펴본다.

제4절 e-CRM에서는 CRM과 e-CRM의 차이점과 공통점을 살펴본다.

제5절 소셜 CRM에서는 소셜미디어와 소셜 CRM의 정의와 특징에 대해 살펴본다.

e-CRM과 소셜 CRM

학습목표 ○○○

- 고객에 대한 기본 개념과 고객 가치에 대해 학습한다.
- CRM 개념과 정의에 관하여 학습한다.
- CRM 프로세스와 기능에 관하여 알아본다.
- CRM을 위한 데이터마이닝 기법에는 어떤 것들이 있는지 알아본다.
- CRM과 e-CRM의 공통점과 차이점에 대해 학습한다.
- 소셜 CRM의 정의와 특징을 이해한다.

제1절 고객에 대한 인식 전환

1. 고객의 개념과 분류

대부분의 기업은 고객에 대한 중요성을 피력하고 있다. 거의 모든 기업이 고객 서비스 및 고객을 기업 경영에 있어 가장 중요한 요소 중의 하나로 인식하고 있으며, 이를 통해 기업의 경쟁우위와 기업의 영속성을 달성하고자 하고 있다. 기업 경영에서 고객이라는 이슈가 그 중요성을 더해 가는 이유는 기업의 생존이 걸려 있는 중요한 문제이기 때문이다.

(1) 고객의 개념

CRM은 고객(Customer), 관계(Relationship) 그리고 관리(Management)라는 세 가지 용어로 구성되어 있어 쉽게 고객과의 관계를 관리하고자 하는 일련의 활동이자 전략이다. 즉 CRM에서 관계 관리의 대상이 바로 고객이라는 의미이다. 그렇다면 고객이란 무엇이고 구체적으로 누구를 의미하는지에 대해 살펴볼 필요가 있다. 국어사전에는 고객(顧客)은 상점 따위에 물건을 사러 오는 손님 혹은 단골로 오는 손님을 말하고, 영어 고객(Customer)의 어원은 '늘 반복적으로 이루어지는 습관'이라는 단어인 Custom에서 기인하여 상점에서 제품이나 서비스를 구매하는 사람으로 정의된다. 즉 고객이란 늘 반복적으로 이루어지는 어떤 행동(예를 들면, 구매)을 수행하는 주체로 해석할 수 있다. 이러한 정의에서 고객이 가지는 몇 가지 특징을 살펴보면 첫째, 고객은 반복적인 행위의 주체이기 때문에 어떤 사람이 특정 기업의 제품을 한 번 구매했다고 해서 고객으로 보지는 않는다는 것이다. 즉 고객이란 하루 아침에 이루어지기 어려우며 장기간에 걸쳐 관계가 형성된다. 둘째, 반복적인 행동이란 교환 관계에서 성립되는 다양한 활동에서 발생될 수 있다. 제품 구매나 소비와 같이 기업에게 의미 있는 행동도 있을 수 있고, 서비스 제공이나 요구와 같이 국가나 비영리 기관에 의미있는 행동도 포함될 수 있기 때문에 고객의 형태는 다양하게 나타날 수 있다. 셋째, 고객이란 다양한 형태로 존재하기 때문에 각기 상이한 욕구를 가지고 있다는 것이다. 따라서 기업은 기본적으로 자사의 고객을 다양한 기준에 의해 유형별로 분류한 다음 각 유형에 가장 적합한 전략을 실행해야 하는데, 기업이 가지고 있는 자원과 역량에는 한계가 있어 어떤 고객 유형이 자사에게 가장 중요한지 판단하여 우선순위에 따라 자원과 역량을 분배해야 한다.

(2) 고객 분류

고객을 분류하는 기준은 크게 형태에 따른 분류와 관계진화 과정에 따른 분류로 나눌 수 있다(표 9-1 참조). 고객을 형태에 따라 분류할 때는 다시 조직 경계에 따라 내부 고객과 외부 고객으로 나눌 수 있으며, 공급사슬 위치에 따라 상류(Upstream) 고객과 하류(Downstream) 고객으로 구분할 수 있다. 내부 고객으로는 기업의 임원이나 직원 등을 예로 들 수 있으며, 외부 고객으로는 기업과 관계를 맺고 있는 공급업자, 소비자, 유통업자 등을 예로 들 수 있다. 최근 CRM에서 중요하게 여기는 내부 고객은 직원으로 특히, 고객접점에서 근무하는 직원들은 자신들의 기업에 대한 만족과 로열티가 고객을 응대하는 태도와 활동에 직접적으로 영향을 미칠 수 있어 각별한 관리가 필요하다. 상류 고객은 기업이 속한 산업의 공급사슬 상에서 상류에 속한 이해관계자를 의미하며 하류 고객은 하류에 속한 이해관계자를 의미한다. 예를 들어, 현대자동차의 경우 완제품을 생산하는 기업이기 때문에 자동차 부품을 공급하는 공급업자들은 상류 고객으로 분류되고, 자동차를 최종 소비자에게 전달하는 데 위치한 유통업체, 대리점, 물류업체, 소비자는 하류 고객으로 분류된다.

관계진화 과정에 따라 잠재 고객, 신규 고객, 기존 고객, 핵심 고객, 이탈 고객으로 구분할 수 있다. 잠재 고객은 자사의 제품이나 서비스를 구매하지 않은 사람 중에서 향후 자사의 고객이 될 수 있는 가능성이 있는 집단을 의미한다. 신규 고객은 잠재 고객이 처음으로 구매를 한 후의 집단을 의미한다. 신규 고객의 특징은 1차 구매 후 이탈하는 경우가 많기 때문에 매우 낮은 고객 유지율을 보인다는 것이다. 따라서 이 단계에서는 2차 구매를 유도할 수 있는 방법을 모색하는 것이 중요하다. 기존 고객은 신규 고객들 중에서 2회 이상 반복 구매를 한 고객 집단을 의미한다. 이 단계에서는 아직까지 고객과 기업 간의 관계가 충분히 성숙되어 있지 않기 때문에 고객의 욕구를 분석한 후 차별화된 제품이나 서비스를 지속적으로 제공하는 것이 중요하다. 핵심 고객은 자사의 제품이나 서비스를 반복적으로 구매하는 고객 집단을 의미한다. 핵심 고객은 기업과 강한 유대 관계를 형성하고 있기 때문에 중대한 문제가 발생하지 않는다면 제품이나 서비스에 대해 재평가를 하지 않고 지속적으로 구매를 하며 다른 사람들에게 호의적인 입소문과 추천 활동을 적극적으로 한다. 또한 핵심 고객은 고객 유지율과 1인당 구매액이 가장 높은 수준이므로 기업의 수익성에 가장 큰 영향을 미치며 제품이나 서비스에 대해 적극적으로 의견을 제시하거나 신제품에 대한 아이디어를 제공하기도 한다. 이탈 고객은 이탈 기준에 따라 더 이상 자사의 제품이나 서비스를 이용하지 않는 집단을 의미한다. 이탈 고객이 중요한 이유는 가치가 높은 이탈 고객을 재획득하거나 기존 고객에 대한 이탈 방지 활동을 하기 위해서이다. 이렇게 하기 위해서 선행되어야 할 것은 이탈 원인을 파악하는 것이다. 이탈 원인은 제품이나 서비스에 대해 불만족한 경우, 타사가 더 좋은 조건을 제시한 경우, 개인적인 신상의 변화 등 다양하지만 중요한 것은 자사 고객의 이탈 원인을 정확하게 분석하여 각 원인별로 대응하는 방법을 달리해서 처리해야 한다는 것이다. 개인적인 신상의 변화로 인한 이탈 고객을 재획득하기는 어렵지만, 제품이나 서비스에 대해 불만족한 경우에는 불만족한 부분을 적극적으로 개선하면 충분히 이탈 고객을 재획득할 수 있을 뿐만 아니라 향후 잠재적인 이탈 방지 효과도 있을 것이다.

[표 9-1] 고객의 분류

분류 기준	고객 유형	비고
조직 경계	내부 고객	임원이나 직원
	외부 고객	소비자, 공급업자, 유통업자 등
공급사슬 (완제품 생산업자)	상류 고객	원재료나 부품 공급업자
	하류 고객	유통업자, 물류업체, 소비자 등
관계진화 과정	잠재 고객	향후 자사의 고객이 될 수 있는 가능성이 있는 집단
	신규 고객	잠재 고객 중 처음으로 구매한 고객집단
	기존 고객	2회 이상의 반복 구매를 한 고객집단
	핵심 고객	반복적으로 구매하는 고객집단
	이탈 고객	더 이상 제품이나 서비스를 이용하지 않는 집단

2. 고객 가치의 개념과 측정 모형

(1) 고객 가치 개념

일반적으로 가치(value)란 어떤 행위를 했을 때 행위 주체가 제공한 유·무형의 비용에 비해 자신이 얻게 되는 혜택의 정도를 의미한다. 따라서 구매자와 공급자 관계에서 주요 행위 주체인 고객과 기업이 존재하므로 고객 가치 역시 고객 관점과 기업 관점으로 나누어 봐야 한다.

고객 관점에서의 고객 가치는 고객이 기업과의 거래를 통해 얻을 수 있는 고객 지각 가치(CPV : Customer Perceived Value)를 의미한다. 고객 지각 가치는 어떤 제공물과 지각된 대안의 모든 혜택과 모든 비용에 대한 잠재 고객의 평가 차이이다(그림 9-1 참조). 총 고객혜택(Total Customer Benefit)은 제품, 서비스, 사람, 그리고 이미지 때문에 고객들이 특정 마케팅 제공물에 대해 기대하는 경제적, 기능적 및 심리적 혜택 묶음의 지각된 금전적 가치이다. 총 고객비용(Total Customer Cost)은 고객들이 특정 시장 제공물을 평가, 획득, 사용 및 처분하는 데 들 것으로 예상되는 비용의 묶음으로 금전, 시간, 에너지 및 심리적 비용이 포함된다. 따라서 고객은 주어진 제품이나 서비스에 대해 자신이 얻을 수 있는 총 혜택이 총 비용보다 크게 되면 고객 가치가 높다고 평가하고, 구매를 하게 된다. 고객 관점의 고객 가치는 개인의 구매 행동을 설명해 줄 수 있는 역할을 하므로 기업과의 지속적인 관계 유지를 위해 항상 적정한 수준을 유지할 필요가 있다.

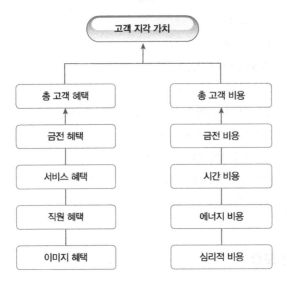

[그림 9-1] 고객 지각 가치의 결정 요소

    기업 관점에서의 고객 가치는 기업이 고객과의 관계를 통해 얻게 되는 고객 자산 (Customer Equity)을 의미한다. 고객 자산은 고객과 잠재 고객 각각의 할인된 고객생애 가치를 합한 것을 의미한다. 수익성 높은 고객이 기업에 대해 더 높은 충성도를 보일 수록 그 기업의 고객 자산은 증가한다. 고객 자산은 미래의 성과를 반영하기 때문에 과거의 성과를 반영한 매출 혹은 시장 점유율보다 더 나은 기업 성과 지표일 수도 있다. 고객 가치를 경제적 가치로 측정하기 위해 기업에서는 RFM(Recency, Frequency, Monetary) 모형이나 고객생애가치(CLV or LTV : Customer Lifetime Value) 등의 기법을 활용한다.

(2) 측정 모형

    기업에서 고객 가치를 측정하는 방법은 다양하며, 동일한 측정 기법을 사용할 지라도 실제 기업에서 적용하는 방법은 달라질 수 있다. CRM을 위한 고객 가치 분석으로는 크게 고객과의 커뮤니케이션에 초점을 맞춘 RFM 모형과 고객에 초점을 맞춘 고객생애가치 분석이 있다. 여러 가지 분석 기법 중에서 어느 한 가지에 치우쳐 고객을 분석하는 것은 CRM을 효과적으로 수행하기 위해 바람직하지 못하며, 가능하면 다양한 분석에서 얻어진 결과를 종합하여 체계적으로 분석하는 것이 올바른 고객 분석이다. 여기에서는 RFM 모형과 고객생애가치 기법에 대해 살펴보도록 한다.

RFM이란 차례로 구매의 최근성(Recency; R), 빈도(Frequency; F), 금액(Monetary; M)을 뜻하는 것으로 고객 세분화를 위한 구매 패턴 분석에 이용된다. 즉, R은 고객이 가장 최근에 기업과 커뮤니케이션한 것이 언제인가를 나타내는 척도이고, F는 일정 기간 동안 고객이 기업과 커뮤니케이션한 횟수를 나타내며, M은 고객이 기업과의 접촉에서 평균 어느 정도의 금액을 소비했는가를 나타낸다. R, F, M 각각에 따라 구간을 나누어 점수를 부여하여 고객 개개인을 평점화하여 순위를 정하고 가장 가치 있는 고객을 선별하는 데 이용될 수 있다. 각 R, F, M에 대한 점수를 산정하여 각각 몇 단계의 등급으로 분류하고 해당 업체에 중요한 기준에 가중치를 많이 주는 방식으로 다음과 같은 일반적인 모형을 만들 수 있다.

$$RFM\ 지수 = a*R + b*F + c*M$$

한편, 상기 RFM 모형에는 각 변수 앞에 a, b, c와 같은 가중치, 즉 상대적 중요도가 존재하는 것을 알 수 있다. 이는 산업마다 R, F, M의 중요도가 다를 수 있다는 것을 의미하며, 그 중요도에 따라 다른 가중치가 적용되어야 한다. 예를 들어 이동 통신이나 대중교통과 같이 기업의 수익성이 사용 빈도에 의해 좌우되는 산업의 경우는 F 변수가 중요한 역할을 하게 되며, 은행처럼 거래 금액에 따라 기업이 결정되는 산업이 경우는 M의 중요성이 커지게 된다. 따라서 RFM 모형을 적용할 때 기업마다 제품과 서비스의 특성이 다르기 때문에 이러한 특성 파악을 통해 각 변수별 가중치를 파악하는 것이 중요하다고 볼 수 있다. 그러나 RFM 기법은 사용하기는 편리하지만 개별 고객별 수익 기여도를 직접적으로 측정하지 못하는 한계점을 가지고 있다.

고객생애가치는 고객의 평생 구매에 대해 예상되는 미래 이익 흐름의 순 현재가치를 나타낸다. 다시 말하면, 주어진 기간 동안 고객으로부터 실현될 이익의 순 현재가치 또는 한 고객이 한 기업의 고객으로 존재하는 전체 기간 동안 기업에 제공할 것으로 추정되는 재무적 공헌도의 합계라고 할 수 있다. CLV 산출모형은 기업에 따라 다를 수 있지만, 기본적으로 고객으로부터 얻는 수익, 비용, 시장이자율, 생애기간 등을 고려하여 산출하는 것이 일반적으로 다음 식과 같다. 고객 단위별 직접 비용과 마케팅 비용이나 기간별 활동 확률을 현실적으로 결정하기 어려운 경우 공헌 마진을 고객생애가치로 활용하는 경우도 있다.

$$CLV_i = \sum_{t=1}^{T} \frac{CM_t \times P_t - MC_{ti}}{(1+r)^t} - AC_t$$

CM : 공헌 마진으로 구매액*마진율

P : 활동 확률로 t 시점에서 구매할 확률

r : 이자율

t: 시간 단위로 생애기간

MC : 고객 i에 대한 반복적 마케팅 비용

AC : 고객 i를 획득하기 위해 소요된 초기 비용

CLV를 늘리는 방법으로는 고객의 생애기간을 늘리거나 고객별 매출액을 늘리는 방법이 있으며, 고객에게 소요되는 비용을 줄이는 방법도 생각해 볼 수 있다. 그러나 일반적으로는 고객이 이탈할 확률을 줄여 고객생애기간을 연장하는 방법이 가장 효과적인 방안으로 인식되고 있다.

제2절 CRM 개요

1. CRM 개념과 정의

경영환경의 글로벌화와 정보기술의 발달로 인해, 이제 기업의 경쟁수준은 원가중심의 차별화 전략에서 고객 중심의 가치 창조로 변화되었다. 불특정 다수를 대상으로 하는 획일적인 마케팅보다는 고객의 특성과 욕구에 맞는 제품이나 서비스를 제공함으로써 고객과의 친밀한 관계를 유지하고 고객을 평생고객으로 만들어 고객으로

부터 최대의 가치를 창출하고자 하는 것이 고객관계관리(CRM : Customer Relationship Management)의 개념이다. CRM 관점에서는 과거 마케팅 관점에서 강조되었던 제품의 시장 점유율보다 고객 점유율을 더욱 중요시한다. 일단, 기업의 수익 원천인 고객을 많이 확보하고 있어야 이들로부터 수익을 얻을 수 있는 기회를 확보할 수 있기 때문이다. 따라서 고객을 확보하기 위한 노력뿐만 아니라, 자신의 고객을 경쟁사에게 빼앗기지 않고 유지하기 위한 노력도 CRM의 중요한 부분이다. 이를 위해서는 고객 개개인에 대해 장기적인 관점에서 지속적으로 관찰하고 이해하는 접근이 필요하다.

CRM은 국내·외 모두에서 중요한 비즈니스 접근법으로 폭넓게 인식되어 왔지만 개념에 대하여 보편적으로 수용되는 정의는 없는 상태이다. 가트너(Gartner) 그룹은 '신규 고객의 획득, 기존고객의 유지 및 고객의 수익성 극대화를 목적으로 지속적인 커뮤니케이션을 통해 고객의 행동을 이해하고, 나아가 고객의 행동에 영향을 주기 위한 광범위한 접근'으로 정의하고 있고, 칼슨 마케팅 그룹(Carlson Marketing Group)은 '개별 임직원과 마케팅 종사자, 그리고 고객에게 조직에 대한 긍정적 선호도를 형성함으로써 고객 보유율과 경영 성과를 향상시키는 경영 전략'으로 정의하고 있으며, Kumar and Reinartz는 '마케팅 데이터베이스의 분석 및 활용과 다양한 커뮤니케이션 기술의 응용을 통해 개별 고객의 생애가치를 극대화되도록 기업의 모든 관습과 방법들을 정의하는 기법'으로 정의하고 있다. 이와 같이 다양한 CRM 정의들의 특성을 살펴보면 가트너 그룹은 고객과의 관계관리 단계를 구체적으로 언급하였고, 칼슨 마케팅 그룹은 고객을 임직원이나 직원과 같은 내부 고객과 소비자 혹은 구매자와 같은 외부 고객으로 구분하였다. Kumar and Reinartz는 정보기술의 활용의 중요성에 대해 언급하였다. 지금까지 언급한 CRM의 다양한 정의를 바탕으로 이 책에서는 CRM을 '정보기술을 포함한 기업의 다양한 자원을 활용하여 고객을 정확하게 분석하고 적절한 활동을 지원함으로써 고객생애가치를 극대화시키는 활동'으로 정의한다. 보다 구체적으로 설명하면 고객의 거래 정보를 포함하여 모든 고객 접점에서 얻어지는 정보들을 통합적으로 분석 및 관리하여 고객생애가치를 분석하고 이를 마케팅, 영업 및 고객 서비스 활동에 전략적으로 활용함으로써, 신규 고객을 획득하고, 이탈 고객을 방지하고 지속적으로 고객을 유지하고 강화시켜 고객 충성도를 향상시키는 활동을 의미한다. 예를 들어, 자동차 정비업소의 경우, 고객의 자동차 정비정보를 기반으로 엔진오일을 교체해야 할 시기를 추정하여 고객에게 문자 메시지로 알려준다면, 고객이 다른 정비업소를 찾을 확률은 매우 줄어들 것이다. 이러한 과정이 지속됨에 따라 고객은 이러한 정비업소를 마치 자기 자동차의 이력을 자세히 알고 있는 주치의로 여기게 될 것이고, 자연스럽게 높은 충성도를 가지게 될 것이다.

우리나라의 CRM의 역사는 두 단계로 나누어 볼 수 있다. 첫 번째 시기는 CRM의 전신이라 할 수 있는 데이터베이스마케팅(DBM)이 도입되기 시작한 1990년대 중반부터 인터넷이 활성화되는 1990년대 후반까지의 약 5년 간이다. 이 시기에 금융, 통신, 유통 등 일부 업종에서 대기업 중심으로 고객관계관리 시스템 구축을 위한 IT 투자가 적극적으로 이루어졌으며, 90년대 말에는 인터넷 비즈니스의 활성화에 따라 인터넷 공간상의 고객관계관리, 즉 e-CRM 구현을 위한 IT 투자가 활성화되었다. 두 번째 시기는 2000년에서 현재에 이르기까지의 기간으로 CRM에 대한 양적·질적 성장이 이루어진 시기이다. 양적 측면에서는 일부 업종에 국한되던 CRM에 대한 관심 및 투자가 전 업종으로 확산되고, 질적으로는 IT 투자가 가시적인 성과를 보이지 못하는 현상이 빈번히 발생함에 따라 시스템 구축보다는 수익 창출과 경쟁력 강화를 위한 고객정보 활용전략이 우선시되어야 한다는 지향성의 변화가 이루어졌다.

2. CRM 목적과 특성

1) CRM 목적

CRM을 통해 달성하려는 목적은 다양한 측면에서 설명될 수 있지만 기본적으로 CRM의 목적은 고객의 전 생애에 걸쳐 고객관계를 구축하고 강화하여 고객의 수익성을 극대화하고자 하는 것이다. 다시 말하면 새로운 고객과의 거래를 시작한 후, 다양한 마케팅 활동을 전개하여 그 고객과의 관계를 강화시켜 평생고객으로 만드는 것이 CRM 목적이다. 이렇게 기업과 고객의 관계 강화를 통하여 매출 증대와 비용 감축의 일거양득이라는 효과를 얻고자 한다. 기업은 CRM 목적을 달성하기 위해 개별 고객의 생애에 따라 다음의 세 단계로 나누어 전개할 수 있다.

(1) 고객관계 구축 단계

신규 고객과의 첫 거래가 이루어지는 고객관계 구축 단계이다. 이를 위해 기업은 고객이 될 가능성이 높은 잠재 고객을 확보하여야 한다. 이 단계에서는 아무 고객이나 무차별적으로 접근하기 보다는 우량 고객이 될 가능성이 높은 고객들을 선별하여 차별적인 접근 방법과 유인을 통해 새로운 거래 관계를 형성함으로써 신규 고객으로 유치하는 것이 바람직하다.

(2) 고객관계 유지 단계

두 번째 단계는 확보한 신규 고객이 반복적인 거래가 이루어질 수 있도록 고객과의 관계를 강화하면서 고객을 유지하는 단계이다. 백화점을 예로 들면, 일단 고객이 회원 카드를 발급받아 첫 거래가 시작된 후에 무료 주차와 같은 서비스나 할인 쿠폰 등과 같은 방법을 통해 방문 횟수와 구매량을 늘리도록 유도하여 고객과의 관계를 강화해 나가는 것이다.

(3) 평생고객 단계

세 번째 단계는 거래 관계가 최대한으로 확장되면서 평생고객이 되도록 하는 평생고객 단계이다. 백화점을 예로 들면, 기념일 축하 이벤트나 VIP 고객 이벤트 개최 등과 같이 고객과의 관계를 최대한으로 확장하여 고객의 충성도를 제고하는 것이다. 이를 통해 고객은 평생고객 또는 동반자 관계로 발전되어 간다. 관계가 강화된 고객은 다른 백화점으로 옮겨 가기에는 희생 비용이 크므로, 거래 백화점과 평생 파트너가 된다. 이 단계에 접어들면 심화된 거래 관계로 고객의 충성도가 높아지게 되고 백화점의 옹호자가 되어 새로운 고객을 데려오기도 한다. 또한 오랜 기간 동안의 거래로 인해서 받는 많은 혜택 때문에, 고객은 보통 그 백화점과의 거래에 드는 비용이나 가격에 대해 민감성도 낮아지기 마련이다. 이런 평생고객으로부터 얻는 백화점의 이윤도 크게 늘어나게 된다.

2) CRM 특성

CRM의 목적은 고객의 생애에 걸쳐 고객관계를 구축하고 강화하여 고객의 수익성을 극대화하고, 이를 통해 기업의 수익성을 극대화하는 것이다. 이러한 목적을 달성하기 위한 CRM은 다음과 같은 특징을 가지고 있다.

첫째, CRM은 고객 지향적이다. 고객에게 필요한 상품과 서비스는 물론 차별화된 보상과 같은 적절한 혜택을 제공하여 고객과의 관계 관리에 기업의 초점을 맞추는 고객 중심적(Customer-Centric)인 경영 방식이다.

둘째, 고객의 생애전체에 걸쳐 관계를 구축하고 강화시켜 고객의 장기적인 수익성 극대화를 목적으로 하는 동적인 경영방식이다. CRM은 한 번에 큰 수익을 올리기보다는 고객과 평생을 같이하면서 필요로 할 때마다 수익을 창출하는 장기적 경영이다.

셋째, 고객과 기업 사이의 상호적인 혜택과 신뢰를 바탕으로 상호 윈윈(Win-Win)하는 결과를 위한 쌍방향의 관계를 형성하고 지속적으로 유지, 강화시켜야 한다. 고객의 욕구를 만족시킬 수 있는 상품과 서비스를 제공하여 고객의 만족을 바탕으로 기업의 이윤을 추구하므로 고객과 기업이 상호 만족할 수 있는 상호이익적 신뢰경영이다.

넷째, 다양한 정보기술을 활용하는 첨단 과학경영을 추구한다. 정보기술을 적극적으로 활용하여 고객에 대한 정보를 수집 및 축적하고 고객을 계량화하며 고객의 선호나 취향을 반영하고 첨단기법의 개별 고객수익성 분석을 통해 가시적인 경영성과를 목표로 한다.

다섯째, 고객과의 직·간접적인 접촉을 통한 쌍방향 커뮤니케이션으로 상호작용적 고객 접촉을 활용하여 고객의 니즈를 자세히 파악할 수 있고 더욱 능동적으로 대처할 수 있다.

여섯째, CRM은 조직체계의 변화를 수반한다. 기업의 모든 내부 프로세스와 활동들이 고객을 향해서 배치되고 조직화되어야 하며 고객의 편의와 고객의 가치실현을 위하여 모든 기업의 활동이 고객방향으로 통합되어야 한다. CRM은 단순한 정보기술의 집합이나 마케팅 수단으로 그치는 것이 아니라 조직 전체에서 이를 지원할 수 있는 있도록 조직과 조직 구성원이 고객 중심으로 변화되어야만 한다.

3. CRM 도입배경

(1) 기업의 성장전략 변화

CRM 도입의 이유로 기업의 성장전략변화를 들 수 있다. 지금까지 대표적인 경영 혁신 기법들인 BPR, ERP, SCM 등은 대체로 기업 효율성 제고에 초점이 맞춰져 왔다.

효율성 중심의 혁신 활동의 결과는 경영활동의 효율성이 높아질수록 오히려 투입되는 자원에 대비한 효용이 체감하고 있어 기업은 성장전략을 취할 수밖에 없으며, 신제품이나 신규 브랜드 출시에 있어서 투입되는 마케팅 비용 대비 효과 역시 낮기 때문에 기업은 기존 고객의 유지와 그들을 통한 파생 수요에 성장의 동인을 의존할 수밖에 없다. 따라서 2000년대 이후 기업 마케팅 활동의 초점은 기존 고객과의 관계 강화에 있으며, CRM은 정보기술을 기반으로 기존 고객 유지와 강화라는 측면에서 기업에 매력적인 정보시스템이다.

(2) 고객 대응

신속하고 일관성 있는 고객 대응의 필요성이 높아지고 있다는 것이다. 인터넷 확산에 따른 고객들의 가장 큰 변화는 정보의 비대칭성에 대한 상당한 개선과 네트워킹을 통하여 강화된 소비자 주권이라고 할 수 있다. 따라서 고객들의 높아진 서비스 수준에 대한 기대 충족과 불만의 예방을 위해 전사적인 입장으로 고객 대응을 해야 한다. 예전의 전통적인 채널인 전화, 팩스, 우편, 직접 대면만으로는 효과적인 응대가 불가능하기 때문에 전자우편, 채팅, 웹 사이트 등으로 확산된 신규 채널들을 통하여 실시간으로 처리하기 위해서는 최신 정보기술의 지원을 받는 CRM과 같은 시스템이 요구된다. 성공적인 CRM은 다양한 채널에 대하여 통합되고 신속한 고객 응대가 가능하도록 지원한다.

(3) 대중 마케팅의 종말

대중 마케팅의 종말로 인해 효율성을 기대하기 어려운 시장에 있어서도 경쟁의 심화로 인해 차별화된 마케팅의 필요성이 높아지고 있다. 과거 접근 가능한 도구가 없었던 원격지에 산재한 틈새 시장이나 고객의 욕구가 매우 세분화되어 이를 충족시킬 만한 구색을 갖추거나 제품에 대한 정보의 제공이 어려웠던 시장이 좋은 예가 될 것이다. CRM은 SCM과 연계하여 이들에 대해서 보다 경제적으로 고객화에 근접하는 제품을 제공할 수 있다.

(4) 고객접근 방법의 발전

마지막으로 고객에 대한 접근 방법의 발전이다. 전통적인 시장세분화의 방법은 고객에 대해 접근할 수 있는 구체적인 도구가 정교하지 못하였다. 그러나 인터넷은 고객에 대해 보다 정교한 방법으로 일대일에 가깝게 접근할 수 있는 길을 열어 주었으며, CRM은 일대일 마케팅을 지원하는 시스템이라 할 수 있다.

4. CRM의 적용 영역

CRM은 본질적으로 고객 중심적 경영 전략이기 때문에 어떠한 형태로든 조직의 모든 기능에 적용될 수 있지만, CRM이 주로 적용되어 왔던 조직의 기능 분야는 마케팅, 영업 그리고 고객 서비스 분야라고 할 수 있다. 마케팅, 영업 그리고 고객 서비스 분야의 공통점은 고객과 직접적으로 접촉이 가능하고 고객의 정보를 다양한 형태로 취득하고, 고객 정보를 분석한 결과를 즉각적으로 활용할 수 있다는 것이다.

(1) 마케팅

기존의 대중 마케팅 방식에서 탈피하여 기본적인 시장 분석과 세분화는 물론이고, 고객의 수익성 평가, 고객 군별 최적화된 마케팅 활동을 기획하는 캠페인 관리, 고객 충성도의 강화를 목표로 추진되는 교차 판매(Cross Selling)[1]와 상향 판매(Up Selling)[2]의 기회 분석, 고객 유지를 위한 로열티 프로그램(Loyalty Program)[3] 운용, 채널 최적화 전략 수립 등의 활동이 CRM을 기반으로 하는 마케팅 영역의 업무로 볼 수 있다.

(2) 영업

영업 분야에서는 영업 자동화 시스템(SFA : Sales Force Automation)을 통해 소수의 베테랑 영업사원들만이 가지고 있던 고품질의 고객 지식을 전체 영업 조직에 공유시킴으로써 전략적인 지식 경영을 가능하게 한다. CRM 방식의 영업은 영업 프로세스 및 활동 관리, 영업 지역 관리, 접촉 관리 등을 자동화시킴으로써 효율적인 영업을 유도하고 직원들의 성과를 투명하고 정확하게 측정할 수 있다. 이 시스템의 목적은 잠

---

1) 교차 판매란 특정 제품이나 서비스를 중심으로 이와 직·간접적으로 연관된 다른 제품이나 서비스를 함께 판매하는 것을 의미한다. 예를 들어, PC와 프린터를 함께 제안하거나 초고속 인터넷 접속과 인터넷 TV를 결합하여 판매하는 것이다.

2) 상향 판매란 구매한 제품이나 서비스에 대해 더욱 높은 수준의 제품이나 서비스로 변환하여 판매하는 것을 의미한다. 예를 들어, 유선 마우스 대신에 무선 마우스를 권유하거나 KTX 일반석 대신에 특실을 제안하는 것이다.

3) 로열티 프로그램은 반복적으로 구매하는 고객의 로열티를 증진시키기 위해 여러 가지 인센티브를 제공하는 활동으로 단골고객 프로그램, 통신사 멤버십 카드, 제조업체들의 회원 제도, 유통업체 포인트 제도, 항공업체의 마일리지 등을 예로 들 수 있다.

재고객이나 관련 상품을 구매한 고객들의 명단을 작성하여 중복되거나 불필요한 접촉을 방지함으로써 고객이 성가시다고 생각할 위험을 감소시키는 것이다. 좀 더 발전된 SFA 시스템에는 고객의 특정 니즈를 충족시키는 상품을 리모델링하여 보여 주는 온라인 상품 맞춤화 기능들(On-Line Product-Building Features)이 있다. 한 예로 NikeID[4]에서는 자신이 원하는 운동화를 직접 맞출 수 있다.

(3) 고객 서비스

단순히 고객 문의나 불만에 대한 대응을 담당하던 콜센터의 기능에서 벗어나, 고객 접점에서 발생할 수 있는 다양한 상황을 총괄 지원하고, 필요에 따라 조직의 모든 내부 영역과 적절히 연계시킬 수 있는 고객지원센터(CIC : Customer Interaction Center)의 운용은 고객 서비스 분야에 적용된 CRM의 대표적인 활용사례라고 볼 수 있다. CIC는 여러 유형의 고객 상호작용을 다룬다. 가장 잘 알려진 예는 대량의 고객 요청을 전화로 접수하고 전달하도록 설치된 콜센터(Call Center)이다. 기업들은 콜센터로 고객의 상품 지원 및 불만을 포함한 다양한 문의들에 응대할 수 있다. 기업은 CIC를 통해 영업 대상자를 접촉하는 영업팀을 위한 고객 리스트를 작성한다. 이런 유형을 아웃바운드 통신 판매(Outbound Telesales)라고 한다. 이러한 상호작용으로 고객과 영업팀은 고객의 니즈를 충족시키고 매출을 올릴 수 있는 상품과 서비스에 대해 논의할 수 있게 된다. 또한 고객은 구매 주문을 하거나 주문 전에 상품 및 서비스에 대해 문의하거나 기존 거래 내역에 대한 정보를 원할 때 CIC와 접촉하게 되는데, 이를 인바운드 텔레서비스(Inbound Teleservice)라고 한다. 텔레서비스 직원들은 고객의 요청사항에 대해 기업의 지식 베이스에 있는 서비스 매뉴얼에 따라 처리할지, 아니면 현장 서비스 기술자가 직접 처리해야 할지를 파악하여 대응하게 된다.

▌제약산업 특화 영업전략 제공 '비바시스템즈' 상륙

제약 및 생명과학 산업에 특화된 클라우드를 제공하는 비바 시스템즈가 국내 시장에 진출. 멀티채널 고객관리 프로그램인 '비바 CRM'을 선보인다. 비바 코리아에 따르면 비바 CRM은 특별히 제약 및 생명과학

---

[4] http://nikeid.nike.com

분야에 맞춰 만들어졌으며 대면, 웹, 이메일을 통한 고객접점들을 통합, 영업전략을 조직적으로 실행할 수 있도록 도와준다. 특히 기업들은 비바 CRM 사용을 통해 규약 준수를 강화하면서 동시에 다양한 채널을 통해 고객과 보다 효과적으로 소통할 수 있다. 이 솔루션은 쌍방향 온라인 상호작용을 위한 '비바 CRM 인게이지'(Engage), 영업팀들이 고객이 요구하는 콘텐츠를 규약에 어긋나지 않게 보낼 수 있게 도와주는 '비바 CRM 승인 이메일'(Approved Email)과 같은 부가 기능을 제공한다. 또 비바 CRM은 고객에 대한 전방위 분석 도구를 제공, 기업들이 헬스케어 전문가들의 필요를 이해하고 그 필요에 잘 대응할 수 있게 도와준다. 이와 함께 클라우드 기반에서 만들어지고 제공되는 비바 CRM은 다양한 디바이스에서 쉽게 접근할 수 있으며, 영업팀들은 언제 어디서나 고객 정보에 손쉽게 접근해 헬스케어 전문가들에게 보다 빠르고 효과적으로 영업활동을 전개해 생산성을 높일 수 있다.

비바코리아 이정길 대표는 "제약 및 생명공학 산업에 특화된 비바의 CRM 솔루션을 한국 시장에 선보이게 돼 매우 기쁘다"며, "국내 제약사들도 비바 CRM을 통해 최근 더욱 강화된 규약을 준수하면서 그들의 고객이 선호하는 채널을 통한 모든 고객 접점을 계획하고 실행, 평가할 수 있으며, 고객 및 영업관리를 최적화할 수 있다."고 전했다. 또 "이 제품은 규약의 테두리 안에서 관련 대상과 제품에 따른 콘텐츠를 영업 활동 전반에 걸쳐 다양한 채널로 전달할 수 있도록 하기 위해 만들어졌다"며 이미 성공적인 도입을 마친 국내외 고객사들을 통해 널리 입증된 이 시스템은 이제 한국의 사용자들이 규약 준수의 세계 기준을 따르는 것을 지원해 줄 수 있게 됐다."고 강조했다. 미국 샌프란시스코 베이 지역에 본사를 두고 있는 비바 시스템즈(Veeva Systems)는 전 세계 제약 및 생명과학 산업분야에 특화된 클라우드 기반 소프트웨어를 선도하는 기업으로, 세계 최대의 제약회사들로부터 떠오르는 생명과학 기업에 이르기까지 200개 이상의 회사를 고객으로 보유하고 있다.

출처: 약업신문 2014년 9월 11일자 기사 발췌

5. CRM 기능과 역할

CRM은 고객 데이터를 분석하여 고객의 욕구를 충족시켜 줄 수 있는 제품과 서비스를 제공하여 고객생애가치를 극대화하는 것이다. 이것을 CRM 프로세스 측면과 순환 기능 측면에서 설명하면 신규 고객의 창출, 기존 고객의 유지, 고객관계의 강화를 목적으로 다양한 분석, 계획, 실행 및 평가를 반복하는 과정이라 할 수 있다(그림 9-2 참조).

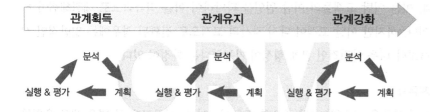

[그림 9-2] CRM 기능과 역할

(1) CRM 프로세스

기업의 CRM 역량은 결국 고객에게 전달되는 일련의 활동들로 표현된다. 따라서 CRM 프로세스는 이러한 기업의 활동을 일정한 기준에 따라 체계적으로 전개할 수 있는 이론적 틀을 제공할 수 있어야 한다. 관계진화단계 이론에 기반한 CRM 프로세스는 고객과의 관계를 획득(Acquisition), 유지(Retention), 그리고 강화 또는 확장(Expansion) 시켜 나가는 일련의 활동들로 정의된다. 즉, CRM이라는 것은 고객과의 관계를 형성하고 유지시켜 나가기 위한 일련의 과정이기 때문에 기업의 CRM 전략 활동들을 관계진화 과정에 따라 정렬시켜야 한다는 것이다.

① 관계획득

CRM의 궁극적인 목적이 기존의 우수한 고객과의 관계를 유지 및 강화함으로써 장기적인 수익 극대화이지만, 신규 고객과의 관계 획득은 두 가지 측면에서 여전히 중요한 의미를 가지고 있다. 첫째, CRM 관점에서 신규 고객 창출은 1회성의 단기적인 거래를 통해 매출을 늘리고자 하는 목적이 아니라 관계를 유지할 고객 집단을 확보하고자 하는 의미이기 때문에 고객관계관리의 출발점이다. 그러므로 새로운 고객과의 관계를 획득하기 위해서는 자사의 우량고객 집단을 분석하여 비슷한 성향을 보이는 잠재 고객의 특성을 파악하고 이들을 대상으로 다양한 마케팅 활동을 전개하여야 한다. 둘째, CRM이 전사적인 기업 전략으로 자리매김해가면서 기존 고객을 유지하려는 활동에 집중되었던 과거 CRM 역할이 신규 고객 창출이라는 영역에까지 확대되고 있다는 것이다. 관계획득을 위한 CRM 활동으로는 기존 고객 분석을 통한 잠재 고객의 특성을 파악하거나 이탈 고객의 이탈 원인 파악을 통해 이탈 고객 재획득 활동을 예로 들 수 있다. 이탈 고객을 재획득하는 것은 일반적으로 신규 고객을 획득하는 것보다 어려운데, 이는 이탈 고객들의 이탈 원인을 파악하여 이를 적극적으로 해결해줘야 하기 때문이다. 하지만 이탈 고객이 다시 자사의 고객으로 전환된 경우에는 일반적인 신규 고객들보다 더욱 안정적인 관계 형성이 가능하다는 특징이 있다.

② 관계유지

관계유지 활동은 CRM의 가장 중요한 프로세스이다. 신규고객 한 명을 새로 유치하는 데 소요되는 비용이 기존 고객을 관리하여 재구매로 유도하는 것보다 10배 이상이 들고, 기업이 현재보다 고객이탈률을 5%만 개선시켜도 기업의 수익률은 거의 100% 가까이 증가한다는 것이 많은 사례를 통해 밝혀졌기 때문이다. 기업의 입장에서 관계유지의 의미는 두 가지로 해석될 수 있다. 이탈의 방지와 이탈의 종용이다. 고객 가치 측정 결과, 가치가 높아 관계를 유지해야 할 필요가 있는 고객의 경우에는 이탈을 철저히 막아야 하는 반면에 가치가 관계를 유지하는 데 드는 비용보다 더 낮으면서 지속적인 불평을 제기하는 고객의 경우 자연스럽게 다른 기업으로의 이탈을 유도하는 것이 바람직하다. 효과적인 고객 관계유지는 관계획득 활동의 결과로 유입된 고객들을 대상으로 생애기간을 늘려주는 것에 출발한다. 고객에게 지속적인 가치를 제공하여 고객과의 관계를 장기간 유지해나간다면 고객의 가시적 가치뿐만 아니라 고객의 내재적 가치까지도 기업의 수익으로 연결시킬 수 있다. 이러한 장기적 고객관계를 유지시키기 위해서는 고객이 다른 기업으로 이탈하고자 할 때 그 원인을 분석하여 이를 통해 기업의 가치를 향상시킬 수 있는 기회로 삼아야 하며 고객의 이탈 시점을 정확하게 예측하여 미리 예방하는 활동을 수행할 수 있어야 한다. 관계유지를 위한 CRM 활동으로는 획득한 고객 정보의 관리, 2차 구매 유도, 고객가치 분석을 통한 제품 및 서비스의 차별화, 고객 이탈 방지 그리고 로열티 프로그램을 예로 들 수 있다.

③ 관계강화

관계강화 활동은 안정적인 고객과의 관계를 기반으로 상호 파트너십을 형성하기 위해 관계의 폭(Width)과 깊이(Depth)를 더욱 강화시켜 나가는 일련의 활동을 의미한다. 여기에서 관계의 폭이란 관계의 양적 측면으로 고객이 얼마나 다양한 종류의 관계적 연결 고리를 통해 기업과 연계되어 있는지를 나타내며, 관계의 깊이는 관계의 질적 측면으로 하나의 관계적 연결 고리에 대해 얼마나 깊이 있게 연관되어 있는지를 나타내는 척도라고 할 수 있다. 관계강화는 신규고객과 기존의 일반고객이 우량고객으로 전환될 수 있도록 각종 이벤트와 캠페인 프로그램을 통해 고객의 가치를 향상시키려는 노력이다. 즉, 고객의 가치를 측정하여 충분한 잠재 수익성을 갖춘 고객이라면 그 고객들을 대상으로 여러 가지 촉진 프로그램을 가동함으로써 고객에게는 추가적인 만족과 함께 고객의 현금지출을 자연스럽게 늘리도록 유도하여 기업의 추가적인 이윤을 증가시키려는 다양한 활동을 수행한다. 관계강화를 위한 CRM 활동은 교차 판매 및 상향 판매, 고객 참여 그리고 회원 추천 프로그램을 예로 들 수 있다.

(2) CRM 순환 기능

기업의 모든 과학적 경영 기법은 분석(Analysis), 계획(Planning), 실행 및 평가(Execution & Assessment)의 과정을 반복하는 일련의 순환 고리 형태의 활동으로 구성되어 있다. 마찬가지로 CRM 역시 이러한 연쇄 활동으로 구현되어야 하며 이를 CRM 순환 기능이라고 한다. CRM 순환 기능은 기업의 CRM 활동이 어떤 방식으로 구축되어야 할지에 대한 체계적인 절차를 제시해 준다.

① 분석

CRM이 기존의 대중 마케팅과 구별되는 특징 중의 하나는 불특정 다수를 대상으로 하지 않고 명확한 목표 고객 집단을 대상으로 한다는 것이다. 이는 CRM이 고객 데이터베이스를 과학적인 방법으로 분석해야 함을 의미한다. 캠페인 목적에 맞는 대상을 선별하기 위해 인구통계학적 데이터와 주거 데이터 등과 같은 기본 정보를 분석할 뿐만 아니라 고객의 구매정보 등을 이용한 다차원 분석으로 고객의 수익성을 예측하거나 고객의 이탈 원인을 분석하여 고객의 이탈 가능성을 예측하는 등의 활동이 일반적인 분석 기능에 해당된다.

② 계획

분석 단계에서 나타난 결과를 바탕으로 CRM 활동의 계획을 수립해야 한다. 다른 전략이나 경영 기법에서도 계획 단계가 있지만, CRM에서는 반드시 분석 결과를 바탕으로 실시되어야 한다는 것을 명심해야 한다. 계획 단계에서는 CRM 활동에 대한 세부적인 운영 절차를 마련할 뿐만 아니라 CRM 활동이 원활하게 진행될 수 있도록 부서 간의 업무 분장도 함께 논의되어야 한다. 왜냐하면 CRM이 고객 중심으로 운영되어야 하기 때문에 개별 부서가 독립적으로 운영되기보다는 통합적으로 상호 유기적인 협조가 필수적이다. 그리고 고객과 관련된 제품과 서비스에 대한 다차원 분석을 통해 목표 집단에 대한 최적의 마케팅 캠페인을 계획한다. 또한 CRM에 활동에 대한 구체적인 성과 지표도 이 단계에서 개발해야 한다.

③ 실행 및 평가

실행 역시 분석과 계획의 내용을 바탕으로 실시되어야 하고, 실행 결과는 계획 단계에서 개발한 성과 지표에 따라 평가되어야 한다. CRM 실행은 전체 최적화를 목적으로 기업의 수많은 마케팅 관련 활동을 목표 고객 집단의 특성에 따라 효율적으로 지원하고 통합적으로 채널을 운영하여 전체적인 마케팅 비용을 절감할 수 있고, 개별 고객의 반응률을 효과적으로 증가시킬 수 있다. 또한 CRM은 모든 마케팅 활동, 특히 캠페인 활동에 대한 구체적인 결과를 체계적으로 수집 및 분석하여 설정된 성과 지표에 따라 즉각적으로 평가를 할 수 있기 때문에 향후 마케팅 활동과 목표 고객 집단 선정에 반영할 수 있다.

제3절 CRM 시스템과 데이터마이닝

1. CRM 시스템

CRM 시스템은 CRM 전략을 지원하는 정보시스템이다. 고객과의 뛰어난 관계를 추구하는 기업에게는 이러한 관계를 지원하는데 필요한 하부구조를 제공하는 CRM 시스템의 도입이 있어야 한다. CRM 시스템은 [그림 9-3]과 같이 운영적(Operational) CRM, 분석적(Analytic) CRM, 협업적(Collaborative) CRM으로 구분한다. 운영적 CRM은 다양한 고객과의 접점을 통해 수집한 데이터를 데이터웨어하우스(Data Warehouse)[5]나 데이터마트(Data Mart)[6]에 수집하고 저장하며 분류하여 체계적으로 통합하고 관리

---

5) 조직의 의사결정을 지원하기 위해 컴퓨터 저장매체에 통합된 데이터의 집단을 의미한다. 조직은 데이터웨어하우스를 이용하여 일반적인 운영 업무가 아닌 다양한 분석 업무, 보고서 작성 업무를 수행하게 된다.
6) 데이터웨어하우스가 조직의 총괄적인 관점에서의 데이터 집단이라고 하면 데이터마트는 특정 세부 조직이

한다. CRM을 위한 주요 데이터 자원은 고객과의 접촉기록, 고객의 거래기록, 고객 프로필(나이, 주소, 전화번호 등) 자료, 외부자료가 있다. 이렇게 각각 다양한 양식과 다른 시스템으로부터 수집된 데이터 자원을 기업의 마케팅, 생산, 재무 등 특정한 목적에 맞도록 데이터를 정제하고 추출하고 변환하여 기업의 주요 저장소인 데이터마트로 옮겨서 보다 체계적으로 관리하게 된다. 그림에서는 마케팅 데이터마트에 담긴 데이터를 다시 세부 목적별로 캠페인 관리, 분석용, 레포팅용으로 데이터마트를 구분하여 관리하는 형태를 보여주고 있다.

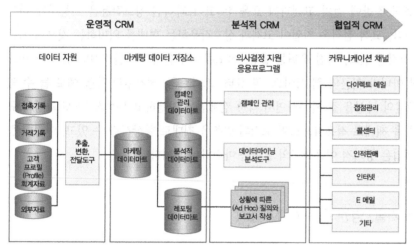

출처: Alex Berson, Stephen Smith and Kurt Thearing, Building Data Mining Applications for CRM, McGraw-Hill, 2000.

[그림 9-3] CRM 시스템

분석적 CRM은 세부 목적별 데이터마트로부터 의사결정을 위하여 다양한 규칙과 모형을 발굴하는 것으로 캠페인 관리, 데이터마이닝 분석, 상황에 따른 질의 및 보고서 작성이 모두 가능하다. 운영적 CRM에서 수집한 각종 데이터를 다양한 첨단기법들을 이용하여 판매나 마케팅에 적용할 만한 수리모형이나 규칙들을 발굴하고 개발한다. 예를 들면, 고객의 평생가치를 계산하여 고객가치를 등급화할 수 있는 등급모형을

나 특정 주제를 기반으로 조직된 의사결정용 데이터의 부집단이다. 데이터마트는 주로 특정 조직의 특정 업무 분야에 초점을 맞추어 구성된다.

개발한다든지, 고객이 사이트를 항해하거나 특정 페이지에 머무른 시간을 바탕으로 고객이 원하는 제품의 특성을 예측하여 만족할 만한 상품을 추천하는 추천모형을 만들거나 같은 기호와 특성을 가진 고객들을 하나의 집단으로 묶는 모형 등이 모두 분석적 CRM을 통하여 수행할 수 있는 일이다. 또 분석적 CRM에서 발굴한 여러 가지 모형이나 규칙들을 실제 고객에게 적용한 결과를 다시 데이터베이스에 저장함으로써 향후 CRM 분석에서 중요한 시사점을 얻을 수 있는 피드백을 제공한다. 분석과정에서 발굴한 다양한 규칙과 모형을 활용하는 단계가 바로 다음 단계인 협업적 CRM이다.

협업적 CRM은 다양한 고객 접점을 통하여 보다 효율적인 방법으로 고객정보를 취득하고 조직 전반에 걸쳐 고객과의 효율적이고 효과적인 상호작용을 가능하게 하는 것을 말한다. 고객 접점은 기업이 고객과 상호작용하는 형태를 의미하는 것으로 기존의 고객 접점인 전화, 직접 우편물 발송, 점포에서의 실제적인 물리적인 접촉, 서비스 센터뿐만 아니라 최근의 웹 사이트, 콜 센터, 스마트폰, 전자우편 등을 예로 들 수 있다. 각 채널의 특성을 잘 활용하면서 각종 캠페인을 진행하고 분석적 CRM 과정의 규칙과 모형을 제대로 적용함으로써 고객의 만족을 최대로 향상시킬 수 있고, 이렇게 함으로써 기업은 장기적 이윤추구의 발판을 마련하는 것이다.

▌다우기술, 병원 특화 CRM 출시

다우기술(대표 김영훈)은 기존 영업-고객관리솔루션인 '스마트프로세스'의 병원 에디션을 출시한다고 11일 밝혔다. 스마트프로세스 병원에디션은 병원 방문자 및 마케팅 관리에 맞게 특화시킨 제품이다. 환자 관리부터 병원 업무에 최적화된 마케팅에 이르기까지 전반적인 병원업무 프로세스를 통합적으로 관리할 수 있게 한 병원CRM이다. 현재 대다수의 병원에서 사용하고 있는 일반적인 병원CRM의 경우, 단순히 환자 및 일정을 관리하고 알리는 수준이다. 상담, 아웃바운드 콜, 민원 처리 등의 기존 고객 관리부터 신규 고객 확보 및 고도화된 고객 분석을 통한 지속적 마케팅 활동에 이르기까지 통합적 관리가 어렵다. 기존 병원CRM의 경우, 일정 규모 이상의 병원에서 필수적으로 도입해 사용 중인 처방전달시스템(OCS)과 연동이 쉽지 않아 환자 정보와 진료 기록과 관련한 데이터를 일일이 별도 수작업으로 처리해야 한다. 스마트 프로세스 병원 에디션은 일원화되고 통합된 프로세스 관리를 할 수 없었던 불편함을 해결하고 국내 우수 대기업 수준의 체계적이고 다양한 마케팅 관리 기능을 제공해 병원 경쟁력을 강화할 수 있다. 또, 병원 업무 프로세스의 전 과정을 한눈에 파악하고 관리할 수 있다.

기능적으로 환자의 수술 · 검진 내역 및 상담 이력 조회 기능 등을 통해 상담 진행, 해피콜 생성, 민원 관리 등 기존 고객 이탈을 효과적으로 방지할 수 있다. 환자와 관련한 각종 통계를 바탕으로 대시보드 상에 차트 및 보고서를 다양하게 지원함으로써 심도 있는 고객 분석을 제공한다. 고객 분석을 통해 병원들은 신규 고객 확보를 위한 마케팅 전략 수립이 가능하다. 기존 병원CRM과 달리 병원에서 필수적으로 사용 중인 OCS 연계가 자유로워 환자와 관련된 개인정보 및 진료, 상담이력 등의 정보를 별도로 분리하거나 처리할 필요가 없다. 임대형뿐 아니라 구축형 서비스를 제공해 중요한 환자 관련 개인정보를 내부적으로 보관할 수 있다. 다우기술 측은 "기존에 일반적인 병원 CRM을 사용하던 전문 병원들이 환자 관리에서부터 마케팅에 이르는 통합적 프로세스 관리에 대한 니즈를 갖고 있음을 포착했다"며 "진료 전문 분야를 가진 중견 전문병원들로 하여금 고객관리 및 마케팅 활동 경쟁력 강화에 크게 기여할 수 있을 것으로 기대한다"고 말했다.

출처: ZDNet Korea, 2014년 8월 11일자 내용 발췌

2. 데이터마이닝

1) 데이터마이닝 개요

최근 효과적인 CRM을 위한 데이터마이닝(Data Mining)이 각광을 받고 있다. 기업에서는 좀 더 효율적인 고객관계의 관리를 위하여 자사 고객에 가장 적합한 모형을 찾아내서 마케팅에 적용하는 것이 매우 중요하다. 이에 따라 수학, 통계학, 인공지능, 전문가 시스템 등 여러 분야에서 개발된 데이터마이닝 기법들이 CRM에 적용되고 있다.

(1) 데이터마이닝 정의

데이터마이닝은 자동화되고 지능을 갖춘 데이터베이스 분석기법으로 1990년대 초반부터 지식발견(KDD : Knowledge Discovery in Databases), 정보발견(Information Discovery), 정보수확(Information Harvesting) 등의 이름으로 소개되어 왔는데, 대규모 데이터베이스에 존재하는 감추어진 지식을 찾아내는 작업으로, 현실세계에서 쌓여가고 있는 수많은 데이터로부터 유용한 정보를 추출하여 응용하고자 하는 요구에 부응하기 위한 기술이다. 일반적으로 데이터마이닝은 '대량의 데이터로부터 새롭고 의미 있는 정보를 추출하여 의사결정에 활용하는 작업'이라 정의된다. 용어에 '채굴하다'라는 의미의 'mining'을 포함시킨 이유는 데이터로부터 정보를 찾아내는 작업이 마치 금

이나 다이아몬드를 발견하기 전에 수많은 양의 흙과 잡석들을 파헤치고 제거하는 것과 유사하다는 데에 기인한다. 실무적인 관점에서 데이터마이닝은 기업이 보유하고 있는 데이터베이스에서 쉽게 드러나지 않지만 존재하고 있는 유용한 정보를 찾아내고 분석하여 기업의 경쟁력 확보를 위한 의사결정에 도움이 되는 지식으로 변환하는 일련의 과정이다.

데이터마이닝은 자료의 통계 분석이나 OLAP(OnLine Analytical Process)과 유사하지만 개념적으로 다음과 같은 차이가 있다. 통계 분석은 데이터의 분포에 대한 가정을 바탕으로 기본적인 통계학적 속성을 파악하는 데 초점을 맞추어 연구자가 확인하고자 하는 연구 가설을 검증하기 위해 수행되며, OLAP은 대용량 데이터웨어하우스에 저장된 데이터를 다양한 관점에서 다차원적으로 데이터를 해석하는 기반을 제공하지만, 데이터마이닝은 여기서 더 나아가 인공 지능적인 요소를 가미하여 특정 변수나 사건을 예측하거나 비즈니스 규칙을 세우기 위한 변수들 간의 규칙을 파악하도록 해주는 기술이라고 볼 수 있다. 데이터마이닝의 특징으로는 첫째, 개발된 예측 모형이 새로운 데이터에서도 얼마나 잘 적용되는지에 대해 초점을 두고 있다. 둘째, 데이터마이닝 기법은 통계학, 인공지능, 전산학과 같은 공학 기반의 지식을 기반으로 만들어지고 검증되어 왔다. 하지만 실제적으로는 기술적인 측면보다는 각 기법에 대한 이해 및 활용도를 중심으로 이해하려는 것이 바람직하다. 셋째, 데이터마이닝을 활용하여 기업의 역량을 강화하는 것도 중요하지만, 데이터를 얼마나 잘 정의하고 수집하고 있는지도 매우 중요하다. 마지막으로 컴퓨터의 강력한 처리 속도와 능력을 활용하여 기업에서 매일 수집되는 엄청난 양의 데이터를 분석하게끔 도와준다는 것이다.

(2) 데이터마이닝 프로세스

데이터마이닝이 효과적으로 수행되기 위해서는 체계적인 절차를 거쳐야 한다. 일반적으로 많이 활용되는 데이터마이닝 프로세스는 SAS사의 툴인 Enterprise Miner의 SEMMA 방법론을 따른다. SEMMA 방법론은 [그림 9-4]와 같이 데이터 추출, 데이터 탐색, 데이터 교정, 데이터 모델링, 모형 평가의 다섯 단계로 구성된다.

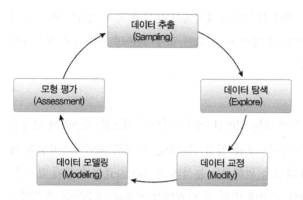

[그림 9-4] 데이터마이닝 프로세스

① 데이터 추출(Sampling)

아무리 분석도구가 좋아도 전체 자료를 모두 분석하는 데에 많은 시간과 비용이 소요되거나, 자료가 너무 많아 분석이 불가능할 경우에는, 전체 자료를 대표할 수 있는 표본 자료를 추출하여 사용하여야 한다. 표본을 사용할 경우 데이터마이닝으로 추출하고자 하는 정보의 질은 표본자료에 달려 있다. 자료의 추출과 할당이 잘못되어 표본이 모집단을 대표할 수 없는 경우에는 올바른 정보를 얻을 수 없다. 따라서 데이터 추출 단계는 데이터마이닝에서 가장 중요한 부분이다.

② 데이터 탐색(Explore)

자료를 분석하기에 앞서 추출된 자료의 전반적인 형태를 파악하는 단계이다. 일반적으로 관심 있는 변수의 특성에 따른 자료 분포를 탐색하고, 변수들 간에 어떤 관계가 있는지 그리고 시간과 연관된 자료는 시간에 따른 자료의 변화 추이를 파악하는 단계이다. 또한 표본 전체에 그릇된 영향을 미치는 이상치(Outlier)나 결측치를 조사하고 선별하는 표본정제작업이 탐색과정에서 수행되어야 한다.

③ 데이터 교정(Modify)

데이터를 변환하고 변수를 선정하는 단계이다. 전반적인 자료의 형태를 살펴본 후에 분석에 적합한 형태로 변환해 주는 작업이 필요하다. 변수가 명목 척도인지 서열 척도인지 등간 척도인지 설정해야 하며, 분석에 사용될 독립 변수와 종속 변수도 구분하는 작업도 해야 한다. 그런 다음 분석에 필요한 방향으로 데이터를 변환해 주어야 한다. 데이터 변환을 마치고 실제로 분석하는 과정에서 분석 목적에 적합한 변수를 선정하는 작업을 해야 한다. 변수를 선정할 때 필요한 경우 기존의 변수들을 이용하여 새로운 변수를 생성하기도 한다.

④ 데이터 모델링(Modeling)

해결하고자 했던 문제의 특성에 맞는 적절한 데이터마이닝 기법을 적용하여 모형을 개발하는 단계이다. 이 과정은 분석도구를 직접 적용하는 단계로 데이터마이닝의 핵심단계이다. 가치 있는 정보의 추출을 위해서는 분석의 목적과 자료의 특성에 맞는 분석기법의 적용이 필요하다. 주요 기법에 맞게 전 단계에서 선정된 변수들이 추가적으로 수정될 수도 있다. 학습 데이터 집합(Training Data Set)을 가지고 모형을 만든 다음, 이 모형을 평가용 데이터 집합(Validation Data Set)과 검증용 데이터 집합(Test Data Set)에 적용했을 때 우수한 예측력과 변화에 대한 안정성이 뛰어난 모형을 최종 후보로 선정한다.

⑤ 모형 평가(Assessment)

이전 단계에서 만든 모형을 평가하는 단계이다. 데이터마이닝 도구를 이용하여 얻어진 모형의 설명력, 신뢰성 및 타당성, 정확성 등의 기준으로 모형을 평가한다. 동일한 데이터마이닝 기법에 대해서도 옵션 사항에 따라 여러 가지 다른 모형이 설정될 수 있는데, 모형 평가 단계에서는 이들을 서로 다른 모형으로 간주하고 평가하여야 한다. 또한 전체 데이터마이닝 과정을 요약하고, 이에 대한 보고서를 작성하는 작업도 이 과정에 포함된다.

2) 데이터마이닝 기법

CRM에서 적용할 수 있는 데이터마이닝 기법은 수학, 통계학에서 인공지능, 전문가 시스템에 이르기까지 범위가 매우 방대하다. 따라서 모든 데이터마이닝 기법을 소개한다는 것은 의미가 없으며 가장 많이 활용되는 기법들만 간략하게 설명한다.

(1) 유사성 분석

유사성 분석(Affinity Grouping)에는 연관 규칙(Association Rule)과 연속 규칙(Sequence Rule)을 들 수 있다. 연관 규칙은 상품에 관한 것인데 예를 들어, '빵을 사면 우유도 산다'는 식의 연관 사건을 찾아내는 것이다. 즉, 물품을 구입할 때 발생하는 여러 품목들 간의 관련성에 대한 패턴을 찾아내는 것이라 할 수 있다. 연관 규칙을 발견하는 작업이란 데이터 안에 존재하는 항목 간의 종속관계를 찾아내는 작업이며, 마케팅에서는 손님의 장바구니에 들어 있는 품목 간의 관계를 알아본다는 의미에서 장바구니 분석(Market Basket Analysis)이라고도 한다. 연관 규칙 분석은 제품의 교차 판매나 상향판매, 매장의 진열 계획 등에 활용된다. 연속 규칙은 시차를 두고 발생하는 사건 간의 관계를 찾아내는 것이다. 예를 들어, 특정 가전제품에 대해 결혼한 지 얼마나 지나서 교체하는지 등을 파악하는 것이다. 유사성 분석의 장점은 기업에서 수집된 수많은 제품 간에 유의한 연관성을 갖는 구매 패턴을 찾아주기 때문에, 분석 결과를 바탕으로 다른 연구 가설을 검증할 수 있는 가능성을 제공한다는 것이고, 단점은 기업에서 중요하다고 생각되는 판매 이익이나 수량 등의 요소를 고려할 수 없기 때문에 현실적으로 중요한 연관 규칙을 얻기에는 부족하다는 것이다.

(2) 군집 분석

군집 분석(Clustering Analysis)은 집단 또는 범주에 대한 사전 정보가 없는 데이터의 경우 주어진 관측 값을 이용하여 전체를 유사한 몇 개의 집단으로 분할하는 기법이다. 즉 동일한 집단에 속하는 개체는 데이터 속성 값이 비슷하고, 서로 다른 집단에 속한 개체들과는 상이한 특성을 갖도록 분할한다. 작업의 특성이 분류작업과 흡사하다고 생각할 수 있으나, 분석하고자 하는 데이터에 분류가 포함되어 있지 않다는 점에서 차이가 있으며, 다른 데이터마이닝 작업을 위한 선행 작업으로서의 역할을 수행하는 경우가 많다. 군집 분석의 최대 장점은 사전에 그룹 분류에 대한 정보가 없는 데이터를 가지고 집단을 나눌 수 있지만, 사전 지식없이 집단의 수를 정할 경우 결과가 잘 나오지 않거나 결과에 대한 해석이 어려워질 수 있다는 단점이 있다. 군집 분석은 CRM을 위해 다양한 사례에 활용될 수 있다. 카드사에서 VIP 고객들을 군집화하여 일반 고객 집단과 어떤 차이점이 있는지 파악할 수 있으며, 프렌차이즈 사업이나 여러 매장을 직영하는 경우 전체 매장 또는 가맹점 가운데 가장 유사한 성향을 보이는 매장끼리 군집화하여 차별화된 전략으로 매장을 관리할 수 있다.

(3) 의사결정나무

의사결정나무(Decision Trees)는 의사결정규칙(Decision Rule)을 나무구조로 도표화하여 관심 집단을 몇 개의 소집단으로 분류하거나 예측을 수행하는 기법이다. 변수를 분류하는 기준이 나무에서 가지가 뻗어 나가듯이 연결적으로 표현되기 때문에 의사결정나무라고 불린다. 의사결정나무 분석 과정에서 분리 기준(Split Criterion), 정지 규칙(Stopping Rules), 평가 기준 등을 어떻게 지정하느냐에 따라 서로 다른 의사결정나무가 형성되기 때문에, 분석 목적이나 현실적인 제약 등에 의해 얻어진 다양한 의사결정나무를 비교 및 검토하여 가장 적절한 결과를 얻을 수 있도록 노력해야 한다. 분리 기준은 하나의 부모 마디로부터 자식 마디들이 형성될 때, 입력 변수의 선택과 범주의 병합이 이루어지는 기준을 의미한다. 분석과정이 나무구조에 의해서 표현되기 때문에, 분류 또는 예측을 목적으로 하는 다른 방법들(예를 들면 신경망, 판별분석, 회귀분석)에 비해, 연구자가 분석과정을 쉽게 이해하고 의사결정에 활용하기가 수월하다는 장점이 있지만, 분석에 사용된 변수의 수가 많을수록 복잡한 규칙이 도출된 가능성이 커진다는 단점이 있다. 의사결정나무를 위한 기법으로는 CHAID, CART, C4.5 등과 같은 다양한 알고리즘이 제안되어 왔으며, 최근까지도 이들의 장점을 결합하여 보다 개선된 알고리즘들이 제안되고 상용화되고 있다. 의사결정나무는 보험 사기와 같은 범죄 사건에 대해 범죄자와 일반 사람들을 구분하는 분리 기준을 찾거나 서비스 업체에서 VIP 고객들의 카드 사용 실태를 분류하여 고객의 카드 사용 패턴을 찾을 수도 있다.

(4) 인공 신경망

인공 신경망(Artificial Neural Network) 기법은 생물학적 두뇌의 작동 원리를 모방하여 새로운 형태의 알고리즘을 만들고자 하는 노력에서 비롯된 것으로, 80년대 이후 생물학적 활동의 모형발전과 더불어 컴퓨터 성능의 진보, 신경망 이론에 대한 통계학적인 접목으로 인해 빠르게 진보되면서 최근에는 데이터마이닝에 있어서 유용한 기법이 되고 있다. 인공 신경망은 인간이 경험으로부터 학습해가는 두뇌의 신경망 활동을 흉내 내어 자신이 가진 데이터로부터 반복적인 학습 과정을 거쳐 패턴을 찾아내고 이를 일반화한다. 인공 신경망 구조는 기본적으로 입력 층(Input Layer), 은닉 층(Hidden Layer), 출력 층(Output Layer)으로 구성된다. 입력 층은 목표 변수를 설명하기 위한 변수에 대응되는 입력 노드로 구성되며, 은닉 층은 입력 층으로부터 받은 변수들의 값을 비선형 값으로 변환한 다음 은닉 층이나 출력 층으로 전달한다. 출력 층은 목표 변수에 해당하는 노드로 단일 목표 변수를 예측하는 경우는 한 개이며, 다수의 그룹으로 구성된 경우는 여러 개의 노드로 구성된다. 인공 신경망은 주어진 데이터에 대해서 최적화된 결과를 제공해 준다는 장점이 있지만, 내부적으로 복잡한 절차를 거쳐 설명 변수(독립 변수)가 목적 변수(종속 변수)에 구체적으로 어떠한 영향을 주는지 해석하기 어려운 단점이 있다. 신용평가, 카드 도용패턴 분석, 수요 및 판매 예측, 고객세분화 등 여러 가지 목적으로 다양한 산업분야에 폭넓게 적용되고 있다.

(5) 사례기반추론

사례기반추론(Case-Based Reasoning)은 과거에 발생한 유사 사례를 이용하여 새로운 문제를 해결하고자 하는 방법이다. 사례기반추론은 과거의 사례를 기반으로 추론하므로 현재 해결하고자 하는 문제와 얼마나 유사한 사례를 확보하느냐가 중요하다. 또한 과거 사례를 모두 이용하는 것이 아니라 과거 사례 중에서 현재 해결해야 하는 문제와 유사한 몇 개의 사례를 선택하여 이들을 이용하기 때문에 과거의 사례와 새로운 사례들 사이의 유사정도를 측정하기 위한 척도가 필요하다. 사용자가 문제를 기술하면 모형은 과거 사례를 저장하고 있는 사례기반으로부터 유사한 사례를 찾게 되며 이에 따라 추론을 수행한다. 추론을 끝난 후 성공적인 사례는 사례기반에 추가하거나 수정함으로써 사례기반을 계속 보완해 나간다. 이 기법은 경영학 분야에서 기업신용평가, 채권등급평가, 콜센터에서의 자동응답시스템, 고객 수익성 예측 등에 사용되고 있다.

▌CRM + 빅데이터 솔루션 뜬다

고객관계관리(CRM)에 빅데이터가 결합해 실시간으로 고객을 분석할 수 있는 솔루션이 주목받고 있다. 그동안 국내 기업들 사이에서는 CRM 도입에 대한 효과는 기대보다 낮은 것으로 평가됐지만, 소셜과 콘텐츠에 빅데이터를 접목하면서 목표고객을 세분화하는 재표적이 가능해져 빅데이터와 CRM의 결합이 활발해지고 있다. 9일 업계에 따르면 국내 금융사를 중심으로 빅데이터와 CRM을 연계하는 사례가 증가하고 있다. 아직 빅데이터를 CRM에 적용하는 업체는 일부지만, 효과가 입증되고 있어 다른 기업도 관심을 가지고 있다. CRM이 재부각하는 이유는 빅데이터를 결합해 기존 CRM에서는 불가능했던 고객 분류

세분화와 시간, 위치에 따른 표적설정이 가능해졌기 때문이다. 이는 기존 CRM 효과로 꼽혔던 고객 충성
도와 매출증대에 더 많은 기여를 할 수 있다. 또 전문가들은 2000년대 초 CRM이 도입되던 환경과 달리
클라우드 컴퓨팅, 스마트폰의 대중화 등이 CRM의 효과에 필요한 비용을 대폭 줄여주는 반면, 정확성은
높여주고 있다고 설명했다. 특히, 스마트폰을 통한 소셜네트워크서비스는 근본적으로 고객 서비스와 마
케팅 환경을 바꾸고 있다.

국내 빅데이터 CRM이 도입되는 분야는 우선 금융사다. 은행과 보험, 카드업계는 빅데이터 분석을 통해
금융상품 개인화를 추진하고 있다. 이전에도 금융업계에서는 CRM이 일반적이었지만 빅데이터를 통해
상품과 고객 간 상관관계를 높여 개인에 맞는 상품을 제시하고, 이를 유치하는 성과를 내고 있다. 고객
입장에서도 관심 있는 금융 상품에 대한 정보는 광고가 아닌 설명으로 받아들여진다. 국내 대표적인 빅
데이터 결합 CRM을 진행하는 업체는 SC은행, 알리안츠생명 등이다. SC은행은 고객 행동 분석을 통한
SNS 마케팅을 진행하고 있으며, 알리안츠생명은 빅데이터 분석을 CRM과 연동해 신규 보험 가입률을
5% 이상 향상시켰다. CRM의 효과에 대해 반신반의했던 금융사들도 빅데이터 CRM에 대해 높은 관심을
갖고 있다. 업계에서는 CRM이 위치정보와 사물인터넷과 결합하면 현재보다 고도화된 상권 분석과 고객
관리가 가능해질 것으로 보고 있다. 한 업계 관계자는 "국내에서는 CRM 도입 실패사례가 많아 해외에
비해 CRM에 대한 신뢰도가 높지 않은 편"이라며 "하지만 빅데이터와 연계해 재표적, 효과측정이 가능
해 앞으로 관련 부문의 성장이 예상된다"고 말했다. 한편, 일부에서는 빅데이터를 결합한 CRM이 오히려
역효과를 낼 수 있으니, 접근방식에 대한 전략을 잘 세워야 한다고 조언하고 있다. 페이스북이나 트위터
에 올린 정보를 바로 관련 메일이나 SMS를 보낼 경우 오히려 고객들이 자신의 개인정보를 침해받는 듯
한 불쾌함을 느낄 수 있다는 얘기다.

출처: 디지털 타임즈 2014년 2월 10일자 기사 발췌

제4절 e-CRM

인터넷뿐만 아니라 정보통신기술의 발달로 인하여 소비자들은 필요한 제품이나 서
비스에 대한 정보를 과거에 비해 보다 쉽고 빠르게 이용할 수 있게 되었다. e-CRM은
오프라인의 CRM 개념과 근본적으로 동일하지만 고객 정보의 수집과 활용면에서 더
욱 발전된 모습을 보인다. 인터넷을 통해 고객이 인지하지 못하는 데이터를 확보(예를

들면, 쿠키 파일)하여 고객에 대한 모든 정보와 성향을 실시간으로 분석하여 마케팅 활동에 즉각적으로 연결할 수 있는 솔루션이 e-CRM이다. CRM은 기업이 수익을 창출하는 데 필요한 고객을 획득하고 유지하기 위하여, 기업의 현재고객과 잠재고객을 파악하고, 이들의 요구를 이해하고 예측하기 위한 경영전략 활동이다. 즉, CRM은 고객에 대한 정확한 이해를 바탕으로 개별 고객이 원하는 상품 및 서비스를 제공하고, 각 고객과의 긴밀한 관계를 형성하고 유지하며, 고객의 요구에 즉각적으로 반응할 수 있는 전략적 도구로 정의할 수 있다. 반면 e-CRM의 개념은 인터넷 기반의 CRM을 의미하며 고객에 대한 이해와 접근방식은 CRM과 동일하나 e-비즈니스의 특징인 실시간 정보제공, 추천, 반응, 가격결정 및 협상과 같은 정보수집 방법과 커뮤니케이션 수단에서 특징적인 차이점이 있다. 또 한 가지 특징은 개별고객의 반응에 관한 정보축적으로 인하여 보다 지능적인 의사결정이 가능하며 시스템이 스스로 진화할 수 있다는 점이다. e-CRM은 기존의 CRM과 달리 인터넷을 통해 고객데이터를 수집하고 고객과 쌍방향으로 실시간 커뮤니케이션이 가능하다는 특징이 있다. CRM과 e-CRM은 고객관계를 지원한다는 면에서 많은 공통점이 존재하지만, e-CRM이 인터넷을 활용한다는 점에서 주문처리 및 고객 불만응대처리에 대해 신속하게 대응할 수 있어 고객만족도가 상승하게 되며, 통합된 정보공유를 통해 처리과정이 단순해지고 처리 오류 및 비용감소를 가져옴으로써 궁극적으로 기업의 수익을 창출할 수 있도록 해준다.

1. CRM과 e-CRM의 차이점

CRM과 e-CRM의 차이점을 살펴보면 크게 4가지로 정리할 수 있다. 첫째, 고객접점의 경로에 차이가 있다. e-CRM의 고객접점 경로는 CRM의 고객접점 경로에 포함된다. 즉, e-CRM은 전자우편, 인터넷, 이동통신, 전자카탈로그, PDA, 디지털 TV방식의 온라인 환경에서 고객과의 접촉 또는 커뮤니케이션을 통해 CRM 솔루션의 구축 및 운용이 가능하다. 반면에 CRM은 전술한 e-CRM의 접촉영역을 포함하여 전화, 팩스, 도소매업자, 지역점 또는 체인점 등 기존의 오프라인 중심 경로까지 구축할 수 있다. 둘째, 활용 목적에 차이가 있다. e-CRM은 실시간·다채널·동시 커뮤니케이션 수단을 중시하는 반면에, CRM은 전통적인 오프라인 경로를 중심으로 고객 관계 개선을 통한 경영 효율성과 수익구조 개선을 중시한다. 셋째, 활용범위에 차이가 있다.

e-CRM은 마케팅 측면이 강하다. 즉 고객에게 알림, 판촉, 쌍방향 커뮤니케이션 등을 개선하기 위한 의사전달 기능으로 콘텐츠 활용과 커뮤니케이션 빈도, 제품 및 서비스의 활용능력이 높다. 반면에 CRM은 대면 또는 비대면 접촉의 활성화, 판매 및 경영활동의 경로별 조화를 통한 경영효율성이 강하다. 넷째, 활용 능력에 차이가 있다. e-CRM은 고객 개개인의 행동 특성과 상황 데이터를 실시간으로 접할 수 있을 뿐만 아니라 복합적인 상황처리가 가능하다. 반면에 CRM은 과거의 경험·분석된 가공 정보를 중심으로 활용한다. CRM과 e-CRM의 전략적 구분과 차이점을 요약·설명하면 [표 9-2]와 같다.

[표 9-2] CRM과 e-CRM의 전략적 구분

구분	CRM	e-CRM
고객 접촉 경로	오프라인 고객 접촉 경로를 중심으로 전화, 판매장소, 체인점 등	온라인 고객 접촉 경로를 중심으로 e-mail, 인터넷, 이동통신, 전자카탈로그 등
활용 목적	포괄적 전사적 경영혁신을 중시하여 경영개선을 통한 장기적 수익 실현	커뮤니케이션, 마케팅 다양성을 중시하여 적극적인 고객화를 통한 장기적 수익 실현
활용 범위	판매, 서비스 행위, 경영활동 전개 등 직접적인 활용 중심으로 운영	고객에게 알림, 판촉, 참여, 무점포, 거래, 게시판, 채팅, 정보교류 등 직접적인 활용 능력 중심으로 운영
활용 능력	경험, 분석 중심의 데이터 활용 능력	실시간에서의 데이터 활용과 복합상황 대응 능력, 인터넷 활용 통합 마케팅 기법

자료: 송현수, e-CRM 구축과 운용전략, 새로운 제안, 2001, p. 24

e-CRM은 고객만족을 극대화하면서 동시에 관련 비용을 줄일 수 있는 새로운 개념의 고객관계관리 방법으로 기존의 CRM과의 차이점을 살펴보면, e-CRM은 CRM에 비해 실시간 고객성향 분석이 가능하며 일대일 마케팅과 마케팅 전략을 개인화할 수 있으며, 초기 도입 비용은 높지만 지속적인 유지 관리비가 저렴하다. 또한 지역과 시간적 제약을 받지 않는 장점을 갖고 있다. 이러한 e-CRM 요소가 본격화됨으로써 고객의 요구 절차도 간소해지고, 기업의 입장에서는 고객의 불만이나 추가적인 서비스 요구에도 신속하게 대응함으로써 고객 만족도 높아짐과 동시에 고객 문의 처리 오류가 줄어들어 운영비용을 줄일 수 있다.

2. e-CRM 영역과 특성

1) e-CRM 영역

e-CRM의 영역을 분리하면 판매 전, 판매 시점, 판매 후의 3단계로 구분된다. 먼저 판매 전 e-CRM은 인터넷을 활용하여 전통적인 마케팅 기능 및 새로운 마케팅 개념을 구현한 것이고 판매 시점의 e-CRM은 고객의 전 구매과정을 인터넷 상에서 처리하는 것이며 판매 후 e-CRM은 고객 서비스 및 지원을 위해 인터넷을 이용하는 단계이다. 구체적인 내용은 [표 9-3]을 참고하기 바란다.

[표 9-3] e-CRM 영역

판매 전	판매 시점	판매 후
인터넷을 활용하여 마케팅 기능 및 새로운 마케팅 개념 구현	고객의 전 구매과정을 인터넷 상에서 처리	고객 서비스 및 지원을 위한 새로운 접속 수단 제공
• 웹을 활용한 광고, 판매촉진, PR, 직접 마케팅 • 시장세분화를 위한 고객 정보 확보를 목적으로 인터넷 상에서 시장 조사 • 서비스 개발과정 및 라이프사이클 결정에 인터넷을 통한 고객 참여 • 서비스 가격결정에서 인터넷을 통한 유사 서비스 가격 정보의 획득 • 판매채널 믹스를 결정하고 통합에 포털과 같은 전자적 채널 활용	• 웹을 통한 전 구매과정을 고객에 의한 셀프 서비스화 • 인터넷 상에서 고객의 구매의사와 고객의 지불능력을 파악 • 고객의 구매의도에 맞는 적정 상품을 추천 • 고객의 구매 정보 및 지원 정보의 이력화 • 인터넷 상에서 서비스 요구의 생성	• 인터넷을 통하여 고객이 고객 정보를 입력/갱신 • 인터넷으로 고객이 접속한 정보를 DB화 • 고객이 서비스 주문 및 불만 접수처리 현황을 인터넷 상에서 검색 • 고객의 질의 및 질의사항 처리 • 서비스 문제를 고객이 처리할 수 있도록 문제해결 매뉴얼 제공 • 인터넷을 통한 지불

출처: 김용호, 정기호, 정문태, 인터넷 마케팅 3.0, 학현사, 2013, p. 242에서 인용

2) e-CRM 특성

(1) 온라인상의 전자적 고객접점 경로

e-CRM은 크게 상품과 서비스, 콘텐츠를 온라인상의 고객 접촉 수단과 원리를 활용하여 수시 또는 즉시로 기업 내 · 외부의 고객 관련 정보를 통합하고 가공 · 재정

리 · 분류 · 분석함으로써 고객과의 관계 개선을 통해 고객 충성도를 증진시키고 궁극적으로는 수익 구조를 개선한다는 특징이 있다.

(2) 공격적 · 비대면적 고객 접촉

온라인상에서의 고객 접촉은 동시에 여러 경로에서 커뮤니케이션이 가능하며, 실시간 데이터 또는 비대면 접촉이 가능하다. 또한 고객 접촉 상황의 기록, 관리와 보관이 용이하며 실시간 고객 행동의 분석과 자료 추적 등이 가능하다. 따라서 온라인 고객 접점 경로를 통한 e-CRM은 오프라인 CRM에 비하여 대량의 이메일 발송, 동시 캠페인 전개, 이벤트 참여, 평가나 테스트 결과 체크 및 자동 통보 등의 마케팅 활동 내지는 서비스 활동까지 비대면 접촉 상황에서 공격적으로 실행할 수 있다.

(3) 디지털 환경 중심의 다기능 접촉 도구의 활용

디지털 경영과 디지털 마케팅이 강화될수록 e-CRM 중심의 고객 접점 빈도와 범위가 왕성해짐으로써 이에 대한 새로운 커뮤니케이션 방법과 장비, 관련 콘텐츠의 발굴과 관심 사항의 업그레이드 등 고객 관계를 향상시키려는 활동이 필요하다.

(4) 인터넷 고객 센터에서의 고정 고객 관리 강화

인터넷 고객 센터에서는 네트워크 환경 중심에서 텔레마케팅을 실시간으로 연계하여 고객 응대를 종합적으로 처리할 수 있고, 고객 응대 요원이 통합된 고객 정보 데이터베이스를 활용하여 개별적으로 상세하게 상담에 임할 수 있다. 즉, 종전의 CTI(Computer Telephony Integration)가 주로 전화처리 중심의 데이터 통합이었다면 인터넷 고객 센터는 인터넷 환경 중심에서 콜처리 능력을 강화함으로써 e-CRM 분석과 활용 능력을 향상시키고 있다.

3. e-CRM의 성공적인 도입을 발전 전략

e-CRM을 기업에서 성공적으로 도입하기 위해서는 첫째, 고객의 입장에서 꼭 필요한 콘텐츠 구성이 필요하다. 전체 대중을 대상으로 하는 페이지 설정이 아닌 개별 고객의 정보를 바탕으로 고객의 관심 분야에 맞추어서 고객 한 사람을 위한 공간으로 콘텐츠를 구성하여 페이지를 설정한다. 마이 페이지 등과 같이 고객의 관심분야에 따라

이벤트나 내용이 다르게 구성한다.

둘째, 커뮤니티, 오락 등 콘텐츠의 다양화를 통한 활성화가 필요하다. 커뮤니티와 같은 동호회 가꾸기나 게임이나 채팅과 같은 오락적인 부가적인 서비스를 통해 고객으로 하여금 자사 사이트에 오래 머물도록 동기부여를 일으키며, 이로 인해 소비자들과 원활한 커뮤니케이션 활동이 가능해진다.

셋째, 소비자를 쫓아가기보다는 소비자를 분석하여야 한다. 대부분의 기업이 소비자의 유행이나 트렌드를 따라가는 서비스를 구사하고 있는데, 소비자의 심리나 행태를 분석하여 미리 소비자의 트렌드를 읽어서 소비자의 소비 행동을 유발시키고 소비자를 리드할 수 있는 서비스를 제공하여야 한다.

넷째, 대량 메일이 아닌 한 사람의 개인을 위한 메일과 같이 맞춤 서비스 전략으로 차별화하여야 한다. 개인의 특성에 맞게 맞춤 서비스로 타사와의 차별화 전략이 필요하다.

다섯째, 고객에게 감동을 주는 서비스가 필요하다. 감동을 주는 감동 서비스가 필요하다. 전자메일처럼 기계적인 인터넷이라는 매체에 인간미 넘치는 편지의 개념이 들어간 전자편지와 같이 감동을 강조하는 서비스를 실시한다.

마지막으로 직접편지발송, 핸드폰 문자 서비스 등의 다양한 커뮤니케이션 수단을 활용하여 고객 접촉 경로의 다양화가 필요하다. 전자메일 위주의 커뮤니케이션보다는 오프라인과 온라인을 활용하여 다양한 매체로 고객과의 커뮤니케이션을 창출하여야 한다.

제5절 소셜 CRM

최근 소셜 미디어의 급부상으로 많은 사람들이 소셜 미디어를 통해 자신이 원하는 정보를 전보다 쉽게 접근하고 이용할 수 있게 되었다. 고객 차원에서 소비자는 원하는 정보에 쉽게 접근하여 사용할 수 있기 때문에 정보를 찾기 위해 소요되는 시간과 비용을 절약할 수 있게 되었고, 기업 차원에서도 자사의 고객들에게 필요한 서비스를 적절하게 제공함으로써 비용을 절약하고 효율을 극대화할 수 있다.

1. 소셜 미디어

소셜 미디어(Social Media)는 참여와 공유가 강조되는 UCC(User Created Contents)[7], 개방의 블로그[8] 그리고 소통을 강조하는 SNS가 통합하여 발전하였다. 소셜은 각자의 생각, 기호 등의 관심거리가 상호 교환되는 것이며 미디어는 신문, TV나 라디오와 같은 의사소통을 위한 도구이다. 위키피디아[9]에 따르면 소셜 미디어란 개방, 참여, 공유의 가치로 요약되는 웹 2.0시대의 도래에 따라 소셜 네트워크의 기반 위에서 개인의 생각이나 의견, 경험, 정보 등을 서로 공유하고 타인과의 관계를 생성 또는 확장시킬 수 있는 개방화된 온라인 플랫폼을 의미한다. 소셜 미디어는 그 자체가 일종의 유기체처럼 성장하기 때문에 소비와 생산의 일반적인 메커니즘이 적용되지 않으며, 양방향성을 활용하여 이용자들이 자발적으로 참여하고 정보를 공유하며 콘텐츠를 만들어 나가는 특성이 있다. 다시 말해, TV, 신문, 잡지, 라디오 등과 같은 전통매체가 일대다(One-to-Many)의 일방적 관계형에 기초한 커뮤니케이션의 속성을 가졌다면, 소셜 미디어는 다양한 형태의 콘텐츠가 다양한 이용자들에 의해 생성되고 공유되는 다대다(Many-to-Many)의 쌍방향적 관계성을 토대로 하므로 1인 미디어, 1인 커뮤니티의 특징을 지닌다고 볼 수 있다. 소셜 미디어는 방송매체의 일방적 독백을 사회적 매체의 대화로 변환시키고, 그 이용자들이 콘텐츠 소비자임과 동시에 콘텐츠 생산자가 되는 것을 가능케 함으로써 정보의 민주화와 개방화를 촉진시킨다.

(1) 소셜 미디어 특징

소셜 미디어의 기본 특징은 [표 9-4]와 같다. 첨단기술 중심의 수단형 서비스에서 사람 대 사람의 생활 서비스 성격으로 변화하고 있는 것이다.

---

7) 일반인이 만든 동영상, 글, 사진 따위의 제작물을 가리킨다.
8) 웹(web)과 로그(log, 기록)를 합친 낱말로, 스스로가 가진 느낌이나 품어오던 생각, 알리고 싶은 견해나 주장 같은 것을 웹에다 일기처럼 차곡차곡 적어 올려서, 다른 사람도 보고 읽을 수 있게끔 열어 놓은 글들의 모음이다.
9) http://www.wikipedia.org

[표 9-4] 소셜 미디어의 기본 속성

속성	내용
참여 (Participation)	소셜 미디어는 관심있는 모든 사람들의 기여와 피드백을 촉진하며, 미디어와 청중의 개념이 모호함
공개 (Openness)	대부분의 소셜 미디어는 피드백과 참여가 공개되어 있으며 투표, 피드백, 코멘트, 정보 공유를 촉진함으로써 콘텐츠 접근과 사용에 대한 장벽이 거의 없음
대화 (Conversation)	전통적인 미디어가 'Broadcast'이고 콘텐츠가 일방적으로 청중에게 유통되는 반면 소셜 미디어는 쌍방향성을 띰
커뮤니티 (Community)	소셜 미디어는 빠르게 커뮤니티를 구성하게 하고 커뮤니티로 하여금 공통의 관심사에 대해 이야기하게 함
연결 (Connectedness)	대부분이 소셜 미디어는 다양한 미디어의 조합이나 링크를 통한 연결상에서 번성

*자료원 : 노규성 외 9인, 스마트 시대의 전자상거래, 생능출판사, 2013, p205 수정

웹 2.0을 잘 반영하고 있는 소셜 미디어의 특징은 사용자간의 소통의 기능을 강조하면서 강력한 온라인 이해집단의 구심점으로 사회적 영향력을 강화해 왔다. 즉 웹 2.0 기반의 소셜 미디어는 참여, 공개, 대화, 커뮤니티, 연결의 특징을 가진다. 소셜 미디어의 도구는 누구나 접근이 용이하도록 공개되어 있으며, 콘텐츠 생산에 전문적인 기술이 필요 없고, 수정 기술로 누구나 참여할 수 있는 장점이 있다.

(2) 소셜 미디어 가치

첫째, 메시지를 쉽고 빠르게 전달할 수 있다. 지금 일어나고 있는 일들에서 알 수 있듯이, 소셜 미디어는 생각을 만들어가는 강력한 플랫폼이면서 대중의 지지를 얻고 있다. 전세계적인 사용자를 확보하고 있는 페이스북, 국내에서 인기를 거듭하고 있는 카카오톡이나 밴드의 가입자 수는 계속 증가하고 있는 실정이다. 소셜 미디어는 모바일을 통해서 더욱 강력하게 성장하고 있다.

둘째, 비용이 저렴하다. UCC 제작 기술의 발달로 자신이 필요한 동영상 콘텐츠를 쉽게 만들 수 있고, 쉽게 웹사이트에 업로드할 수 있게 되었다. 유튜브는 세계 제2위 검색엔진이 되어 매분 48시간 분량의 동영상이 업로드되고 1일 조회되는 동영상이 3억 개를 넘고 있다.

셋째, 고객이 어디에 있든지 정보 전달이 가능하다. 소셜 미디어는 PC, 휴대기기,

스마트 TV 그리고 게임 콘솔 등에서 접근 가능하기 때문에 장소에 구애를 받지 않고 정보 전달이 가능하다. 클라우드 컴퓨팅을 기반으로 하여 기기간의 끊김 없는 N-스크린이 가능하게 되어 클라우드에 저장된 콘텐츠를 PC, 스마트폰, TV에서 자유롭게 볼 수 있게 되었다.

넷째, 관심과 친분을 바탕으로 하기 때문에 신뢰를 줄 수 있다. 소셜 미디어가 확산되면서 판매자의 광고나 방문자의 후기보다는 소셜 친구의 말을 더 신뢰하게 되었다. 특정 제품을 구매하기 위해 영업 사원의 설명을 열심히 경청하는 것이 아니라 친구들에게 어떤 제품을 선택하는 것이 좋은지를 묻는다.

다섯째, 새로운 고객 또는 팬 확보가 가능하다. 자신의 관심사와 일치하거나 비슷한 사람을 새로운 친구로 등록할 수 있다. 카카오톡은 자신의 연락처에 등록된 사람들이 친구로 자동 등록되며, 밴드는 이미 등록된 사람이 다른 사람을 초청함으로써 다른 사람이 친구로 등록된다.

2. 소셜 CRM의 정의와 특징

최근 모바일과 소셜 미디어가 확산되고 대중화되면서 기업들이 소셜 CRM에 대한 관심이 증가하고 있다는 것은 소셜 미디어에 대한 인식이 변화되고 소셜 미디어를 기업 활동에 활용하는 것과 밀접한 관계가 있다고 할 수 있다. 즉, 전통적인 CRM의 경우 소비자가 기업의 서비스에 접근하고 사용하기 위한 접근 프로세스를 확립하고 이 과정에 접근할 수 있도록 소비자들을 자극하는 것이 가장 큰 과제였지만, 소셜 미디어의 발전으로 각각의 소비자들의 니즈에 맞춰 서비스를 제공할 수 있게 되었다는 것이다. 이렇게 함으로써 무분별하게 낭비되는 비용을 절약할 수 있으며, 적은 비용으로도 소비자들의 구매의욕을 확실히 높일 수 있게 되었다. 소셜 CRM은 소셜 미디어와 고객관계관리(CRM)이 결합된 개념으로 '소셜 미디어를 기반으로 한 CRM'이라고 간단하게 생각할 수 있다. 소셜 CRM은 정보기술과 웹 서비스의 발전에 따라 CRM의 새로운 패러다임으로 이해할 수 있으며 웹 2.0에 기반을 둔 CRM이라고 하여 CRM2.0이라고도 부른다. 소셜 CRM은 다양하게 정의될 수 있지만, 이 책에서는 고객으로 하여금 협력적인 대화에 참여하게 하여 고객과의 관계를 향상시키기 위해 소셜 미디어와 전통적인 고객 응대 활동을 통합한 것으로 정의한다. 소셜 CRM은 전통적인 CRM을 대체하는 것이 아니라, 소셜 기능과 프로세스를 추가한 확장의 개념으로 이해하는 것이 필요하다. 하지만 이를 단순하게 소셜 미디어를 기반으로 한 CRM 활동으로만 이해하는 것은 적절치 않다. 소셜 미디어와 소셜 CRM의 기반에는 소셜 네트워크 이론(Social Networking Theory)이 있다. 소셜 네트워크 이론은 사회적 관계를 노드(Node)와 타이(Tie) 또는 링크(Link)로 바라보고 있으며, 노드, 즉 사회적 관계의 주체인 사람의 특성과 역량에 관심을 갖던 과거의 관점과 달리, 노드간의 연결 관계에 보다 집중한다는 이론이다. 전통적인 CRM이 위에서 말하는 노드의 특성(예를 들면, 고객 프로파일과 거래정보)을 주요 대상으로 삼는다면 소셜 CRM은 노드간의 링크인 대화(Conversation)를 주로 다룬다. 고객들과 기업 간의 상호작용뿐만 아니라 고객과 고객 또래 집단 간의 상호작용도 중요하게 생각해야 한다.

소셜 CRM의 특징을 그림으로 표시하면 [그림 9-5]와 같다.

[그림 9-5] CRM에서 소셜 CRM으로의 변화

첫째, 모든 직원이 참여한다는 것이다. 역할 측면에 있어서 전통적인 CRM에서는 고객서비스 담당자, 마케터나 CRM 담당자와 같은 전담자가 맡았지만, 소셜 CRM에서는 개념상으로 모든 직원이 그 역할을 담당하게 된다. 언제 어디서나 고객으로부터 직접적인 접촉이 가능하다는 것은 누구나 소셜 CRM 담당자가 될 수 있다는 것을 의미한다. 그러나 현실적으로는 CRM과 같이 소셜 CRM 전담반과 같은 전담조직이 운영되고 있으며, 기존의 컨택트 센터에서 이 역할을 수행해야 하는가에 대한 논의가 활발하다. 그러나 본질적으로 소셜 CRM은 임직원 모두가 관여된다는 것에 유의하여야 한다.

둘째, 대화 중심적이라는 것이다. 기능적인 측면에서 보면, CRM은 프로세스 중심적인 반면 소셜 CRM은 대화 중심적이다. CRM에서는 기업과 고객간의 종단간 프로세스 전반에 걸친 데이터 분석과 마이닝을 통하여 고객관계관리를 수행한다고 하면, 소셜 CRM에서는 기업과 고객 간의 대화를 대상으로 수행된다. 전통적인 CRM이 주로 프로세스를 구현하고 자동화하는 데 초점을 둔 반면, 소셜 CRM은 고객과 기업 사이의 대화가 전략의 핵심이다. CRM에 비하여 고객과의 지속적이지만 정형화되지 않고 상호작용적인 관계를 만들어나가는 것이 소셜 CRM의 특징이다.

셋째, 커뮤니티 관리가 필요하다는 것이다. 고객 관리를 위한 접근방법 측면에서 전통적인 CRM에서는 고객과의 접점 관리를 통해 단편적으로 고객에 대한 정보를 수집하여 분석하였지만, 소셜 CRM에서는 다양한 소셜 미디어를 통해 고객과 기업 간의 상호작용뿐만 아니라 고객과 고객 간의 상호작용에 대한 정보를 수집할 수 있는 커뮤니티 관리 접근방법이 필요하다. 소셜 CRM을 통해 소셜 미디어에 나타나는 고객의 관심과 행동을 분석해 고객의 성향을 분석할 뿐만 아니라 제품 계획에도 반영하여 고객의 욕구를 충족시켜 줄 수 있다.

넷째, 다이나믹한 채널을 사용하고 있다는 것이다. 채널 측면에서 전통적인 CRM에서는 고객과 접촉할 수 있는 CTI, 전자우편, 웹 등 비교적 잘 정의된 형태의 접점으로 채널이 한정되었지만, 소셜 CRM에서는 고객이 사용하고 있는 소셜 미디어는 아주 다양하고, 통신 기술의 발전과 더불어 계속적으로 진화하고 있기 때문에 매우 다이나믹한 특징을 가지고 있다.

다섯째, 지속적인 고객 관여가 필요하다는 것이다. 가치 측면에서 전통적인 CRM에서는 이벤트나 캠페인 관리와 같이 고객과의 주기적인 접촉을 통해 고객과의 관계를 강화해 나갔지만, 소셜 CRM에서는 지속적으로 고객과 상호작용함으로써 고객관계를 강화해 나가야 한다.

마지막으로 관계가 복잡하다는 것이다. 구현 모델 측면에서 전통적인 CRM에서는 고객과의 거래 관계를 중심으로 CRM을 구축하였다면 소셜 CRM에서는 고객과의 관계가 단순한 거래 관계뿐만 아니라 고객과 기업 간의 관계, 고객과 다른 고객 간의 관계 등 구현해야 되는 범위 자체가 상당히 광범위하고 복잡하다는 특징이 있다.

▌ EMI 뮤직의 소셜 CRM 활용법

레코드 회사들이 디지털 음악 세대에 어떻게 부응할 수 있을까? EMI 뮤직(EMI Music)은 이 측면에서 좋은 입지를 확보했다는 평가를 받는 기업이다. 이 회사는 1993년 첫 웹사이트를 런칭했고, 1998년 인터넷을 통해 첫 정규 앨범을 발표했고, 2001년에는 첫 디지털 앨범 다운로드 서비스를 실시했던 바 있다.

최근 수 년 동안 이 회사는 시장 초점을 온라인으로 옮겼다. 지리적으로 분산되고 개별적인 이 회사의 마케팅 팀들은 항상 해왔던 작업, 즉 음악 매스 마케팅을 디지털화했다. EMI 글로벌 디지털 부문의 버틀란드 보드슨(Bertrand Bodson) 수석 부사장은 회사의 경영진이 디지털 음악 혁명에 크게 초점을 맞췄었다고 말했다. EMI는 매출 감소와 불투명한 소비자 수요에 직면해, 등록 카드, 음악가의 웹사이트, 모바일 앱, 소셜 플랫폼 등 다양한 경로의 데이터를 바탕으로 특정한 음악 팬에 대한 단일 관점을 제시해주는 네오레인(Neolane) CRM 시스템을 도입했다. 보드슨은 "우리는 기본부터 시작했다. 어떤 음악 기업은 200만 명의 고객들에게 '폭탄' 이메일을 발송한 적도 있었다. 그러나 우리는 자세를 달리했다. 20종의 각기 다른 이메일을 1만 명의 고객에게 발송하고 있다"라고 전했다. 지난 해, EMI는 네오레인이 비구조화 데이터를 처리하도록, 새로운 소셜 처리 기능을 추가하는 파일럿 프로그램에 착수했다. 보드슨은 "우리는 누가 케이트 페리(Katy Parry)의 CD를 샀는지, 누가 페이스북에서 가수 '엠파이어 오프 더 선(Empire of the Sun)에 대해 이야기를 하고 있는지 알고 있다. 또 스포티파이(Spotify)의 플레이리스트도 알 수 있다. 아주 풍부한 데이터를 갖고 있는 것이다"라고 말했다. EMI의 마케터들은 별개의 고객 인사이트(정보) 툴로 생성한 고객 카테고리와 개별 팬에 대한 정보 지능을 통합했다. 고객 카테고리를 살펴보면, 콜렉터(Collector)는 앨범을 모아 진열하기 좋아하는 사람들이다. '프리 캐시(Pre-cash)' 그룹은 가진 돈은 많지 않지만 다른 사람들에게 영향을 줄 수 있는 13~15세의 음악 팬들이고, '페이스메이커(Pacemakers)'는 가장 먼저 새롭게 뜨는 음악가를 발견하고 싶어하는 사람들이다. 콜렉터에게 보내는 이메일은 실제 물리적 앨범을 강조한다. 반면 프리 캐시인 10대들에게 보내는 이메일에서는 구매보다는 마케팅에 더 초점을 맞춘다. 보드슨은 "타깃이 되는 팬들에게 적기에 적합한 메시지를 보내기 위해서는 더 많은 노력, 그리고 반복되는 수고가 필요하다. 그러나 아주 효과가 크다"라고 말했다. EMI는 고객 특성을 기초로 타깃된 제품이나 체험을 창출할 수 있게 됐다. 매출은 새로운 디지털 매출에 힘입어 1년 6개월 간 상승곡선을 그렸다. 아네믹(Anemic) 디지털 마케팅 매트릭스 또한 개선됐다. EMI가 매달 발송하는 150건의 이메일을 열어보고 응답하는 비율이 현재는 30%에 이르고 있다. EMI의 사이먼 홀린스

(Simon Hillins) CIO는 IT 부서 또한 여러 CRM 시스템을 하나로 통합해 라이선싱 비용을 절감할 수 있었다고 말했다.

보드슨은 이제 고객들을 놀라게 만들고 싶어한다. 예를 들어, 누군가 페이스북에서 콜드플레이(Coldplay)에 '좋아요'를 표시했다면, 크리스 마틴(Chris Martin)이 해당인의 생일 등에 직접 이름을 넣어 '생일 축하합니다'라는 노래를 불러주는 비디오를 받아보도록 하는 것이다. 보드슨은 "10년 전만 하더라도 고객 충성도를 통제할 수 없었다. 우리는 아티스트와 팬들 사이에 위치한 소매 콘텐츠 공급자에 불과했다. 더 많은 데이터를 얻을수록 아티스트들이 팬들에게 더 가까워진다"라고 말했다. ciokr@idg.co.kr

출처: CIO Korea, 2013년 3월 20일, 기사 발췌

참고문헌

권금택, 전략적 고객관계 관리 5판, 피엔씨미디어, 2014.

김승욱, 강기두 공저, 고객관계관리원론: CRM 코칭 시크릿, 법문사, 2008.

김용호, 정기호, 김문태 공저, 인터넷 마케팅 3.0, 학현사, 2013.

김형수, 김영걸, 박찬욱 공저, 고객관계관리 전략 원리와 응용, 사이텍미디어, 2009.

노규성 외 9인, 스마트 시대의 전자상거래, (주)생능출판사, 2013.

박찬욱, "CRM 활성화를 위한 조직 관련 요인에 대한 연구: 학습조직이론을 바탕으로" 한국마케팅저널, 6(3): 1-26, 2004.

서현주, 비즈니스 현실로서 CRM, Cheil Communications, 8월호, 2000.

송현수, e-CRM 구축과 운용전략, 새로운 제안, 2001.

안광호, Kotler, P., Armstrong, G. 공저, 마케팅 입문, 경문사, 2013.

이준한, 윤상환, 정기억 공저, 디지털 혁명 e-비즈니스, OK Press, 2003.

임규건, 백승익, 이정우, 한창희 공저, 디지털 경제시대의 e-비즈니스 경영, 이프레스, 2005.

정분도, 국내 기업의 e-CRM 도입 사례분석과 향후 발전전략 고찰, 통상학연구, 제10권, 제 1호, pp. 51-72, 2008.

조호현, 홍성태, 신종칠, 김동진 공역, Kootler Keller 핵심 마케팅 관리, 한경사, 2012.

최정환, 이유재 공저, 죽은 CRM 살아있는 CRM, 한언, 2007.

한국인터넷진흥원, 인터넷 &시큐리티 이슈, 2010.

황하진, 고일상, 박경혜 공저, 전자상거래와 e-비즈니스, 경문사, 2012.

Alex Berson, Stephen Smith and Kurt Thearing, Building Data Mining Applications for CRM, McGraw-Hill, 2000.

Askool, S. S and Nakata, K., "Scoping Study to identify Factors Influencing the Acceptance of Social CRM" Proceeding of the 2010 IEEE ICMIT, pp. 1055-1060, 2010.

Greenberg, P., "The Impact of CRM 2.0 on Customer Insight," Journal of Business& Industrial Marketing, 25 (6), 410 - 419, 2010.

Kumar, V. and Reinartz, Werner J., Customer Relationship Management: A Databased

Approach, John Wiley & Sons, 2006.

Nagi, E. W. T., "Customer Relationship Management Research: An academic literature review and classification" Marketing Intelligence, Planning 23: 582-605, 2005.

Trainor K. J., Relating Social Media Technologies to Performance: A Capabilities-Based Perspective, Journal of Personal Selling & Sales Management, Vol. 32, Issues 3, pp. 317-331, 2012.

연습문제

01. 고객 가치를 고객 관점과 기업 관점에서 설명하시오.

02. 고객생애가치(CLV)를 늘리는 방법에 대해 설명하시오.

03. CRM을 정의하고 특성을 설명하시오.

04. CRM의 적용 영역에 대해 설명하시오.

05. CRM의 기능과 역할을 프로세스 측면과 순환 기능 측면에서 설명하시오.

06. CRM 시스템을 세 가지로 분류하여 설명하시오.

07. 데이터마이닝을 정의하고 프로세스에 대해 설명하시오.

08. 데이터마이닝 기법에 대해 설명하시오.

09. CRM과 e-CRM을 비교하시오.

10. 소셜 미디어의 특징을 설명하시오.

11. 소셜 CRM의 정의와 특징에 대해 설명하시오.

CHAPTER **10**

유비쿼터스

e-BUSINESS

개요

컴퓨터와 인터넷으로 전 세계를 네트워크화하여 구현되는 e-비즈니스 환경은 우리 생활 및 경제에 고부가가치를 제공하였으며, e-비즈니스라는 새로운 경제공간을 제공하였다. IT 기술의 발달에 힘입어 무선인터넷이 생활화됨에 따라 휴대용 단말기로 인터넷 접속이 가능하게 되어 무선인터넷 환경에서도 e-비즈니스가 구현되고 있다.

최근 정보환경은 모든 사물에 컴퓨터가 내재하여 사물 스스로 인식하고, 컴퓨팅의 기능을 수행하며 사물 간의 네트워크를 자율적으로 구축하는 유비쿼터스 시대로 발전하고 있다.

유비쿼터스 사회는 물질 공간과 가상공간이 네트워크로 일체화되는 새로운 개념의 정보환경을 제공할 것이며, 이에 따라 우리의 생활 및 비즈니스 영역도 새롭게 전개되고 있다. 이 장에서는 이러한 유비쿼터스 사회가 도래하게 된 배경 및 개념, 주요 기술 및 유비쿼터스 기술의 적용 사례를 통하여, 유비쿼터스가 가져올 사회환경 변화에 대하여 학습한다.

제1절 및 제2절에서는 유비쿼터스 시대가 도래된 배경 및 유비쿼터스의 개념과 특징 그리고 디지털 컨버전스에 의한 유비쿼터스 사회 구현에 대하여 학습한다. 제3절에서는 유비쿼터스 사회 구현을 위한 핵심 기술인 RFID에 대하여 살펴보고, 가상현실과 증강현실에 대해서도 학습한다. 제4절 및 제5절에서는 유비쿼터스 기술의 적용으로 변화하는 우리 생활의 모습에 대하여 학습한다. 구체적으로 제4절에서는 우리 생활환경에 유비쿼터스를 적용한 홈 네트워크와 텔레매틱스, 제5절에서는 유비쿼터스 사회 속의 정치 행정 및 경제, 의료, 개인 생활에 대해서 학습한다.

유비쿼터스

- 유비쿼터스가 도래한 배경을 살펴본다.
- 유비쿼터스의 개념 및 특징에 대해 알아본다.
- 유비쿼터스 사회 구현의 핵심 기술에 대해 학습한다.
- 홈 네트워크와 텔레매틱스에 대해 알아본다.
- 유비쿼터스 기술이 적용되는 우리 생활 모습에 대해 토론해본다.

제1절 현재는 유비쿼터스 시대

현재 IT 기술로 구현된 우리 생활의 필수품에는 컴퓨터, 인터넷, 휴대폰이 있다. 이 세 가지 필수품은 항상 우리 생활 주변에 있으며, 거의 매일 사용하고 있다고 할 수 있다.

컴퓨터는 사람이 수행하는 복잡한 일을 자동으로 그리고 정확한 계산능력(연산능력)과 처리능력(제어능력)으로 우리 생활에 많은 도움을 주고 있다. 특히, 최근에는 컴퓨터에서 계산기능과 처리기능을 담당하는 마이크로프로세스(Micro Processor) 기능이 IT 기술의 비약적인 발전에 따라 크기가 작아졌을 뿐만 아니라 시스템의 신뢰도와 동작 속도가 크게 개선되었고 전력 소비도 많이 줄었으며 가격 또한 매우 저렴해졌다. 이에 따라 마이크로프로세스의 활용이 컴퓨터뿐만 아니라, 군사용 무기와 일반 가정에서 사용되는 가전제품에 이르기까지 다양하게 이용되고 있으며, 또한 기업의 생산용 기계 및 공정 제어 분야와 사무자동화기기 등에도 광범위하게 이용되고 있다.

즉, 우리 생활 주변의 많은 기기에 이미 컴퓨터가 내장되어 우리 생활을 도와주고 있는 세상이 된 것이다.

인터넷이 일반인에게 처음 소개된 1990년도 중반만 해도 이렇게까지 우리 삶의 일부가 되리라고는 생각하지 못했다. 그 당시 인터넷이란 단어는 일반인들이 들어 보기

힘들 정도로 새로운 개념의 IT 기술 중 하나였다.

　그러나 지금은 자연스럽게 인터넷 세상이 되었다. 즉, 개인 생활, 기업 활동, 정부 행정서비스 등 사회의 모든 분야에 인터넷이 기본 환경이 되었다. 인터넷은 생활의 필수가 되었고 웬만한 정보는 웹 검색을 통해서 찾아낼 수 있다. 인터넷을 통하여 쇼핑도 하고, 예약도 하고, 음악 듣기는 물론 각종 동영상을 실시간으로 볼 수 있으며, SNS(Social Network Service)를 통해서 친구들의 정보를 실시간으로 확인할 수 있다.

　인터넷의 가장 큰 특징은 컴퓨터와 컴퓨터를 연결하여 가상공간에서 네트워크를 만드는 것이다. 인터넷을 활용하면 가상공간에서 거리의 한계를 극복하고 새로운 사람과 관계를 형성할 수 있으며, 필요로 하는 정보를 손쉽게 찾아낼 수 있다.

　현재 우리의 생활에서 가장 많이 활용되는 IT 기기에는 컴퓨터와 인터넷 이외에도 휴대폰이 있다. 언제 어디서나 통화가 가능하게 된 휴대폰 또한 급속히 삶의 일부로 파고들어, 지금은 가장 중요한 생활필수품이 되었다. 휴대폰의 특징은 이동성(Mobility)에 있다. IT 기술의 발달로 무선인터넷이 현실화되었고 휴대폰이 인터넷을 접속하는 유용한 하나의 도구가 되었으며, 최근에는 애플리케이션을 통해 모든 것(예를 들면, 카메라, 게임, 결제, 온라인 뱅킹 등)이 가능한 스마트폰이 상용화되고 있다.

　각기 다른 기술을 바탕으로 발전되어 온 이러한 IT 기술 요소들이 유비쿼터스 시대에는 서로 유기적으로 연결된다. 컴퓨터의 특징인 계산기능과 처리기능, 인터넷의 특징인 네트워크성과 휴대폰의 특징인 이동성의 유기적인 결합이야말로 유비쿼터스 세상을 만들어가는 데 있어서 기초적이고 핵심적인 요소가 된다.

　유비쿼터스 세상은 현재 우리 생활 주위에 있는 가전제품과 각종 생활기기, 기업용·생산용 기기 등 현존하는 모든 기기가 네트워크로 연결되어 만들어지는 유비쿼터스 공간은 현재의 컴퓨터와 인터넷으로 구성되는 가상공간과는 차원이 다른 새로운 공간이 형성된다.

　즉, 앞으로 유비쿼터스 공간에서는 물리 공간과 가상공간이 네트워크로 일체화되는 다른 새로운 비즈니스가 전개될 것이며, 모든 환경, 사물의 창조, 이동을 최적화하는 공간 비즈니스 산업이 독립적으로 또는 다른 사업과 연계되어 부상할 것이다.

제2절　유비쿼터스 사회의 도래

1. 유비쿼터스의 개념

유비쿼터스(Ubiquitous)는 정보혁명에 뒤이은 제4의 혁명으로 일컬을 만큼 우리 사회를 변혁시키는 또 하나의 물결이다.

유비쿼터스(Ubiquitous)는 '언제 어디에나 존재한다'는 뜻의 라틴어 'ubique'에서 유래되었다. 유비쿼터스 환경이란, 지금처럼 PC의 네트워크화뿐만 아니라 휴대폰, TV, 게임기, 휴대용 단말기, 카 내비게이션, 센서, 각종 가전제품, 생산용 기기 등 컴퓨터가 아닌 모든 비컴퓨터기기가 네트워크화되어 언제, 어디서나, 누구든지 통신망을 이용하여, 저요금으로 커뮤니케이션할 수 있는 환경, 즉 사용자가 컴퓨터나 네트워크를 의식하지 않고 장소에 상관없이 자유롭게 접속할 수 있는 환경을 의미한다.

유비쿼터스 컴퓨팅이란 용어는 1988년 미국의 사무용 복사기 제조회사인 제록스(Xerox) PARC(Palo Alto Research Center, PARC)에서 일하던 마크 와이저(Mark Weiser, 1952~1999) 소장이 처음 사용하였으며, 유비쿼터스 컴퓨팅(Ubiquitous Computing)이 인터넷과 컴퓨터에 이은 제3의 정보혁명의 물결을 이끌 것이라고 주장하였다.

마크와이저가 사용한 유비쿼터스 컴퓨팅의 환경은 수많은 컴퓨터가 사물과 환경 속에 있고, 네트워크로 연결되어 인간 중심의 서비스가 시간과 공간의 한계를 극복하고 누구나 언제든지 사용 가능한 컴퓨터 환경을 말한다(Computing access will be everywhere).

유비쿼터스는 최근 전 세계적으로 최대 화두로 다루어지고 있으며, 유비쿼터스의 실현으로 실세계의 각종 사물과 물리적 환경 전반, 즉 모든 물리 공간에 컴퓨터가 구석구석 존재하게 하되 사용자에게는 겉모습이 드러나지 않지만, 사용자들이 언제 어디서나 네트워크 활용이 가능한 새로운 IT 환경이 구축된다.

출처 : Wikipedia

[그림 10-1] 유비쿼터스의 창시자, 마크 와이저(Mark Weiser)

2. 유비쿼터스의 특징

유비쿼터스의 특징에는 다음과 같은 4가지가 있다.

첫째, 네트워크이다. 마크 와이저는 네트워크에 접속되지 않는 컴퓨터는 '유비쿼터스 컴퓨팅'이 아니라고 지적한다. 왜냐하면, 사용자가 시간과 장소에 관계없이 컴퓨터가 사용자에게 적절한 서비스를 제공하기 위해서는 네트워크 접속이 필수 불가결하기 때문이다.

둘째, 자율적인 컴퓨팅 서비스의 제공이다. 현재의 컴퓨터는 사용자가 '컴퓨터를 사용한다'는 점을 확실하게 인식하면서 사용하도록 만들어져 있다. 하지만 유비쿼터스는 인간이 컴퓨터를 사용하고 있다는 인식을 하지 않아도, 컴퓨터가 자율적으로 인간이 필요한 컴퓨팅 서비스를 제공하는 '인간 친화적인 인터페이스'의 특징이 있다. 유비쿼터스가 목표로 하는 컴퓨팅 서비스 세계는 '환경'이면서 또한 '생활의 일부'가 되는 세계이다.

셋째, 상황에 따른 서비스의 변화이다. 유비쿼터스의 세계에서는 이용자가 누구인지에 따라서 혹은 이용자가 놓여있는 상황에 맞추어 컴퓨터가 스스로 제공하는 서비스를 변화시킬 수 있는 능력이 요구된다. 다시 말해 사용하는 사람에 따라서나 그 장소에 있는 기기의 역할에 따라서 제공되는 서비스가 바뀌게 된다는 것이다.

마지막으로 가상현실과의 차이점이 있다는 것이다. 가상현실은 컴퓨터가 만들어낸 가상의 현실 공간을 말한다. 가상현실은 한마디로 말하면 컴퓨터의 가상 세계가 사람에게 체험을 부여하는 것이다. 한편 유비쿼터스는 컴퓨터가 현실 세계에 존재하고 정보도 현실 세계에서 표시된다. 즉, "컴퓨터에 의해 만들어진 가상공간 안의 어디에서든지 컴퓨터를 사용할 수 있다"는 개념은 유비쿼터스가 아니다. 유비쿼터스의 세계는 극히 평범한 일상의 생활을 즐기는 속에서 거의 존재감을 느끼지 않으면서 컴퓨터와 네트워크의 서비스를 받을 수 있으며, 이러한 유비쿼터스 서비스가 자유자재로 이용 가능한 유비쿼터스 사회(Ubiquitous Society)를 지향한다.

3. 유비쿼터스 사회

유비쿼터스 사회는 컴퓨터, 유선 인터넷과 무선 인터넷이 자유롭게 통합되는 유무선 네트워크, 사물을 자동인식하고 기록된 정보를 무선으로 컴퓨터와 통신 가능한 첨단 센서 기술인 RFID(Radio Frequency IDentification) 등과 같은 다양한 IT 기술이 결합하여 구현되는 새로운 미래 정보사회이다. 즉, 유비쿼터스 사회는 전자 공간과 물리 공간이 융합되어 정보가전은 물론 모든 사물이 지능화 · 정보화 · 네트워크화되는 단계이다.

유비쿼터스 사회의 중요한 목표는 더 이상 컴퓨터, 네트워크 등과 같은 IT 기술 중심이 아니라, 모든 IT 기술이 인간 중심으로 서비스를 제공하는 것이다. 유비쿼터스 사회가 구현되면 사람들은 더 이상 컴퓨터, 네트워크 등과 같은 IT 기술의 작동방법 및 구조를 몰라도 언제 어디서나 IT 구조나 기술을 의식하지 않고도 IT 기술을 충분히 활용하여 각종 업무 또는 사회생활이 가능하게 된다. 이는 마치 자동차 운전자가 자동차 구조나 작동원리를 알지 못해도 운전 자체에만 신경을 쓰면 자동차의 기능을 충분히 활용하여 목적지까지 도착할 수 있는 이치와 같은 것이다.

[표 10-1]은 유비쿼터스 사회와 정보화 사회의 차이점을 나타낸 것이다.

[표 10-1] 정보화 사회와 유비쿼터스 사회의 차이점

구분	정보화 사회 (지식기반 사회)	유비쿼터스 사회 (지능기반 사회)
핵심기술	• 인터넷 네트워크 • 컴퓨터 활용	• 센서 • 이동성(Mobility)
산업	• IT 산업 중심	• 가전·자동차 등 전 산업 분야에 적용
서비스 활용 방식	• 사용자가 의식적으로 IT 기술 활용(수동적)	• 사용자에게 보이지 않는 서비스, 실시간 서비스 제공(능동적)
서비스 제공 방식	• 표준화된 서비스(획일적 서비스)	• 지능화된 서비스(유연적 서비스)

지금까지의 우리 사회는 정보화 사회라고 할 수 있다.

정보화 사회의 가장 큰 특징은 생활 및 기업 업무에 컴퓨터와 인터넷을 효율적으로 활용하여 삶의 편리성과 업무의 생산성 효과를 추진한다는 점이다. 즉, 생활 및 업무에 필요한 각종 지식을 컴퓨터에 데이터베이스(DB)화시킨 후, 컴퓨터의 탁월한 연산능력을 활용하여 생활 및 업무의 효율을 향상시키고, 인터넷을 활용하여 네트워크를 형성함으로써 전 사회 및 산업의 생산성을 향상시켰다. 그러나 가장 큰 단점은 IT 기술에 익숙한 사용자에게는 많은 도움을 주는 IT 기술 중심의 사회로, IT 기술에 익숙하지 못한 일반인에게는 한정적인 서비스를 제공하고 있다.

그러나 유비쿼터스 사회는 우리 사회에 있는 가전, 자동차 등과 같은 모든 산업 및 사물에 컴퓨터와 네트워크 기능이 내재함으로써, 사용자는 컴퓨터나 네트워크 등과 같은 IT 기술에 전혀 의식하지 않아도 사용자는 자연스럽게 그리고 언제 어디서나 IT 서비스를 받을 수 있는 사회가 된다. 즉, 정보화 사회에서는 컴퓨터가 인식할 수 있도록 표준적으로 규정된 획일화 서비스를 제공하지만, 유비쿼터스 사회에서의 IT 서비스는 사용자가 필요로 하는 서비스를 모든 사물이 자율적으로 판단하여 제공하는 유연하고 지능화된 서비스를 제공하게 된다.

4. 디지털 컨버전스에 의한 유비쿼터스 사회 구현

디지털 컨버전스(Digital Convergence)는 디지털 기술 기반의 여러 제품이나 서비스가 융합되어 새로운 형태의 제품이나 서비스로 탄생하는 것을 가리킨다.

음성·데이터·영상과 같은 '정보의 융합'이나 방송·통신·인터넷과 '네트워크의 융합', 컴퓨터 · 통신 · 정보가전과 같은 '기기의 융합' 등과 같이 디지털 기술을 기반으로 새로운 형태의 제품이나, 서비스를 창출하는 것을 나타내는 것이다.

초기의 컨버전스 제품은 하나의 기기가 두 가지 기능을 수행하는 형태로 구현되었다. 예를 들면, 프린터와 스캐너 및 복사기 등의 기능을 하나로 묶은 복합형 사무기기, 통화 기능에 카메라 기능까지 더해진 휴대전화, 라디오와 음악을 들을 수 있는 MP3 플레이어 등이 있었다.

최근의 디지털 컨버전스는 제품의 단순 기능 결합에서 서비스 융합 형태로 진화하고 있으며, 멀티미디어화, 복합화를 통하여 고부가가치를 추구하고 있다. 특히, 모바일의 발전으로 스마트폰을 통한 방송과 네트워크(인터넷) 등이 결합되는 서비스, 산업 간 컨버전스가 진행되어 새로운 고부가가치의 서비스가 창출되고 있다.

이러한 디지털 컨버전스의 발전은 가정 내의 디지털 가전기기가 네트워크로 연결돼 기기, 시간, 장소에 구애받지 않고 서비스가 이뤄지는 미래 가정환경인 디지털 홈(Digital Home), 자동차에 이동통신기술과 위치추적기술(GPS : Global Positioning System)에 접목하여 운전자에게 차량사고나 도난감지, 운전경로 안내, 교통 및 생활정보, 게임 등을 실시간으로 제공하는 텔레매틱스(Telemetics), 생활 속의 각종 디지털 가전을 통하여 환자의 건강 및 의료정보를 항시 측정 · 점검하는 u-헬스케어(u-Healthcare) 등의 구현을 더욱 가속화하여, 유비쿼터스 사회 구현의 핵심요소가 된다.

제3절 유비쿼터스 기술

RFID

1) RFID의 정의

유비쿼터스 사회를 구성하는 중요한 요소는 컴퓨터, 네트워크 및 각종 사물에 컴퓨터 기능이 내장되어 자동인식하고 기록된 정보를 무선 통신으로 결합하는 첨단 센서 기술 등이다. 이중 컴퓨터와 네트워크는 IT 기술의 발달로, 이미 유비쿼터스 사회에 적합한 환경으로 구현되어 있다.

최근에는 사물의 자동 인식 및 정보처리, 통신 기술이 가능한 인식 기술 등이 발달하게 됨에 따라 유비쿼터스 사회 구현이 현실화되고 있다. 이러한 유비쿼터스 사회를 가능하게 하는 인식기술 중에 가장 대표적인 것이 RFID이다.

RFID는 '무선 주파수 식별(Radio Frequency IDentification)'의 준말로 바코드, 마그네틱 등과 같은 사물을 자동 인식하는 방법의 하나이다. RFID는 사물에 태그(Tag)를 부착하여 사물에 관련된 정보를 자동으로 수집하고 변경된 정보를 갱신하고, 태그에 내장된 IC(Integrated Circuit) 칩을 통하여 컴퓨터와 무선으로 통신할 수 있게 한다. 따라서 모든 사물에 RFID가 부착되면, 모든 사물이 자동 인식할 수 있게 되고, RFID의 IC 칩을 통하여 서로 간에 통신할 수 있게 되어 유비쿼터스 사회 구현을 위한 정보 인프라가 구현되는 것이다.

특히 RFID의 저장기능 및 연산기능을 활용하면 사물에 관련된 정보 및 갱신 정보 등을 체계적으로 기록할 수 있게 되며, 컴퓨터와 무선 통신이 가능하게 되어 모든 사물의 제조 및 유통, 사용 이력 등에서의 효율적인 관리가 가능하게 되어 모든 산업 분야로의 적용이 확대되고 있다.

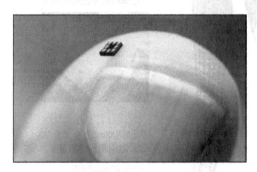

출처 : 조선일보, 유비쿼터스? 컴퓨터, 의식하지 못할 만큼 작아져 '事物속으로', 2004.8.3
[그림 10-2] Tiny RFID

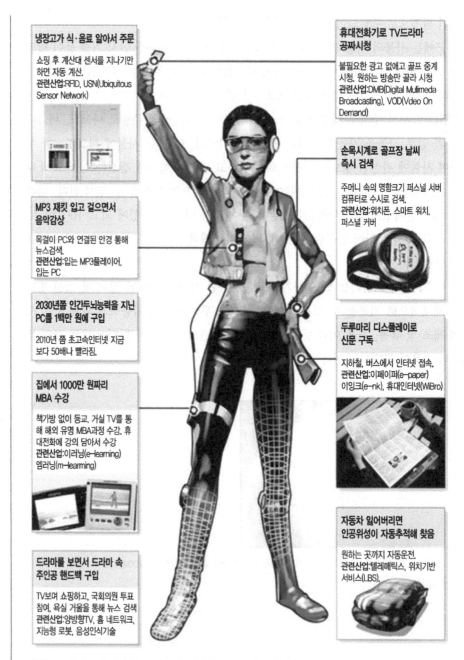

냉장고가 식·음료 알아서 주문

쇼핑 후 계산대 센서를 지나가만
하면 자동 계산.
관련산업:RFID, USN(Ubiquitous
Sensor Network)

**MP3 재킷 입고 걸으면서
음악감상**

목걸이 PC와 연결된 안경 통해
뉴스검색.
관련산업:입는 MP3플레이어,
입는 PC

**2030년쯤 인간두뇌능력을 지닌
PC를 1백만 원에 구입**

2010년 쯤 초고속인터넷 지금
보다 50배나 빨라짐.

**집에서 1000만 원짜리
MBA 수강**

책가방 없이 등교, 거실 TV를 통
해 해외 유명 MBA과정 수강, 휴
대전화에 강의 담아서 수강
관련산업:이러닝(e-learning)
엠러닝(m-learning)

**드라마를 보면서 드라마 속
주인공 핸드백 구입**

TV보며 쇼핑하고, 국회의원 투표
참여, 욕실 거울을 통해 뉴스 검색
관련산업:양방향TV, 홈 네트워크,
지능형 로봇, 음성인식기술

**휴대전화기로 TV드라마
공짜시청**

불필요한 광고 없애고 골프 중계
시청. 원하는 방송만 골라 시청
관련산업:DMB(Digital Mulimeda
Broadcasting), VOD(Vdeo On
Demand)

**손목시계로 골프장 날씨
즉시 검색**

주머니 속의 명함크기 퍼스널 서버
컴퓨터로 수시로 검색.
관련산업:워치폰, 스마트 워치,
퍼스널 커버

**두루마리 디스플레이로
신문 구독**

지하철, 버스에서 인터넷 접속.
관련산업:이페이퍼(e-paper)
이잉크(e-nk), 휴대인터넷(WiBro)

**자동차 잃어버리면
인공위성이 자동추적해 찾음**

원하는 곳까지 자동운전.
관련산업:텔레매틱스, 위치기반
서비스(LBS).

출처 : 조선일보, 유비쿼터스? 컴퓨터, 의식하지 못할 만큼 작아져 '事物속으로', 2004.8.3

[그림 10-3] 유비쿼터스 세상

2) RFID의 기술적 특징

초기 RFID는 사물을 자동으로 인식하기 위한 기술로 개발되었다. 또한 RFID는 현재 보편적으로 사물을 인식하는 방식으로 사용되고 있는 바코드와 비교하여 다음과 같은 장점을 가진다.

첫째, IC칩과 안테나로 구성되는 RFID 태그는 무선으로 복수의 태그를 한 번에 읽거나 멀리 떨어진 장소로부터 해독할 수 있다.

둘째, 사물이 고속으로 이동하고 있어도 정확하게 인식할 수 있고, 사물을 개별 관리할 수 있다.

셋째, 태그가 부착된 물건이 포장지(금속 제외) 내에 들어 있어도 인식할 수 있으며, 이동 중에도 읽기/쓰기 가능하고, 새로운 정보를 추가하거나 기존 정보 교정이 가능하다.

넷째, 내구성이 우수해서 온도, 습도, 진동에 강하고 수명이 길다.

일반적으로 RFID 시스템은 크게 3부분으로 구성된다. 식별 정보(ID)를 저장하는 태그, 태그 판독 기능을 하는 리더기, 호스트 컴퓨터(서버, 미들웨어)와 정보시스템(ERP, SCM 등)으로 구성되는 애플리케이션이다.

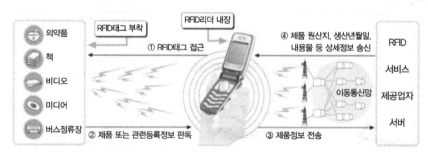

출처 : 한국경제, 휴대폰만 갖다 대면 정보가 척척, 2007.11.30

[그림 10-4] 모바일 RFID 작동원리

RFID 기술의 등장 초기에는 태그의 크기, 비싼 가격, 제한된 기능 등의 이유로 실험 수준의 일부 이용에 그쳤으나, 최근 정보 및 네트워크 기술의 진전에 따라 소형화·저가격화·고기능화가 실현되어 다양한 이용 분야나 사용 목적에 따라 사용하는 것이 기술적으로 가능해졌다.

따라서 얇고 작으며 매우 저렴한 가격의 RFID 태그를 모든 사물에 부착하여 앞으로는 바코드 기능을 대체할 뿐만 아니라, 네트워크와의 연계를 강화하여 다양한 분야에서 이용되어 미래 유비쿼터스 사회의 기반 기술이 되고 있다.

RFID 태그는 형태 및 크기에 따라 그 용도가 다양하게 활용되고 있다.

[표 10-2] RFID의 형태 · 크기 · 용도별 분류

형태	크기	용도
원판형	수mm~수십mm 원판 형태	의료 등 관리 레저용 목록 Tag 장치 삽입용
원통형	수mm~수십mm 원통 형태	동물 관리 파레트 관리
라벨형	수십mm*수십mm 박형	POS정산용 상품Tag 서류 관리 화물 관리
카드형	85*54*수십mm 정도의 카드 형태	승차권, 정기권 전화카드 출입관리 ID카드
상자형	50*50*10mm 정도의 상자 형태	FA 차량관리 컨테이너 관리

2. 증강현실

증강현실(Augmented Reality)이란 현실 세계의 기반 위에 가상의 사물을 합성하여 현실 세계만으로 얻기 어려운 부가적인 정보들을 보강해 제공하는 것을 의미한다.

완전한 가상세계를 전제로 하는 가상현실과는 달리 증강현실은 사용자가 보는 현실 세계에 실시간으로 부가정보를 갖는 가상세계를 합쳐 하나의 영상으로 보여주므로 혼

합현실(Mixed Reality)이라고도 한다. 이는 현실의 효과를 더욱 증가시킨다.

현실 세계를 가상세계로 보완해주는 개념인 증강현실은 컴퓨터 그래픽으로 만들어진 가상환경을 사용하지만, 주역은 현실 환경이다. 컴퓨터 그래픽은 현실 환경에 필요한 정보를 추가 제공하는 역할을 한다. 사용자가 보고 있는 실사 영상에 3차원 가상영상을 겹침(Overlap)으로써 현실 환경과 가상화면과의 구분이 모호해지도록 한다는 뜻이다.

가상현실기술은 가상환경에 사용자를 몰입하게 하여 실제 환경을 볼 수 없다. 하지만 실제 환경과 가상의 객체가 혼합된 증강현실기술은 사용자가 실제 환경을 볼 수 있게 하여 더욱 현실감과 부가 정보를 제공한다. 예를 들면, 스마트폰 카메라로 주변을 비추었을 때 인근에 있는 상점의 위치, 전화번호 등의 정보가 입체 영상으로 표기된다.

[그림 10-5]에 나타낸 톰 크루즈 주연 영화 '마이너리티 리포트'에서 수사관인 존 앤더슨이 유리 컴퓨터나 유리 디스켓에 촉각 디스플레이 장갑(Haptic Glove)을 끼고 손짓으로 파일을 정리하는 것을 볼 수 있는데, 이는 증강현실의 예시 중 하나이다.

출처 : Trend In Sight, 디스플레이의 미래 "AIR", 증강현실로 Reality에 색을 입히다!, 2012.4.20

[그림 10-5] 증강현실 기술에 의한 유비쿼터스 세상 구현

즉, 가상현실은 사용자가 가상공간에서 존재하지 않는 정보를 디스플레이 등을 통해 사용자로 하여금 볼 수 있도록 하며 현실감각을 느낄 수 있도록 하는 것으로, 증강현실은 가상현실과 달리 사용자가 현재 보고 있는 환경에 가상 정보를 부가해준 형태로, 사용자가 실제 환경을 볼 수 있다.

제4절 홈 네트워크(Home Network)와 텔레매틱스(Telematics)

1. 홈 네트워크

1) 홈 네트워크란?

홈 네트워크는 가정 내에 있는 다양한 정보가전기기 간의 네트워크를 구축하는 것으로 정의할 수 있다. 좀 더 구체적으로 말하면 가정 내부에서는 정보가전기기들이 유무선 네트워크를 통해 상호 통신하고, 외부에서는 인터넷을 통해 상호 접속이 가능한 환경을 구현하는 것을 말한다.

가정에는 텔레비전, 오디오, 비디오, 에어컨, 전자레인지 등 많은 가전기기가 있고, 조명, 가스 밸브, 보일러, 화재경보기, 가스 탐지기, 침입 탐지기 등 많은 자동화기기가 사용되고 있다. 가정 내에 있는 모든 정보가전기기를 하나의 네트워크로 묶어서 집안과 밖에서 모니터링하고, 제어할 수 있도록 하여 가정생활의 편리성을 향상하는 것이 홈 네트워크이다. 즉, 가정 내에 존재하는 정보가전기기의 모든 사물이 자체의 기능을 자율적으로 수행하면서도, 상호 간에 네트워크를 형성하여 가정생활의 서비스질을 향상시키는 유비쿼터스가 가정 내에 구현된 형태를 홈 네트워크라고 한다.

홈 네트워크 시스템의 기본 요소는 다음과 같다.

첫째, 가정 내의 수많은 가전기기, 자동화기기가 서로 유기적으로 모니터링, 제어, 업그레이드할 수 있도록 유·무선으로 네트워크화되어야 한다.

둘째, 가정 내에 구축된 네트워크는 외부와도 자유롭게 통신할 수 있도록 인터넷을 통해 상호 접속 가능한 환경이 구축되어야 한다.

셋째, 가정에서 수용 가능한 가격 수준으로 홈 네트워크가 구축 가능해야 하며, 가정생활의 모든 욕구를 충족시킬 수 있도록 실용적이어야 한다. 아무리 좋은 홈 네트워크 시스템이라도 그 효용성에 비해 고비용이면 현실성이 없기 때문이다.

넷째, 가정은 가장 안전한 장소, 편안한 장소이므로 무오류 시스템 및 서비스를 제공해야 한다. 모니터링과 제어, 업그레이드 등이 실시간 및 정상적으로 수행되지 않는다면, 많은 비용이 소요되었음에도 불구하고 불안하고, 짜증나는 환경에 놓이게 되기 때문이다.

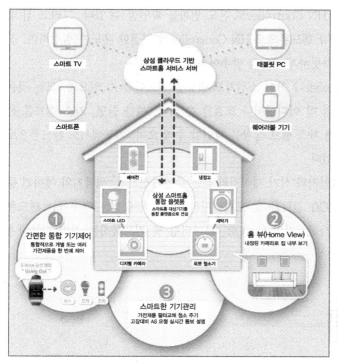

출처 : 삼성전자, CES서 '삼성 스마트홈' 닻 올린다', 2014.01.06

[그림 10-6] 삼성전자 '스마트홈' 서비스 개념도

2) 홈 네트워크 시스템이 제공하는 기능

홈 네트워크는 가정 내의 모든 정보가전기기가 유무선 홈 네트워크로 연결되어 누구나 기기, 시간, 장소에 구애받지 않고 첨단 디지털 홈 서비스를 받을 수 있는 미래형 가정환경을 구축하는 것으로, 홈 네트워크는 편리한 가정, 안전한 가정, 윤택한 가정, 즐거운 가정 구현을 목표로 한다. 이러한 홈 네트워크가 제공하는 가정 서비스 기능은 다음과 같다.

(1) 정보가전기기의 자동 컨트롤 기능

홈 네트워크 시스템이 제공하는 주요 기능 중의 하나가 가정 내의 각종 정보가전기기의 자동 컨트롤 기능으로 사람이 직접 컨트롤할 필요가 없다는 점이다. 집 안에서는 실별 온도 조절기나 HN(Home Network) Controller로 온도를 맞추어 놓으면 그 온도를 계속 유지할 수 있으며, HN Controller로 온도 변화를 확인할 수 있다. 그리고 집 밖에 있을 때 외부 컴퓨터나 핸드폰으로 HN Controller에 적절한 온도를 설정하여, 집에 들어가기 전에 미리 따뜻하게 온도를 맞추어 놓을 수 있다.

조명 역시 HN Controller나 거실 스위치로 점등을 컨트롤할 수 있으며, 모든 것은 핸드폰 등을 사용하여 집 밖 어디에서나 조절할 수 있다. 예를 들면, 가스 밸브를 잠그고 나왔는지 모를 때에 가스 밸브 상황을 확인할 수 있으며, 외부에서도 핸드폰으로 가스 밸브를 잠글 수가 있다.

이외에도 가스오븐레인지와 식기 세척기와 같은 주방가전기기, 세탁기와 에어컨 등의 생활가전기기의 On/Off 컨트롤 및 모니터링하고, 집 밖에 있는 경우에는 핸드폰을 통하여 이러한 정보가전기기의 On/Off, 모니터링 및 컨트롤하는 것이 가능하게 된다.

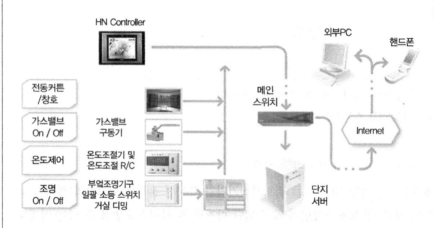

[그림 10-7] 정보가전기기의 자동 컨트롤 시스템

(2) 방범 방재 기능

홈 네트워크 시스템에서는 방범 방재 기능도 중요 기능 중의 하나이다. 화재 또는 가스 누출 시에는 화재, 가스 감시 센서가 자동으로 작동되어 관리실이나 경비실로 경고 메시지가 보내지며, 자동으로 가스 밸브가 차단된다. 그리고 외부 침입자가 들어왔을 경우에도 방범 센서가 작동하여 경비실로 경고 메시지가 보내지며, 외부 침입자에 대한 조처가 이루어지도록 하여 안전한 가정이 되도록 한다.

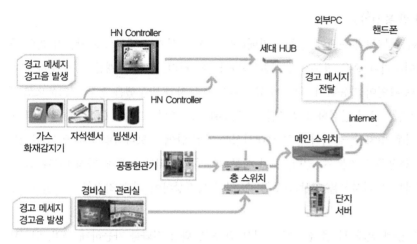

[그림 10-8] 가전정보기기의 방범 방재 기능

(3) 원격검침 기능

집안의 모든 에너지 사용량을 실시간으로 확인·분석해 주는 것으로 전기/수도/
가스를 자동으로 검침하는 기능이다. 매달 검침된 결과는 지역별로 설치된 단지 서버
에 전송되어 관리비 산정에 이용된다. 각 가정에서는 각종 수도세, 전기세 등을 HN
Controller, 컴퓨터, 핸드폰 등을 통하여 언제, 어디에서나 실시간으로 확인할 수 있게
되어, 효율적인 에너지 활용이 가능하게 된다.

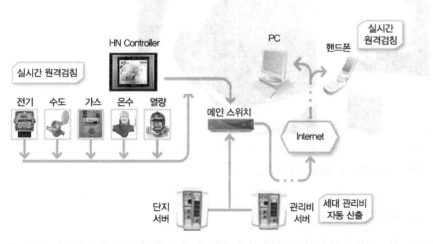

[그림 10-9] 홈 네트워크 서비스의 원격검침 기능

(4) 영상 및 통신기능

공동현관문/세대 현관에 설치된 카메라를 통한 영상기능 제공으로 방문자 확인 후 문을 열어주거나 혹은 방문자에 대한 녹화가 가능하다. 또한 부재중 시 방문자에 대한 리스트 확인이 가능하며, 외부에 있을 때도 방문자가 방문했을 경우 핸드폰으로 영상을 수신함으로써 안심하고 외출할 수 있도록 도와준다. 그리고 CCTV가 설치된 아파트의 경우 주차장, 놀이터 등의 부대시설을 가정 안에서 모니터링할 수 있어 아이들이 노는 현장을 지켜볼 수 있다. 또한 사무실에서도 인터넷을 통해 가정 내부뿐만 아니라 아파트 부대시설을 영상으로 볼 수 있어 특정상황에 대해 적절한 조처를 할 수 있다.

영상기능에 전화기능을 접목하여 영상 전송 및 화상 전화를 가능하게 하며, 인터넷과도 연결하여 인터넷의 기본 기능인 검색 기능을 통해서 주식정보뿐만 아니라 주변 상가 정보 및 전화번호, 날씨, 교통, 지리 정보 등의 생활정보를 단순 아이터치 방식으로 검색할 수 있다.

출처 : 매일경제, GS건설 '자이'…업계 최초 '홈 네트워크' 구축, 2012.3.22

[그림 10-10] 홈 네트워크 시스템의 영상 기능

3) 홈 네트워크로 변화되는 우리 생활

우리나라는 이동전화가 가장 많이 보급된 나라 중의 하나이며, 유무선 인터넷이 자유롭게 사용 가능한 네트워크 인프라가 구축된 나라이다.

여기에 홈 네트워크로 구축된 가정 내의 네트워크에 인터넷을 스마트폰으로 접속하게 되면, 이제까지의 주택 개념과는 달리 완전히 새롭게 된다. 이것은 가정 내의 다양한 정보가전기기를 보다 효율적으로 이용하여 우리의 실제 생활을 더 편리하고 윤택하게 해 주며, 언제 어디서나 가정과의 네트워킹이 가능한 유비쿼터스 홈 구현을 돕는다.

최근에 분양되고 있는 아파트를 보면 대부분이 홈 네트워크 서비스 제공을 기본으로 하고 있다. 즉, 가정 내에서의 유비쿼터스 컴퓨팅 환경이 이제 우리에게 현실로 다가와 있는 것이다. 이것은 우리가 의식하지 못하는 사이에 이미 우리 생활의 일부로 이루어지고 있다.

홈 네트워크로 구현된 우리 생활의 유비쿼터스 컴퓨팅의 환경을 간단히 살펴보면, 누가 초인종을 눌렀을 때 외부에서도 휴대폰을 통하여 영상으로 방문자를 확인하고 또한 문도 열어줄 수도 있다. 집 안에 아무도 없는데 누가 침입했을 경우에도, 집안 내 상황을 실시간으로 주인의 컴퓨터와 휴대폰으로 전송해 주고, 녹화도 가능하여 적절한 대응을 자동으로 수행하여 준다. 외출 후 귀가 시에는 핸드폰으로 미리 방 안의 불을 켜거나, 욕조의 물을 미리 적정 온도로 받아 두는 등으로 우리의 삶의 질이 더욱 향상될 것이다.

출처 : 신효송, '홈CCTV의 모든 것', 앱스토리 매거진, 2014.03.19

[그림 10-11] 홈 네트워크 시스템의 영상 기능

2. 텔레매틱스

1) 텔레매틱스 개념

텔레매틱스는 자동차와 같은 이동운송장비에 통신, 소프트웨어, 단말기 등이 유기적으로 네트워크화되는 유비쿼터스 서비스이다. 텔레매틱스(Telematics)는 통신(Telecommunication)과 정보과학(Informatics)의 합성어로 무선음성데이터통신과 인공위성을 이용한 위치측정시스템(GPS: Global Positioning System)을 기반으로 이동운송장비에서 정보를 주고받는 종합정보시스템을 말한다.

차량·항공·선박 등 이동운송장비에 내장된 컴퓨터와 무선통신기술, 위성항법장치, 인터넷에서 문자신호와 음성신호를 바꾸는 기술 등에 의해 정보를 주고받을 수 있는 무선데이터 서비스이다. 특히 자동차 텔레매틱스 서비스는 이동통신기술과 위치추적기술을 자동차에 접목하여 차량사고나 도난감지, 운전경로 안내, 교통 및 생활정보, 게임 등을 운전자에게 실시간으로 제공한다. 자동차를 기반으로 이동통신, 인터넷, 내비게이션 등이 결합한 자동차 원격정보 서비스를 네트워크를 통해 실시간으로 주고받음으로써, 자동차가 '이동형 사무실'로 사용이 가능하게 되는, 향후 자동차 문화에 엄청난 변화를 몰고 올 전망이다.

[그림 10-12] 텔레매틱스 서비스 구성도

자동차에서 제공하는 텔레매틱스 서비스는 자동차가 주행 중에 고장이 나면 무선통신으로 서비스센터에 연결되고, 운전석 앞의 텔레매틱스 단말기를 통하여 각종 정보를 받아 볼 수 있다. 또한 뒷좌석에 설치된 단말기를 통해 컴퓨터게임을 즐길 수도 있고, 엔진 속에 내장된 컴퓨터는 자동차 주요 부분의 상태를 기록하고 있어 언제든지 정비사에게 정확한 고장위치와 원인을 알려준다.

그리고 내비게이션을 이용하여 현재 운행 중인 정확한 현재 위치 파악 및 목적지까지의 최적 경로를 교통도로정보를 고려하여 제공받을 수 있다. 최근에는 디지털 오디오 방송도 텔레매틱스 서비스로 통합될 것으로 예측되어, 자동차가 이동하면서도 각종 업무 처리 및 여가생활을 자유롭게 지낼 수 있는 공간으로 되고 있다.

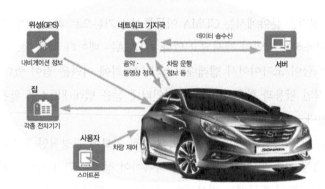

출처 : 컴퓨터월드, 초연결 시대 주요 적용 분야, 2014.1.1

[그림 10-13] 텔레매틱스의 개념

2) 텔레매틱스 기술

차량을 이용한 텔레매틱스 기술은 이동통신 기술과 측위 기술을 기반으로 차량과 정보센터를 연결하여 차량운행 중 요구되는 각종 정보와 서비스를 실시간으로 제공하는 시스템을 의미한다. 현재 서비스되고 있는 카 내비게이션(Car Navigation)은 위성 GPS(Global Positioning System) 신호를 이용해 도로 위의 차량 위치로부터 운전자가 원하는 목적지까지 운전경로를 찾아주는 차량 항법장치를 총칭하는 것으로 경로탐색 및 위치정보에 초점을 맞춘 서비스를 말한다. 이와는 달리 텔레매틱스는 차량 항법시스템뿐만 아니라 자동차에 장착된 서비스 단말기를 통해 텔레매틱스 서비스센터와 연결되어 각종 정보를 제공받을 수 있으며, 인터넷 접속, 위치추적, 원격 차량진단, 사고감지, 교통정보 제공 등의 복합 기능을 갖춘 첨단 차량서비스 시스템이다.

텔레매틱스의 기본 기술은 차량과 텔레매틱스 서비스 센터를 연결해주는 이동통신 기술, 차량의 진단 및 제어를 위한 자동차 제어기술, 차량의 위치추적 및 실시간 교통정보 제공을 위한 GPS 등 측위 기술 및 계산 기술, 차량 정보를 수신하고 연결할 수 있는 단말 기술, 안전한 접속을 위한 음성인식 및 합성 기술, 소프트웨어 플랫폼 등이다.

텔레매틱스 서비스가 현실화되기 위해서는 광대역 통신을 위한 무선통신기술, 정확한 위치정보 확보 기술, 자동차와 운전자 간의 안전하고 정확한 접속기술이 개발되어야 한다.

첫째, 무선 광대역 통신기술 분야에서는 CDMA 이동통신을 기본으로 하고 정보 스테이션에서 무선 랜을 활용하는 방안이 제시되고 있다. CDMA는 데이터 전송 속도가 상대적으로 낮고 통신 요금이 고가이어서 텔레매틱스의 대중화에 어려운 점이 있다. 따라서 무선 랜의 적극적인 활용과 향후 보급될 무선인터넷 등을 텔레매틱스에 활용하는 방법이 고려되고 있다.

둘째, 정확한 위치정보의 획득이 텔레매틱스 서비스 품질 확보에 결정적인 요소이기 때문에 다양한 위치 측정 기술의 결합으로 오차를 극복하여 정밀한 위치 정보의 제공이 필요하다. 현재 위치정보의 획득에는 기본적으로는 GPS를 활용하고 있다. 그러나 초기 기동시간이 느리고 고층 빌딩이 많은 곳에서는 동작하지 않는 등 GPS의 약점을 보완하는 센서 기반의 위치 측정 기술의 확보 등이 필요하다.

셋째, 안전한 사용자 접속 기술 측면에서는 운전환경의 특성상 기기를 음성으로 조작하고, 서비스도 음성으로 받을 수 있도록 해야 한다. 그러나 음성 인식이나 합성을 컴퓨팅 능력이 작은 단말기에서 만족할 만한 수준으로 서비스를 제공하는 것은 매우 어려운 것이 현실이므로, 인식률을 높이기 위한 다양한 기술 개발이 필요하다.

이 밖에도 졸음방지를 위한 졸음 인식 기술, 차량 간 충돌을 회피하기 위한 네트워크 기반의 차량 간 통신 기술, 자동 주행을 위한 차선인식 기술 등 개발해야 할 기술적 과제가 많다.

출처 : http://blog.naver.com/sense0307?Redirect=Log&logNo=120165370022

[그림 10-14] 텔레매틱스의 내비게이션 서비스(GM온스타 텔레매틱스)

▌터치로 통하는 테슬라S … "차가 아니라 스마트폰 같다"

"이건 자동차가 아니잖아." 세계적 시장분석회사인 IHS가 미국 전기차 제조회사인 테슬라가 만든 '테슬라S'를 낱낱이 뜯어봤다. 1억1000만 원이 넘는 차를 마지막 나사까지 다 풀어헤쳐 본 이 팀이 내린 결론은 '차가 아니다'였다. 앤드루 라스와일러 IHS 상무는 "마치 애플의 아이패드나 삼성전자의 갤럭시를 보는 것 같았다"고 말했다.

15일 내놓은 보고서는 전자부품의 양에서 테슬라S가 기존 차와 완전히 다른 차라고 말한다. 뇌에 해당하는 헤드유닛에 쓰인 부품 수만 5000개이다. 보통 차는 많아야 1000개이다. 상징적인 장치는 전면부 중앙의 디스플레이다. 이 기기로 길도 찾고, 온도도 조절하고, 인터넷 검색도 한다. 스마트폰처럼 손으로

눌러서 쓰는 터치스크린 방식이고, 화면 크기(17인치)는 일반 차의 두 배가 넘는다.

크기만 한 것은 아니다. IHS는 화면 속으로 사라져버린 에어컨 조절기 같은 각종 버튼에 주목한다. 초창기 휴대전화의 각종 버튼이 스마트폰에선 모두 화면 안으로 사라진 것과 같은 이치이다. 라스와일러 상무는 "테슬라가 의도적으로 모바일 기기와 유사한 환경을 만든 것"이라고 진단했다.

크기는 곧 기술이기도 하다. 큰 놈을 돌리려면 그만큼 머리도 좋아야 한다. 뇌를 움직이는 반도체 칩은 엔비디아의 '테그라 3' 1.4GHz 쿼드 코어 프로세서를 사용했다. 아이폰 5S와 동급이라고 보면 된다. 화면 해상도는 1920X1200으로, 미국에서 파는 신형 갤럭시 S5(SM-G900S)와 같은 수준이다.

운전석 바로 앞의 가상 계기판도 남다르다. 언뜻 봐선 바늘이 속도, 엔진 회전수 등의 눈금을 가리킨다. 하지만 실제 바늘이 아니다. 모두 디지털 기술을 이용한 그래픽이다. 재팬디스플레이 제품이 사용됐다. 아이폰6에 들어가는 제품이다. 부품만 애플을 닮은 게 아니다. 만드는 방식도 전자회사이다. 자동차업체는 오디오 등의 제어시스템을 보통 파나소닉 같은 전문업체에 맡긴다. 그런데 테슬라는 이걸 직접 했다. 애플이 아이폰 디자인과 설계는 직접 하고 조립은 폭스콘 같은 업체에 맡기는 방식 그대로이다.

테슬라가 지난 10일 발표한 4륜 구동 전기차인 모델 D에는 자율주행기능이 추가됐다. 충돌 위기에 스스로 감속을 하고, 방향지시등만 켜면 차가 알아서 차선을 바꾸는 식이다. '전기차+무인차'를 향한 걸음이다.

출처 : 중앙일보, 터치로 통하는 테슬라S … "차가 아니라 스마트폰 같다", 2014.10.16

제5절 유바쿼터스 활용 사례

1. u-안전

안전이란 개인에게 상해를 끼칠 수 있는 위험이 없는 상태로, 여러 환경에서 발생할 수 있는 사고를 사전에 예방하고 피해를 최소화할 수 있는 노력이 다양하게 진행되고 있다. 그중에 하나로 u-safety, 즉 u-안전이 이에 해당한다.

u-안전이란, 산업현장에서 발생할 수 있는 화재, 폭발, 가스질식 등의 재난재해와 유괴, 폭행 등의 범죄를 사전에 예방하고, 사고 발생 시 신속한 전달체계에 따라 상황 전파 및 대피를 가능하게 하여, 인명과 재산의 피해를 최소화할 수 있는 유비쿼터스

출처 : 성남 판교 U-city 홈페이지

[그림 10-15] u-안전 서비스의 개념도

지향의 지능형 안전관리 시스템이다. 이는 많은 인력을 투입하지 않고도 재해 발생 요소를 제거하고, 안전하게 대피를 유도할 수 있어 각종 산업재해 현장에서 인명 안전 확보가 가능하고, 현장 및 해당 기업의 비용이 절감되는 효과를 낳는다.

현재 안전한 생활을 보장하는 방법으로 방범용 CCTV 카메라를 통한 도심의 사건/사고 대처, 차량번호 인식을 통한 용의차량의 신속 파악, 열화상 카메라를 통한 365일 24시간 무인 산불 감시 등의 안전서비스가 시행되고 있다.

2. u-교통

다양한 유비쿼터스 관련 분야 중에서 교통은 다른 분야에 비해 실질적으로 시민들의 삶과 매우 밀접한 관련이 있으며, 대부분의 시민이 차량에 양방향 내비게이션 탑재하여 운행에 필요한 정보를 실시간으로 전송받아 운행시 이를 활용하고 있다.

u-교통 서비스는 유/무선망 및 개별 차량에서 수집된 정보를 이용하여 기존의 획일적이고 일방적인 교통제어 및 정보제공 서비스에서 벗어나 실시간이고 분석적인 방법을 이용하여 더욱 정확한 교통정보를 내비게이션, 노면 표시판, 인터넷, 각종 모바일 기기 등을 통해 시민들에게 제공함으로써 교통과 관련된 삶의 질을 향상시키는 데 목적이 있다.

시민들의 편리한 교통수단 이용 및 안전운전과 도로의 원활한 흐름을 도모하는 u-교통은 대중교통정보, 공영주차장정보, 교통약자안전, 교통위반단속, 교통제어 등의 서비스로 구축되어 있다.

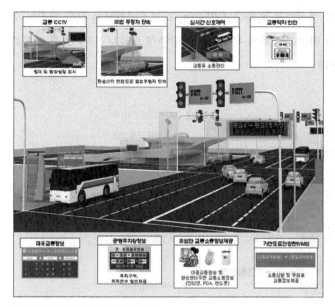

출처 : 성남 판교 U-city 홈페이지

[그림 10-16] u-교통 서비스의 개념도

3. u-헬스케어

의료분야에서의 IT 기술의 적용은 양질의 의료서비스 제공 및 비용 절감의 차원에서 오래전부터 진행됐다. 최근의 e-비즈니스 환경이 생활화됨에 따라 원격진료, 의료정보의 디지털화 및 저장 · 전송을 통하여 진료에 활용하는 의료영상정보시스템, 환자의 의료정보 및 병원 경영관리를 위한 통합정보시스템 구축 등으로 병원은 최첨단 디지털병원으로 발전하고 있다.

특히, 전 세계가 평균수명의 증가 및 저출산으로 인해 고령화 사회가 빠르게 진행되고 있어, 이에 따른 생산가능 인구의 부양부담 가중, 노인 의료비 증가, 요양보호가 필요한 노인의 증가 등 사회복지 수요가 늘어남에 따라 국가 재정의 부담은 가중될 것이다. 그리고 의료보건의 개념 또한 사후 대응적이며 증상치료 중심에서 현재는 원인을 제공하는 문제를 사전에 예방할 수 있는 활동으로 전환되고 있다.

이러한 사회적 변화는 의료보건서비스가 이제까지의 병원이나 의사의 생산자중심에서 환자, 즉 의료소비자 중심으로 변화하고 있으며, 의료소비자에게 더욱 양질의 의료보건서비스를 제공하기 위해 개인에게 특화된 개인맞춤형 의료보건서비스를 제공하는 방향으로 발전하고 있다.

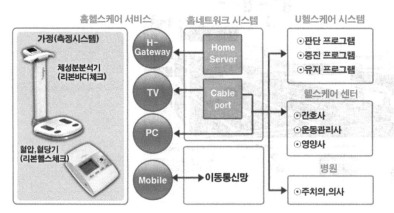

출처 : 연합뉴스, 유라클, 송도 더샵 全 세대에 u헬스케어 시스템 구축, 2008.10.28

[그림 10-17] u-헬스케어 서비스 시스템 구성도

이 경우 의료소비자인 일반 시민의 건강 및 생체정보가 언제 어디서나 측정되어 의료기관에 실시간으로 네트워크를 통해 전송될 수 있으며, 여기에 유비쿼터스 기술이 활용되어 구현된다.

u-헬스케어는 유비쿼터스 기술을 의료보건서비스 분야에 적용해, 네트워크상에서 생체정보 센서를 사용하여 의료소비자의 건강상태에 관한 데이터를 실시간으로 파악하며, 생체정보 단말기 등을 통하여 소비자(개인 또는 의료 서비스 제공기관, 기업 등)에게 건강 관련 정보 및 의료보건서비스를 제공하고, 필요에 따라서는 언제, 어디서나 적절한 진단 및 치료 또는 예방하는 의료보건서비스로 정의할 수 있다.

u-헬스케어의 프로세스는 센싱, 모니터링, 분석 및 피드백으로 구성된다.

- 센싱(Sensing) : 센서를 통하여 인체에서 발생하는 물리적, 화학적인 현상의 변화를 감지
- 모니터링(Monitoring) : 측정된 생체정보를 일차적으로 가공

- 분석(Analyzing) : 장시간에 걸쳐 측정된 데이터로부터 건강상태, 생활방식 등을 새로운 건강 지표 발굴
- 피드백(Feedback) : 건강 상태의 변화를 사용자에게 경고(Alert)

따라서 u-헬스케어 시스템에서는 환자의 생활공간에서 여러 가지 생체정보를 수집하기 위한 다양한 센서의 네트워크가 필수적이다. 각종 센서는 의료소비자의 생체정보를 수집하고, 집안 곳곳에 설치된 비디오 센서들을 통해 환자의 움직임을 관찰하여 의료소비자의 상태를 체크한다. 이들 센서가 수집한 정보는 각 의료소비자의 의료상담시스템에 전달되고, 의료상담시스템에 기록된 데이터는 병원의 의사나 간호사 등에 전송되어 의료소비자에게 피드백하게 된다.

우리의 가정생활도 유비쿼터스의 개념을 활용하면 더욱 건강하고 쾌적한 생활을 영위할 수 있게 된다. 가정생활 중에 유비쿼터스의 개념을 활용한 u-헬스케어가 구현되는 사례로 "건강 화장실"이 있다.

건강 화장실은 변기에 앉으면 자동으로 체중이 체크되며, 팔걸이에 손을 놓으면 체지방이, 소변을 통해서 당 수치가 자동 측정되어 건강데이터로 서버에 실시간 축적되고, 필요에 따라 병원에 데이터가 전송되어 예방치료에도 도움을 받을 수 있다. 이러한 행태의 생활에 밀접하게 유착된 건강관리시스템은 당뇨병과 같은 만성질환 환자에게는 수시로 병원에 가지 않아도, 매일매일 자신의 건강 확인이 가능하여 안심하고 편안한 생활에 많은 도움을 준다.

건강 화장실은 의료공간이 실제 가정공간으로 이행되는 과정에서 자연스럽게 나타날 수 있는 유비쿼터스 기술의 하나이다.

특히, 주거공간은 사람이 가장 많이 생활하는 공간이며, 건강에 관련된 생체정보를 가장 손쉽게 측정할 수 있는 공간이다. 따라서 미래에는 우리의 주거공간에 유비쿼터스 기술에 의하여 사람과 직접 접촉하는 각종 주거 용품에 다양한 센서가 내재하여, 우리가 의식하지 않아도 자연스럽게 건강데이터가 측정, 분석되어 건강한 삶을 보장할 수 있게 된다.

출처 : 클리앙 홈페이지, 화장실에서 건강체크가 가능한 변기, www.clien.net,

[그림 10-18] 건강화장실

4. u-Commerce

u-Commerce는 e-Commerce의 기반과 m-Commerce의 이동성, 편리성 등을 조합한 새로운 상거래이며, 언제, 어디서나, 누구라도, 모든 기기를 이용해 신속하고 저가로 비즈니스 업무를 수행할 수 있다. u-Commerce는 기존의 e-Commerce, m-Commerce(모바일 전자상거래), t-Commerce(웹 TV 전자상거래), a-Commerce(자동차에서의 전자상거래) 등 모든 종류의 전자상거래를 포괄하는 상위 개념이다.

e-Commerce	m-Commerce	t-Commerce	u-Commerce
Web을 통하여 전통적인 business model 및 process들을 수행할 수 있도록 함	Tlelcom infrastructure를 이용한 무선 단말기를 통해 상거래를 하는 것	TV를 통해 콘텐츠를 송수신 하는 양방향 서비스를 이용 직접 상거래를 하는 것	유/무선 인프라를 이용 Machine to Machine의 커뮤니케이션 가능
Internet PC	Cellular phone, PDA	TV(인터넷, 디지털), Set-top Box	RFID, MEMS

[그림 10-19] u-Commerce의 개요

1) u-Commerce 적용사례

- PC, 휴대폰, PDA, 디지털 TV 등 인터넷에 접속 가능한 모든 기기를 통해 발생
- 센싱, 트래킹 능력 확대 : 저가 RFID를 모든 상품에 추가, 고성능 센서로 모니터링
- 고도화된 지식의 교환, 공유 : 정보의 결핍 방지.
- 향상된 커뮤니티 파워 : 디지털환경에 의한 단절 제거, 집안 내 모바일 이용 이동

[표 10-3] e-Commerce와 u-Commerce 비교

e-Commerce	u-Commerce
유선 인터넷과 웹 기술을 활용	무선인터넷과 증강현실(Augmented Reality) 및 웹 현실화(Web Presence)를 활용
PC를 단말기로 사용하고 PC들의 네트워크를 기반으로 사용	PDA나 Wearable computer와 같은 다양한 유형의 차세대 휴대기기를 사용하고 이들 간의 네트워크를 기반으로 사용
상거래 활동이 사람들의 의식적인 컴퓨터 활용을 통해 이루어짐	사람이 의식하지 않아도 자율 컴퓨팅 기능을 갖는 기기와 사물(기계)들에 의해 무의식적으로 상거래 활동이 이루어짐
온라인에서 이루어지는 상품 거래 과정과 오프라인에서 이루어지는 제조, 물류, 상품진열, 매장관리가 분리	온라인과 오프라인의 통합
주로 고객이 회원으로 가입할 때 입력한 정보를 활용한 마케팅 활동	보이지 않는 컴퓨터로서 단말기기와 사물에 내장된 센서, 칩, 태그, 라벨이 고객과 상품의 상황정보까지 활용한 마케팅 활동

2) u-Commerce 적용사례

① Mobile Coupon

무선 인터넷에 접속하여 무선 쿠폰을 다운로드 받으면 가까운 오프라인 상점에서 할인 서비스를 받을 수 있다. 제조업체는 어떤 사람들이 쿠폰을 사용하는지를 알 수 있어 신제품에 대한 사용자의 반응을 알 수 있다.

② RFID(자동계산)

물품을 구매하고 출구를 통과하면 물품의 RFID 태그를 통해 자동으로 계산이 가능하고, 개인의 지불 수단과 연계하여 자동 결제까지 가능하다.

출처 : Aving Global Network, Visa Releases FreeZum Coupon Mobile App, 2013.1.18

[그림 10-20] Mobile Coupon 사례

5. u-금융

   u-금융서비스 혹은 유비쿼터스 금융서비스는 유비쿼터스의 개념에 근거하여 '언제 어디서나' 편리하게 사용할 수 있는 금융 서비스를 의미한다. 이때 금융서비스는 금융중개(Banking) 서비스와 지급결제(Payment) 서비스로 구분되기 때문에 u-금융 서비스 역시 u-뱅킹 서비스와 u-Payment 서비스로 구분된다.

   이때 u-Payment는 인터넷, TV, 휴대전화 등을 지급결제서비스의 전달 수단으로 활용하여 신용카드, 금융계좌, 전자화폐 등 지급결제수단을 언제 어디서나 편리하게 사용할 수 있는 환경을 의미한다. u-Payment는 무선기기를 통하여 금융서비스를 활용하는 것이므로 금융회사, 이동통신사 등 관계기관과의 협력이 요구된다. 이들이 협력이 이루어져야 실질적으로 서비스가 공급된다.

   u-뱅킹서비스는 휴대전화, WiBro 환경의 무선인터넷, 디지털 TV, 스마트카드 등 다양한 금융서비스 전달채널을 이용하여 은행의 자금이체뿐만 아니라 증권, 보험, 외국환 거래 등 다양한 분야의 전자금융서비스를 의미한다. 이를 통해 e-Commerce, m-Commerce, t-Commerce를 지원하며, 맞춤형 금융서비스 및 개인자산관리 등 금융서비스 제공에 활용될 수 있다.

우리나라의 u-Payment와 u-금융 서비스는 2000년 들어 매우 다양한 실험을 하였고, 그중 일부의 서비스는 시장에서 성공하였다. 예를 들어, 휴대전화 과금 부과 서비스와 모바일 뱅킹 서비스는 현재 많은 사용자를 확보하고, 서비스 제공 기업은 이에 따른 이윤을 얻고 있다. 또한 비접촉식 지급 결제 서비스로 전국의 지하철과 버스에 사용되는 교통카드가 매우 활성화되고 있다.

참 고 문 헌

권수갑, Ubiquitous Computing 개념과 동향, 전자부품연구원 전자정보센터(www.eic.re.kr), 2003

김동수, 의료정보화 패러다임의 전환: 병원정보화에서 e-Health, u-Health로, 정보산업, 통권 제239호, pp.20-24, 2006. 5-6월호

류석상, 류영달, 이용석, 정명선, 정지선, 유비쿼터스 사회의 비전 추세와 미래 전망, 유비쿼터스사회 연구 시리즈 제1호, 한국전산원, 2005

매일경제, GS건설 '자이'…업계 최초 '홈네트워크' 구축, 2012.3.22, http://news.mk.co.kr/newsRead.php?year=2012&no=182449

성남판교 u-city 홈페이지, http://www.u-seongnam.net/Welcome.do

신효송, '홈CCTV의 모든 것', 앱스토리 매거진, 2014.03.19, http://monthly.appstory.co.kr/plan5218

양재수, 전호인, 유비쿼터스 홈 네트워킹 서비스, 전자신문사, 2004

윤두영, 김봉준, 텔레매틱스 서비스 현황 및 전망, 정보통신정책 제17권 4호 통권 제365호, pp.1-16, 2005

이영미, "U러닝 시범학교의 사례를 통한 효과적인 U러닝 수업 모델에 관한 연구", 연세대학교 대학원 석사논문, 2006.

이용준, 오세원, 우정사업의 RFID 기술도입 방안, 우정정보, Vol.56, pp.1-17, 2004, 봄

이정환, 유비쿼터스 센서기술과 u-Health, 정보산업, 통권 제239호, pp.34-40, 2006, 5-6월호

전자신문, 21세기 아젠다 u코리아 비전, 제4부(6) u-헬스케어, 2002.7.26, http://www.etnews.com/200207250121

전황수, 차량종합서비스 텔레매틱스, ETRI CIO Information 제30호, pp.1-23, 2005

정기욱, 유비쿼터스 드림, 매일경제신문사, 2005

정병주, 유비쿼터스사회의 의료·보건 비즈니스 트렌드, 유비쿼터스사회 연구 시리즈 제17호, 한국전산원, 2006

조선일보, 유비쿼터스? 컴퓨터, 의식못할 만큼 작아져 '事物속으로', 2004.8.3, http://www.

chosun.com/economy/news/200408/200408030406.html

중앙일보, 터치로 통하는 테슬라S ⋯ "차가 아니라 스마트폰 같다", 2014.10.16,
　　　http://joongang.joins.com/article/aid/2014/10/16/15699143.html?cloc=olink|
　　　article|default

최은주, 김지영, "모바일 학습용 컨텐츠 활용이 영어 어휘학습에 미치는 영향", 영어교육, 제61
　　　권, 제4호, 2006

컴퓨터월드, 초연결시대 주요 적용 분야, 2014.1.1,
　http://www.comworld.co.kr/news/articleView.html?idxno=46862

한국전산원, 유비쿼터스사회 − 새로운 희망과 도전, 한국전산원, 2005

한국경제, 휴대폰만 갖다대면 정보가 척척, 2007.11.30,
　　　http://www.hankyung.com/news/app/newsview.php?aid=2007112651631

Aving Global Network, Visa Releases FreeZum Coupon Mobile App, 2013.1.18,
　　　http://us.aving.net/news/view.php?articleId=483264&Branch_ID=us&rssid=
　　　naver&mn_name=news

Center for Future Health, University of Rochester Homepage, www.futurehealth.
　　　rochester.edu

Kanniaine, L., Best Practice for Mobile Financial Services : Enrolment Business Model
　　　Analysis, Mobey Forum, 2008.6.13

LG 자이 홈 네트워킹 시스템 사업설명회 자료, 2005

Trend In Sight, 디스플레이의 미래 "AIR", 증강현실로 Reality에 색을 입히다!, 2012.4.20,
　　　http://trendinsight.biz/archives/3418

연습문제

EXERCISE

01. 유비쿼터스 컴퓨팅 환경이란 무엇인가?

02. 유비쿼터스의 특징에 대하여 기술하시오.

03. 정보화 사회와 유비쿼터스 사회의 차이점에 대하여 생각해 보시오.

04. 디지털 컨버전스가 무엇이며, 디지털 컨버전스가 유비쿼터스 사회 구현에 어떻게 기여하고 있는가?

05. e-비즈니스가 구현하는 가상공간과 유비쿼터스 공간과의 차이점은 무엇인가?

06. RFID가 우리 생활에 적용된 사례에 대하여 조사하시오.

07. RFID가 산업에 적용된 사례에 대하여 조사하시오.

08. 홈 네트워크란 무엇이고, 유비쿼터스가 어떤 부분에 적용되어 있는지 설명하시오.

09. 텔레매틱스를 정의하고, 텔레매틱스에 의하여 자동차가 어떻게 진화될 것인가에 대하여 생각해 보시오.

10. 텔레매틱스가 구현되기 위하여 구현되어야 할 기술적 문제는 무엇인가?

11. u-러닝 도입 시 발생하는 장/단점을 서술하시오.

12. u-city를 구현하고자 할 때 자신이 생각하는 도시의 모습을 상상해보고, u-안전, u-교통을 포함하여 서술하시오.

13. u-헬스케어가 구현된 사례를 조사하고, 그 사례에 유비쿼터스 기술이 어떻게 적용되었으며, 제공하는 의료보건서비스의 특징이 무엇인지 알아보시오.

14. 자신이 경험한 u-commerce 또는 u-금융 서비스에 대해 서술하시오.

15. 우리 생활의 주변에 유비쿼터스가 적용된 사례를 조사하고, 적용된 유비쿼터스 기술 및 제공 서비스의 특징에 대하여 알아보시오.

찾 아 보 기

저자 소개

정석찬 (E-mail: scjeong@deu.ac.kr)
부산대학교 기계설계학과 학사
일본 오사카부립대학 경영공학과 공학석사, 공학박사
한국전자통신연구원 선임연구원
현재 동의대학교 e-비즈니스학과 교수
관심 분야: e-비즈니스시스템, 정보시스템, 유비쿼터스, 클라우드컴퓨팅, 정보기술수용, 정보화
　　　　　전략계획(ISP), 웹 접근성
담당: 제1장 e-비즈니스의 이해, 제2장 e-비즈니스 전략과 모델, 제3장 e-비즈니스 응용,
　　　제10장 유비쿼터스

배혜림 (E-mail: hrbae@pusan.ac.kr)
서울대학교 산업공학과 학사, 석사, 박사
삼성카드 정보기획팀
동의대학교 e-비즈니스학과 전임강사
현재 부산대학교 산업공학과 교수
관심 분야: 비즈니스 프로세스 관리론, 빅데이터, 클라우드 컴퓨팅
담당: 제5장 인터넷 서비스와 스마트 응용, 제8장 정보와 시스템 통합

이문봉 (E-mail: mblee@deu.ac.kr)
연세대학교 경영학과 학사, 석사, 박사(MIS 전공)
대외경제정책연구원 전임연구원
현재 동의대학교 상경대학 경영정보학과 교수
관심 분야: 정보시스템 성과, ERP, CRM, SNS
담당: 제4장 e-마케팅과 소셜 마케팅, 제9장 e-CRM과 소셜 CRM

박성제 (E-mail: psjmis@deu.ac.kr)
동아대학교 경영정보학과 학사, 석사, 박사
부산대학교 산업공학과, 동아대학교 경영정보학과 시간강사
동의대학교 e-비즈니스학과 겸임교수, 강의전담교수
현재 동의대학교 e-비즈니스학과 조교수, 한국정보화진흥원 웹 접근성 전문위원
관심분야: 전자상거래, 데이터베이스, 웹 표준, 웹 접근성, 모바일 프로그래밍, 모바일 웹
담당: 제6장 e-비즈니스 기반 기술, 제7장 e-비즈니스 구현 기술